· 中国政法大学精品系列教材 ·

中国法律史

中国政法大学教材编审委员会 审定

主 编 朱 勇

撰稿人 （以撰写章节先后为序）

朱 勇　王银宏　赵晓耕

高浣月　张德美　李启成

李 超

中国政法大学出版社

2021 · 北京

作者简介

（以撰写章节先后为序）

朱　勇　男，中国政法大学法律史学研究院教授、博士生导师，法学博士。

王银宏　男，中国政法大学法律史学研究院副院长、副教授、博士生导师，法学博士。

赵晓耕　男，中国人民大学法学院教授、博士生导师，法学博士。

高浣月　女，中国政法大学教授，法学博士，中国政法大学党委副书记兼组织部部长、马克思主义学院院长。

张德美　男，中国政法大学法学院教授，法学博士。

李启成　男，北京大学法学院教授、博士生导师，法学博士。

李　超　男，中国政法大学法学院法律史研究所副所长、副教授，法学博士。

出版说明

为了深化教学改革，提高教学质量，中国政法大学教材编审委员会组织中国政法大学长期从事教研的专家、学者，打造一套在全国有重大影响的中国政法大学精品系列教材。

本套教材力求适应高等教育教学改革的新要求，面向并体现 21 世纪高等教育的新思想和新观念，在内容上注意吸收国内外教育、科研的最新成果，正确阐述本学科的基本理论、基础知识，努力做到知识性、理论性和实践性的统一。具体地讲，本系列教材的编写力求体现以下特征：

一、权威性。本套教材的编写人员在专业领域中具有较高学术水准、丰富的实践经验和教学经验，从而确保了每种教材在本学科领域中具备权威影响力。

二、基础性。本套教材体现"三基"，即基本概念、基本理论和基本体系，保证传授知识的完整性和系统性。

三、新颖性。本套教材体现"三新"，即知识点新、法律法规（司法解释）新、体例新，给读者呈现出一道全新而前沿的知识盛宴。

四、实用性。本套教材注重理论和实践相结合，重视收集典型案例、整理资料索引、编写多种引导学生自测的思考练习。

五、针对性。本套教材主要是针对本科生撰写的，但对研究生入学考试和相关职业考试也有重要的参考价值。

本套教材编写体例上继承了传统教材的优点，做到科学、规范、统一，并力求有所创新，以适应新世纪高等教育发展的全新要求。

参与编写本套教材的人员，或为学界有重要影响的学科带头人，或为在各自领域有较大影响的学术骨干，或为学术研究中崭露头角的学科新秀，他们均是具有丰富教学经验的一线教师，深谙教育教学的特点与规律。本套教材即是他们在教学和研究领域长期钻研的结晶。

　　本套教材的出版虽经长期酝酿、反复推敲，但疏漏之处在所难免，希望读者不吝指正。

中国政法大学教材编审委员会
2007 年 8 月

前　言

　　中华法律文明源远流长，在人类法律文明史上独树一帜。基于中国古代自然、社会等多种条件与因素，孕育、生长并发展起富有特色的法律制度与法律思想。中国古代内容丰富的法律制度与法律思想，配合其他制度、思想资源，有效保障了中华民族长期的统一、繁荣与进步。1840 年鸦片战争，西方列强以坚船利炮打开了中国的大门。面对危机，中国社会开始了全面的变革自救活动，在法律方面，启动以移植西方法律为主要内容的近代法制变革。

　　中国历史上的法律制度和法律思想相互影响、共同发展。本教材基于法律制度与法律思想的结合，系统论述中国历史上法律制度和法律思想的产生、演变与发展，既注重分析、概括不同时期法律制度的内容、功能与作用，也注重探讨、阐述不同时期法律思想、法律思潮对社会、制度的影响。

　　本教材是编写组的合作成果。按照章节顺序，具体分工如下：

朱　勇　第一章；

王银宏　第二章、第三章、第四章、第八章、第九章、第十八章；

赵晓耕　第五章、第六章、第七章；

高浣月　第十章、第十一章；

张德美　第十二章、第十五章；

李启成　第十三章、第十四章；

李　超　第十六章、第十七章。

编者
2020 年 6 月

| 目　录 |

第一章
华夏文明与中国法律起源

第一节 华夏文明的起源

一、华夏部落的兴起

根据历史传说，在距今约 5000－6000 年的新石器时代后期，生活在黄河流域和长江流域的华夏先人先后形成三个相对稳定的部落联盟：华夏部落联盟、东夷部落联盟和苗蛮部落联盟。华夏部落联盟包括炎帝、黄帝、有虞氏（舜）及商人等部落，以黄河中上游为主要活动范围；东夷部落联盟包括太皋、蚩尤等部落，以中原东部为主要活动范围；苗蛮部落联盟包括三苗、伏羲、女娲等部落，以长江以南的地域为其主要活动范围。

为了资源的利用和分配，同时也出于早期人类所特有的原始激情和本能，三大部落联盟在发展自身力量以及相互交往中，较多地依赖体力上的搏击，依赖军事力量的征伐。三大部落联盟之间先后发生三次规模较大的暴力冲突。第一次征战发生于东夷联盟和华夏联盟之间。东夷的蚩尤部落向属于华夏联盟炎帝部落的共工氏发动进攻，共工战败。炎帝部落因共工氏的失败而向黄帝部落求援，与其结成炎黄大联盟，与东夷联盟展开第二次征战。炎黄联盟于涿鹿之野大战蚩尤部落，蚩尤被杀。第三次，炎黄联盟内部发生分裂，相互大战于阪泉，炎帝兵败，黄帝获胜。

在这种金戈铁马、血肉搏击的时代，部落联盟若要维系自身的存在与发展，保持在相互征战中不被消灭，其首要任务在于实现其内部的有序和力量的强大。不同部落之间各自相对稳定的地域，部落自身所具有的排外心理，使得人类本身天造地就的血缘关系在作为部落联盟内部联结纽带方面，发挥着不可替代的重要作用。

黄帝部落联盟在先后战胜蚩尤、炎帝之后，迅速拓宽疆域，扩展力量，散落于各地的诸多小部落、氏族，纷纷拥戴黄帝为中原盟主，因而在黄河流域形成了以黄帝部落为核心的部落大联盟。这一较为巩固的部落大联盟采取对外征战的方式，继续扩展势力，东征夷族，南伐苗蛮，向长江流域发展，先后形成陶唐氏、有虞氏、有夏氏的部落联盟。作为黄帝的后代，尧、舜、禹相继成为这个中央部落联盟的首领。

在生产、生活方式上，主要活动在黄河流域和长江流域的华夏先民已从狩猎、采集经济进入到以种植业、养殖业为主的原始农耕经济。尤其是在黄河流域，土地肥沃，资源丰富，为发展种植业和养殖业提供了便利条件。原始农业的发展，使得原先因渔猎、采集而经常处于迁徙状态的原始人群有了相对固定的生活栖息地，也使得他们有了相对过剩的生活资料，进而促成私有财产和私有观念的形成。

由于进行战争和组织生产的需要，在部落联盟内部形成越来越多的公共职能，并无例外地通过由血缘关系作为组织框架的原始共同体加以安排。随着公共职能的不断强化，社会分工渐趋细致，血缘关系也具有社会共同体联结纽带和社会成员等级身份划分标准的双重性质。

二、中华古文明的特点

从华夏文化的起源，我们可以看到以其为主要内容的中华古文明的基本特点。

作为中华古文明发端地的黄河流域，土地肥沃，资源丰富。在这较为优越的自然环境下，人类对生活资料的需求与自然界所能提供的数量之间的矛盾并不十分突出。人类竞争的基本形态是部落共同体之间的相互征战，而在共同体内部个体之间的竞争并没有充分展开；较早地出现以自给自足的自然经济为主体的经济形态，财产交换与经济交往被限制在极为有限的范围内；农耕经济的发展，进一步把社会个体固着于土地之上，形成人地相联、安土重迁的社会习俗。在这一特定的文明背景下，将社会个体从血缘家庭家长统治之下的家属身份解放出来，并在一定程度上使其成为新型社会共同体统治之下相对独立的社会个体的过程始终未能完成。相反，部落共同体不仅继续以血缘关系和婚姻关系作为联结纽带，紧紧地拴住所有亲属成员，而且还随着内部职能的增加，不断完善和发展自身的内在结构，加强其统辖和管理功能，并逐渐向早期的国家形态转变。

西周时期关于"绝地天通"的思想深刻影响着中国古代的观念意识。周人认为，上古时期，天地相通，神人共处。三大部落联盟相互征战之时，蚩尤甚至率领天地众神、山精水怪参与征战，并残害生民、作乱人间。黄帝之孙颛顼在继承权位之后，认为天地相连、神人相通，导致人类秩序难以维系，因此实施"绝地天通"，以整顿混乱的天地秩序。颛顼让自己的两个孙子"重"与

"黎"，将"天"与"地"分开，并对于"天""地"分别实施管理。《尚书·吕刑》："乃命重、黎，绝地天通，罔有降格。"从此，天地相隔，神人分处，天上之神与地上之人不得自由交往；在生活方式上，也不再相互干扰。地上生民开始根据自己的需要，构建秩序，创设文明。

在"绝地天通"、神人分立的同时，华夏先人基于对自然力的畏惧和对先辈、长者的尊崇，一定程度上保持着对自然神的信仰，并培育、发展起对祖先的崇拜。人们把已故的祖先当作超人的英雄，当作氏族、部落的保护神，希望通过对先祖的崇拜，求得先祖对后世子孙的保护。对祖先的崇拜活动，逐渐定期化，并形成固定的祭祀仪式。伴随着经常性的祭祀活动，以确定祭祀活动的程序与方式等为主要内容的习惯，也逐渐成为更加具体、明确，形成为部落社会所接受的行为规范——"礼"。在早期华夏文明中，"国之大事，在祀与戎"，祭祀活动在华夏先民那里占有极其重要的地位。人们的饮食、起居、交往、婚姻，都应获得先祖的认可和保佑，都应向先祖负责。因此，与祭祀相联系、并伴随着祭祀活动的发展而发展起来的"礼"，也从确定祭祀的程序、仪式等扩散，逐渐涉及人们生活的各个方面。

中原大地频繁发生的部落联盟之间的相互征战，是中华古文明发生与发展的重要契机。三大部落联盟的居住地域，东、南有大海，西、北有沙漠、山脉。《尚书·禹贡》称："东渐于海，西被于流沙。"由于地理条件的限制，部落联盟时期的三大联盟为拓宽领地、发展势力，只有一个可争取的空间——黄河中下游以及黄淮之间区域。三大联盟以及无数个小部落、氏族不约而同地在这一地区展开以相互征战为主要内容的生存竞争活动。在部落间相互征战的过程中，不同的民俗和习惯，不同的观念和意识，在接触和混杂中相互参照，逐渐融合，并萌生出中华古文化的初始形态。受其产生过程的影响，初始形态的中华古文明即带有明显的军事征战特征。

第二节　中国法律的起源及其特征

农耕经济的发展，血缘家庭的演进，天人相隔的观念意识，普遍流行的祖先崇拜，以及频繁的军事征战，从诸多方面影响着中华早期文明，对起源与形成过程中的国家与法律产生重大影响。

一、法律的起源

中国法律的产生，经历了一个漫长的演进过程。新石器时代后期，三大部落联盟出于对外扩张以及在相互征战中维系自身存在与发展的需要，更加注重内部秩序的建立和维持。部落联盟在职能机构的设置以及对不同类型社会关系的调整等方面，已形成大量处理争端的判决以及确定某些事项的决定，并进而形成性质各异、功能不同的规范体系。其中相当一部分已为社会所承认和接受，具有普遍适用性和一定程度的强制性，从而已初步具备法律的特征。

第一，确定部落联盟首长指挥权以及规制联盟各机构职责的管理规范，逐步形成，并发挥效力。为共同生活及进行战争和组织生产而确立的、以承担不同公共职能为直接目的的部落联盟内部机构逐渐分化，形成各有分工、相对独立，同时又相互配合的不同职能部门。为使各部门在履行其职能过程中能够相互协调，必须使在实践中形成的、旨在确定各部门职能及履行职能的程序的原始习惯进一步明确、固定，并且适应情况的变化而不断充实新内容。其中包括对部落联盟首长地位的确立，以及联盟首长对各职能部门的指挥权。

史书记载，三大部落联盟时期，黄帝部落已在其内部设立官职。《史记·五帝本纪》载：黄帝"以师兵为营卫，官名皆以云命，为云师。置左右大监，监于万国……举风后、力牧、常先、大鸿以治民。"帝尧时，以职能的不同，又分设不同的职官。尧的哥哥少皞挚根据部落机构职掌的不同，分设司分、司至、司启、司闭、司徒、司马、司空、司寇、司事、历正以及五工正、九农正等官。[1]

舜受禅让任部落首领以后，在建立部落机构、确立部落管理制度、加强部落公共管理职能等方面，采取一系列措施。使原已具有国家雏形的部落联盟机构进一步向具有典型意义的国家机构转化。[2]据《史记·五帝本纪》载，舜任用了由其直接统辖的高级职官22名，包括治水平土的司空，播时百谷的后稷，敬敷五教的司徒，分管狱讼的士，管理百工的共工，分管祭祀的秩宗，分管律吕音乐的典乐，分管出纳帝命的纳言，分管十二州事务的州牧等。在职官的任用方式方面，舜还较大程度上听从部落长老"四岳"的意见。但舜自己已拥有职官任用的最终决定权，而且就职后的职官也直接向舜负责。舜与他所任用的职官之间已形成初步的君臣关系。据《尚书·益稷》记载，帝舜要求重臣禹忠于自己，作其股肱耳目，并具体规定了他的职责。[3]随着部落联盟管理机构的扩大和内部职能的增加，用以确定管理机构行为方式的规范也逐渐完备。《淮南子·氾论训》："昔者，神农无制令而民从，唐虞有制令而无刑罚"。

第二，要求部落成员以及臣服部落定期缴纳财物的贡赋制度及相关规范逐

---

[1] 参见《左传·昭公十七年》。
[2]《尚书·周官》："曰：唐虞稽古，建官惟百……夏商官倍，亦克用乂"。《礼记·明堂位》："有虞氏官五十，夏后氏官百，殷二百，周三百。"
[3]《尚书·益稷》："帝曰：'臣作朕股肱耳目。予欲左右有民，汝翼；予欲宣力四方，汝为；……予欲闻六律五声八音，在治忽，以出纳五言，汝听；予违，汝弼……'"

步形成。部落联盟内部机构在职能上的分化直接导致机构数量增加，逐渐衍生出一个脱离生产、脱离战争的专职管理群体。为向管理人员提供必要的生活资料，以确保职能机构的正常运转，同时也为保证部落联盟在整体上协同行动，解决一些特殊需要，部落联盟要求部落成员交纳一定数量的物质产品。这种要求从最初的临时性、不定期性，逐渐固定化、定期定量化，进而形成一种在适用上具有普遍性和强制性的习惯与制度。不仅部落成员承担交纳物质产品的义务，在部落间相互征战中战败、并臣服的部落也必须承担向战胜部落交纳物质产品的义务。

黄帝在其盟主地位确立后，即要求向其臣服的部落定期交纳财物，否则干戈相见。《史记·五帝本纪》："轩辕乃习用干戈，以征不享。"禹受帝舜之命，继承父业而平土治水。经过十年左右的时间，禹用疏导的方法，终于治理了水患。帝舜命禹平土治水的目的，不仅在于治水，更重要的在于"平土"。在治理水患的同时，巡察四方，将已臣服的部落作地理上的区划，分为九州。同时，依据土地的肥瘠程度，依据与帝舜的臣服关系，确定不同标准的贡赋等级。为保证帝舜的命令顺利到达臣服的部落，加强中央部落与臣服部落的联系，尤其是保证贡赋的顺利交纳，禹还疏通了通往臣服部落的道路。[1]

依据土地肥沃的程度以及与中央部落距离的远近，禹将九州的土地划分为九等，同时，将应向中央部落交纳贡赋的数量也划分为九等。[2]《礼记·王制》记载，虞舜时，就已有"市廛而不税，关讥而不征，夫圭田无征"的制度。《史记·夏本纪》称："自虞、夏时，贡赋备矣"。可见，在帝舜之时，规定臣服部落向中央部落交纳财物的贡赋制度以及与贡赋相关的各项规范就已相当完备。

第三，针对侵害部落群体或部落成员行为，对行为人施以肉体惩罚的规范逐步形成，并体系化。随着部落联盟势力的扩大，其内部事务也逐渐繁杂。原先以成员自身对群体依赖的信念以及群体舆论的评价来维系部落秩序的习俗，已难以继续奏效。某些成员的行为对部落内部既定的秩序造成严重的损害。为了维持部落内部正常的社会秩序，处理那些严重侵害他人或部落群体的行为，以部落机构的名义，对于行为人施以某种报应性惩罚的做法逐渐固定化。惩罚的目的在于使行为人遭受切实的痛苦，以致于不敢再次实施侵害行为；同时，

---

〔1〕《尚书·禹贡》："禹别九州，随山浚川，任土作贡。"
〔2〕据《史记·夏本纪》，九州及其土地、贡赋等级分别为：冀州，田：中中，赋：上上；兖州，田：中下，赋：下下；青州，田：上下，赋：中上；徐州，田：上中，赋：中中；扬州，田：下下，赋：下上；荆州，田：下中，赋：上下；豫州，田：中上，赋：上中；梁州，田：下上，赋：下中；雍州，田：上上，赋：中下。

也让部落其他成员了解实施侵害行为的后果，进而起到一般性威慑作用。类似惩罚措施的多次施行，渐而形成一种具有崭新意义的新型行为规范。

部落联盟时期，在南方的苗族以及中原的黄帝部落分别产生方法各异的刑事处罚种类。生活于长江流域的苗民，基于其独特的生活习性，创造了以割鼻、割耳、破坏生殖功能以及在脸上刺字的残酷的刑罚种类。《尚书·吕刑》载："苗民弗用灵，制以刑，惟作五虐之刑曰法。杀戮无辜，爰始淫为劓、刵、椓、黥，越兹丽刑并制，罔差有辞。"而在中原地区黄帝之时，也已形成用以作为实施惩罚根据的强制性行为规范。《商君书·画策》："神农之世，男耕而食，妇织而衣，刑政不用而治，甲兵不起而王。神农既没，以强胜弱，以众暴寡……内行刀锯，外用甲兵……"以刀、锯为工具实施惩罚，均为身体性惩罚，多直接对行为人身体的某个器官或肢体加以破坏性重创，既给被罚者造成痛苦，也消除或减弱其身体功能。帝尧之时，沿用这种体罚方式。[1]

帝舜之时，原已具有国家雏形的部落联盟机构进一步向具有典型意义的国家机构转化。各机构的公共管理职能进一步分化，维护占据统治地位的阶级、群体的利益成为各机构的首要任务。而有关机构设置、职能确定、人员选任和考核等项制度的建立，以具有普遍适用性和强制性的行政法律规范为前提，这些规范或者以命令的方式，或者以惯例的方式存在。同样，以划分土地等级、确定贡赋类别为主要内容的经济法律规范也初步形成，并在协调中央部落与臣服部落关系、维系中央部落各机构的运转等方面，发挥重要作用。而规定犯罪与处罚的刑事法律更是受到特别的重视，因而有重大发展。这样，帝舜之时，以规范行政管理机构和管理职能、与土地品级相关的贡纳、赋献等级以及规定犯罪与处罚等内容的强制性行为规范体系已初步形成，一个较为完备的法律制度伴随着社会的进步与文明的发展而在华夏国家中显现。

二、法律起源的基本特征

由于中国地理环境及华夏先民生产方式、生活方式的特殊性，造成国家产生与民族形成道路的特殊性，导致中国法律的起源，也具有自己独到的一些特点。

（一）战争与法律

中国法律的起源，首先具有"兵刑合一"、刑法受到特别重视的特点。

中华古文明发生与发展的重要契机是部落联盟之间的相互征战。通过征战，加强了交流、沟通与融合，推进了文明的演变与进步。征战的历史是漫长的。不仅在华夏、东夷、苗蛮三大部落联盟时期，即便是在黄帝部落联盟屡屡获胜、

---

[1] 《国语·鲁语上》："尧能单均刑法以仪民。"

取得中央盟主地位后，部落之间的征战仍然频繁发生。在黄帝部落联盟取得中央盟主地位以后，中央部落的统治者即已初步形成唯我独尊、外邦臣服的观念。这一观念在华夏联盟尧、舜、禹统治时期进一步强化。所有的外邦，作为向中央盟主臣服的部落，必须尊崇中央盟主，听从中央盟主的号令和调遣，并且按时向中央盟主交纳贡赋。如有违反，即为作乱。对于作乱的部落，中央盟主有权讨伐。在中央盟主看来，讨伐作乱的部落，不是两个平等部落之间的战争，而是自己以中央盟主的身份对臣服部落不服从管理的讨伐。讨伐、镇压作乱部落的目的，既在于削弱作乱部落的力量、迫使其臣服，也在于杀一儆百、威慑其他部落，以巩固自身中央盟主的地位。

部落联盟早期，部落内部秩序的维系，主要通过个体对群体的依赖，依靠部落的舆论，或者通过行为方式、财产分配方面的制裁。剥夺生命以及肉体处罚，主要实施于部落之间的征战以及对待异族俘虏。随着部落联盟的扩大，部落事务逐渐繁杂，特别是随着部落首领以及管理集团的特殊利益受到重大挑战之时，原先只是针对异族俘虏的处罚方式也被引入到部落内部管理。强制性行为规范中最能有效保护部落联盟贵族特殊利益的"刑法"，渐具雏形。

无论是外部讨伐之"兵"，还是内部处罚之"刑"，其主要目的都是维护部落联盟首领以及管理集团的特殊地位与特殊利益；其手段也在一定程度上吻合：剥夺生命，残害肢体。二者的主要区别在于被处罚对象、处罚规模上的区别。前者受处罚的是部落或氏族整体，是其全部成员，因此是"大刑"；后者受处罚的对象是个体，因而是"中刑"或"薄刑"。《汉书·刑法志》称："大刑用甲兵，其次用斧钺；中刑用刀锯，其次用钻凿；薄刑用鞭扑。大者陈诸原野，小者致之市朝。"《商君书·画策》称：黄帝之治，"内行刀锯，外用甲兵"。对内以刀锯施刑，对外以甲兵讨伐，目标的一致性，方法上的相互参照，体现了兵刑合一、刑起于兵的刑法起源特点。

与此同时，由于相互征战在确定部落之间关系中的特殊作用，以甲兵、斧钺为惩罚手段的"大刑"频繁实施，因而有关适用"大刑"的相关规范也逐渐确立，包括在何种情况下实施大刑，实施大刑的机构、程序以及具体方法等。而这一切，又在很大程度上带动"中刑"与"薄刑"相关规范的发展。与其他规范相比，刑事规范受到特殊的重视。法律观念、法律制度随着中华文明的进步而逐步确立，而在这一过程中，与刑法相关的观念和制度则首当其冲，一直处于法律发展的前沿。

（二）血缘与法律

中原地区肥沃的土地与四季分明的季节，使得以种植养殖业为主的农耕经济迅速发展。各部落逐渐形成聚族而居、安土重迁的生活习俗。在这一基础之上发展起来的部落管理机制，较多地融入了血缘因素。同时，在三大部落联盟之中，华夏先民自发形成对于祖先的崇拜与祭祀，而未产生完全超脱于人自身的自然神。基于上述因素，中国法律的起源，与国家起源一样，在很大程度上受到血缘、婚姻因素的影响，也表现出与血缘、婚姻因素的密切关联。

中国国家的起源和国家职能的演进，走了一条通过部落联盟机构的职能分化和完善内在结构的方式，使其直接转化为国家机构的特殊道路。新国家机构与旧部落联盟机构的直接传承关系，使得旧机构中联结个体成员的血缘、婚姻纽带继续在新机构中发挥重要作用，并成为新社会结构的基本骨架。形成过程中的法律，也受到血缘、婚姻因素的影响，而作为新社会结构基本骨架的血缘、婚姻关系也受到法律的特殊保护。史料记述：黄帝部落联盟主导中原大地之时，即根据内部社会结构确定要明确君臣、父子、兄弟、婚姻等关系[1]

（三）祭祀与法律

西周时期，基于"绝地天通"的观念，统治者致力于人、神相隔的人间秩序构建。在这一秩序之中，人类主宰自身的命运并安排自身的关系，神的因素逐渐淡化。而在人、神之间，先世祖宗承担着抚慰现世子孙心灵、护佑现世子孙未来的作用与功能，并由此产生具有普遍意义的祖先崇拜。

在华夏先人中产生的祖先崇拜意识，通过一定的典礼、仪式，逐渐演化为具有宗教性质的祖先祭祀。在华夏先民看来，祖先作为部落的英雄，死后成为具有超人力量的神灵；现世子孙通过定期的崇拜、祭祀活动，沟通与祖先之间的情感，因而祈求祖先对自己的保护。部落联盟时期，部落首领掌握祭拜祖先的主导权，部落首领以与祖先直接对话的方式来固化自己对于部落联盟的统领与管理。

由于祭祀活动与现世子孙的安全、生活直接联系，又成为部落联盟首领强化自己地位的有效手段，因此祖先祭祀活动受到华夏先民特别的重视。直到战国时期，人们仍保持这一传统，将祭祀与战争相提并论，称"国之大事，在祀与戎"[2]。

祭祀是向一种看不见、摸不着的精神与力量的崇敬与祭拜，是一种祭拜当时没有反馈的活动。因此，祭拜是否得体，是否符合被祭拜对象的要求，只能通过严格的礼仪、程序来确定。在部落联盟首领与长老的推动下，逐渐形成一整套礼仪、程序规则。从参与祭祀者的身份限制，到祭祀现场参与者的位置，

---

〔1〕《商君书·画策》："故黄帝作为君臣上下之义，父子兄弟之礼，夫妇妃匹之合。"
〔2〕《左传·成公十三年》。

从祭拜语言到祭拜动作，从祭拜管理的分工，到违反礼仪的处理，所有这一切，都逐步形成严格的习俗、规则。

祭祀折射世俗。祖先祭祀活动作为部落联盟时期全部落的大事，受到全体部落成员的重视与参与。而在祭祀现场参与者所展现的身份、地位、作用，正是部落社会世俗身份、地位、作用的真实反映。在部落联盟首领以及长老的推动下，祭祀活动所形成的习俗、规则，特别是祭祀规则中反映部落成员不同地位、身份、作用的差别，也逐渐扩散至部落社会世俗的生活、管理之中。部落联盟同样以强制力保证上述习俗与规则的实施。随着部落联盟后期国家机构与职能的逐渐成形，这些与祭祀相关的行为规范以"礼"的形式进一步发展，并受到国家强制力的保护。

（四）裁判与法律

中国法律的产生，与其他文明中法律的起源一样，也体现了"由裁判到立法"的特点。初民社会，人们并未意识到需要一个统一的、具有强制性约束力的行为规范体系来维系社会的存在和发展。只是在社会实践中，不断出现一些需要某个权威机构加以协调、处理，甚至作出裁决的事件。这些协调、处理的结果以及裁决不断积累，一方面，成为其后处理同类事件的参照，另一方面，也为从所有裁决中抽象出一些基本标准或原则创造了条件。[1]

法律产生于判决，产生于相关的决定。从因财产交易的争执而作出的判决中，逐渐抽象出一系列带有普遍性的标准或原则，进而固化为民事法律；同样，从对严重破坏社会秩序、侵害统治阶级利益者给以惩罚的判决中，逐渐产生刑事法律规范；而在有关公共职能机构的设置及其运作方式的决定中，在有关民众及社会共同体应向中央机构交纳贡赋的决定中，分别产生出具有行政法、经济法性质的法律规范。

史书记载，帝舜任用皋陶为"士"，执掌刑罚。皋陶的直接任务有二：第一，审案断狱，对于各种严重违反部落联盟秩序的行为，以及侵害部落联盟首领和长老利益者给予刑事处罚；第二，收集、整理各类犯罪行为以及相对应刑事处罚的案例，作为今后处理此类行为的参照与依据。[2]《尚书·大传》称：

---

[1] 英国法律史学家梅因（Henry Maine）这样描述法律的产生："可以断言，在人类初生时代，不可能想象会有任何种类的立法机关，甚至一个明确的立法者。法律还没有达到习惯的程度，它只是一种惯行。用一句法国成语，它还只是一种'气氛'。对于是或非唯一有权威性的说明是根据事实作出的司法判决，并不是由于违犯了预先假定的一条法律，而是在审判时由一个较高的权力第一次灌输入法官脑中的。"［英］梅因：《古代法》，沈景一译，商务印书馆1959年版，第5页。

[2]《尚书·舜典》："帝曰：'皋陶，蛮夷猾夏，寇贼奸宄，汝作士，五刑有服，五服三就，五流有宅，五宅三居，惟明克允。'"《竹书纪年》："帝舜三年，命皋陶作刑。"

"夏刑三千条"。夏朝尚属于国家和法律产生的早期,不可能形成如此数量的规范性刑事法律条款,因此,"夏刑三千条"应指有关刑事处罚的判决数。

图1 皋陶像

(五)民族融合与法律

中国法律的起源还表现出民族大融合的特征。

三大部落联盟之间的相互征战,促成了不同部落之间的相互交往。不同的生活习俗,不同的管理方法,在相互接触中交流、融合。史书记载,在不同的部落,形成了不同的刑事惩罚方式。

黄帝之时,中原部落联盟实行兵刑合一之制,刑事惩罚方式以使用的工具区分,包括五种:甲兵,斧钺,刀锯,钻筈,鞭扑[1]。尧舜之时,尚有流、放、窜、殛等刑事惩罚[2]。在长江流域的苗蛮部落,则独立地产生另一种风格的刑事惩罚方法,即所谓"五虐之刑"[3]帝舜时期受苗蛮部落刑事处罚的启发,将早期仅限于战争时期,或者和平时期对待异族俘虏的肉体刑,也适用到本部落内部成员。但具体实施方式,也只是采取"异其章服"的"象刑",以示对于受罚人的处罚与羞耻。

苗民所创制的"五虐之刑"极端残酷,但由于能够更有效地起到惩罚犯罪、维持秩序,特别是维护统治阶级利益的作用,因而很快为中原部落所采用,并从"异其章服"的"象刑",逐渐发展到实际执行。中国历史上形成的奴隶制五刑以及与五刑同时实施的其他刑事惩罚方法,即以直接来自不同部落联盟实行

---

〔1〕《国语·鲁语上》。

〔2〕《汉书·刑法志》。

〔3〕《尚书·吕刑》。

的惩罚方法为原型。

三、法律的基本功能

在法律的起源及早期发展过程中，思想家从不同角度概括描述法律，并形成不同的法律概念。古代与"法律"相关的概念有"法"、"律"、"刑"、"令"、"典"等[1]各概念在含义上有时略有区别，有时又相通使用。历代思想家结合法律的起源及法律的功能，并基于各自的理解，对法律作了不同的解释。

（一）强制性行为规范

中国古代思想家认为，"法律"的最基本含义是具有强制性的行为规范。通过法律的实施，将所有社会成员的行为统一于国家所限定的范围之内。

社会的存在与发展，国家统治的稳定与延续，以其自身的内部有序性为基本前提。而作为社会个体的人，由于对切身利益的考虑，由于思想、意识的差异，也由于自身生理、心理素质和情绪水准的不同，在其个体行为方面，会有千差万别。一方面，社会个体基于自身利益考虑或受情绪冲动影响的自觉行为，各有区别；另一方面，对于一定的外部行为，不同的社会个体可能产生不同的反应。个体行为与反应的区别，均有可能对社会有序性造成一定的破坏，进而从整体上影响社会的存在与发展，危害国家统治秩序。为了防止个体行为对社会有序性的破坏，国家必须确定一定的行为界限，规定统一的行为规范，并以国家强制力，保证这些行为规范的有效实施。

《尔雅·释名》："法，（逼）也，逼而使之，有所限也"；"律，累也。累人心使不得放肆也"。法律以"逼"与"累"的方式，限制个体的行为，使个体的行为符合国家所确定的界限。个体的行为如果违反准则，超出界限，即构成对法律的侵害，因而须受到国家强制力的制裁。

《管子》称："法者，天下之程式也，万事之仪表也。"[2] 该书还这样定义"法"："尺寸也，绳墨也，规矩也，衡石也，斗斛也，角量也，谓之法。"[3] 根据这一解释，法律成为社会上各类行为的基本程式，成为测定体积、容积、重量、长度、角度、方圆的基本规范。而这一程式或规范，均成为国家所做出的强制性约定，受到国家强制力的保护。

作为维持政权统治、稳定社会秩序、规范个体行为的强制性行为规范，古代法律在内容上是多方面的。既包括以刑杀为极端性惩罚措施的刑事法律，也

---

[1]《尔雅·释诂》："典、彝、法、则、刑、范、矩、庸、恒、律、戛、职、秩，常也。柯、宪、刑、范、辟、律、矩、则，法也。"

[2]《管子·明法》。

[3]《管子·七法》。

包括规定国家管理机构在设置、职能、程序等方面内容的行政性法律，规定编户齐民缴纳贡赋、租税的经济性法律，还包括一些涉及婚姻、继承及民间财产流转、交易的民事性法律。与中国传统习俗相联系，古代法律中还有大量的规定祭祀资格与程序的祭祀类法律。

（二）实现社会公正的准绳

社会的存在与发展，需要建立在一定的秩序之上。而秩序的内涵，既包括与统治阶级利益的吻合，也包括一定程度上的社会公正。在早期人类文明中，社会公正的基本要求是资源的平均分配与权利义务的一体对待。

夏、商、周三代处于国家初建时期。与世界其他文明古国一样，国家产生初期，等级制度是最基本的政治、社会制度。全体社会成员以血缘、政治、经济、军事等标准，被分作不同的社会群体，并分别处于不同的社会地位，享有不同权利，承担不同义务。与国家初建相适应，法律制度也进入初步发展期。由于法律自身的特性，在其自身发展过程中，逐渐显现对公平、正义的要求。法律的实施，需要借助国家强制力；但法律本身，应该具有为社会所认可、为社会所接收的内部条件。这一条件就是法律具有公平对待全体社会成员、确定全体社会成员基本相当的权利、义务关系。法律只有在其同时具备外在强制性、内在一定程度的公正性时，它才能更有效地起到维持国家统治、稳定社会秩序、调整社会关系的作用。中国历史上法律概念的发展，在体现其外在强制性的同时，也表现出对内在公正性的要求。

《慎子》论述法律设置的目的在于"立公弃私"。"故蓍龟所以立，公识也；权衡所以立，公正也；书契所以立，公信也；度量所以立，公审也；法制礼籍所以立，公义也。凡立公，所以弃私也。"[1]

为了体现对法律公正性质的要求，中国古代思想家以水的公平无偏来描述法律的特征。《说文解字》在解释"法"的古字"灋"时说："灋，刑也。平之如水，从水；廌，所以触不直者去之，从去"。"廌"又名"獬豸"，相传为一种独角兽，能够分辨人与人之间相互冲突中谁有理、谁无理。对于无理者，用其独角触抵。

战国时期成书的《淮南子》从法律对于社会成员应一体对待的角度进一步论述了法律的公正性。《淮南子·主术训》说：法律是民众必须遵守的规范，是君主实施统治的准绳。对于违反法律者，必须给予惩罚；而对于守法者，则应给予奖励。对于违法者，即使其身份尊贵，也不能减轻处罚；同样，对于违法

---

[1]　《慎子·威德篇》。

图2　獬豸（中国政法大学图书馆）

者，不能因为当事人身份卑贱而加重处罚。只有这样，才能实现社会公道。[1]

等级制度下对法律公正性的要求，主要体现在两个方面：其一，对于处在同一等级的社会成员，赋予相同权利，并要求履行相同义务。进而实现等级内部的相对公正。其二，对于全体社会成员，包括具有不同社会地位、处于不同等级群体的社会成员，在某些权利、义务方面，要求一体对待，从而淡化或者不考虑等级间的区别。在中国等级制度相沿数千年、等级观念渗透在社会各个方面的特定背景下，法律正是通过等级内部的均平和等级之间的一体对待实现其相对公正性，以有限的方式起到实现社会公正准绳的作用。

（三）兴功惧暴，扬善抑恶

人的本性之一是趋利避害。基于这一本性，社会个体的行为对国家统治和社会秩序会产生不同的作用。为维护国家统治，稳定社会秩序，国家统治者赋

─────────────

〔1〕《淮南子·主术训》："法者，天下之度量，而人主之准绳也。县法者，法不法也；设赏者，赏当赏也。法定之后，中程者赏，缺绳者诛。尊贵者不轻其罚，而卑贱者不重其刑；犯法者虽贤必诛，中度者虽不肖必无罪，是故公道通而私道塞矣。"

予法律以兴功惧暴、扬善抑恶的作用。统治者以是否有利于国家统治、是否有利于社会稳定为标准，确定个体行为的"功"与"暴"、"善"与"恶"，进而以法律的强制力，分别对待。镇压、打击危害国家统治、危害社会秩序的犯罪行为，并进而对民众起到威慑作用；庆赏、鼓励维护国家统治、维持社会秩序的行为，为整个社会树立榜样，从总体上达到巩固统治基础、推动社会进步的目的。

商鞅说：人口增加，导致邪恶、争斗产生，因此制定法律，以禁奸止邪[1]。韩非说：只有法律，才能禁止邪恶的发生，统一民众的行为[2]。韩非还说："法者，宪令著于官府，刑罚必于民心，赏存乎慎法，而罚加乎奸令者也。"[3]《管子》称："古者未有君臣上下之别，未有夫妇妃匹之合，兽处群居，以力相征。于是智者诈愚，强者凌弱，老幼孤独不得其所。故智者假众力以禁强虐，而暴人止"[4]。

（四）定分止争，确定权利归属

社会秩序所面临的最大挑战是人们对权与利的追逐。受利益原则的驱动，不同的社会群体或个人会采取种种手段，以争取各种利益。当这种行为超出国家与社会所允许的范围，就会造成对现实秩序的危害。当某种权力或利益尚没有明确的归属，也就是说，每一社会群体，每一社会个体，都有可能成为该项权力或利益的拥有者时，对该项权力或利益的追逐将会异常激烈。相反，若某项权力或利益已有明确的所有人，其他社会力量对其追逐的激烈程度，即会相对较弱。基于这一认识，中国古代立法者重视法律在确定权利归属问题方面的作用。

韩非作了一个比喻，郊外发现一只兔子，很多人均跟随追逐，以图占为己有；市场上卖兔者遍地，但无一人去抢兔。为什么？韩非说，原因在于市场上所卖之兔已有主人，其所有权的名分已定；而郊外之兔尚为无主物，其所有权的名分未定，谁能抓住即归谁所有。名分不定，权利归属不定，即易引起争执；若名分已定，权利已有其主，则争执会减少。《管子》说："律者，所以定分止争也。"[5] 荀子说："人生不能无群，群而无分则争，争则乱，乱则离，离则弱，弱则不能胜物。"[6] 因此，需要立法建制，确定并保护名分。

---

[1] 《商君书·君臣》："民众而奸邪生，故立法制，为度量以禁之。"
[2] 《韩非子·有度》："故矫上之失，诘下之邪，治乱决缪，绌羡齐非，一民之轨，莫如法；属官威民，退淫殆，止诈伪，莫如刑。"
[3] 《韩非子·定法》。
[4] 《管子·君臣》。
[5] 《管子·七臣七主》。
[6] 《荀子·王制篇》。

（五）实施政治统治的工具

实施政治统治，巩固现实政权，这是法律的首要任务。法律以其强制性、可操作性而成为重要的统治工具。荀子说，法律是治理国家的工具；[1] 实现国家统治的强大、实现社会秩序的稳定，关键在于有效利用"礼"与"刑（法）"这两项工具。[2]

维持国家稳定，巩固政权基础，其重要任务有二：第一，使构成社会主体的全体民众安于现状，满足于在现政权统治下的生活；第二，使国家机构的主体——百官群僚，忠于现实制度，忠于君主，实现君主对整个社会的统治意图。古代立法者和思想家从这两个方面设计法律的功能，强调法律在治理百姓万民与统辖百官群僚两方面的工具作用。"夫法令者，人君之衔辔棰策也，而民者，君之舆马也。"[3] "明主之所道制其臣者，二柄而已矣。二柄者，刑德也。何谓刑德？曰：杀戮之谓刑，庆赏之谓德。为人臣者畏诛罚而利庆赏，故人主自用其刑德，则群臣畏其威而归其利矣。"[4]

---

〔1〕《荀子·君道》："法者，治之端也。"
〔2〕《荀子·成相》："治之经，礼与刑。"
〔3〕（东汉）王符《潜夫论·衰制》。
〔4〕《韩非子·二柄》。

第二章

夏商法律

根据史书记载，在公元前 21 世纪，夏启建立夏王朝，被视为中国历史上第一个王朝，即所谓"夏传子，家天下"。据载，夏朝存在四百余年，在夏桀统治时期被商所灭。商汤在公元前 16 世纪建立商朝，商朝后来迁都至殷（今安阳），因此商朝又被称为"殷"或"殷商"。商朝存在约六百年，在商纣王统治时期被周所灭。夏商时期属于中国古代法律发展的早期，夏商法律也体现出古代文明早期法律的基本特征。

第一节 夏商时期的"神权法"思想

在远古时期，人们的生存环境较为恶劣，对自然界的事物和自然现象的认识有限，存在着很多当时人不能理解和解释的事物，对于风雨雷电等现象也多有敬畏。泛灵论在早期的诸多民族中多有存在，认为万物皆有灵。这些崇敬神灵的现象及其产生的宗教观念是当时人类生活和社会环境的产物。据载，夏商时期存在浓厚的图腾崇拜和祖先崇拜，并在政治统治和国家治理方面产生了神权法思想，将神灵（上天）视为统治的基础和合法性来源。

一、"受命于天"

夏商统治者宣称自己是受上天的委托、秉承上天的旨意进行统治的，即"受命于天"。例如，《尚书》记载："有夏服天命"[1]，"有殷受天命"[2]，"天乃佑命成汤，降黜夏命"[3]。对于商朝的产生，《诗经》也记道："天命玄鸟，降而生商"[4]。这一方面赋予其统治的神圣性，另一方面赋予其统治的权威性，不但使其统治具有合法性，"受天命"而进行统治，而且以"天命"作为发号施

---

[1] 《尚书·召诰》。
[2] 《尚书·召诰》。
[3] 《尚书·泰誓》。
[4] 《诗经·商颂·玄鸟》。

令和强制镇压的观念基础。由此，统治者的统治和发布的命令、颁行的法律都是"神意"的体现，是不可违背和不容置疑的。

关于商朝的文献记载及出土的甲骨文中多有商朝人尊崇上帝（上天）的内容。例如，甲骨卜辞中的记载：

"今二月帝不令雨！"

"帝令雨足年？帝令雨弗其足年？"

"王□邑，帝若！"

"贞卯帝其降凸（祸），十月。"[1]

类似的记载不在少数，商人对于上帝的崇拜可见一斑。商朝统治者将政治统治与对祖先的崇拜和对上帝的崇拜联系在一起，由此亦可说明统治者的为政所行之事来源于"上天"或祖先的安排，是根据上天或祖先的意旨而进行的。不仅如此，《礼记·表记》记载："殷人尊神，率民以事神，先鬼而后礼。"[2]通过"尊神""事神"加强与"神"（上天）的沟通和交流，也期望以此得到"神"（上天）的眷顾和垂青。陈梦家先生认为，祖先是商王和上帝之间的重要媒介，"殷之先公先王先祖先妣宾天以后则天神化"，"先公先王可上宾于天，上帝对于时王可以降祸福、示诺否，但上帝与人王并无血缘关系。人王通过先公先王或者其他诸神而向上帝求雨祈年，或祷告战役的胜利。"[3]

二、"恭行天罚"

根据神权法的思想观念，统治者不仅"受命于天"进行统治，还"恭行天罚"[4]，将自己对其他部族或反对势力的征伐或惩罚宣称为"恭行天之罚"[5]，即秉承上天的旨意而进行征伐或惩罚。夏启在征伐有扈氏时就声称是"恭行天之罚"："天用剿绝其命，今予惟恭行天之罚。"[6] 商汤灭夏时也是打着"上帝"的旗号进行的，《尚书·汤誓》记载："有夏多罪，天命殛之"，商汤还说道，因"夏氏有罪"，"予畏上帝，不敢不正。"因其敬畏"上帝"，征伐夏是"上帝"的旨意，所以商汤灭夏是"恭行天罚"，不敢不去征伐。但是，商汤同时也申明自己因此所拥有的生杀予夺的权力："尔不从誓言，予则孥戮汝，罔有攸赦。"[7]

---

〔1〕　参见杨宽：《中国上古史导论》，上海人民出版社 2016 年版，第 46 页。

〔2〕　《礼记·表记》。

〔3〕　陈梦家：《殷墟卜辞综述》，中华书局 1988 年版，第 580 页。

〔4〕　《尚书·泰誓》。

〔5〕　《尚书·甘誓》。

〔6〕　《尚书·甘誓》。

〔7〕　《尚书·汤誓》。

《礼记·曲礼》载："卜筮者，先圣王之所以使民信时日，敬鬼神，畏法令也；所以使民决嫌疑，定犹与也。"根据解释，"君行法令，若依卜筮而为之，则民敬而畏之也。"[1] 依此，"神判"、依卜筮而施行法令可视为根据上天的旨意施行法令，更容易使民众敬畏，进而更有利于统治阶层的统治和维护其利益。

第二节 夏朝法律

由于文献记载和出土资料的匮乏，我们对夏朝法律及相关内容所知不多，只能从零散的文献资料中略知一二。

《左传·昭公六年》记载："夏有乱政，而作禹刑。"一般认为，"禹刑"应是后人对夏朝法律的总称，其具体内容已不可考。《尚书大传》载："夏刑三千条"，汉代郑玄将"夏刑三千条"解释为："大辟二百，膑辟三百，宫辟五百，劓、墨各千……"虽然其中可能有后人附会和发挥的成分，但是可以推测夏朝的刑罚或已初具体系，并且在当时是以肉刑和死刑为主的刑罚体系。其中，大辟为死刑，膑刑为割除膝盖骨（或被释为砍去手足），宫刑为毁坏生殖器，劓刑即割去鼻子，墨刑为在面部刺痕后涂墨的刑罚。

《左传·昭公十四年》引用《夏书》的记载："昏、墨、贼，杀，皋陶之刑也。"叔向解释为："己恶而掠美为昏，贪以败官为墨，杀人不忌为贼。"[2] 意为：自己恶而想取得美名是"昏"，贪婪而玩忽职守是"墨"，杀人而没有顾忌称为"贼"[3]。有学者认为，"昏""墨""贼"这三类侵犯人身和财产的重大犯罪在夏朝也是作为犯罪予以严惩的，以此维护当时的社会秩序。

统治者的命令是国家权力的重要体现，也是"神意"的体现，因此是不容违背的，违背统治者的命令要受到严厉处罚。《尚书·甘誓》记载，夏启在征伐有扈氏之前宣告："左不攻于左，汝不恭命；右不攻于右，汝不恭命；御非其马之正，汝不恭命。用命，赏于祖；弗用命，戮于社，予则孥戮汝。"对于"不恭命""弗用命"等行为都要予以严惩。《尚书·甘誓》记载的这些内容被视为体现了夏朝军事法的相关内容，而"誓"是夏朝军事法的重要形式，也是中国古代最早的法律形式之一[4]。

---

〔1〕（汉）郑玄注、（唐）孔颖达疏：《礼记正义》，龚抗云整理、王文锦审定，北京大学出版社1999年版，第94页。

〔2〕《左传·昭公十四年》。

〔3〕李梦生撰：《左传译注》，上海古籍出版社2004年版，第1063页。

〔4〕李力等著：《古代远东法》（何勤华主编"法律文明史"第3卷），商务印书馆2015年版，第122页。

《世本·作篇》记载："夏作赎刑。"《尚书·吕刑》也记载："训夏赎刑。"《路史·后记》记载："夏后氏罪疑惟轻，死者千馔，中罪五百，下罪二百。"关于夏朝是否存在"赎刑"是有争论的，但这些内容对于我们了解当时的状况可作为参考。

《左传·襄公二十六年》引用《夏书》的记载："与其杀不辜，宁失不经。"这可以被视为夏朝法律适用的一个原则，即司法官员在处理案件时，宁可不循"常法"，也不能错杀无辜者。

除了"刑"之外，"礼"也是当时法律的重要内容。孔子说："殷因于夏礼，所损益可知也；周因于殷礼，所损益可知也。"[1] 由此，夏朝的"礼"对于后世商周时期的"礼"产生重要影响。"礼"不仅是当时祭祀、祈福等活动的重要内容，而且对于规范个体行为，确定等级、身份、地位也起到重要作用，在当时的社会生活中具有规范性意义。

根据文献的记载，夏朝设有司法机关和监狱等国家机构，并设置相应的官职。《礼记·明堂位》记载："夏后氏官百。"夏朝的中央司法官为"大理"。夏朝囚禁罪犯的监狱称为"圜土"。《竹书纪年》记载："（帝芬）三十六年，作圜土。"[2]《竹书纪年》还记载："（帝癸）二十二年，商侯履来朝，命囚履于夏台。"[3]《史记·夏本纪》记载："乃召汤而囚之夏台。""夏台"也被看作夏朝的监狱或者起到监狱的作用。

第三节　商朝法律

商灭夏建立统治之后，在夏朝法律的基础上进一步发展自己的法律及相关制度。

《晋书·刑法志》记载："夏后氏之王天下也，则五刑之属三千，殷周于夏，有所损益。"《左传·昭公六年》记载："商有乱政，而作汤刑。""汤刑"被看作商朝法律的总称，商朝法律是在"损益"夏朝法律的基础上发展而来的，其具体内容亦已佚失。《竹书纪年》记载："（祖甲）二十四年，重作汤刑。"[4] 祖甲统治时期距商汤建立商朝已经过去好几百年，为适应当时社会情势的发展变化，因而对原来的"汤刑"加以修订。

商朝还存在商王之"令"这一法律形式，即商王发布的命令。甲骨文中的

---

〔1〕《论语·为政》。
〔2〕《竹书纪年·帝芬》。
〔3〕《竹书纪年·帝癸》。
〔4〕《竹书纪年·祖甲》。

"王大令"卜辞较多地保存了当时"令"这种法律形式的内容,"大令"则指商王针对国家日常生活中的一些重大事件而发布的命令。[1]

为加强对官吏的管理和治理,商朝"制官刑"。《尚书·伊训》记载了伊尹在商汤去世之后对即位的太甲的训导,其中说道:"制官刑,儆于有位。曰:敢有恒舞于宫,酣歌于室,时谓巫风;敢有殉于货色,恒于游畋,时谓淫风;敢有侮圣言,逆忠直,远耆德,比顽童,时谓乱风。惟兹三风十愆,卿士有一于身,家必丧;邦君有一于身,国必亡。臣下不匡,其刑墨,具训于蒙士。"这里将"三风十愆"的行为上升到能导致"丧家""亡国"的高度予以重视,无论邦君,还是卿士,都不得违反,被视为当时的"治官之法"。

商朝沿袭夏朝刑法的部分罪名,同时也根据自身统治的特点对一些特殊的行为进行处罚,如"违反天命""不遵天命"等严重不利于统治阶级统治和维护社会秩序的行为。《韩非子·内储说上》记载:"殷之法,夫弃灰于公道者断其手。"子贡认为处罚过重,问于孔子,孔子的回答是:"夫弃灰于街必掩人,掩人人必怒,怒则斗,斗必三族相残也。此残三族之道也,虽刑之可也。"[2]此外,《吕氏春秋》引《商书》记载:"刑三百,罪莫重于不孝。"[3]"不孝"等违反家庭伦理秩序的行为构成严重犯罪,要予以严惩。

据载,商朝的刑罚体系仍以墨、劓、剕、宫、大辟为主。除文献记载之外,出土的甲骨文中也记载有相关的刑罚。商朝的刑罚和酷刑种类繁多,有炮烙、醢、脯、烹等。这体现出当时刑罚的严酷性。

商朝早期的王位继承实行"兄终弟及"为主、"父死子继"为辅的制度。盘庚迁都以后,"父死子继"逐渐在"兄终弟及"和"父死子继"这两种继承并存的发展过程中成为王位继承的主要方式。到商朝晚期,则基本确立起"有妻之子而不可置妾之子"[4]的嫡长子继承制。

商朝统治时期已初步形成中央、地方两级管理机构,其司法制度亦初具规模,可分为中央和地方两级司法机构。在中央,商王掌握着最高司法权,其下设司寇,职掌司法。在地方,京畿地区设有"士"与"蒙士",其他地方司法官为"正"与"史",处理所辖地方的案件。

在神权法思想盛行的商朝,其司法审判也具有神判的色彩。相关甲骨卜辞

〔1〕 李力等著:《古代远东法》(何勤华主编"法律文明史"第3卷),商务印书馆2015年版,第136 – 139页。

〔2〕《韩非子·内储说上》。《史记·李斯列传》记载:"故商君之法,刑弃灰于道者。"顾颉刚等人也认为,此为秦法而非"殷之法"。

〔3〕《吕氏春秋·孝行》。

〔4〕《吕氏春秋·仲冬纪·当务》。

表明，当时经常有卜者参与司法活动，通过占卜的方式来进行审判并决定施行特定的刑罚。

商朝的监狱称为"圜土"。《墨子·尚贤下》记载："昔者傅说居北海之洲，圜土之上。"此外，《史记·殷本纪》记载："纣囚西伯羑里。""羑里"也被视为当时的监狱或监狱场所。

图3　羑里城（位于今河南省汤阴县）

第三章

西周法律

　　周部族有着悠长的历史，其始祖名弃，根据《史记·周本纪》的记载，弃"好耕农，相地之宜，宜谷者稼穑焉，民皆法则之。帝尧闻之，举弃为农师，天下得其利，有功……封弃于邰，号曰后稷，别姓姬氏"。之后，周人不断发展壮大，在商朝统治后期，周文王姬昌被封为西伯侯。公元前 11 世纪，商王朝内部政治腐败，对外掠夺压迫，导致众叛亲离，周武王率军经过牧野之战推翻商朝统治，建立周朝。在周平王于公元前 770 年东迁洛邑之前的周朝统治时期通称"西周"。西周是中国法律发展史和法律文明史上的重要时期，这一时期的法律思想、法律制度及国家治理的经验对后世产生重大影响。

第一节　立法思想与立法活动

　　尽管夏商的统治者都宣称自己的统治是"受命于天"，但是他们的统治最后都被推翻，周人也认识到仅靠"天命观"并不能有力地解释为何"受命于天"的商朝统治会被自己推翻并且自己的统治也是"受命于天"。周人在之前"天命""天罚"观念的基础上进一步提出"以德配天"的思想及"礼治"的思想原则，以此巩固并维护自己的统治，对后世的法律思想和法律制度产生深远影响。

一、立法思想

（一）"以德配天"思想

　　《礼记·表记》记载："周人尊礼尚施，事鬼敬神而远之。"周人在之前的天命神权思想的基础上同时提出"德"的观念和"以德配天"的思想理论，将"德"和"天命"联系起来，认为"天命"不是固定不变的，仅有"天命"和上天的眷顾并不足以保证建立和维护自己的统治，统治者有"德"，才有资格"受天命"，并得到民众的支持和拥护。所以，"天命"是建立统治的核心和基础，但是获得"天命"不是无条件的，所谓"天命靡常"[1]，而"丕显文王，受天有大命"[2]，有"德"的周文王获得"天命"的支持。因此，商朝的统治被推翻是因为其"失德""无德"，"不敬厥德"[3]，并由此失去"天命"。由此，西周统治者认识到"德"的重要性，有"德"者才能获得"天命"的支持，即"皇天无亲，惟德是辅"[4]。在此基础上，只有顺民情、得民心才能"以德配天"。

"以德配天"的根本内容是"保民"。周公曾以古人之言告诫康叔要把民众作为镜子来观察和反思自己："人无于水监，当于民监。"[5]统治者要体恤民生，认识到民众耕种稼穑的艰难，即"知小人之依"[6]，"怀保小民"[7]，只有"敬天保民"，才能获得"天命"。所以，《尚书·泰誓》记载："天视自我民视，天听自我民听。"

在"以德配天"的基础上，西周统治者还提出"明德慎罚"[8]的思想。《尚书》中多次记载周公言及"明德慎罚"，如《尚书·康诰》记载："惟乃丕显考文王，克明德慎罚"，《尚书·多方》记载："以至于帝乙，罔不明德慎罚，亦克用劝。"这里指出，从成汤到帝乙都是阐明德教，谨慎刑罚的，即使囚禁和处死罪犯也是为了劝诫民众。所以，"明德慎罚"一方面要求统治者"尚德""敬德"，关心体恤民众，通过"德"来教化民众，另一方面要求统治者谨慎刑罚，不"乱罚无罪，杀无辜"[9]。所以，"明德慎罚"思想并不排斥刑罚，而是主张导民向善，先德教后刑罚。

"明德慎罚"的思想是对"以德配天"思想的进一步发展，后世的儒家在此基础上发展成为"德主刑辅"的思想，成为中国古代治国理政的重要思想原则和经验总结。

（二）"礼治"思想

"国之大事，在祀与戎。"[10]而礼源于祭祀，《左传·成公十三年》记载："君子勤礼……勤礼莫如致敬……敬在养神。"《说文解字》对"礼"的解释是：

---

〔1〕《诗经·大雅·文王之什》。

〔2〕《大盂鼎铭》。

〔3〕《尚书·召诰》。

〔4〕《左传·僖公五年》引《周书》。

〔5〕《尚书·酒诰》。

〔6〕《尚书·无逸》。

〔7〕《尚书·无逸》。

〔8〕《尚书·康诰》。

〔9〕《尚书·无逸》。

〔10〕《左传·成公十三年》。

"礼，履也，所以事神致福也。"甲骨文中就有"礼"字，其义跟祭祀有关。"礼"的产生与神权法思想有着密切联系。

《论语·雍也》记载："君子博学于文，约之以礼。"《礼记·仲尼燕居》记载："言而履之，礼也……礼之所兴，众之所治也；礼之所废，众之所乱也。"所以，"礼"是需要人去实践和履行的东西，包括祭祀仪式和礼节以及日常生活中应予遵守的礼节规范等，在历史发展的过程中，"礼"也具有国家治理和维护社会秩序的功能，用以区分社会成员之间的身份和等级，调整社会关系。《论语·为政》记载："殷因于夏礼，所损益可知也；周因于殷礼，所损益可知也。"在西周初年，周公在夏商礼制的基础上，经过斟酌损益，制成"周礼"，《左传·文公十八年》记载："先君周公制周礼"，即所谓的"周公制礼"。"周礼"的内容十分广泛，包括当时政治法律制度与伦理道德规范等诸多方面的内容。所以，《礼记·曲礼》记载："道德仁义，非礼不成；教训正俗，非礼不备；分争辨讼，非礼不决；君臣上下父子兄弟，非礼不定；宦学事师，非礼不亲；班朝治军，莅官行法，非礼威严不行；祷祠祭祀，供给鬼神，非礼不诚不庄。"

西周时期的"礼治"以宗法制为基础。西周的宗法制建立在血缘关系的基础上，并且与政治关系高度一致，形成"家""国"一体的宗法政权体制。西周的宗法制以血缘关系的亲疏和嫡长子制为核心确立起不同层次的"大宗""小宗"系统和宗法关系。其中，周天子为天下的"大宗"，是西周的最高统治者，其"大宗"身份由嫡长子继承；周天子的同姓兄弟成为天下的"小宗"，被分封到各诸侯国，但是，各诸侯在其封国内又是封国的"大宗"，其"大宗"身份也由嫡长子继承，在封国内具有血缘和政治上的最高身份。其下的卿大夫是诸侯国内的小宗，但同时又是其采邑内的"大宗"，也实行嫡长子继承制。这种以血缘关系为基础的"大宗""小宗"关系同时也是政治上的等级关系，由此形成一种严格区分"大宗"和"小宗"，"小宗"必须尊奉"大宗"的宗法等级身份制度。西周的宗法制是一种以血缘关系为纽带、以嫡长子继承制为核心的维护贵族世袭统治的制度，同时也在形式上形成一种金字塔式的分封制。所以，周天子既是家族血缘关系上的"天下共主"和"大宗"，又是政治上的"周王"，同时行使家族和政治两方面的最高权力，实现对国家的统治。

西周的宗法制和"礼治"的核心是"亲亲""尊尊"。《礼记·大传》载："亲亲也，尊尊也，长长也，男女有别。""亲亲父为首"，以"孝"为核心，强调父慈子孝，兄友弟恭，目的在于"分亲疏，序长幼"，维护宗法伦理。"尊尊君为首"，以"忠"为核心，强调君贤臣忠，目的在于"别贵贱，序尊卑"，维护政治秩序。在西周的宗法制下，宗法伦理上的"亲亲"与政治秩序上之"尊尊”紧密结合，将“忠”和“孝”统一起来，也因此实现“礼治”秩序和政治统治的目标。所以，《礼记·文王世子》载：“父子、君臣、长幼之道得，而国治。”

“以德配天”思想与“礼治”思想不仅对西周的政治与法律制度产生重大影响，也对后世产生重要影响。

二、立法活动

周在灭商之前即已制定相应的法律。《左传·昭公七年》记载：“周文王之法曰‘有亡荒阅’，所以得天下也。”周文王时的“有亡荒阅”之法即对逃亡之人进行大肆搜捕的法律。

西周初年制定《九刑》。《左传·昭公六年》记载：“周有乱政，而作《九刑》。”一般认为，《九刑》是西周成王时所作刑书。有学者认为，《九刑》即“九种刑罚之谓”，即墨、劓、剕、宫、大辟五刑，加之鞭、扑、流、赎，这九种刑罚同时也是《九刑》的体例篇目。《九刑》针对当时的一些犯罪规定了相应的刑罚，对于维护当时的统治和社会秩序起到重要作用。《史记·周本纪》记载：“成康之际，天下安宁，刑错四十馀年不用。”

西周中期制定《吕刑》，又称“甫刑”。据载，西周中期穆王时命吕侯“作修刑辟”，制定《吕刑》。[1]《吕刑》的内容已佚失，但是从《尚书·吕刑》的记载可以窥见当时所作《吕刑》的相关内容。《尚书·吕刑》主要记载了当时的司法制度、罪疑从轻、慎刑、“刑罚世轻世重”、赎刑等方面的原则和内容。

除上述“周礼”、《九刑》、《吕刑》之外，西周统治者所发布的命令也具有法律效力，包括诰、誓、命等。

“礼乐刑政”，综合为治，是中国古代国家治理的理想模式。其中，礼是国家治理的基础和根本，“礼、乐、政、刑”四者相互联系，紧密配合，各自发挥不同的功能，共同维护国家的统治。[2] 根据《礼记·乐记》，“乐由中出，礼自外作”，礼和乐相辅相成，具有不同的功能和作用：“乐者，天地之和也；礼者，天地之序也……乐由天作，礼以地制。”[3] 所以，“先王导之以礼乐而民和睦”。[4] 在“礼”“乐”通达的社会中，“暴民不作，诸侯宾服，兵革不试，五刑不用，百姓无患。”[5] 但是，并非所有的社会都能“礼义立”，“乐文同”。因

---

〔1〕《史记·周本纪》记载：“诸侯有不睦者，甫侯言于王，作修刑辟。王曰：吁，来！有国有土，告汝祥刑。”
〔2〕张晋藩：“论中华法制文明的几个问题”，载《中国法学》2009年第5期。
〔3〕《礼记·乐记》。
〔4〕《荀子·乐论》。
〔5〕《礼记·乐记》。

此，除了礼、乐之外，治理国家还需要政与刑。《礼记·乐记》区分了礼、乐、政、刑的不同作用："礼节民心，乐和民声，政以行之，刑以防之。礼乐刑政，四达而不悖，则王道备矣。"所以，实现国家之治，需要礼、乐、刑、政协同配合，共同实施。礼、乐、刑、政的手段和方式虽有不同，但是最终目的都是一样的，即实现"王道"和"治道"。

基于"礼、乐、政、刑"的不同功能和作用，周公制礼作乐，立政设刑，"礼、乐、政、刑"的关系集中体现为"礼"与"刑"的关系。在政治实践中，"礼"与"刑"（"法"）互相联系、互为补充、相辅相成，即"礼之所去，刑之所取，失礼则入刑，相为表里者也"〔1〕。但是二者的功能和作用各有侧重，根据《大戴礼记》的记载，"礼"的功能主要在于德教，即"贵绝恶于未萌，而起教于微眇，使民日从善远罪而不自知也"〔2〕，"礼者，禁于将然之前；而法者，禁于已然之后。"〔3〕"礼"与"刑"在适用对象方面也有区别，即所谓"礼不下庶人，刑不上大夫"〔4〕。但是，这并不意味着"礼"不适用于"庶人"，"刑"不适用于"大夫"，而是指对于"庶人"和"大夫"，各有其适用的"礼"和"刑"。

第二节　刑事法律

与夏商时期的法律相比，西周法律在内容上具有明显的进步性，并且体现出较高的文明化程度，形成一些较为合理的刑法原则和较为完整的刑罚体系。

一、刑法原则

西周时期的刑事法律虽然保障贵族等级特权，但同时也体现出"明德慎罚""重民"等思想，具有一定的进步性和进步意义。

（一）矜老恤幼

《礼记·曲礼》载："八十九十曰耄，七年曰悼。悼与耄，虽有罪，不加刑焉。"《周礼·秋官·司刺》规定："一赦曰幼弱，再赦曰老耄，三赦曰蠢愚。"据此，七岁以下的幼童以及八十岁以上的老人犯罪，不予以刑事处罚。这些内容体现出"明德慎罚"、矜老恤幼的政策，同时也表明当时的统治者开始注意到幼童、老人以及"蠢愚"等人在认识能力和行为能力方面的不足以及他们对社会的危害性较小，所以对这些人的犯罪行为不施以刑事处罚，目的在于更好地

---

〔1〕《后汉书·郭陈列传》。

〔2〕《大戴礼记·礼察》。

〔3〕《大戴礼记·礼察》。

〔4〕《礼记·曲礼》。

实现惩罚犯罪、维持统治秩序的目的。

（二）区分故意与过失、惯犯与偶犯

根据记载，西周时期的法律对于故意犯罪、过失犯罪以及惯犯、偶犯有了明确的区分，认识到故意犯罪和惯常犯罪具有较大的社会危害性。根据《尚书·康诰》的记载，西周法律明确区分"眚"与"非眚"、"惟终"与"非终"。"眚"为过失，"非眚"为故意；"惟终"为惯常，"非终"为偶而为之。若行为人所犯是"非眚"、"惟终"，虽然罪小，"乃不可不杀"；若行为人所犯为"眚"、"非终"，则所犯虽为"大罪"，"时乃不可杀"。

（三）罪疑从轻，"众疑赦之"

《尚书·吕刑》载："五刑不简，正于五罚；五罚不服，正于五过……五刑之疑有赦，五罚之疑有赦，其审克之。"对于处以"五刑"有疑义的，则减轻处罚，以"五罚"论之；对于处以"五罚"有疑义的，并且是过失犯罪，则"正于五过"予以赦免。根据《尚书·吕刑》的记载，对于处以墨、劓、剕、宫、大辟有疑义的，均可以"赎刑"的方式，分别缴纳相应数量的财物之后则予以宽免刑罚。此外，《礼记·王制》载："疑狱，泛与众共之；众疑，赦之。"对于有疑义的案件，应广泛地听取民众的意见，若大家都认为是有疑问的，则予以赦免。

（四）"上下比罪"，"列用中罚"

《尚书·吕刑》提出"上下比罪"的原则，即法律中没有明确规定的，按照罪行的轻重，比照有关规定予以定罪量刑。《礼记·王制》也载："凡听五刑之讼……必察小大之比以成之。"在刑事法律发展的早期，"上下比罪"的原则可以在很大程度上弥补法律规定的不足，有利于维护统治阶级的统治和当时的社会秩序，但同时也使定罪量刑有较大的随意性。此外，《尚书·吕刑》还提出，"上刑适轻，下服；下刑适重，上服。轻重诸罚有权。"[1] 意为若犯了重罪，应从轻处罚的，则以轻刑处罚；若犯了轻罪，应从重处罚的，则处以重刑，刑罚的轻重可以根据实际情况权衡斟酌，其要求则是"兹式有慎，以列用中罚"[2]，即谨慎地处理案件和进行司法审判，根据法律施以适当的刑罚，罚当其罪。

二、主要罪名

根据文献资料的记载，西周时期的罪名涉及危害国家安全、妨害社会秩序、危害人身安全、危害财产安全以及破坏家庭伦理等诸多方面。

---

[1]《尚书·吕刑》。
[2]《尚书·立政》。

（一）危害国家安全的犯罪

这类犯罪主要有"违犯王命"、诽谤周王[1]、左道乱政等。例如，《国语·周语》载："犯王命必诛。"《礼记·王制》记载："析言破律，乱名改作，执左道以乱政，杀。"

（二）妨害社会秩序的犯罪

《礼记·王制》记载："作淫声、异服、奇技、奇器以疑众，杀；行伪而坚，言伪而辩，学非而博，顺非而泽，以疑众，杀；假于鬼神、时日、卜筮以疑众，杀。"《尚书·酒诰》载："群饮，汝勿佚，尽执拘以归于周，予其杀。"

（三）危害人身安全的犯罪

这类犯罪主要有杀人、伤人等。根据《周礼·秋官》的记载，"凡杀人者，踣诸市，肆之三日"[2]，"凡伤人见血而不以告者、攘狱者、遏讼者，以告而诛之。"[3]

（四）侵害财产安全的犯罪

这类犯罪主要有盗窃或侵害他人的财物、牛马、奴隶等。《尚书·费誓》载："马牛其风，臣妾逋逃，勿敢越逐……乃越逐不复，汝则有常刑"，"逾垣墙，窃马牛，诱臣妾，汝则有常刑。"

（五）破坏家庭伦理的犯罪

这类犯罪主要有不孝、杀亲等。《尚书·康诰》载："元恶大憝，矧惟不孝不友。"《周礼·秋官·掌戮》载："凡杀其亲者，焚之。杀王之亲者，辜之。"

三、刑种

与夏商时期相比，西周时期已经大致形成较为系统的刑罚，其"五刑"仍以肉刑为主，包括墨、劓、荆、宫、大辟五种刑罚，大辟的执行方式较多，包括"磬""斩""焚""踣""辜""磔"等。《尚书·吕刑》记载："五刑之属三千"，其中"墨罚之属千，劓罚之属千，荆罚之属五百，宫罚之属三百，大辟之罚其属二百"。

根据《尚书·吕刑》的记载，若对于处以上述这五种刑罚有疑义的，均可通过"赎刑"免其刑罚，对照前述"五刑"也分为五等，即为"五罚"："墨辟疑赦，其罚百锾，阅实其罪；劓辟疑赦，其罪惟倍，阅实其罪；荆辟疑赦，其罚倍差，阅实其罪；宫辟疑赦，其罚六百锾，阅实其罪；大辟疑赦，其罚千锾，阅实其罪。"

---

[1] 《史记·周本纪》记载，周厉王时，"国人谤王"，"王怒，得卫巫，使监谤者，以告则杀之。"
[2] 《周礼·秋官·掌戮》。
[3] 《周礼·秋官·禁杀戮》。

除"五刑""五罚"之外，西周时期还存在其他一些刑罚，包括具有劳役刑性质的"圜土"之制和"嘉石"之制以及鞭刑、流刑等。关于"圜土"之制，《周礼·秋官·大司寇》载："以圜土聚教罢民。凡害人者，置之圜土而施职事焉，以明刑耻之……其不能改而出圜土者，杀。"对于"能改者"，根据罪行的轻重分别关押三年、二年、一年后予以释放。根据《周礼》的记载，"圜土"之制是一种使犯罪者既不"亏体"又不"亏财"的处罚[1]。关于"嘉石"之制，《周礼·秋官·大司寇》记载："以嘉石平罢民。凡万民之有罪过而未丽于法而害于州里者，桎梏而坐诸嘉石，役诸司空。重罪，旬有三日坐，期役。其次九日坐，九月役。其次七日坐，七月役。其次五日坐，五月役。其下罪三日坐，三月役。使州里任之，则宥而舍之。"据此，根据罪行的轻重，"嘉石"之制规定的罚坐于嘉石的时间分为五等，分别是十三天、九天、七天、五天、三天，其相对应的服劳役时间分别是一年、九个月、七个月、五个月、三个月。

第三节　民事法律

西周时期，宗法等级制度下的民事活动主要受到"礼"和习俗的规范与调整，到西周中后期，随着社会的发展，民事和经济活动进一步活跃，以调整财产关系和婚姻家庭关系为主要内容的民事法律规范得到进一步发展，并在社会生活中发挥重要作用。

一、所有权

在农业社会中，土地是最基本的生产资料，也是最重要的财产。在西周，周天子在名义上享有对天下土地的所有权，即"溥天之下，莫非王土"[2]。周天子通过分封制的方式"授民授疆土"，将天下的土地和人民分封给同姓和异姓诸侯。但是，分封制下的诸侯并未完全获得受封土地的所有权，而只是获得对受封土地的使用和收益权，周天子有权收回已经分封的土地。

在西周中期以后，随着宗法制和王权的衰微，周天子对各地诸侯的约束力和控制力减弱，土地所有权也发生一定的变化，出现买卖和交换土地的现象。出土的西周青铜器铭文中就有关于买卖、交换土地的记载。例如，五祀卫鼎铭文记载了西周恭王五年正月发生的土地交换情形，并且在执政官员的主持下办理相关手续，解决了土地纠纷。格伯簋铭文则记载了当时用马来交换土地的情形。

---

[1]《周礼·秋官·司圜》："凡圜土之刑人也，不亏体；其罚人也，不亏财。"
[2]《诗经·小雅·北山》。

图4　格伯簋

二、契约

随着民事和经济活动的发展，西周时期的买卖、交换、借贷、租赁等形式的民事关系得到进一步调整和规范，形成不同性质的民事契约。

《周礼·天官·小宰》载："听卖买以质剂。"当时的买卖契约为"质剂"。质剂分为长短两种，长者为"质"，短者为"剂"，[1]"质"用于买卖奴隶、牛马等，"剂"用于买卖兵器、珍玩等。买卖行为由"质人"负责管理，《周礼·地官·质人》载："质人掌成市之货贿、人民、牛马、兵器、珍异。""质剂"是买卖行为的重要凭据，发生纠纷时可作为司法判决的重要依据[2]。

《周礼·天官·小宰》载："听称责以傅别。"当时的债被称为"责"，借贷契约为"傅别"，也称为"判书"，在中间写字后从中间分开，双方各执一半，是官府在处理借贷纠纷时的重要依据。《周礼·秋官·朝士》载："凡有责者，有判书以治，则听。"

---

〔1〕《周礼·地官·质人》："凡卖儥者质剂焉，大市以质，小市以剂。"
〔2〕《周礼·秋官·士师》："凡以财狱讼者，正之以傅别、约剂。"

　　从文献记载和出土的青铜器铭文可以看到，西周时期不仅存在买卖契约、借贷契约，还存在租赁契约、保管契约等内容多样的契约。鬲攸从鼎铭文的内容反映了当时的租赁契约情况。该铭文记载的是因承租人攸卫牧违反契约规定、拒绝缴纳租金而引起的诉讼案件，经审理，判决攸卫牧败诉并承担违约责任。鬲攸从鼎铭文的内容反映了当时的土地租赁和租赁契约的情况。[1]

三、婚姻家庭制度

　　在西周的宗法制下，当时的婚姻家庭及继承制度带有明显的宗法性特征。西周的婚姻家庭及继承制度也在后世产生深远影响。

（一）婚姻制度

　　《礼记·昏义》载："昏礼者，将合二姓之好，上以事宗庙，而下以继后世也。"在宗法制下，婚姻的主要目的，一方面繁衍后代和宗法之承续，另一方面在于联结异姓，壮大宗族力量。

　　基于长期的生活经验，人们发现近亲结婚所生育的后代在体力和智力上会有一定的缺陷，认识到"男女同姓，其生不蕃"[2]，所以，西周时期有"同姓不婚"的原则。此外，实行"同姓不婚"的原则还带有社会和政治目的，即前述联结异姓，"合二姓之好"，壮大宗族力量，因此，《礼记·郊特牲》说："夫昏礼……取于异姓，所以附远厚别也。"

　　婚姻关系的成立需基于"父母之命，媒妁之言"[3]，《诗经》也记载："取妻如之何，必告父母"，"取妻如之何，匪媒不得。"[4] 此外，婚姻关系的成立需经过一定的程序和仪式，即所谓"六礼"：纳采、问名、纳吉、纳征、请期、亲迎。纳采，即男方家长请媒人向女方家长提亲；问名，即请媒人问清楚女方的姓名，以防同姓为婚；纳吉，即男家将女方姓名及相关情况在祖庙中告知祖先，并占卜吉凶；纳征，即男家向女家送聘礼，征即币帛、聘礼之意；请期，即男家经占卜后决定婚期并告知女家；亲迎，即男方奉父母之命到女家迎娶女方到男家举行婚礼。"六礼"是娶妻的程序和仪式，所以，《礼记·内则》记载："聘则为妻，奔则为妾。"

　　婚姻成立的禁止性条件，除上述"同姓不婚"之外，还有"居父母丧不婚"，即在父母的丧期内不得结婚，丧期一般为三年。《大戴礼记·本命》记载："始死，三日不怠，三月不解，期悲号，三年忧，恩之杀也。"

　　西周时期在解除婚姻方面也形成了一定的制度，主要为"七出三不去"。

〔1〕　胡留元、冯卓慧：《夏商西周法制史》，商务印书馆2006年版，第456-461页。

〔2〕　《左传·僖公二十三年》。

〔3〕　《孟子·滕文公下》。

〔4〕　《诗经·齐风·南山》。

"七出"，也称"七去"，即丈夫休妻的七种理由，包括"不顺父母""无子""淫""妒""有恶疾""口多言""窃盗"，《大戴礼记》对此的解释是："不顺父母去，为其逆德也；无子，为其绝世也；淫，为其乱族也；妒，为其乱家也；有恶疾，为其不可与粢盛也；口多言，为其离亲也；盗窃，为其反义也。"[1]《大戴礼记》也记载了对于解除婚姻的限制性内容，即"三不去"，在下列三种情况下，妻子即使有"七出"的情形，丈夫也不得休弃。"三不去"的具体内容为："有所取无所归，不去；与更三年丧，不去；前贫贱后富贵，不去。"[2]

（二）家庭和继承制度

西周在宗法制下确立起一夫一妻多妾制，夫妻之间的地位不平等，夫在家庭中居于主导地位，顺从丈夫被视为"妾妇之道"。《礼记·郊特牲》载："男帅女，女从男，夫妇之义由此始也。"所以，女性在家庭中没有独立的地位，要求"幼从父兄，嫁从夫，夫死从子"[3]。

西周的继承制度主要体现为宗祧继承与财产继承两个方面。在宗祧继承方面实行嫡长子继承的原则，即由妻所生的长子来继承父的身份、主祭权（即所谓的"大宗"），所谓"立嫡以长不以贤"。这也是宗法制的产物和必然要求。财产继承在很大程度上依附于宗祧继承，"大宗"在家族内的地位决定了其在宗族财产方面的支配权力。

第四节　司法制度

一、司法机构

在中央，周天子既是天下大宗和政治上的最高统治者，同时也是最高司法官。周天子之下的中央司法机构为司寇[4]，根据《周礼》的记载，当时"设官分职"，司寇"掌邦禁，以佐王刑邦国"。司寇分大司寇、小司寇，分别掌刑事政策和具体的诉讼案件。其中，大司寇由卿一人担任，"掌建邦之三典，以佐王

〔1〕《大戴礼记·本命》。

〔2〕《大戴礼记·本命》。

〔3〕《礼记·郊特牲》。

〔4〕有学者认为，西周中晚期的"司寇"的主要职掌是防治盗贼，维持治安，并非专职审判，西周青铜器铭文中出现的"司寇"并不能证明其专司司法审判。此外，当时的司寇的级别并不高，其爵位是大夫，而非《周礼》所记载的卿，认为《周礼》关于司寇的爵位为卿及其职掌的记载均为后人所为，《周礼》所记载的应是东周时期的情形。据相关研究，司寇在春秋时期逐渐专职化，专掌狱讼。参见李力等著：《古代远东法》（何勤华主编"法律文明史"第3卷），商务印书馆2015年版，第166-171页；王贻梁："周官'司寇'考辨"，载《考古与文物》1993年第4期；张亚初、刘雨：《西周金文官制研究》，中华书局1986年版。

刑邦国，诘四方"[1]。小司寇由中大夫二人担任，"掌外朝之政，以致万民而询焉……以五刑听万民之狱讼"[2]。司寇之下，还有士师、乡士、遂士、县士、司刺、司约、司盟、司圜、掌囚、掌戮等司法官吏，分掌不同的司法事务。但是，当时的司法职能并非专属于司法机构和司法官吏，根据文献记载和出土的青铜器铭文记载，其他机构官员也参与案件的审理。

在地方，诸侯本人掌诸侯国内的最高司法权，同时也设立相应的司法机构和专门的司法官，如司寇、士师等，分掌不同的司法事务及案件的审理。根据《周礼》的记载，例如，县士"掌野，各掌其县之民数，纠其戒令而听其狱讼，察其辞，辨其狱讼，异其死、刑之罪而要之"[3]。

二、诉讼制度

西周时期的诉讼制度在总结之前司法经验的基础上初步形成一些基本的司法原则。

西周时期的刑事诉讼与民事诉讼已经有了一定的区别。《周礼·秋官·大司寇》载："以两造禁民讼，入束矢于朝，然后听之。以两剂禁民狱，入钧金，三日乃致于朝，然后听之。"这里的"讼"类似于民事案件，"狱"类似于刑事案件。东汉郑玄注称："讼谓以财货相告者"，"狱谓相告以罪名者"。根据一般的理解，"束矢"（即一百支箭）和"钧金"（即三十斤铜）是当时需缴纳的诉讼费用。

在宗法等级制下，西周对提出控告予以一定的限制，禁止下告上、子告父。在诉讼时，要求双方当事人到场，《尚书·吕刑》载："两造具备，师听五辞。""两造"即双方当事人。但《周礼·秋官·大司寇》记载，"凡命夫命妇，不躬坐狱讼。"据此，"命夫命妇"在审判时不亲自到场受审。根据晚清孙诒让的解释，"命夫"即"有采地，命士以上至三公"，"命妇"为"卿大夫士妻之通称"。

在案件审理之前，当事双方需经"盟诅"。《周礼·秋官·司盟》载："有狱讼者，则使之盟诅。""盟诅"的目的在于让神灵惩罚和降灾于不如实供述者，保证双方所述的真实性，对于违背"盟诅"者要施以一定的处罚。

在审理中，当事方的供词具有重要意义，是案件判决的重要依据。所以，要求司法官"中听狱之两辞"[4]，不可偏听一面之辞。西周时期在司法实践中总结出辨别当事各方所述是否真实的基本经验，即"五听"。《周礼·秋官·小司寇》载："以五声听狱讼，求民情：一曰辞听，二曰色听，三曰气听，四曰耳听，五曰目听。"东汉郑玄对"五听"的解释是："观其出言，不直则烦；观其

---

〔1〕 《周礼·秋官·大司寇》。
〔2〕 《周礼·秋官·小司寇》。
〔3〕 《周礼·秋官·县士》。
〔4〕 《尚书·吕刑》。

颜色，不直则赧然；观其气息，不直则喘；观其听聆，不直则惑；观其眸子视，不直则眊然。"这种通过"察言观色"来判断分析当事人的供词是否真实可信的方式也被视为心理学在当时司法实践中的运用。

西周时期的司法活动在注重当事人供词的同时也注重证据的运用。《周礼·地官·小司徒》记载："凡民讼，以地比正之；地讼，以图正之。"涉及民众的赋税、徭役方面的争讼就依据当地的清查簿册来判决，有关土地的争讼则依据土地舆图来判决。《周礼·秋官·士师》载："凡以财狱讼者，正之以傅别、约剂。"凡是涉及财物诉讼的，依据当时签订的契约来裁决。根据《周礼》的记载，当时设立"司约"，"掌邦国及万民之约剂"[1]，还设立"司厉"，专门掌管盗贼的器物、财物，辨别其种类，标记其数量。[2]

在经过审理之后，司法官员要根据事实和证据，依法作出裁判。《尚书·吕刑》记载："惟察惟法，其审克之"，"其刑其罚，其审克之。"根据《尚书·吕刑》的记载，刑罚的轻重可以根据当时的社会状况来决定，要因时制宜，灵活调整，即"轻重诸罚有权，刑罚世轻世重，惟齐非齐，有伦有要"[3]。在遇有重大、疑难案件时，需要行"三刺之法"，即"一曰讯群臣，二曰讯群吏，三曰讯万民"，在充分听取他们的意见之后，决定从重或从轻处罚，决定施用重刑还是轻刑。[4]

---

〔1〕《周礼·秋官·司约》。

〔2〕《周礼·秋官·司厉》："司厉掌盗贼之任器、货贿，辨其物，皆有数量，贾而楬之，入于司兵。"

〔3〕《尚书·吕刑》。

〔4〕《周礼·秋官·小司寇》。

第四章

春秋战国时期的法律

公元前770年，周平王东迁洛邑，开始了中国历史上500余年的春秋战国时期。在春秋时期，虽然周王室衰微，"礼崩乐坏"，但周天子在名义上仍是"天下共主"，列国在攻伐时仍然打着"尊王攘夷"的旗号；然而，战国时期，各国"争于气力"[1]，各国为求富国强兵而实行变法，战争是各国不得不面对的事情。在春秋战国时期，社会动荡，制度变革，旧的政治、经济、社会制度已经不适应当时的情势，政治、经济、社会关系发生巨大变化。在当时的时代背景下，不仅思想文化领域出现了"百家争鸣"的局面，法律制度也处于变革发展之中。

第一节　立法思想与立法活动

一、社会发展与制度变革

春秋战国时期，随着社会生产力的发展以及社会结构改变，政治、经济、法律制度都处于历史上的转型和变革时期，人们的思想观念以及对政治、经济、社会的认知都发生了巨大变化。

首先，经济发展，社会变化。随着春秋战国时期社会生产力的发展，特别是冶铁技术的进步和铁制生产工具的广泛使用，促进了土地的开垦、农耕技术的进步和农业产量的提高，生产效率大大提高，经济的快速发展促进了社会生产方式的变革。同时，田地逐渐私有化，出现大量"私田"，原来的井田制逐步瓦解，同时产生了新的地主阶级、农民阶级及工商业者等社会阶层，社会的身份等级与阶层结构发生变化。

其次，"礼崩乐坏"，制度变革。春秋战国时期，周王室的权力和威望日益衰微，原来以血缘关系为基础的宗法制、分封制遭到破坏，随着诸侯国实力的

---

[1]　《韩非子·五蠹》。

增强，"礼乐征伐自天子出"转变为"礼乐征伐自诸侯出"，逐渐发展为"诸侯争霸"的局面，"诸侯专天子，大夫专诸侯"，"陪臣执国命"的现象时有发生，有实力的大夫成为诸侯国的实际统治者。据司马迁记载，"春秋之中，弑君三十六，亡国五十二，诸侯奔走，不得保其社稷者，不可胜数。"[1] 在这种情形下，加之各国之间战争频仍，原来的政治体制和统治方式已不能适应当时的发展需要，各国的土地、赋税、官制、法律等制度均发生变革。在此意义上，春秋战国时期的变革就是由"礼"到"法"的变革，在政治法律思想方面就是由"礼治"到"法治"的变革。[2]

再次，文化发展，"百家争鸣"。春秋战国时期，列国谋求在动荡的社会变化中实现发展和"自强"，在激烈的竞争中实现"富国强兵"，如何实现这种目标成为各国面临的重要问题。当时的思想家、政治家从当时的社会和政治现实出发，基于不同的立场和理论前提，对人性、国家、政治、法律、社会等诸方面的问题进行深入思考和探讨，著书立说，建言献策，儒家、法家、墨家、道家、阴阳家等学派纷纷登上历史舞台，使这一时期成为思想文化的"百家争鸣"时期。

二、立法活动与立法原则

（一）立法活动

春秋战国时期，社会经济的发展推动政治转型与法律变革，转型后的政治和变革后的法律制度又为当时社会经济的发展提供了保障。在春秋时期，楚国、晋国等诸侯国陆续进行法律变革，制定和实施新法。

楚国是春秋时期较早制定新法的诸侯国。公元前 689 年至公元前 677 年，楚文王"作仆区之法"，即"隐匿亡人之法"，用来惩治那些隐匿逃亡之人以及窝藏盗贼赃物的行为，"盗所隐器，与盗同罪"。[3] 公元前 613 年至公元前 591 年，楚庄王制定"茆门法"，主要规定宫廷警卫方面的内容。[4]

晋国在春秋时期曾多次制定新法。公元前 633 年，晋文公制定"被庐之法"。[5] 公元前 621 年，晋襄公命执政赵宣子制定"常法"，内容涉及定罪量刑、追捕逃犯、官吏管理等国家和社会治理的诸多方面。[6] 公元前 554 年至公元前 547 年，执政范宣子修订"常法"，制定新的"刑书"。[7]

---

〔1〕《史记·太史公自序》。

〔2〕张国华：《中国法律思想史新编》，北京大学出版社 1998 年版，第 35 页。

〔3〕《左传·昭公七年》及杜预注。

〔4〕《韩非子·外储说右上》。

〔5〕《左传·僖公二十七年》、《左传·昭公二十九年》。

〔6〕《左传·文公六年》。

〔7〕《左传·昭公二十九年》。

这些立法活动确立了一些新的制度，促进了春秋时期法律制度的进一步发展与变革，为战国时期各国的变法奠定了基础。

（二）立法原则

春秋战国时期的立法原则，主要表现在以下几个方面：

1. 公开易知。春秋时期的"公布成文法运动"在一定程度上打破了贵族统治阶层垄断法律的特权，法律规定的内容为民众普遍知晓。战国时期，各国在变法过程中，要求"行法令，明白易知"，这样民众可以知道何者可为，何者不可为，可以"避祸就福",[1] 更好地发挥法律的规制作用。韩非子也认为，将法律"布之于百姓"是制定和实施法律的必然要求。[2]

2. "事断于法"。在法家看来，法律是明断是非曲直的标准，也是衡量人们的行为是否违法犯罪的标准，亦即邓析所提出的"事断于法"[3] 的观念。早期法家的代表人物管仲认为，"法者，天下之程式也，万事之仪表也",[4] "尺寸也，绳墨也，规矩也，衡石也，斗斛也，角量也，谓之法",[5] 要求"君臣上下贵贱皆从法"[6]。商鞅明确主张"缘法而治"[7]，"垂法而治"[8]。韩非也强调法律的统一适用性，主张"言不二贵，法不两适"[9]，"明主使其群臣，不游意于法之外，不为惠于法之内。"[10]

3. "刑无等级"。商鞅明确提出"刑无等级"的观念，主张"自卿相将军以至大夫庶人，有不从王令、犯国禁、乱上制者，罪死不赦"，即使有功之人、为善之人以及"守法守职之吏"违反法律，也要按照法律的规定进行处罚，不因其功而"损刑"，不因其善而"亏法"。[11] 韩非进一步提出，"法不阿贵"，"刑过不避大臣，赏善不遗匹夫"。[12] 虽然法家主张"刑无等级"，但是并不意味着绝对没有等级特权的存在,[13] 相反，"刑无等级"原则的实施是以维护等级特权和君主的专制统治为前提的。

---

〔1〕《商君书·定分》。

〔2〕《韩非子·难三》："法者，编著之图籍，设之于官府，而布之于百姓者也。"

〔3〕《邓析子·转辞》。

〔4〕《管子·明法解》。

〔5〕《管子·七法》。

〔6〕《管子·任法》。

〔7〕《商君书·君臣》。

〔8〕《商君书·壹言》。

〔9〕《韩非子·问辩》。

〔10〕《韩非子·有度》。

〔11〕《商君书·赏刑》。

〔12〕《韩非子·有度》。

〔13〕例如，《史记·商君列传》记载：商鞅变法时，太子犯法，"刑其傅公子虔，黥其师公孙贾"。

4. "轻罪重刑"。法家非常重视刑罚的威慑作用，主张即使对于轻罪也应适用重刑进行惩罚，由于人性是趋利避害的，所以"民不以小利蒙大罪，故奸必止者也"[1] 因而，商鞅认为，"禁奸止过，莫若重刑"[2]，只有实施重刑才能达到"以刑去刑，刑去事成"[3] 的目的。韩非也认为，"重一奸之罪而止境内之邪，此所以为治也"[4] 所以，只有严刑重罚，才能禁止奸邪，遏止犯罪，最终可以不适用刑罚而实现国家治理和维护社会秩序的目的。

第二节　春秋时期的法律

一、"礼崩乐坏"的国家与社会

"礼崩乐坏"是春秋时期国家与社会的一个重要特征，也是对西周以来的礼仪和典章制度逐渐遭到废弃的一种描述。但是，"礼"在国家和社会治理方面仍然发挥着重要作用，"周礼"仍被视为立国之本。《左传·闵公元年》记载，齐桓公想趁鲁国内乱之际，攻取鲁国，但是仲孙湫认为不可以攻打鲁国，因为"（鲁）犹秉周礼。周礼，所以本也……鲁不弃周礼，未可动也。"[5] 由此，"周礼"是一国的立国之本，是一国存在的"正当性"和"合法性"基础，并且当时认为亲近"秉周礼"的国家被看作是实现称霸称王的一种策略。[6]

尽管如此，僭越礼制和违反"礼"的现象层出不穷。随着社会的发展和宗法制度的衰微，春秋时期各国的政治、经济和法律制度发生重大变革。在中国传统的农耕社会中，土地是最重要的社会生产基础和统治基础。各国在土地和赋税制度方面进行了不同方式和不同程度的改革，例如，齐国"相地而衰征"，晋国"作爰田"，鲁国"初税亩"，郑国作"丘赋"等。

由于各国之间的激烈竞争，当时出现了"尚贤主义"。招贤纳士、"任贤使能"成为各国不可避免的选择。例如，郑国的子产执政时，任用贤能，"择能而使之"[7]，对于大夫中的"忠俭者，从而与之；泰侈者，因而毙之"[8]。春秋战国时期，国君不拘一格任用人才的事例亦多见于史书记载，例如，齐桓公重用与其有一箭之仇的管仲，秦穆公任用出身低下的百里奚，吴王阖闾重用楚国

---

〔1〕《韩非子·六反》。
〔2〕《商君书·赏刑》。
〔3〕《商君书·靳令》。
〔4〕《韩非子·六反》。
〔5〕《左传·闵公元年》。
〔6〕《左传·闵公元年》。
〔7〕《左传·襄公三十一年》。
〔8〕《左传·襄公三十年》。

的亡臣伍子胥，越王勾践重用范蠡等等。原来的世卿世禄制度已经不能适应政治和社会现实的发展，选贤任能成为春秋战国时期任用官吏的重要方式。与这种任用贤能的官制相适应，官吏的俸禄制度、考课制度也发展完善起来。

同时，随着社会生产力的提高和经济的发展，社会阶层结构也发生重大变化，原来的贵族阶层衰落，新兴地主阶级兴起，这导致新的阶级矛盾凸显。在政治和法律层面上，新兴地主阶级反对旧贵族的政治和法律特权，要求改革原来的法律制度。

二、郑国"铸刑书"与晋国"铸刑鼎"

（一）郑国"铸刑书"和邓析作"竹刑"

春秋时期，郑国因地处晋、楚两国之间，外部受到两国的经济和军事压力，内部大夫专权，内乱迭出。大夫子产执政时，认识到民心的向背和"得民"的重要性[1]，认为"道之以教，乃迹天地、逆顺、强柔，以咸全御"[2]，采取一系列措施进行改革，意图破除旧制度中的一些弊病和习俗，"使都鄙有章，上下有服"，得到民众的称颂。[3] 公元前536年，执政子产"铸刑书于鼎，以为国之常法"[4]。郑国"铸刑书"成为春秋时期成文法运动的重要内容。当然，有观点认为，中国古代很早就制定、公布法令，法令在制定后予以公布是周秦之际的惯常做法，从西周的"宪刑""悬法"到春秋时期郑国的"铸刑书"，都是"公布成文法"在不同时期的具体表现形式。[5]

郑国在"铸刑书"之后，邓析于公元前501年作"竹刑"，即邓析"私造刑法"，因其将法律条文书写在竹简之上，所以被称为"竹刑"。[6] 邓析对子产推行的一些改革不满，曾"数难子产之治"[7]，并且邓析教人诉讼，"以非为是，以是为非，是非无度"，[8]"巧辩而乱法"[9]，因而"子产患之，于是杀邓析而戮之，民心乃服，是非乃定，法律乃行。"[10] 邓析利用统治阶级的法律，"以非为是，以是为非"，破坏了社会统治秩序，而这正是下文所述的叔向等人当时所

---

[1]　李学勤主编：《清华大学藏战国竹简》（陆），中西书局2016年版，第137页："得民，天殃不至，外仇否（无）。"
[2]　李学勤主编：《清华大学藏战国竹简》（陆），中西书局2016年版，第138页。
[3]　《左传·襄公三十年》。
[4]　《左传·昭公六年》及杜预注。
[5]　徐燕斌："周秦两汉法律'布之于民'考论"，载《法学研究》2017年第6期。
[6]　《左传·定公九年》及杜预注。
[7]　《列子·力命》。
[8]　《吕氏春秋·离谓》。
[9]　《淮南子·诠言训》："邓析巧辩而乱法。"
[10]　《吕氏春秋·离谓》。而《左传·定公九年》记载："郑驷歂杀邓析，而用其竹刑。"

担忧的问题之一。

（二）晋国"铸刑鼎"

晋国在经历了诸子争权夺位的内乱之后，特别是晋献公时的"骊姬之乱"之后，不再立公子为贵族，晋国从此"无公族"，政治权力逐渐落入异姓卿大夫之手，导致"政在大夫"，但是"大夫多贪，求欲无厌"[1]，他们之间相互争斗，争权夺利。到春秋晚期，在晋国形成了韩、魏、赵、范、知（智）、中行六大族，即所谓的"六卿"。当时的晋国，"宫室滋侈"，"政刑之不修，寇盗充斥"，被认为"晋君将失政矣"[2] 为整顿秩序，加强统治，晋国于公元前513年在执政赵鞅、荀寅的主持下，"铸刑鼎，著范宣子所为刑书焉"[3]，即把之前的执政范宣子所作的刑书公布于鼎上。

春秋时期，郑国"铸刑书"与晋国"铸刑鼎"等活动是中国法律史上具有重要意义的历史事件。在当时的社会变化和制度转型时期，这些事件引起了很大的争论。

（三）"铸刑书"与"铸刑鼎"引起的争论

1. 晋国叔向反对郑国子产"铸刑书"。在郑国"铸刑书"之后，出身晋国公族的叔向派人送给子产一封信，在信中针对此事谈了自己的看法："昔先王议事以制，不为刑辟，惧民之有争心也……民知有辟，则不忌于上，并有争心，以征于书，而徼幸以成之，弗可为矣……民知争端矣，将弃礼而征于书，锥刀之末，将尽争之。"叔向还说道，"国将亡，必多制，其此之谓乎!"[4] 在叔向看来，贤明的统治者"仪刑文王"，并不依靠法律来进行统治，以前之所以不公布法律，是因为老百姓知道了法律规定之后，就会"弃礼用法"，抛弃"礼"、"义"、"仁"、"信"，导致争讼滋繁，所以他认为，一个国家将要灭亡之时，必定是会多发布政令、颁布法律。所以，在叔向看来，"礼"仍应是社会统治的根本和基础，"刑辟"只是"礼"的辅助。对此，子产的回复是："侨不才，不能及子孙，吾以救世也。"[5] 言下之意，子产发布和实施的政令，包括"铸刑书"在内，只是用以挽救当时郑国的政治统治，但是子产并未摈弃"礼治"，仍将"礼"视为统治的重要基础。[6]

《左传·昭公六年》还记载了晋臣士文伯对此事的预言。他说，当大火星

---

〔1〕《左传·襄公三十一年》。
〔2〕《左传·襄公三十一年》。
〔3〕《左传·昭公二十九年》。
〔4〕《左传·昭公六年》。
〔5〕《左传·昭公六年》。
〔6〕《左传·昭公二十五年》："吉也闻诸先大夫子产曰：'夫礼，天之经也，地之义也，民之行也。'天地之经，而民实则之。则天之明，因地之性，生其六气，用其五行……"

（即心宿）出现时，郑国就要遭受火灾，因为刑器是用火铸造出来的，其中还包含着能引起争端的法律，这并非吉兆。[1] 后来，士文伯的预言应验了："六月丙戌，郑灾。"

2. 鲁国孔子反对晋国"铸刑鼎"。晋国"铸刑鼎"之后，遭到鲁国孔子等人的反对。孔子主张通过区别贵贱的礼的规范，维系等级身份，进而实现社会秩序的构建。孔子说："晋其亡乎！失其度矣……贵贱不愆，所谓度也……今弃是度也，而为刑鼎，民在鼎矣，何以尊贵？贵何业之守？贵贱无序，何以为国？"[2] 在一定意义上追求形式平等的"法"与区别等级贵贱的"礼"之间产生了矛盾，无论是贵族还是平民都要遵守法律，所以，贵族的等级身份和阶层特权受到极大地限制，有些贵族的身份与特权甚至不复存在。通过"公布成文法"等活动，旧有的等级秩序遭到破坏，原有的贵族特权受到限制，因而遭到失去特权阶层的旧贵族的反对。此外，孔子也指出："且夫宣子之刑，夷之蒐也，晋国之乱制也，若之何以为法？"[3] 由此，孔子并非反对法律的存在和"铸刑鼎"本身，而是因为晋国所铸的"刑书"是"夷之蒐也，晋国之乱制也"，公布这样的法律并非长治久安之道。

（四）郑国"铸刑书"与晋国"铸刑鼎"的意义

郑国"铸刑书"与晋国"铸刑鼎"作为"成文法运动"的重要活动，革除了"临事制刑"的恣意性与"秘密法律"的弊端，破除了"刑不可知，则威不可测"的法律秘密主义与司法专擅。这在一定程度上促进了"礼崩乐坏"，限制了旧贵族的特权，但是并未否定贵族特权和身份等级制度。相关研究表明，西周至春秋时期的礼器铭文具有鲜明的宗族性特征，而《左传》所记载的郑国"铸刑书"与晋国"铸刑鼎"等事件发生在当时的国家和社会发生剧变的前夜，战国以后的青铜铭文更为平民化、生活化，其法令铭文也不像以前那样体现出明显的宗族性。所以，春秋晚期的郑国"铸刑书"与晋国"铸刑鼎"所引发的争论显示出宗族治理社会的模式行将崩溃，法令的适用对象开始超出宗族的范围。因此，郑国"铸刑书"与晋国"铸刑鼎"所体现的是法律治理模式的转变问题，意味着宗族法令时代行将结束，集权律令时代即将到来，"铸刑书"与"铸刑鼎"本身与法律的公开问题并无实质性关联。[4]

相对于夏商时期的"神权统治"和西周时期的"礼治"，此后的"法律之

---

[1] 《左传·昭公六年》："火未出而作火以铸刑器，藏争辟焉。"

[2] 《左传·昭公二十九年》。

[3] 《左传·昭公二十九年》。

[4] 王沛："刑鼎、宗族法令与成文法公布——以两周铭文为基础的研究"，载《中国社会科学》2019年第3期。

治"成为国家统治与社会治理的一种重要方式，这种转变适应当时形势的发展和社会的需求，是各国在当时激烈的竞争和斗争环境中的选择，客观上体现了中国古代法制文明的发展。

第三节　战国时期的法律

一、诸侯国的变法活动

战国时期，各国为谋求富国强兵，在攻伐争斗中立于不败之地，纷纷进行变法，"法治"思潮兴盛，法家思想对各国的变法产生重要影响。各国"变法"均将富国强兵作为第一要务，其实质是"改变旧制度"，"建立新制度"。虽然各国基本是受法家思想的影响而进行变法改革，但是各国所采取的变法措施和进行的变法内容不尽相同，改革成效也各不相同。

魏文侯在公元前 445 年即位之后，任用李悝实行变法，使魏国富强起来。公元前 403 年，赵烈侯任用相国公仲连进行变法改革，制定颁行《国律》，实现了"人众兵强"的改革目标。[1] 公元前 402 年，楚悼王任用吴起实行变法，改革官制和世卿世禄制度，实行"损其有余而继其不足"[2] 的变法措施，"使封君之子孙三世而收爵禄，绝灭百吏之禄秩"，裁撤无能、无用的官员，用节省下来的这些贵族和官员的俸禄"以奉选练之士"，[3] 同时整顿吏治，取得一定的成效。公元前 357 年，齐威王任用邹忌进行改革，重视选用人才，整顿吏治，"修法律而督奸吏"[4]。此外，韩昭侯任用申不害进行改革，颁布法令，"见功而与赏，因能而授官"[5]，试图以"术"来加强对官吏的任用、考核和监督。公元前 356 年，秦孝公任用商鞅开始实行变法。

战国时期各国的变法与改革虽然遇到很多阻力，但是都取得一定的成效。其中，魏文侯任用李悝进行变法以及秦孝公任用商鞅实行变法，取得很大成效，使魏国和秦国富强起来，特别是商鞅变法为秦最终统一六国奠定了重要基础，在历史上影响深远。

二、李悝变法与《法经》

（一）李悝变法

魏文侯在位期间（公元前 445 – 前 396 年）为实现魏国的富强，任用李悝

---

〔1〕《韩非子·饰邪》。

〔2〕《说苑·指武》。

〔3〕《韩非子·和氏》。

〔4〕《史记·田敬仲完世家》。

〔5〕《韩非子·外储说左上》。

（公元前 455 – 前 395 年）主持进行变法，在政治、经济、法律等方面都取得了一定的成果。

在政治方面，废除世卿世禄制度，实行"食有劳而禄有功，使有能而赏必行，罚必当"的制度，即根据功劳进行赏赐，根据罪过进行处罚，同时"夺淫民之禄，以来四方之士"，[１] 以才能作为任用官员的主要标准，身份和等级因素退居次要地位。

在经济方面，一是"尽地力之教"，调动农民的耕作积极性，鼓励开垦荒地，增加农业产量。二是实行"善平籴"的政策，由国家对出产的粮食进行宏观调控，在丰收之年平价收购粮食，即"大孰则上籴三而舍一，中孰则籴二，下孰则籴一"，遇有饥荒或者粮食歉收时，则平价出售之前存收的粮食，即"小饥则发小孰之所敛，中饥则发中孰之所敛，大饥则发大孰之所敛而粜之"，国家通过这种"取有余以补不足"的调控方式来达到平抑粮价、防止商人囤积居奇的目的，同时保障农民的经济利益，维护社会经济秩序。[２]

在法律方面，李悝在总结各国立法经验的基础上，编撰《法经》，以法律的形式维护社会秩序和统治阶级的利益。《法经》本身已佚失，但是根据《晋书·刑法志》《唐律疏议》等文献典籍的记载，可了解其篇目结构和内容的梗概。

（二）《法经》

根据《晋书·刑法志》和《唐律疏议》的记载，《法经》由六篇构成，分别为"盗法"、"贼法"、"囚法"（也作"网法"）、"捕法"、"杂法"、"具法"。《法经》是一部以刑事法律为主的比较系统的法典。

《法经》的前四篇，即"盗法"、"贼法"、"囚法"、"捕法"主要是惩治盗和贼这两种犯罪的法律规定。根据《荀子》的解释，"窃货曰盗"，"害良曰贼"[３]，"盗"主要是关于侵犯财产的犯罪，"贼"主要是关于侵犯人身的犯罪。按照《晋书·刑法志》的记载，"以为王者之政，莫急于盗贼，故其律始于'盗'、'贼'。盗贼须劾捕，故著'网'、'捕'二篇。"可见，"盗"和"贼"是当时重点惩治的两种严重犯罪，而"囚法"、"捕法"是关于关押、抓捕犯罪之人的相关规定。

第五篇"杂法"主要是惩治盗贼以外的其他犯罪的规定。根据《晋书·刑法志》的记载，这些犯罪主要是六种，即"轻狡、越城、博戏、借假不廉、淫

〔１〕《说苑·政理》。
〔２〕《汉书·食货志》。
〔３〕《荀子·修身》。

侈、逾制"。其中,"轻狡"是指盗兵符、玺或私议国家法令、政治狡诡等犯罪行为;"越城"是指非法翻越城池,偷渡关津、要塞等犯罪行为;"博戏"是指赌博等犯罪行为;"借假不廉"是指欺诈、贪污、贿赂等犯罪行为;"淫侈"是指生活奢侈淫靡等犯罪行为;"逾制"是指违法僭越等级特权或僭越享用服饰、器物等犯罪行为。

第六篇"具法"主要是关于定罪量刑及相关原则的规定,类似于现代刑法中的总则部分。《晋书·刑法志》记载,"以《具律》具其加减","具法"主要是关于量刑中加刑或减刑的规定。

根据文献典籍的记载,《法经》具有如下特点:一是在编纂体例上,将国家重点惩治的盗贼犯罪的相关规定列于篇首,将类似于现代刑法中总则部分的"具法"置于最后。二是将惩治的不同犯罪分类规定,除关于"盗"和"贼"两种严重犯罪的规定以外,以"杂法"规定其他类型的犯罪行为。三是《法经》的六篇"皆罪名之制"[1],即"以罪统刑",改变了之前"以刑统罪"的法律传统。四是贯彻法家的重刑主义原则,其中规定的处罚方式基本是肉刑和死刑。

《法经》是我国"封建社会"历史上第一部较为系统的成文法典,在中国法律史上具有十分重要的地位。《晋书·刑法志》记载,李悝"撰次诸国法,著《法经》",《法经》是在总结当时各国立法经验的基础上而编撰制定的,推进了魏国的改革和发展,对于巩固和维护新确立的诸项制度具有重要意义。《法经》所确立的法典体例奠定了此后法典编纂的基础,汉朝的《九章律》就是在《法经》六篇的基础上,增加户、兴、厩三篇而编成的,[2] 对中国古代法律的发展具有重要影响。

三、商鞅变法

商鞅(约公元前390 – 前338 年),卫国人,故称卫鞅或公孙鞅,"少好刑名之学",[3] 曾为魏相公孙痤的门客,熟悉李悝、吴起等人的变法主张。秦孝公即位以后,决心变法图强,下令求贤,商鞅遂入秦。秦孝公赞同其变法主张,"以卫鞅为左庶长",进行变法。因变法有功,他受封于商(今陕西商县东南),故号商君,世称商鞅。[4]

---

〔1〕《晋书·刑法志》。
〔2〕《唐律疏议》载:"汉相萧何,更加悝所造户、兴、厩三篇,谓九章之律。"
〔3〕《史记·商君列传》。
〔4〕《史记·商君列传》。

图5　商鞅像

（一）商鞅的变法思想

《商君书·更法》篇记载了秦孝公召见商鞅、甘龙、杜挚讨论变法问题的情形，商鞅阐述了自己的变法主张。商鞅说道："法者，所以爱民也；礼者，所以便事也。是以圣人苟可以强国，不法其故；苟可以利民，不循其礼。"针对甘龙提出的变法应"循秦国之故"的意见，商鞅反驳道："三代不同礼而王，五霸不同法而霸。故知者作法，而愚者制焉。贤者更礼，而不肖者拘焉。"针对杜挚提出的"法古无过，循礼无邪"的观点，商鞅反驳道，"前世不同教，何古之法？帝王不相复，何礼之循？"商鞅还指出，伏羲、神农、黄帝、尧、舜以及周文王、周武王都是"各当时而立法，因事而制礼。礼法以时而定，制令各顺其宜。"所以，商鞅的结论是："治世不一道，便国不必法古。汤、武之王也，不修（脩）古而兴；殷、夏之灭也，不易礼而亡。然则反古者未必可非，循礼者未足多是也。"

商鞅所持的是一种进步的发展史观。他认识到，社会是不断发展变化的，不同世代的不同国家所面临的现实情况是不一样的，因而要根据国家和社会的实际情况，因时、因事而立法，"不法古，不修今，因世而为之治，度俗而为之法"[1]，国家治理不能拘泥于古代和先王的古法与古礼，也不能拘守当下，只有根据时势，适应时代的需要而变法，才能实现"强国"与"利民"。

---

[1]　《商君书·壹言》。

"好利恶害"的人性观是商鞅法治思想的出发点和变法思想的基础。商鞅认为，"人情好爵禄而恶刑罚"，[1] "民勇则赏之以其所欲，民怯则刑之以其所恶。故怯民使之以刑则勇，勇民使之以赏则死。怯民勇，勇民死，国无敌者必王。"[2] 所以，统治者可以充分利用人"趋利避害"的本性，依据法律进行刑罚和奖赏，但是还要做到取信于民，"信赏必罚"，因为"民信其赏，则事功成；信其刑，则奸无端。"[3] 只有这样才能使民众勤于农耕，勇于战争，达到治理国家和统御民众的目的，[4] 进而实现国富兵强的目的。商鞅的这些思想主张适应战国时期的社会发展需要，为秦国实施变法提供了理论基础。

（二）商鞅变法的主要内容

据载，商鞅分别于公元前356年和公元前350年先后两次进行变法，变法的内容涉及法律、政治、经济、文化、军事等诸多方面。

1. 改法为律。商鞅以李悝的《法经》为基础制定秦国的法律，即通常所说的"改法为律"。秦律的内容更为丰富、系统，适用范围更加广泛，更为适应当时变法改革和社会发展的需要。"改法为律"的变化体现出法家所主张的法律具有的稳定性、普遍性和权威性的观念。此后，直至清朝，"律"成为中国历代王朝基本法典的主要称谓和法律形式。商鞅"改法为律"，"乃变法之大者也"，[5] 在中国法律史上具有重要意义。

2. 奖励耕战。"国之所以兴者，农战也。"[6] 在商鞅看来，鼓励民众从事农业生产、增加国家的赋税收入和鼓励士兵奋勇杀敌、增强军队的战斗力，是实现富国强兵的两个重要方面，所以，"入令民以属农，出令民以计战"，[7] "农"与"战"是相辅相成，互相促进的。在鼓励耕织方面，一方面"开阡陌封疆"，[8] 废除井田制，鼓励民众开垦土地，同时采取相应的措施激励民众积极从事农业生产，增加耕地的数量和粮食的产出；另一方面，"平赋税"，令民"分户"而居，规定"民有二男以上不分异者，倍其赋"，并在第二次变法时，再次重申"父子兄弟同室而息者为禁"。[9] 经过改革，家庭成为征赋税和服兵役的基本单位，有利于以一家一户为单位的小农经济的发展，有利于增加国家

---

〔1〕《商君书·错法》。
〔2〕《商君书·说民》。
〔3〕《商君书·修权》。
〔4〕《商君书·错法》："人情有好恶，故民可治也。"
〔5〕沈家本：《历代刑法考·律令二·卫鞅变法》。
〔6〕《商君书·农战》。
〔7〕《商君书·算地》。
〔8〕《史记·商君列传》。
〔9〕《史记·商君列传》。

的税收和赋役。在奖励军功方面，建立军功爵制，"国以功授官予爵"，[1] 将军功与官位、爵位紧密联系在一起，"使有功者显荣"，"宗室非有军功论，不得为属籍"，[2] "利禄官爵抟出于兵，无有异施也。"[3] 这种军功制度的实施具有制度化的客观规定和实施标准，即"明主使法择人，不自举也；使法量功，不自度也。"[4] 军功和刑赏之制能极大地提高军队的战斗力和国家的竞争力，是实现"富国强兵"的一种有效途径。

3. 轻罪重刑。商鞅坚持"禁奸止过，莫若重刑"[5] 的观念，认为"去奸之本，莫深于严刑"[6]，所以实行"法治"，要充分发挥刑罚的威慑作用，即使对犯轻罪者也要施以重刑，最后达到制止、消除犯罪和"以刑去刑"的目的。基于此，除实施腰斩、车裂、枭首等严酷的刑罚之外，商鞅在第一次变法时，实行连坐之法，惩治那些与犯罪者有特定关系的人，并将连坐分为邻伍连坐、家庭连坐、军事连坐等，一人犯罪时株连其家庭、家族、乡邻和其他相关之人。同时，鼓励告奸，规定"不告奸者腰斩，告奸者与斩敌首同赏，匿奸者与降敌同罚。"[7]

4. 设立县制。商鞅在第二次变法时，设立县制和县一级官僚机构，"集小（都）乡邑聚为县，置令、丞，凡三十一县"。[8] 县一级官僚机构的长官由中央直接任命。县制的推行，加强了中央对地方的控制，使地方的政权、军权等权力集于中央，有利于巩固君主的专制集权统治。

（三）商鞅变法的意义

商鞅变法在秦国取得了很大的成效，具有深远的历史影响和历史意义。

首先，商鞅变法适应秦国当时的具体情况和社会发展的需要，促进了秦国的发展和强盛，为秦统一六国奠定基础。商鞅变法损害了旧贵族的特权和利益，开始时遇到很大的阻力，"言初令之不便者以千数"，但是"行之十年，秦民大悦，道不拾遗，山无盗贼，家给人足……乡邑大治。"[9] 虽然在秦孝公死后，商鞅被车裂，但是"秦法未败也"[10]，秦国仍继续推行商鞅变法所采取的奖励

---

〔1〕《商君书·靳令》。
〔2〕《史记·商君列传》。
〔3〕《商君书·赏刑》。
〔4〕《韩非子·有度》。
〔5〕《商君书·赏刑》。
〔6〕《商君书·开塞》。
〔7〕《史记·商君列传》。
〔8〕《史记·商君列传》。
〔9〕《史记·商君列传》。
〔10〕《韩非子·定法》。

耕战、严刑重罚等政策。

其次，"改法为律"对于秦国法制的发展具有重要意义，为秦法在全国统一推行奠定了基础。此后，"律"的形式和内容得到传承和发展，"律"成为中国历代王朝的基本法典形式。

再次，商鞅提出的"法治"理论和推行"法治"的方式有利于确立和维护中央集权的君主政权，成为秦始皇建立"大一统"的政治制度和法律制度的基础。正如东汉王充所论："商鞅相孝公，为秦开帝业。"[1]

第四节　司法思想与司法制度

一、司法思想和司法原则

（一）循"情"则"礼"

春秋战国时期，虽然"礼崩乐坏"，但是在政治和司法实践中，"礼"仍受到重视，案件的处理一般循"情"、依"礼"进行审断。《左传·庄公十年》记载，鲁庄公曾说道："小大之狱，虽不能察，必以情。"[2] 易言之，大大小小的案件，虽然不能详尽审察，但是一定按照实际情况，依"情理"进行处理。公元前541年，郑国的子产在处理公孙黑与公孙楚"争室"一案时也适用"礼"的基本精神和原则予以解决。子产说，"直钧，幼贱有罪"，意即在双方都有"理"的情况下，年幼和地位低的人有罪。子产还指出，"国之大节有五……畏君之威，听其政，尊其贵，事其长，养其亲。五者所以为国也。"[3] 子产在这里所说的"国之大节"和"国之为国"的五个方面，正是"礼"的基本要求。

（二）"同罪同罚"

《左传·僖公二十八年》记载，曹共公的仆人贿赂晋国的筮史，请其劝告晋文公，强调晋文公"合诸侯而灭兄弟，非礼也……同罪异罚，非刑也。礼以行义，信以守礼，刑以正邪，舍此三者，君将若之何？"[4] 这里不仅指出，"同罪异罚"不符合"刑"的基本原则，而且"礼"、"信"、"刑"三者同为君王统治的基本手段。《左传·襄公六年》记载，宋国的乐辔因怒而在朝堂上用弓套着华弱的脖子，宋平公认为，官居司马的华弱会因此难以在战斗中取胜，因而将华弱驱逐出国。司城子罕认为："同罪异罚，非刑也。"在他看来，在朝堂上专横地侮辱他人是很大的罪过，被侮辱之人被驱逐，因而基于"同罪同罚"的原则，

---

〔1〕《论衡·书解》。
〔2〕《左传·庄公十年》。
〔3〕《左传·昭公元年》。
〔4〕《左传·僖公二十八年》。

侮辱他人的乐辔也应被驱逐[1]《左传》中多处提到"同罪异罚，非刑也。"所以，"同罪同罚"应是当时各国普遍实行的一项司法原则，这也是公正刑罚的基本要求。但是，该原则是基于礼教等级制度的"同罪同罚"原则。在战国时期，各国普遍以法家思想为指导而实行"变法"，该原则也在很大程度上得到了贯彻。

（三）"顺天则时"的司法时令观

春秋战国时期的司法思想还体现为"顺天则时"的司法时令观，即庆赏之事应在春夏进行，刑罚之事应在秋冬实施。春秋时期的蔡国大夫公孙归生曾说道："古之治民者，劝赏而畏刑，恤民不倦。赏以春夏，刑以秋冬。"[2]《礼记·月令》中有关于司法时令之制的详细记载。例如，仲春之月，应"命有司省囹圄，去桎梏，毋肆掠，止狱讼"；孟夏之月，应"断薄刑，决小罪，出轻系"；孟秋之月，"命有司修法制，缮囹圄，具桎梏，禁止奸，慎罪邪，务搏执……戮有罪，严断刑"；仲秋之月，"乃命有司，申严百刑，斩杀必当，毋或枉桡"；季秋之月，"趣狱刑，毋留有罪"；孟冬之月，"是察阿党，则罪无有掩蔽"。据此，不同的司法活动应在不同的时月进行，以适应"春生、夏长、秋收、冬藏"的自然规律，这也是古代中国人的宇宙观和秩序观的反映。尽管如此，《左传》中还记载有不少在春夏行刑的事例。根据文献记载，"秋冬行刑"作为一种制度应是确立于西汉时期。

二、司法制度

春秋时期，不仅"礼乐征伐自诸侯出"，周天子所曾享有的最高司法权实际也由各诸侯国行使，诸侯掌握着诸侯国内的最高司法权，是实际上的最高司法官。各诸侯国设有专门的司法机构和司法组织，但是其称谓各异。例如，晋国、郑国、鲁国、卫国等设有"司寇"，宋国设有"司城"，楚国、陈国等设有"司败"，掌司法之权。

关于当时争讼案件的处理，《左传》中多有记载。例如，公元前632年，"卫侯与元咺讼"，即卫成公与卫大夫元咺在晋国处理争讼，因无君臣同庭对质之理，故卫成公由他人代替出庭。质证辩论之后，卫成公一方被判败讼。卫成公被拘捕押往京师，关在另外设立的囚室中，由卫大夫宁武子负责卫成公的衣食供应。[3] 这里记载的是争讼的双方当事人都属于同一个诸侯国的情形，并且作为当事双方的卫国人在晋国处理争讼。《左传》中的记载展现出当时诉讼双方

〔1〕《左传·襄公六年》。
〔2〕《左传·襄公二十六年》。
〔3〕《左传·僖公二十八年》。

从代理出庭、质证辩论，到判决和执行的全过程。

此外，还有双方当事人不属于同一个诸侯国的情形。例如，公元前587年，晋国"救许伐郑"，楚国的子反率军救郑，于是，"郑伯与许男讼焉"，郑伯（郑襄公）由郑国的皇戍代表，而子反无法做出裁决，就建议他们一起向楚王寻求解决，由楚王及其臣子共同听取两位君王的意见、知晓两国之间的是非之后，对此做出正确的判断。[1] 第二年，"许灵公诉郑伯于楚。六月，郑悼公（注：郑襄公之子）如楚，讼，不胜。"楚国就拘押了郑国的皇戍及子国。郑悼公回国后，派公子偃向晋国请求讲和。[2] 再如，公元前613年，周匡王"使尹氏与聃启讼周公于晋"。[3] 这类事件在《左传》中有不少记载。这些事例表明，在春秋时期，曾经属于周天子的最高司法权力已经转移到诸侯国的诸侯手中，诸侯之间的争讼不再由周天子进行裁决，而是由较为强大的诸侯国进行调解或者审断。同时，司法公开、质证辩论和依法、依情理断案成为共同接受的原则。公布成文法活动和各国的变法活动为此奠定了基础。

战国时期，各国的中央司法机构也称谓不一，如在秦国为廷尉，在齐国为大理，在魏国为司寇。随着"郡县制"的推行，郡、县等地方也设立了相应的司法机构，一般由郡、县的行政长官兼理司法。

第五节　社会法律思潮

春秋战国时期剧烈的社会变革和制度转型也反映在思想文化领域，人们对于社会发展和制度变革有着诸多不同的认识和看法，儒家、法家、道家、墨家等提出了各自的理论学说和思想主张，形成了"百家争鸣"的局面。

在"百家争鸣"的春秋战国时期，人们所关注的主要是"人"和人所生活的现实世界本身，传统的宗法等级秩序和神权观念受到冲击和批判，人们对"礼治"、"法治"、"德治"、"人治"等社会治理方式进行了深入讨论和反思。虽然"礼崩乐坏"，但是"礼"的思想和观念并未遭到摈弃，同时"法"的思想和观念成为国家和社会治理基础，其结果是井田制遭到破坏，原来的礼制经常被僭越，郡县制逐渐取代分封制，同时贵族世卿世禄制度也逐渐被"任贤尚能"的官吏管理制度所取代。在历史发展的过程中，先秦诸家的思想与观念之间既有批判，也有影响，在互相批判和影响的过程中不断发展。

---

〔1〕《左传·成公四年》。
〔2〕《左传·成公五年》。
〔3〕《左传·文公十四年》。

一、儒家法律思想

儒家是春秋末期的孔子（公元前551 – 前479年）创立的一个学派，由其弟子予以传承发展。由孔子的弟子及再传弟子编成的《论语》记述了孔子及其弟子的诸多言论、活动，是研究孔子思想及儒家思想的重要文本。"仁"和"礼"是《论语》涉及的重要内容[1]。孟子（约公元前372 – 前289年）继承和发展了孔子的诸多重要思想，是儒家学派的另一个重要代表人物，与孔子并称"孔孟"。孟子及其弟子编成的《孟子》记载了孟子及其弟子的思想观点及活动，是儒家重要经典。南宋朱熹将《孟子》与《论语》《大学》《中庸》合称"四书"，进一步提升了《孟子》的经典地位。战国末期的荀子（约公元前313 – 前238年）在前期儒家学说的基础上吸收了其他学派的一些内容，表现出儒法合流、礼法合一的思想倾向。现存《荀子》一书，其中内容大部分是荀子所作，涉及哲学、伦理、政治、经济、法律、教育等诸多方面。

儒家在继承和发展西周"礼治"、"以德配天"、"明德慎罚"等思想的基础上，主张"德主刑辅"，提倡"德治"和"教化"。儒家重视"人治"和统治者在治国理政中的重要作用，主张"圣贤"治国，注重维护以"君臣父子"关系为基础的宗法伦理及以此为基础的法律制度和道德观念。春秋战国时期，以孔子、孟子、荀子为主要代表的儒家思想对后世中国及周边国家产生了重要影响。

（一）孔子的法律思想

孔子所处的春秋末期，"礼崩乐坏"，社会动荡不安，违背礼制和人伦的事件经常发生。孔子推崇周礼，向往西周时期那种"别亲疏，序长幼"和"别贵贱，序尊卑"的"礼治"社会，提出"礼治"的主张。"天下有道，则礼乐征伐自天子出"[2]，若各国"为国以礼"[3]，"能以礼让为国"[4]，就不会出现各国互相争夺和政局动荡不安的情况。"礼"不仅是为国理政所必需，而且是个人为人处世的准则，要求人们"非礼勿视，非礼勿听，非礼勿言，非礼勿动"[5]。在"礼"与"刑"的关系上，孔子强调"礼"的根本性和基础性，因为"礼乐不兴，则刑罚不中；刑罚不中，则民无所措手足"[6]。

---

[1]　根据杨伯峻先生的研究，《论语》中共论及"礼"75次，"仁"109次。
[2]　《论语·季氏》。
[3]　《论语·先进》。
[4]　《论语·里仁》。
[5]　《论语·颜渊》。
[6]　《论语·子路》。

图 6　孔子像

孔子的"礼治"思想的精神内核是"仁","仁"是"礼"存在的基础。孔子提出,"人而不仁,如礼何?"[1] 同时,"仁"是也"礼"的价值追求和实现目标,即"克己复礼为仁"。所以,人们要按照"仁"的精神要求去践行礼制,做到"君君,臣臣,父父,子子",在君臣关系方面做到"君使臣以礼,臣事君以忠"[2]。

孔子继承了西周"以德配天""明德慎罚"的思想,主张"德治",即"为政以德",提出要充分发挥德教在国家治理中的作用。实行"德治"的基础是"惠民"、"富民",即"养民以惠","惠则足以使人"[3]。孔子提出"先富后教"的主张,认为富民是教民的基础,在民众富足之后,更为重要的是教育问题。针对冉有提出"既富矣,又何加焉"的问题,孔子明确回答道:"教之。"[4]

孔子重视道德教化的作用,提出"道之以德"的主张,认为"道之以德,

---

[1]　《论语·八佾》。

[2]　《论语·八佾》。

[3]　《论语·阳货》。

[4]　《论语·子路》。

齐之以礼，有耻且格"[1] 只有实施"德礼之治"，才能真正实现道德教化的目的。为此，孔子主张"有教无类"，要不分高低贵贱和等级差别对民众进行教育。孔子反对"不教而杀"，认为不进行教化就对民众实施刑罚的统治是一种暴政。[2] 所以，在国家治理中，好的统治者可以通过长期的道德教化而达到不使用和弃置刑罚的目的，即"善人为邦百年，亦可以胜残去杀矣"[3]。与此相关，孔子追求"无讼"的社会理想，即《论语·颜渊》所记载的"听讼，吾犹人也，必也使无讼乎"。虽然孔子主张"德礼之治"，但是并未否定"政刑"在国家治理中的作用，在他看来，"政刑"只是"德礼之治"的补充和辅助手段，不以"德礼"为基础的国家治理很难以实现预期的秩序目的。

（二）孟子的法律思想

孟子在继承孔子思想的基础上提出了较为系统的国家治理理论，其中核心是"仁政"学说。孟子主张"性善论"，认为人生而具有"恻隐之心""羞恶之心""辞让之心""是非之心"[4]，"仁、义、礼、智"是人所固有的品性，[5] "人皆有不忍人之心"，"以不忍人之心，行不忍人之政，治天下可运之掌上"[6]。所以，孟子提出要"施仁政于民"，做到"老吾老，以及人之老；幼吾幼，以及人之幼"[7]。

孟子在孔子"惠民"、"富民"的思想基础上明确提出"民为贵，社稷次之，君为轻"[8] 的"民本"思想，将"民本"视为国家治理的基础。所以，"明君"治理国家，一方面要"制民之产"，使"民有恒产"，使其"仰足以事父母，俯足以畜妻子，乐岁终身饱，凶年免于死亡"[9]，另一方面要施行道德教化，使"父子有亲，君臣有义，夫妇有别，长幼有序，朋友有信"[10]。此外，施行"仁政"还要"省刑罚，薄税敛"[11]，即减轻刑罚，减少赋税徭役，以此获得民心，得到民众的支持，否则"暴其民甚，则身弑国亡"[12]。

第四章

---

〔1〕《论语·为政》。
〔2〕《论语·尧曰》："不教而杀谓之虐。"
〔3〕《论语·子路》。
〔4〕《孟子·公孙丑上》："恻隐之心，仁之端也；羞恶之心，义之端也；辞让之心，礼之端也；是非之心，智之端也。人之有是四端也，犹其有四体也。"
〔5〕《孟子·告子上》："仁、义、礼、智，非由外铄我也，我固有之也。"
〔6〕《孟子·公孙丑上》。
〔7〕《孟子·梁惠王上》。
〔8〕《孟子·尽心下》。
〔9〕《孟子·梁惠王上》。
〔10〕《孟子·滕文公上》。
〔11〕《孟子·梁惠王上》。
〔12〕《孟子·离娄上》。

　　孟子重视贤能之人在治国理政中的重要作用，提出"尊贤使能"的主张，要使"贤者在位，能者在职"[1]，因为"徒善不足以为政，徒法不能以自行"[2]，必须通过贤能之人为政理事才能实现"仁政"。所以，孟子提出"惟仁者宜在高位，不仁而在高位，是播其恶于众也"[3]。在君臣关系方面，孟子提出"君之视臣如手足，则臣视君如腹心；君之视臣如犬马，则臣视君如国人；君之视臣如土芥，则臣视君如寇仇。"[4]

　　（三）荀子的法律思想

　　荀子继承和发展了孔孟的"礼治"和"德治"思想，同时吸收法家的"法治"思想，在诸国政治法律实践的基础上使诸家思想结合起来，提出自己的政治法律主张。荀子的法律思想被视为儒法合流的先声，对后世产生重要影响。

　　与孟子主张的"性善论"不同，荀子主张"性恶论"，认为人生而具有恶的本性，即"人之性恶，其善者伪也"，"好利而欲得者，此人之情性也"[5]，所以必须通过后天的礼义、法律等方式教化、训导人的本性，使之弃恶从善，即所谓"化性起伪"。《荀子·性恶》载："故圣人化性而起伪，伪起而生礼义，礼义生而制法度。"

　　荀子推崇"礼治"，将"礼"视为国家治理的根本。荀子认为，"礼者，治辨之极也，强固之本也，威行之道也，功名之总也，王公由之所以得天下也"[6]，"礼"能确定和区别"贵贱之等，长幼之差，知愚能不能之分，皆使人载其事，而各得其宜"[7]，同时，"礼"也是君主评判群臣的标准："礼者，人主之所以为群臣寸尺寻丈检式也。"[8] 所以，"礼"在国家治理中能发挥重要作用，从"正国"到"治民"，"礼"都是不可或缺的："国之命在礼"[9]，"国无礼则不正。礼之所以正国也，譬之犹衡之于轻重也，犹绳墨之于曲直也，犹规矩之于方圆也"[10]，"为政不以礼，政不行矣"[11]，"治民不以礼，动

〔1〕《孟子·公孙丑上》。
〔2〕《孟子·离娄上》。
〔3〕《孟子·离娄上》。
〔4〕《孟子·离娄下》。
〔5〕《荀子·性恶》。
〔6〕《荀子·议兵》。
〔7〕《荀子·荣辱》。
〔8〕《荀子·儒效》。
〔9〕《荀子·天论》。
〔10〕《荀子·王霸》。
〔11〕《荀子·大略》。

斯陷矣"[1]。

荀子不仅推崇"礼治"，还重视法律的重要作用，即学术界通常所说的"隆礼重法"："隆礼尊贤而王，重法爱民而霸"[2]，"隆礼至法则国有常"[3]。在荀子看来，"礼"和"刑"都是国家治理的重要手段，即"治之经，礼与刑"。但是，"礼义"和"法度"具有不同的功能和作用："明礼义以化之，起法正以治之，重刑罚以禁之，使天下皆出于治"[4]。虽然"礼义"和"法度"都是"化性起伪"的重要方式，但是要根据不同情况予以区别适用："由士以上则必以礼乐节之，众庶百姓则必以法数制之"[5]，"以善至者待之以礼，以不善至者待之以刑"[6]，但荀子也强调"礼"的灵活适用性，认为若庶人之子孙"积文学，正身行，能属于礼义，则归之卿相士大夫"[7]，对其可以"以礼乐节之"。

荀子强调"人治"，指出"有乱君，无乱国；有治人，无治法。"[8]同时，"礼"与"法"都是"圣人"因人性之恶的创制，《荀子·性恶》载："然则礼义法度者，是生于圣人之伪，非故生于人之性也。"《荀子·君道》也说："君子者，法之原也。"法律的实施也需要治国理政的能人才能实现，"故有良法而乱者，有之矣，有君子而乱者，自古及今，未尝闻也。"[9]

在"礼"与"法"的关系上，荀子强调"礼"的根本性，即"礼义者，治之始也"[10]，"礼义生而制法度"。在"礼"与"法"的实施上，荀子强调先教后刑，既反对"不教而诛"，也反对"教而不诛"，《荀子·富国》载："故不教而诛，则刑繁而邪不胜；教而不诛，则奸民不惩。"只有礼刑并用，才能"奸邪不作，盗贼不起"[11]。

二、法家法律思想

法家是春秋战国时期主张"以法治国"的一个学派，重视具有强制性的法律在国家治理中的重要作用，主张"事断于法"和"刑无等级"等观念。法家的代表人物多是当时主张"变法""改革"的政治家、思想家。春秋时期的管仲

---

[1]《荀子·大略》。
[2]《荀子·大略》。
[3]《荀子·君道》。
[4]《荀子·性恶》。
[5]《荀子·富国》。
[6]《荀子·王制》。
[7]《荀子·王制》。
[8]《荀子·君道》。
[9]《荀子·王制》。
[10]《荀子·王制》。
[11]《荀子·富国》。

被视为法家的先驱，之后的李悝、商鞅、慎到、申不害以及战国末期的韩非、李斯等均是法家的代表人物。

从早期法家的代表人物管仲到法家思想的集大成者韩非，都强调法律的"同"和"一"，主张"不别亲疏，不殊贵贱，一断于法"[1]。法家厉行法治是以君主和国家的利益为依归，对于加强君主的专制统治具有重要意义。战国时期，各国通过变法在很大程度上实践了法家的思想观念，法家思想在秦帝国统一的过程中发挥了重要作用，但是法家过于重视法律和"重刑"的刑罚威慑作用，相对轻视伦理道德和宗法观念的作用，从而走向极端，秦朝"二世而亡"充分体现出法家思想本身的局限性。

（一）管仲的法律思想

管仲（约公元前 723 – 前 645 年），世称"管子"，曾在齐国任相，辅佐齐桓公改革，使齐国富国强兵，齐桓公"九合诸侯"，为"春秋五霸"之首。《管子》一书为后人所纂，内容涉及政治、经济、法律、军事等诸多方面，是研究先秦法律思想的重要著作。

《管子》一书首次提出"以法治国"的表述[2]，强调法律的重要性，将法律视为治理国家的重要工具。管仲说道："法者，天下之程式也，万事之仪表也。"[3]"法度者，主之所以制天下而禁奸邪也，所以牧领海内而奉宗庙也。"[4]他对法、律、令的不同作用予以区分："法者，所以兴功惧暴也。律者，所以定分止争也。令者，所以令人知事也。法律政令者，吏民规矩绳墨也。"[5]因此，管仲认为，"治国使众莫如法，禁淫止暴莫如刑。"[6]

管仲重视发展农业生产，认识到"富民"的重要性，将"富民"视为国家治理的基础。他指出，"仓廪实则知礼节，衣食足则知荣辱"[7]，"凡治国之道，必先富民。民富则易治也，民贫则难治也"，"是以善为国者，必先富民，然后治之。"[8]从法的现实来源看，法律源于统治者。《管子·任法》载："有生法，有守法，有法于法。夫生法者君也，守法者臣也，法于法者民也，君臣上下贵贱皆从法，此谓为大治。"《管子·明法解》："明主之治天下也，威势独在于主，而不与臣共，法政独制于主，而不从臣出。"这也确认了君权至上的原则，君主

---

[1]《史记·太史公自序》。

[2]《管子·明法》载："威不两错，政不二门。以法治国，则举错而已。"

[3]《管子·明法解》。

[4]《管子·明法解》。

[5]《管子·七臣七主》。

[6]《管子·明法解》。

[7]《管子·牧民》。

[8]《管子·治国》。

颁布的法令必须得到一体遵循，而遵行法令的最终目的是为了"尊君"和"安国"。《管子·重令》载："凡君国之重器，莫重于令。令重则君尊，君尊则国安。"

管仲强调顺应民心的重要性，认为法令顺民心、合民情，民众才能切实遵行法令。管仲提出："政之所兴，在顺民心；政之所废，在逆民心。"[1] "人主之所以令则行，禁则止者，必令于民之所好，而禁于民之所恶也。民之情莫不欲生而恶死，莫不欲利而恶害，故上令于生利人，则令行；禁于杀害人，则禁止。""法立而民乐之，令出而民衔之，法令之合于民心，如符节之相得也。"[2] 同时，统治国家要合乎天道。《管子·形势》谓："得天之道，其事若自然……其功顺天者天助之，其功逆天者天违之。"所以，"刑德合于时则生福，诡则生祸。"[3]

管仲不仅重视法律的作用，而且重视礼义和道德的作用。《管子·权修》载："凡牧民者，欲民之有礼也。"他把礼、义、廉、耻视为"国之四维"，亦即治国理政的基本原则。管仲的结论是："四维张，则君令行"，"四维不张，国乃灭亡"[4]。此外，管仲主张根据民风民俗制定法律，认为治理天下"必先观国政，料事务，察民俗，本治乱之所生，知得失之所在，然后从事。故法可立而治可行"，所以，推行法令需"随时而变，因俗而动"[5]。

（二）商鞅的法律思想

商鞅不仅在秦国的变法卓有成效，而且对法家思想理论做出重要贡献。《商君书》是研究和了解商鞅一派法律思想的基础。

"好利恶害"的人性观是商鞅变法思想的基础，也是商鞅法律思想的出发点。商鞅认为，"饥而求食，劳而求佚，苦则索乐，辱则求荣，此民之情也"[6]，"人情好爵禄而恶刑罚"[7]，所以，统治者根据人的"趋利避害"的本性，依据法律进行刑罚和奖赏，可以达到治理国家和富国强兵的目的。

商鞅非常重视法律在治理国家中的作用，他认为法律是治理国家的基础和根本，《商君书》载："法者，国之权衡也"[8]，"法令者，民之命也，为治之本

---

〔1〕《管子·牧民》。

〔2〕《管子·形势解》。

〔3〕《管子·四时》。

〔4〕《管子·牧民》。

〔5〕《管子·正世》。

〔6〕《商君书·算地》。

〔7〕《商君书·错法》。

〔8〕《商君书·修权》。

也"[1]。商鞅强调法律要明白易知，官吏和民众皆知法，那么官吏就会奉公为治，不敢枉法妄为，《商君书·定分》说道："圣人为法，必使之明白易知……万民皆知所避就，避祸就福，而皆以自治也。故明主因治而治之，故天下大治也。"同时，在官民皆知法的情形下，则"吏不敢以非法遇民，民不敢犯法以干法官也"，所以，"天下之吏民，虽有贤良辩慧，不敢开一言以枉法。"

商鞅强调法律的权威性，要严格执行法律，才能实现"国治""兵强""君尊"的目的。《商君书·君臣》载："君尊则令行，官修则有常事，法制明则民畏刑。法制不明，而求民之从令也，不可得也"，故"明王之治天下也，缘法而治"，则"国治而地广，兵强而主尊，此治之至也"。此外，商鞅认为，无论是君主还是臣下都不以私害法、废公立私，才能实现"国之治"。《商君书·修权》载："法者，君臣之所共操也……君臣释法任私，必乱。故立法明分，而不以私害法，则治。"

商鞅主张"刑无等级"，但是"刑无等级"原则的实施是以维护等级制和等级特权为前提的。商鞅重视刑罚及其威慑作用，所以主张"重刑"，即使轻罪也要施以重刑。商鞅认为，"禁奸止过，莫若重刑"[2]，因为"行刑，重其轻者，轻者不生，则重者无从至矣"[3]，这就是所谓的"以刑去刑"[4]，即通过重刑的威慑作用使民众不敢违法犯罪。

（三）韩非的法律思想

韩非（约公元前280－前233年），战国末期韩国人，他和李斯同为荀子的学生，后遭李斯陷害而死。《史记·老子韩非列传》记载："韩非者，韩之诸公子也。喜刑名法术之学，而其归本于黄老。非为人口吃，不能道说，而善著书。与李斯俱事荀卿，斯自以为不如非。"韩非是先秦法家思想的集大成者，他系统、深刻地阐述了法家思想，传世的《韩非子》一书基本是韩非所著，对于中国传统政治法律思想具有重要影响。

人性恶以及人的趋利避害本性也是韩非法律思想的基础。他说："夫安利者就之，危害者去之，此人之情也。"[5]"凡治天下，必因人情。人情者，有好恶，故赏罚可用；赏罚可用，则禁令可立，而治道具矣。"[6]所以，韩非重视

〔1〕《商君书·定分》。
〔2〕《商君书·赏刑》。
〔3〕《商君书·说民》。
〔4〕《商君书·靳令》。
〔5〕《韩非子·奸劫弑臣》。
〔6〕《韩非子·八经》。

法律在国家治理中的重要作用，提出"以法为本"[1]的思想。韩非提出："国无常强，无常弱。奉法者强则国强，奉法者弱则国弱。"[2]"治民无常，唯治为法。法与时转则治，治与世宜则有功"，"故法者，王之本也。"[3]韩非进一步指出立法的一些基本要求："圣王之立法也，其赏足以劝善，其威足以胜暴，其备足以必完法"[4]，"明主之法必详尽事"[5]，"夫立法令者，以废私也。法令行而私道废矣"[6]。此外，还要求法律明白易知、具有稳定性等。

韩非批判了儒家的"德治"主张和"贤人政治"思想，主张"不务德而务法"[7]。因为法律和刑罚是国家"禁暴""止乱"的工具，并且人的自私自利的本性不可能通过"化性起伪"的方式得到改变，所以不可能通过"恩爱""德厚"来实现"禁暴""止乱"的目的。韩非说："夫严家无悍虏，而慈母有败子，吾以此知威势之可以禁暴，而德厚之不足以止乱也。"[8]所以，"母积爱而令穷，吏用威严而民听从"，因而要求明主"不养恩爱之心而增威严之势"[9]。在此基础上，韩非指出，"先王胜其法不听其泣，则仁之不可以为治亦明矣。"[10]通过"贤人政治"和"尚贤"的方式治理国家反而会引起国家的衰乱，《韩非子·忠孝》说道："是废常、上贤则乱，舍法、任智则危。故曰：'上法而不上贤'。"

韩非重视官吏在国家治理中的重要作用，提出"明主治吏不治民"的思想主张。韩非论道："闻有吏虽乱而有独善之民，不闻有乱民而有独治之吏，故明主治吏不治民。"[11]韩非提出，君主应利用好"刑"和"德"这"二柄"以"导制其臣"，应当注意的是，韩非这里所说的"德"不同于儒家的"德"。《韩非子·二柄》载："何谓刑德？曰：杀戮之谓刑，庆赏之谓德。"在韩非看来，君主实行"法治"巩固自己的权势和统治，需要有一套驾驭臣下的"术"[12]，需要将"法""术""势"结合起来，仅重视某一方面均非"尽善"之治。针对慎到重"势"的观点，韩非指出："贤者用之，则天下治；不肖者用之，则

第四章

---

〔1〕《韩非子·饰邪》。
〔2〕《韩非子·有度》。
〔3〕《韩非子·心度》。
〔4〕《韩非子·守道》。
〔5〕《韩非子·八说》。
〔6〕《韩非子·诡使》。
〔7〕《韩非子·显学》。
〔8〕《韩非子·显学》。
〔9〕《韩非子·六反》。
〔10〕《韩非子·五蠹》。
〔11〕《韩非子·外储说右下》。
〔12〕《韩非子·定法》："术者，因任而授官，循名而责实，操杀生之柄，课群臣之能者也，此人主之所执也。"

天下乱","抱法处势则治,背法去势则乱"。[1] 同时,韩非也批判了申不害"徒术而无法"以及商鞅"徒法而无术"的做法,指出"二子之于法术,皆未尽善也"。[2]

韩非主张"法不阿贵",执法严明,应做到"赏誉同轨,非诛俱行"[3],要求执法不能因私废公,《韩非子·有度》说道:"能去私曲就公法者,民安而国治;能去私行行公法者,则兵强而敌弱。"同时,君主也要做到"必明于公私之分,明法制,去私恩",实现"令必行,禁必止"。[4]

韩非继承了商鞅严刑重罚的思想,指出严刑重罚是治国的必要手段:"夫严刑重罚者,民之所恶也,而国之所以治也。"[5]《韩非子·奸劫弑臣》详细解释道:"夫严刑者,民之所畏也;重罚者,民之所恶也。故圣人陈其所畏以禁其邪,设其所恶以防其奸。是以国安而暴乱不起。吾以是明仁义爱惠之不足用,而严刑重罚之可以治国也。"所以,韩非认为,通过严刑重罚可以实现国家的有效治理。[6]

三、道家法律思想

道家是以老子、庄子为代表的一个学派,因其思想的核心概念为"道",故称"道家"。多数学者认为,老子即老聃,姓李,名耳,楚国人,曾做过"周守藏室之史"。[7] 据载,孔子曾"问礼于老子"[8],"学于老聃"[9]。据考证,《老子》(又称《道德经》)并非老子所著,但反映了老子的思想主张。

庄子(约公元前369-前286年),名周,宋国人,曾与魏相惠施交游。据载,楚威王曾以庄子之"贤"而欲聘其为相,但庄子不想"为有国者所羁",选择"终身不仕,以快吾志"。[10] 一般认为,《庄子》一书由庄子及其弟子后学所作,基本承续了《老子》的思想主张。道家之"道"是万物之本,"先天地生……独立而不改,周行而不殆,可以为天下母",是一种绝对的客观存在,其基本规律是"人法地,地法天,天法道,道法自然"[11]。基于此,道家在政治

---

〔1〕《韩非子·难势》。
〔2〕《韩非子·定法》。
〔3〕《韩非子·八经》。
〔4〕《韩非子·饰邪》。
〔5〕《韩非子·奸劫弑臣》。
〔6〕《韩非子·六反》:"重一奸之罪而止境内之邪,此所以为治也。"
〔7〕《史记·老子韩非列传》。
〔8〕《史记·老子韩非列传》。
〔9〕《吕氏春秋·当染》。
〔10〕《史记·老子韩非列传》。
〔11〕《老子》二十五章。

和法律上主张"无为而治"，反对违反自然的"人定之法"。

道家法律思想的主要内容：

（一）主张"道法自然"，"无为而治"

在老子看来，天地的万事万物都源于自然之"道"，都要顺应自然，效法自然，即"道法自然"。由"道"而产生的自然法则是约束万事万物的法则，统治者在治理国家时也要顺应自然，即"我无为而民自化，我好静而民自正，我无事而民自富，我无欲而民自朴"[1]。"圣人处无为之事，行不言之教"，[2] 所以，统治者治理国家的最好方式是"清净无为之治"，但是，"无为而治"并不意味着统治者完全消极地无所作为，而是要放弃有意的操纵和干预行为，顺应自然，最终达到"无为而无不为"的目的。[3] 统治者要约束和限制民众的心智和欲望，使民众无所知、无所欲，即"不尚贤，使民不争；不贵难得之货，使民不为盗；不见可欲，使民心不乱。是以圣人之治，虚其心，实其腹，弱其志，强其骨，常使民无知无欲。"[4] 所以，"绝圣弃智，民利百倍；绝仁弃义，民复孝慈；绝巧弃利，盗贼无有。"[5] 老子将民众的饥苦和"难治"归因于统治者的"有为"和过度剥削。[6] 在老子描述的"小国寡民"的社会中，人们"甘其食，美其服，安其居，乐其俗。邻国相望，鸡犬之声相闻，民至老死，不相往来"。[7]

庄子进一步发展了老子的思想。他构想出一个"至德之世"：人们"同与禽兽居，族与万物并……同乎无知，其德不离；同乎无欲，是谓素朴"[8] 在这种"素朴"的"至德之世"，"鱼相忘于江湖，人相忘于道术"，[9] 人们摆脱了现实生活中的社会束缚和社会关系的羁绊，达到了一种"自然状态"。

在老子"无为而治"的思想基础上，庄子进一步主张绝对"无为"，认为"虚静恬淡寂漠无为者，万物之本也"，"帝王之德，以天地为宗，以道德为主，以无为为常。无为也，则用天下而有余；有为也，则为天下用而不足"[10] 统

---

[1]《老子》五十七章。
[2]《老子》二章。
[3]《老子》四十八章。
[4]《老子》三章。
[5]《老子》十九章。
[6]《老子》七十五章。
[7]《老子》八十章。
[8]《庄子·马蹄》。
[9]《庄子·大宗师》。
[10]《庄子·天道》。

治者只有"虚静恬淡寂漠无为",才能实现"天地之平,而道德之至"[1],"不赏而民劝,不罚而民畏"[2]。庄子批评了"圣人"之治,指出黄帝、尧、舜、禹等圣人都有道德上的缺点:"黄帝尚不能全德,而战涿鹿之野,流血百里。尧不慈,舜不孝,禹偏枯……"[3] 认为社会秩序之乱主要是因圣人而起:"圣人生而大盗起","重利盗跖,而使不可禁者,是乃圣人之过也",所以"掊击圣人,纵舍盗贼",合乎自然之道,才能实现天下之治[4]。

(二) 反对礼治、法治,拒斥人定之法

道家不仅主张"无为而治",而且反对礼治、法治,对礼、法等人为制定的规则持批判和否定态度。老子认为,儒家提倡的仁义、慧智、孝慈、忠信是社会的病态现象,不符合人类的本性,也不符合"道",即"大道废,有仁义;慧智出,有大伪;六亲不和,有孝慈;国家昏乱,有忠臣"[5]。统治者依靠"德礼"进行统治本身就是社会"失道"、"失德"、"失仁"、"失义"的表现:"失道而后德,失德而后仁,失仁而后义,失义而后礼。夫礼者,忠信之薄,而乱之首。"[6] 道家也反对法家的"法治"主张,否定人定之法的作用,认为"法令滋彰,盗贼多有",[7] 统治者颁布的法令越多,就越会导致产生更多的"盗贼"和社会的混乱。老子也批评法家的重刑主义,认为严刑峻法并不能使民众服从法令,因为"民不畏死,奈何以死惧之?"所以,庄子认为,"赏罚利害,五刑之辟,教之末也;礼法度数,刑名比详,治之末也。"[8]

道家主张"不以智治国"。在老子看来,"绝圣弃智","绝仁弃义",才能实现国家和社会的治理,因为国家和社会难于治理的一个重要原因在于民众之"智",贪争诈伪,皆因"智"而起,所以,老子认为,"以智治国,国之贼;不以智治国,国之福"[9],治理国家需要"寡欲去智"。庄子认为,智慧、礼义、道德以及百工技巧都是自然赋予人的,既然受于自然,那么人的"有为"就是不必要的[10]。在庄子看来,所谓的"仁义"都是虚伪的,会造成社会的动荡不安,引起社会的矛盾和冲突,因为"彼窃钩者诛,窃国者为诸侯。诸侯之

[1]《庄子·天道》。
[2]《庄子·天地》。
[3]《庄子·盗跖》。
[4]《庄子·胠箧》。
[5]《老子》十八章。
[6]《老子》三十八章。
[7]《老子》五十七章。
[8]《庄子·天道》。
[9]《老子》六十五章。
[10]《庄子·德充符》。

门，而仁义存焉"[1]。

道家的"无为而治"思想表现出对和平安宁的社会生活的向往，这根基于对社会现实的不满，但是他们轻视甚至完全否定礼法在社会治理中的作用和价值，这种法律虚无主义的思想倾向对后世法律思想的发展产生一定的消极影响。而道家反对统治者多欲多求的"有为"统治，对于警醒统治者不要一味地实施严刑重罚和过多地压迫、剥削民众具有积极的意义。所以，在道家看来，治国之要在于君主顺应自然，通过"无为而治"，"垂拱而治"，达至天下大治。

四、墨家法律思想

墨家的创始人墨子（公元前468－前376年），名翟，战国时期鲁国人。《淮南子》记载："墨子学儒者之业，受孔子之术，以为其礼烦扰而不说，厚葬靡财而贫民，服伤生而害事，故背周道而用夏政。"[2] 墨子的学说在战国初期影响很大。孟子曾言："杨朱、墨翟之言盈天下。"[3]《韩非子·显学》记载："世之显学，儒墨也。"墨子的学说反映出社会下层民众的愿望和利益，其成员"墨者"多出身于社会下层，特别是小手工业者。

墨家的思想集中体现在《墨子》一书中，涉及政治、军事、法律、伦理等诸多方面，其思想主要体现在"兼爱"、"非攻"、"尚同"、"尚贤"、"节用"、"节葬"、"非乐"、"天志"等方面。墨子把天下的"祸篡怨恨"归因于人与人之间的"不相爱"，即人性之恶，其结果是"强必执弱，众必劫寡，富必侮贫，贵必傲贱，诈必欺愚。"[4] 所以，墨家提倡"兼相爱，交相利"，希望以具有普遍性和平等性的"兼爱"为基础，建立一个"天下之人皆相爱"的理想社会。"兼爱"是墨家思想的核心。为实现"兼爱"的理想社会，墨家提出以下几个主要方面的法律思想：

（一）"以天为法"

要实现"天下之人皆相爱"的理想社会，墨子提出要"以天为法"，将"天"视为具有人格意志的最高的主宰，因为"天之行广而无私，其施厚而不德，其明久而不衰"[5]，"天必欲人之相爱相利，而不欲人之相恶相贼"[6] 同时，"天"拥有赏罚之权，对于"顺天意者，兼相爱，交相利，必得赏；反天意

---

[1]《庄子·胠箧》。

[2]《淮南子·要略》。

[3]《孟子·滕文公下》。

[4]《墨子·兼爱中》。

[5]《墨子·法仪》。

[6]《墨子·法仪》。

者，别相恶，交相贼，必得罚"[1]，"爱人利人者，天必福之；恶人贼人者，天必祸之。"[2] 即使对于天子，"天"也能进行赏罚，"天子为善，天能赏之；天子有暴，天能罚之。"[3] 所以，从普通人到天子都必须"法天"，"动作有为，必度于天。天之所欲则为之，天所不欲则止。"[4] 只有"以天为法"，才能实现"兼爱"的理想社会。

（二）"尚同"

墨子认为，"古者民始生，未有刑政之时"，每个人都有着自己对事物的理解和是非标准，"一人则一义，二人则二义，十人则十义"，因此人们"各是其义，以非人之义"，其结果就是，"天下之百姓皆以水火毒药相亏害"，"天下之乱，若禽兽然"[5]。为结束天下的这种混乱局面，需要"选天下之贤可者，立以为天子"，并且将天下划分为"万国"，为其立"诸侯国君"，"又选择其国之贤可者"，立以为"正长"、"乡长"等各级官长。然后，"天子发政于天下之百姓"，天下的百姓都要以天子之所是为是，以天子之所非为非，"举天下之万民以法天子……唯以其能壹同天下之义"，实现"天下之治"。实现"国治"、"乡治"也是如此，需要"一同其国之义"、"一同其乡之义"[6]。所以，天子可以用"尚同"来"治天下"，诸侯可以用"尚同"来"治其国"，家君可以用"尚同"来"治其家"[7]，通过这种自上而下的方式，最终统一于"天"，达到"天下治"的目的。因此，《墨子·尚同下》强调，"圣王皆以尚同为政"，"尚同，为政之本而治要也。"[8] 此外，墨家对于上述"贤可者"也提出一些具体的要求，例如，要"为仁义"，上要符合"圣王之道"，下要符合"国家百姓之利"等[9]。

（三）"尚贤"

墨家认为，当时国家治理不好的原因，主要在于"不能以尚贤事能为政"，没有认识到"尚贤"是"为政之本"[10]。要将国家治理好，必须"尚贤使能"。对于"贤者"，要"察其所能而慎予官……可使治国者，使治国；可使长官者，

〔1〕《墨子·天志上》。

〔2〕《墨子·法仪》。

〔3〕《墨子·天志中》。

〔4〕《墨子·法仪》。

〔5〕《墨子·尚同上》。

〔6〕《墨子·尚同上》、《墨子·尚同中》。

〔7〕《墨子·尚同下》。

〔8〕《墨子·尚同下》。

〔9〕《墨子·尚同下》。

〔10〕《墨子·尚贤上》。

使长官；可使治邑者，使治邑。"[1] 所以，只有任用"贤者"治国，人尽其才，才尽其用，才能实现"国家治而刑法正"、"官府实"与"万民富"。[2] 墨家的"尚贤"主张还要求，不能任人唯亲，要做到"不党父兄，不偏贵富，不嬖颜色。贤者，举而上之，富而贵之，以为官长；不肖者，抑而废之，贫而贱之，以为徒役。"[3] 所以，"官无常贵而民无终贱"[4]，即使"天"也不分"贫富、贵贱、远迩、亲疏"，唯"贤"是举。[5] 基于此，墨家以"尚贤"为基础，反对贵族世袭制和世卿世禄制。此外，在墨家看来，为政不仅要"尚贤"，还要顺从"天意"施政，"天人同道"才能实现"刑政治，万民和，国家富，财用足，百姓皆得暖衣饱食，便宁无忧。"[6]

（四）赏罚得宜

在治理国家方面，墨家还强调综合运用赏罚进行统治，做到赏罚得宜，其基本原则是，"赏当贤，罚当暴，不杀不辜，不失有罪"[7]。同时，统治者还要了解下情，"得下之情则治，不得下之情则乱。"[8] 在此基础上，"得善人而赏之，得暴人而罚之"，"富贵以道其前，明罚以率其后"，如此为政，"则国必治"[9] 反之，如果"上之所赏，则众之所非"，"上之所罚，则众之所誉"，那么"赏誉不足以劝善，而刑罚不足以沮暴"，[10] 赏和刑就会失去效用。所以，赏罚要公平、公正，即"赏贤罚暴，勿有亲戚弟兄之所阿"[11]。

据《吕氏春秋·去私》记载，"墨者之法曰：'杀人者死，伤人者刑。'"但是，并非所有的杀人行为都是犯罪行为，墨家区分了"正义的"杀人行为与"为恶的"杀人行为，提出"杀盗人，非杀人"[12] 的主张。虽然"盗人"也是人，但是这并不能否定墨家的"兼爱"主张，因为这跟"恶多盗，非恶多人"[13] 的观念是相通的。

墨家不仅主张"兼爱"与"尚同"，还崇尚"天志"与"鬼神"，这是墨家

〔1〕《墨子·尚贤中》。
〔2〕《墨子·尚贤中》。
〔3〕《墨子·尚贤中》。
〔4〕《墨子·尚贤上》。
〔5〕《墨子·尚贤中》。
〔6〕《墨子·天志中》。
〔7〕《墨子·尚同中》。
〔8〕《墨子·尚同下》。
〔9〕《墨子·尚同下》。
〔10〕《墨子·尚同中》。
〔11〕《墨子·兼爱下》。
〔12〕《墨子·小取》。
〔13〕《墨子·小取》。

思想区别于儒家和法家思想的一个重要方面。墨家指出，"古圣王治天下也，故必先鬼神而后人"，"古圣王必以鬼神为赏贤而罚暴"，因为他们担心"后世子孙不能知也"，所以就将"鬼神"之事记载下来，"书之竹帛"，"琢之槃盂，镂之金石以重之"。[1]

第四章

―――――――――

〔1〕《墨子·明鬼下》。

第五章

秦朝法律

秦始皇二十六年（公元前221年），秦国军队在大将王贲的率领下进入不战而降的齐国都城临淄，标志着诸侯割据称雄250余年的战国时代的结束。在中国土地上出现了一个空前的、统一的、中央集权的君主专制王朝——秦帝国。

秦统一之初，为了巩固帝国的统治，统治者采取了许多措施，建立了以皇帝为首的"海内为郡县，法令由一统"[1]的专制主义中央集权制度。在政治方面，统一的政治体制被建立起来，在中央设"三公"，即丞相、太尉、御史大夫，下设诸卿，各司其职；在地方上推行郡县制，划天下为36郡。在经济方面，统一货币和度量衡，确立封建土地私有制，并实行重农抑商政策。在思想文化方面，统一文字，"焚书坑儒"。此外，秦统治者充分运用法律的权威，奉行"法令出一"，统一战国时期各国法律条文中不尽相同的规定，在原有秦国法律基础上，重加修订，颁行全国。皇帝诏令成为具有最高法律效力和最基本的法律渊源。法家的"法治"原则成为立法、司法的思想基础。以严密的法条，加强对统一后社会的专制主义统治。从人到牛马，从生产到生活，从行动到思想，强制全国人民无条件遵守帝国新的法律，即所谓"端平法度，万物之纪"[2]。

秦二世胡亥在位时，暴虐无道，残酷剥削压迫民众，终于激起民变。公元前206年，在农民起义的烈火中，秦王朝灭亡了。

---

[1]《史记·秦始皇本纪》。秦统一之初，君臣对于行封国还是郡县制颇有争议。李斯以周为鉴，深论封国有害无利，使秦始皇决心行郡县，客观上巩固了统一和中央集权。后世对此仍时有争议，有关"郡国论"的文章不绝于史，成为政治学研究的基本史料。

[2]《史记·秦始皇本纪》。

第一节　立法思想与立法活动

一、立法思想

（一）从"百家争鸣"到"独尊法家"

春秋战国时期，中国社会各方面都产生了巨大的变革。经济上，铁制农具与牛耕的应用大大提高了社会生产力，井田制走向瓦解，小农经济所占比重日趋重要，也为各国的兼并战争奠定了经济基础。社会经济的变革进而引发了政治结构的变动。政治上，春秋以来"礼崩乐坏"、"礼乐征伐自大夫出"，[1] 卿大夫群体在国家政权中的地位日益提高，甚至完全掌握国家政权。为了在争霸战争中取得优势，各国诸侯、卿大夫纷纷变法图强，以实现"富国强兵"的目标。在变法过程中，原有的世卿世禄制逐渐被打破，新的官僚体制逐渐确立，各国初步建立起君主专制的中央集权制度。教育上，私学兴起，教育由"学在官府"发展为"学在民间"，打破了贵族阶层对文化教育的垄断。同时，"士"阶层崛起，他们到处游说、著书立说，成为这一时期最为活跃的社会阶层。

这种剧变反映到思想文化领域，即出现了诸子"百家争鸣"的学术思想热潮。私学兴起、教育下移使得平民开始有机会接受教育，文化知识迅速散布到社会各阶层，为百家争鸣提供了人才基础。各国重建社会秩序与变法图强的需要则提供了外在动力。在此背景下，诸子学术开始发端。从春秋末期到战国初期，出现了提倡"仁爱"、"礼治"的孔子，主张"道法自然"、"无为而治"的老子，"贵虚"的列子，主张"轻物重生"的杨朱，倡导"兼爱"、"非攻"的墨子，倡导法治的李悝，等等。到了战国中期，出现了主张实行"王道"、"仁政"的孟子，主张"逍遥"、"齐物"的庄子，重"势"的法家慎到、重"术"的法家申不害，等等。后来，则出现了荀子、韩非等"集大成"式的学者。为了实现自身的政治理想，确保自身的学术地位，各学派之间展开了激烈的论战与交锋，同时也推动了思想文化的多元发展与繁荣。

此时，割据称雄的各国诸侯采取了不同的统治方式，自然需要不同的思想主张为巩固其统治而服务。其中，法家思想对社会变革的影响最大，李悝在魏国变法、申不害在韩国变法、吴起在楚国变法，皆以法家思想为主导。而秦国地处偏僻，受中原文化影响较小，为法家思想的推行提供了社会基础。"商鞅变

---

[1]　《论语·季氏》："天下有道，则礼乐征伐自天子出；天下无道，则礼乐征伐自诸侯出。自诸侯出，盖十世希不失矣；自大夫出，五世希不失矣；陪臣执国命，三世希不失矣。天下有道，则政不在大夫天下有道，则庶人不议。"

法"过程中，一方面，商鞅极力宣扬法治的重要性，主张"缘法而治"、"任法而治"，[1]要求统治者"言不中法者不听，行不中法者不高，事不中法者不为"、"不可以须臾忘于法"。[2]另一方面，商鞅极力压制法家以外的诸子学说在秦国的传播。他实行"燔诗书而明法令"，要求焚毁儒家典籍并申明法令，放弃儒家的"仁治"、"礼治"，明令采取法家的"法治"原则。在战国各国的变法运动中，商鞅变法历时最长，涉及面最广，对社会影响最深。秦国借商鞅变法的契机，正式确立了法家思想在国家、社会的主导地位，并明确排斥其他诸子学说。

秦统一后，统治者继续贯彻法家思想的统治地位，在继续贯彻严刑峻法的同时，采取一系列极端手段打压诸子学说在民间的发展与传播。秦始皇曾颁布《挟书律》，并下令除史官所作《秦纪》及医药、卜巫、种树等书以外，各诸侯国史书及民间所藏《诗》《书》等诸家典籍，一律交郡守、尉处焚毁；对大批指责非议当时制度与法律政策的儒士大加杀戮，严厉打击一切有损于国家法令威信的思想和言论；规定"偶语诗书者弃市"、"以古非今者族"，[3]严禁人民谈论诗书，以古非今。历史上的"焚书坑儒"即肇端于此。对于法家韩非及其"以法为教"思想，秦始皇亦给予了高度评价，称"寡人得见此人与之游，死无憾矣！"秦代文化思想领域的"独尊法家"政策，使百家争鸣的局面就此完结。这是当时政治上的一种必要举措，也是对文化的一次最严重的摧残。它毁灭了先秦以来大量的文献典籍，也结束了自春秋以来自由思索的蓬勃精神。[4]

（二）法家法律思想对秦律的影响

如上文所述，自商鞅变法以来，法家的政治理论和法律思想一直在秦国的政治和法制建设中起着重要的指导作用。商鞅变法的成功和秦国的迅速繁荣，进一步巩固了法家理论在秦国上层建筑中的地位。无论是在统一前还是在统一后，法家的"法治"主张和重刑策略都是秦统治者的指导思想。在长期的政治实践中，秦统治者把法家的理论运用到实际政治中，形成了一系列法制建设的指导性方针。

1. 法自君出，君主独断。"法自君出，君主独断"是法家思想的核心内容之一"尊君"的体现。秦始皇吞并六国、统一中国以后，在全国范围内推行郡县制，建立了高度集权的君主专制政权。与这种政治体制相适应，秦始皇把国家的立法、行政、司法大权都集中到自己手中，形成了"天下之事无大小，皆决于上"的政治局面，使皇帝处于绝对专制的至尊地位。据史籍记载，初并天下，秦王政"自以为德兼三皇，功过五帝"，[1] 遂更名号叫"皇帝"，并以"朕"自称："朕为始皇帝，后世以计数，二世、三世至于万世，传之无穷"。[2] 在秦始皇出巡祭泰山的刻石中，开始就说："皇帝临位，作制明法，臣下修饬"，[3] 明确宣布最高立法权归属皇帝，而臣僚的责任在于执行。[4] 这和"若欲有学法令，以吏为师"的主旨是一致的，都是意在法制的统一。同时，他还"昼断狱"、"夜理书"，把行政、司法权都控制在自己手中。因此，维护皇帝至高无上的权威是秦代立法、司法的首要原则。

2. 以法为本，轻罪重刑。"法治"和"重刑"是法家思想的基本主张，这两大原则从商鞅变法开始即帮助秦国从贫弱到富强，进而称霸天下。秦始皇统一全国以后，进一步把法家"轻罪重刑"的理论在秦代作为基本策略推行全国，并走向极端。始皇三十四年，在丞相李斯主持下，"明法度，定律令"，[5] 对秦律加以修订补充，用各种法律、法令来规范政治、军事、经济以及社会生活的各个方面。长期的法治使法律、法令在秦代社会中具有广泛的权威性，成为全社会的最高准则。在"以法为本"、推崇法律的同时，秦统治者也把"重刑"的原则广泛地运用到司法实践之中，对全社会实行空前严酷的刑罚统治。据史料显示，秦王朝刑罚种类之繁多，行刑方法之残酷，处罚范围之广泛，是空前的。

"法治"与"重刑"构成了秦王朝法律制度的基本特色。秦二世时，赵高等进一步"更为法律"，史载"秦法繁于秋荼，而网密于凝脂"。[6] 这种以法为本，"乐以刑杀为威"[7] 的指导思想，使秦代法制遭到进一步破坏，国内已是"赭衣塞路、囹圄成市"。[8] 此外，始皇至死也未曾大赦一次，也反映了他唯法为治的精神。

3. 立法广泛，规范细密。与实行"法治"的要求相一致，秦王朝统治者在长期政治实践中极为注重立法工作，立法的范围随着社会调整的实际需要不断扩大，法律规范也越来越细密。秦始皇在泰山刻石上说："治道运行，诸产得

---

〔1〕《纲鉴易知录》卷八。"三皇""五帝"的"三""五"之数无定说，古人视"三""五"为神秘数字，与其时哲学、美学、宗教有关，如"一生二，二生三，三生万物"，"五行五帝"之说等。

〔2〕《史记·秦始皇本纪》。

〔3〕《史记·秦始皇本纪》。

〔4〕所谓"天下之事无大小皆决于上"。遇重大国事，皇帝召群臣商讨，但臣等议见仅供皇帝参考，决定权仍在皇帝。

〔5〕《史记·李斯列传》。

〔6〕（汉）桓宽《盐铁论》。

〔7〕《史记·秦始皇本纪》。

〔8〕《汉书·刑法志》。

宜，皆有法式"[1] 即体现了秦统治者广泛立法的指导思想。从现存的历史资料上看，秦代的法律包括刑事、民事、行政、经济、诉讼各个大类，内容涉及军事、外交、社会治安、商业、金融、手工业、农业、司法诉讼等各个领域。"皆有法式"是"法治"原则的必然要求，也是秦代法制建设的重要指导方针。

4. 统一律令，注重推广。秦始皇统一天下之后，为适应大一统的需要，在全国范围内实行政治、经济、思想文化的一体化政策。在法制建设方面，把原来通行于秦国及新颁行的法令推行于统一后的全国。另一方面鼓励全体臣民学法、知法，规定为官吏者必须"明习法令"，"知律者为良吏，不知律者为恶吏"[2] 同时要求民众学习法律应"以吏为师"。这样既能保证国家法令的权威性和严肃性，又能加速法律、法令的传播，使法律、法令能在更广的范围、更深的层次上得以贯彻和施行。

为在社会上强化政治上的统一和经济文化上的发展，遂有："一法度衡石丈尺，车同轨，书同文字"[3] 使战国以降紊杂不一的货币、度量衡、车轨和文字得到了统一。并进而"堕坏城郭，决通川防，夷去险阻"[4] 这对以后近千年来古代中国文化一直先进于世界各国有着深远的影响。

5. 法为工具，维护等级。在秦代法制指导思想中，法治思想与等级思想是并行不悖的。法治理论所宣扬的"一断于法"、"刑无等级"是为"事皆决于上"、"君鬼（怀）臣忠"服务的。对于这一点，法家的"法治"与我们今天所理解的源于西方的"法律面前人人平等"的概念毫无共同之处。特别是后来法家思想的集大成者韩非，更是君权至上思想的奠基者。法家与后来儒家的区别，并不在于是否强调等级名分，而在于以什么样的观念和方式来调整社会各等级名分间的关系。显然法家的观念和方式就是"君权至上"，"事断于法"。法律在法家的眼里充其量不过是君王手中的一种统治工具，所谓"法"、"术"、"势"，"法"不过仅居其一。这同西方法律高于一切的观念是不能混淆的。正因如此，所以韩非曾言："臣事君，子事父，妻事夫，三者顺，则天下治；三者逆，则天下乱。此天下之常道也"[5] 也正是韩非的这些"法、术、势"和"君、臣、父、子"思想使秦始皇更为欣赏，而有悔未谋面的慨叹。特别是在大统一之初的历史条件下，法家的理论有其不可否认的现实意义，更无须说这一理论给秦国和后来的秦代统治者获得的历史功绩所形成的思想情感上的影响了。所以在

---

[1]　《史记·秦始皇本纪》。

[2]　《睡虎地秦墓竹简·语书》。

[3]　《史记·秦始皇本纪》。

[4]　《史记·秦始皇本纪》。

[5]　《韩非子·忠孝》。

睡虎地秦简《为吏之道》中，遂以法律的形式规定："父慈子孝，政之本也"。这在以家为本位而放大形成的国度里，"父慈"与"君鬼（怀）"是相通的，"子孝"与"臣忠"是一致的。尽管秦统治者专尊法家，但自周以降的"德""刑"二柄的统治方术，仍被继承和运用。

二、立法活动

秦王朝是在战国时期秦国的基础上发展起来的，秦代的各项法律制度也渊源于秦国发展过程中所创立的法制，尤其是商鞅变法期间以及商鞅变法以后至统一以前所确立的制度。因此，有秦一代的立法从内容上大致可以划分为两个部分：

第一部分包括进入战国时期以后，特别是商鞅变法以后至公元前221年秦统一帝国政权的建立。在这一阶段，秦代法律制度的总体风格和主要框架已基本形成。特别是商鞅变法时期所确立的一系列法律制度在统一以后仍得以继续施行。

第二部分包括秦始皇统一六国以后，颁布的一系列新的法律、法令。主要有关于皇帝尊号的法令，关于"制""诏"的法令，关于除谥号的法令，关于实行郡县制的法令，关于统一车轨、文字、度量衡的法令，关于"尚农除末"的法令，[1] 关于焚诗书的法令，等等。从目前掌握的历史资料看，秦统一以后主要是颁布各种单行法律、法令，立法活动频繁，但没有制定一部大而全的法典。

第
五
章

---

〔1〕即"崇尚农业，禁除末业"的"重农抑商"政策。这个由原始农业较发达的周人在商末历史条件下提出的思想，在自然经济为基础的历代专制集权统治者中，得到了始终如一的贯彻。其原因亦是出于政治的稳定考虑，因为"商业是引起一切社会变化的启点"。这方面的立法主要有：

（1）"使黔首自实田"。统一之初就颁布了"使黔首（秦称百姓之谓）自实田"的法令。"任民所耕，不计多少"。这是继商鞅变法"改帝王之制，除井田，民得买卖"之后的又一次变革。"黔首"一名之变，使大部分奴隶成为农民。史载这一法令使"天下大脯（欢腾）"（《史记·秦始皇本纪》）。

（2）注重农田水利。"国之所兴者，农战也"。这一经历使统治者倍加重视对农业的管理。这从法律规定的细密程度上可得到说明。秦律规定凡怠工"不田作"者，庶民降为奴，奴隶受惩罚。在农田水利方面，律定："春二月，毋敢……雍（壅）堤水"，即筑堤堵水道。秦代兴修的岷江水利工程、"郑国渠""灵渠"等，也说明了统治者对农业的关注。

（3）种子保管和播种。在种子保管和播种方面，律定尤为详细。如："县遗麦以为种用者，涍禾以藏之"。即为县所留麦种，要依法象贮谷那样保存。又："种：稻、麻亩用二斗大半斗；禾、麦一斗；黍、苔亩大半斗；叔（菽）亩半斗。利田畴，其有不尽此数者，可也"。参见《秦简·田律》、《秦简·厩苑律》、《秦简·仓律》。

（4）耕牛的饲养与繁殖。由于"秦以牛耕"（《战国策·秦策》），法律规定耕牛的饲养与繁殖，并将其与考课管理官员相联。汉初恒宽在《盐铁论·刑德》中指出：秦律"盗马者死，盗牛者加，所以重本而绝轻疾之资也"。上述法律对促进秦代经济的发展起到了积极的作用。《史记·货殖列传》称："关中之地，于天下三分之一……然量其富，什居其六。"

（一）法律渊源与法律形式

据出土史料与传世文献所载，秦代的法律形式多种多样，各种层次的法律规范构成了一个严密的法网，控制着整个社会。其法律形式主要有：

1. 律。"律"是经过一定立法程序制定的系统性法律文件。公元前361年，商鞅携李悝的《法经》入秦，协助秦孝公变法，在变法过程中，商鞅改"法"为"律"，律之名遂由秦始。由出土的秦简牍文献可见，秦律的种类繁多，条文繁复，大都偏重于社会生活中的某一方面，属于单行法规。睡虎地秦简中有《秦律十八种》《秦律杂抄》《效律》等等，而《法律答问》中也多有"律曰"字样；郝家坪秦木牍中有《为田律》；岳麓书院藏秦简中明确出现的律名则有20余种。以上均说明"律"已成为秦代的主要法律形式。

2. 令（诏）。"令"是君主针对具体问题发布的带有规范性质的命令，是一种单行法规。秦始皇统一全国以后，即下令议帝号，规定封建帝王的一系列专制称谓，其中规定皇帝的"命"称为"制"，"令"称为"诏"。自此以后以"诏"为名的皇帝的命令即成为封建时代具有最高法律效力的法律规范。令、诏是皇帝根据当时具体情况而发布的，范围极为广泛。与律有所不同的是，令、诏有较大的灵活性，但比律要分散。

3. 式。"式"是规定国家机关在某些专门工作中的程序、原则及相关公文程式的法律文件。睡虎地秦简中即有《封诊式》，是关于案件的调查、勘验、审讯等司法活动的程序、要求以及诉讼文书程式的法律规范。

4. 廷行事。"廷行事"[1]是司法机关的判案成例。睡虎地秦简《法律答问》中多有"廷行事"一语，说明在律令条文之外，秦代已经将司法机关的判例作为司法实践中可资援引的审判依据。这种判例的存在一定程度上弥补了法律条文的疏漏与不足，进一步完善了秦王朝的严密法网，加强对社会的控制。

5. 法律答问。"法律答问"是指官方以"答问"的形式，针对司法活动中各级官吏对法律条文的疑问所作的解释。秦代奉行法家的"法治"主张，法律、法令具有很高的权威性。秦统治者要求全民都知法、守法，而且规定民众学习法律应该"以吏为师"，各级官吏也有向全社会宣传、解释法律的责任。各级官吏所作出的法律解释，是对现行法令的阐释或补充。所以这种解释就必须是统一的。在秦代司法实践中，这些法律答问同正式的法律、法令具有同等的法律效力，且成为当时司法审判的依据。睡虎地秦墓竹简中即有《法律答问》，是关于法律内容、法律适用等方面的法律性解释。从这一部分法律答问中可以看出，

---

〔1〕　有关"行事"之义，清代学者王念孙将其释为："行事者，言已行之事，旧例成法也。汉世人作文言'行事''成事'者，意皆同。"参见（清）王念孙：《读书杂志》。

在秦代，以问答形式出现的法律解释是对国家法律、法令的很好补充，对于法律的正确适用有着重要作用。

6. 程。"程"是关于劳动定额等确定额度的法规。湖北云梦睡虎地秦墓竹简中的《工人程》即属此类。从历史资料分析，"程"大都是属于统计、审计等确定某种数额的规则。

7. 课。"课"是关于工作人员考核标准的法规。湖北云梦睡虎地秦墓竹简中即有《牛羊课》，是关于考核牛马饲养人员工作情况的单行法规。

（二）简牍研究对正史资料的补充

在二十世纪七十年代以来秦简牍史料大规模出土之前，关于秦律的大致记载，仅可零星见诸传世文献。据史籍所载，秦的法律，是由法家的代表人物商鞅等制定的，其蓝本可追溯至战国时魏国李悝所著的《法经》。据《晋书·刑法志》记载，"其文起自魏文侯师李悝，悝撰次诸国法，著《法经》"。《法经》共有《盗》《贼》《囚》《捕》《杂》《具》六篇，"商君受之以相秦"。[1] 但是，史籍对于秦律令的记载仅局限于篇名，而在相当长的历史时期内，有关具体律令条文的史料均属空白，对于秦律令的详细面貌亦无从查考。这一状况随着二十世纪七十年代以来秦简牍史料的多次大规模出土而得以改观。对简牍史料的发掘与研究，为学界展示了真实而具体的秦律令条文，为秦代法律的研究提供了重要的材料来源与史料支撑。

1. 睡虎地秦墓竹简。1975 年 12 月，在湖北云梦县的睡虎地 11 号秦墓中出土了一千余枚竹简。这是秦代竹简在我国的首次大规模出土。经整理，这些简文共分十种，分别是《编年纪》《语书》《秦律十八种》《秦律杂抄》《效律》《法律答问》《封诊式》《为吏之道》及《日书》（有甲、乙两种文本）等。除《编年纪》和《日书》外，其余均是法律文书。《语书》是秦王政二十年（公元前 227 年）南郡郡守在辖区内发布的一篇文告，《秦律十八种》和《秦律杂抄》均是对秦律条文的摘抄，《效律》是考核官吏并验查其物资账目的律令，《法律答问》是官方对秦律的解释，《封诊式》是法律文书的程式和对司法案件的记录，《为吏之道》是官吏守则。

尽管睡虎地出土的秦律是秦统一之前制定的，但我们今天要了解秦统一之后的法制状况仍可以睡虎地秦律为依据。这是因为，统一后的秦朝仍沿袭了统一前的秦国法律，秦始皇在扫平六国后面临诸多问题，使其无暇集中精力重新推行大规模的法典编纂工作，他所能做的除发布一些单行法令外，就是把原来的秦国的法律重加修订后向整个帝国推行。因此可以说，睡虎地出土的秦律在

---

[1]　《晋书·刑法志》。

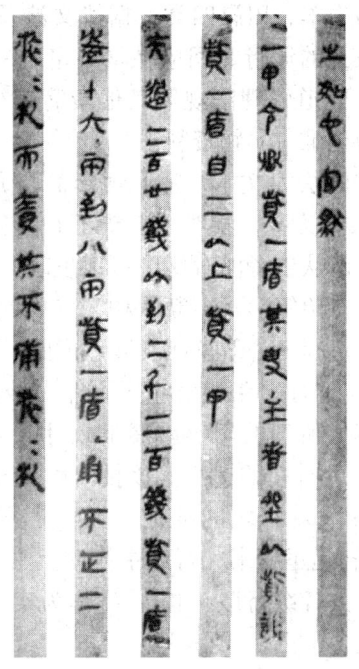

图 7　睡虎地秦墓竹简

秦统一前后是有连续性的。

2. 四川青川县郝家坪秦木牍。1979 年至 1980 年，在四川青川县的郝家坪 50 号战国墓中出土了两件木牍，其中一件编号为 M50：16 的木牍正背两面记载了战国时期秦武王二年更订的《为田律》的部分条文。[1]《为田律》是战国时期秦国有关农田制度的法律，该木牍所载的条文是其中关于农田与道路规划建设的部分。[2] 直观展现了商鞅变法"为田开阡陌封疆"、"废井田，开阡陌"以后，秦律对于农田区划以及道路、桥梁、堤坝、渡口等交通设施的建设与维护等方面的规定。同时也展示了商鞅变法后秦国改革亩制，以道路为亩界，并在农田间建设系统的交通网等农田管理办法。[3]

3. 龙岗秦简。1989 年 10 月至 12 月，在湖北云梦县的龙岗 6 号秦墓中出土了一批秦代法律文书。由于简文中没有出现完整律名，整理者根据其内容大致

〔1〕　李昭和、莫洪贵、于采芑："青川县出土秦更修田律木牍——四川青川县战国墓发掘简报"，载《文物》1982 年第 1 期。

〔2〕　参见李学勤："青川郝家坪木牍研究"，载《文物》1982 年第 10 期；胡澱咸："四川青川秦墓为田律木牍考释——并略论我国古代田亩制度"，载《安徽师范大学学报（哲学社会科学版）》1983 年第 3 期。

〔3〕　参见〔日〕广濑薰雄："青川郝家坪秦墓木牍补论"，载《简牍学研究》第七辑。

将其分为禁苑、驰道、马牛羊、田嬴四类。据律文涉及的"皇帝"、"驰道"等用语推断，其主要法律条文的颁行时间应在秦始皇统一天下后。[1] 龙岗秦简载有相对丰富的秦代禁苑、驰道管理法规等其他秦简较少记载的律文内容，是了解秦代相关问题的重要乃至唯一实物资料。

作为秦统一前后制作的法律文本，睡虎地秦简与龙岗秦简所载秦律条文在行用年代上大致呈现出承接关系。虽然二者皆不是秦律的全部，且龙岗秦简所载的秦律条文尤为有限，但从二者的对比中可以发现，秦统一前后的整个阶段，也是秦律通过君主颁布令、诏等形式不断累积、发展的过程。秦统一后的法律，正是在这一过程中经过一定程度的调整而发展形成的。[2]

4. 里耶秦简。2002 年 6 月，在湖南湘西里耶古城址 1 号井中出土了 36000 余支秦简及部分木牍，其上所载的纪年从秦王政廿五年到秦二世二年，推断其为秦王政（始皇）至秦二世时期的遗物。该批简牍属于秦时县一级政府的部分档案，内容包括政令、各级政府之间的往来公文、司法文书、吏员簿、物资（含罚没财产）的登记和转运里程书，行用主体涉及秦的内史、南郡、巴郡、洞庭郡、苍梧郡等中央与地方各级行政机构。[3] 作为实用的法律文书，里耶秦简比其他静态的法律文本包含了更多的信息。

5. 岳麓书院藏秦简。2007 年 12 月，湖南大学岳麓书院从香港抢救性地收购了一批珍贵秦简。整理者认为，这批秦简是对已发现秦代简牍的极大补充，是继睡虎地秦简和里耶秦简之后的又一次重大发现。这批秦简的抢救回归，对秦代的法律研究具有非常重要的意义。

岳麓书院藏秦简中占比最大的是秦代的律令文本，共有 1200 余枚，占整个岳麓秦简的一半以上。其内容都是摘抄的秦代律令条文，出现完整律名的即有《繇律》《金布律》《田律》《仓律》《戍律》《具律》《兴律》《行书律》等 20 余种，而且这些律名中如《亡律》《奔警律》《尉卒律》《索律》等，都是不见于先前出土秦简的全新材料。此外，岳麓秦简中第一次大量出现了秦代的令名，诸如《内史郡二千石官共令》《内史官共令》《内史仓曹令》《内史户曹令》《内史旁金布令》《四谒者令》《四司空共令》《四司空卒令》《县官田令》《廷卒令》《郡卒令》《卒令》等 20 余个秦令名，都是前所未见的新材料，它的发现强有力地证明，秦代是律令并行的时代，所谓秦代有律无令的说法是完全不能成立

第五章

---

〔1〕 参见刘信芳、梁柱："云梦龙岗秦简综述"，载《江汉考古》1990 年第 3 期。
〔2〕 参见黄爱梅："睡虎地秦简与龙岗秦简的比较"，载《华东师范大学学报（哲学社会科学版）》1997 年第 4 期。
〔3〕 参见张春龙、龙京沙："湖南龙山里耶战国——秦代古城一号井发掘简报"，载《文物》2003 年第 1 期。

的。此外，简文中具体繁多的秦代令文书写格式，也给秦代法律制度研究提供了不可多得的宝贵资料，对这批秦代律令文献的整理与研究，必将开拓人们进行秦汉法律制度研究的新视野，提供学界用新材料去解读秦代法律制度的新角度。[1]

综上所述，不断出土的秦代简牍史料证明，秦简中体现的秦律种类，远远超过了李悝《法经》六篇的范围。简牍史料证明了秦律经过历代统治者的丰富，有一个不断发展、充实的过程。随着时代的推移，法律也在不断地颁布、更新。新颁的法律在沿用或取代旧有的法律。

第二节 主要法律内容

一、维护皇帝制度的法律

（一）最高司法权归属于皇帝

在秦代高度集权的君主专制政体之下，皇帝在立法、行政、司法等国家政治的各领域均拥有绝对的权力，即所谓"天下之事无小大，皆决于上"。[2] 国家的最高司法权归属于皇帝体现在两个方面。一方面，国家的整套司法机关体系由皇帝控制，对一切重大案件，皇帝有最后决定权，并可在司法机构及司法官之外，指派丞相、御史大夫等职官兼理案件。另一方面，皇帝常常直接参与案件审理。史书中载，秦始皇"躬操文墨，昼断狱，夜理书。自程决事，日县（悬）石之一"。[3]

（二）危害皇权的罪名

如上文所述，在秦代的政治体制下，皇帝拥有至高无上的地位与绝对的权威。法律针对侵犯皇帝权威、危害皇帝统治秩序与人身安全的言行，规定了严重的罪名与严厉的处罚手段。

1. 谋反。在秦代，谋反被视为最为严重的犯罪。谋反罪直接危害皇帝的统治，颠覆国家政权，故而成为最为严重之犯罪。

2. 泄露机密。在秦代，泄露皇帝的行踪、处所、言语等机密信息是重罪。据《史记·秦始皇本纪》所载，"行所幸，有言其处者，罪死"。秦始皇三十五年（公元前212年），始皇在梁山宫看到丞相的车马随从很多，对此表示不满，有随从将此言语向丞相泄露。始皇发觉后调查无果，便下令处死当时在场的所有人。[4]

---

〔1〕 参见陈松长："岳麓秦简：秦史研究的新视角"，载《光明日报》2015年11月12日。

〔2〕 《史记·秦始皇本纪》。

〔3〕 《史记·秦始皇本纪》，按服虔注："石，百二十斤"，约合现在六十斤。秦简一般长约尺二，合现在23—28厘米，每简30—40字。

〔4〕 《史记·秦始皇本纪》。

3. "偶语《诗》《书》"与"以古非今"。据《史记·秦始皇本纪》与《史记·高祖本纪》载，秦律规定"偶语《诗》《书》者，弃市。"即禁止对除《秦纪》之外的六国史书、《诗》、《书》、百家语等书籍内容进行讨论，否则将被处以弃市之刑。而以古代学说、前世之事讽喻当今政策的言论则构成以古非今罪。秦律规定"以古非今者，族"。此处的"族"，指一人犯罪而全族受株连。李斯曾言"人闻令下，则各以其学议之，入则心非，出则巷议"，[1] 就是指斥儒生妄议秦政，以发泄其不满情绪。此类行为即构成"以古非今"。

对"偶语《诗》《书》"与"以古非今"之所以要分别处以弃市与族诛的重刑，是因为这些行为能够引起人们"率群下以造谤"，而且"谤"及皇帝，从而严重侵犯皇帝至高无上的权威。[2]

4. "诅咒"与"妖言"。"诅咒"指祈求鬼神降祸于皇帝的言论与行为。秦代，社会上针对秦始皇的诅咒事件频发。秦始皇三十六年（公元前211年），有陨石坠落于东郡，有人在陨石上刻下"始皇帝死而地分"字样，诅咒秦始皇死亡。秦始皇得知此事后派遣御史查问未果，便"尽取石旁居人诛之"。同年，在华阴平舒道有人向使者捧璧并诅咒"今年祖龙死"，秦始皇同样派遣御史前往侦查。

"妖言"指祸乱百姓、危害社会安全稳定的言论。据《史记·秦始皇本纪》载，秦始皇三十五年（公元前212年），秦始皇称"诸生在咸阳者……或为妖言以乱黔首"[3]，故而将犯罪的四百六十余名儒生、方士坑杀于咸阳。与"诽谤"类似，"妖言"同样涉及损害皇帝权威而为统治者所不容。

5. "诽谤"与"妄言"。讥评皇帝过失的言论即构成诽谤罪。据《史记·高祖本纪》载，刘邦率军攻克咸阳后，对关中父老说："父老苦秦苛法久矣，诽谤者族，偶语者弃市。"可知秦法对诽谤者处罚之重。秦始皇三十五年（公元前212年），侯生、卢生等人就因批评皇帝"乐以刑杀为威"而被以诽谤罪全部坑杀于咸阳。

"妄言"指煽动颠覆国家政权的言论。据《史记·项羽本纪》载，秦始皇游会稽时，项梁与项籍围观，项籍说"彼可取而代也"，项梁赶紧掩其口说："毋妄言，族矣。"此外，据《史记·郦生陆贾列传》载，"秦法至重也，不可以妄言，妄言者无类"[4] 此处的"无类"指"无遗类"。以上皆证明秦法对妄言罪的处罚是诛族。

---

〔1〕《史记·秦始皇本纪》。
〔2〕 参见栗劲：《秦律通论》，山东人民出版社1985年版，第219页。
〔3〕《史记·秦始皇本纪》。
〔4〕《史记·郦生陆贾列传》。

6. "非所宜言"。"非所宜言"即说了不该说的话，这种不该说的话当然是不利于统治者利益的。据《史记·刘敬叔孙通列传》载："陈胜起山东，使者以闻……诸生或言反，或言盗。于是二世令御史案诸生言反者下吏，非所宜言。"至于"非所宜言"的具体内容是什么，法无明言，这就为封建统治者任意出入人罪提供了方便。

7. "投书"。《法律答问》："有投书，勿发，见辄燔之；能捕者购臣妾二人，毄（系）投书者鞫审谳之。"秦律规定，若官府发现匿名书信，要将其焚毁，不使扩散；如果抓获匿名投书者，不仅要对其进行审讯，而且赏赐给抓捕者男女奴隶两人。秦律的上述内容规定了对匿名信的处理方式及对捕获匿名投书者的奖赏。至于对匿名投书者判处何等刑罚，《法律答问》中没有说明，但学者一般认为其处刑必然较重。[1] 匿名投书控告的内容多为虚假甚至诬告，扰乱正常司法秩序；其中尤易涉及对皇帝的诽谤，危害皇权与政权，破坏社会稳定，故而不为统治者及法律所容忍。自秦以后，历代法律大多明文规定禁止匿名投书。

8. 不敬皇帝。为了维护皇帝的至高权威，臣下不但必须对皇帝本人极端恭顺，而且对皇帝下达的诏书也绝对不能怠慢，否则便视为对皇帝的不敬，受到法律的严惩。睡虎地秦简《秦律杂抄》载："听命书……不避席立，赀二甲，废。"这里的"命书"即诏书。听取诏书的传达时，要下席站立，以示对皇帝的恭敬，否则便被罚财物二甲，并被撤职永远不再起用。

二、主要法律原则

（一）故意与过失

所谓故意，在秦代法律条文中称为"端"；过失，则称为"不端"。秦律明确规定，故意犯罪处刑重于过失犯罪。以控告类犯罪为例，睡虎地秦简《法律答问》载："甲告乙盗牛若贼伤人，今乙不盗牛、不伤人，问甲可（何）论？端为，为诬人；不端，为告不审。"[2] 这段话的大致意思是：甲控告乙盗牛或杀伤人，而乙其实并未盗牛和伤人，若甲系故意，则以诬告罪论处；若系非故意，则以控告不实罪论处。对于诬告犯罪，秦律实行"诬告反坐"，即"以所辟（告）之罪罪之"；对于"告不审"之类的犯罪，秦律则至多处以赀罚。[3] 可见按秦律规定，对诬告罪处刑要比控告不实罪重得多，亦可知秦律区分故意与过失，是为了贯彻故意从重、过失从轻的量刑原则。

---

〔1〕 参见栗劲：《秦律通论》，山东人民出版社1985年版，第218页。

〔2〕 《睡虎地秦墓竹简·法律答问》。

〔3〕 关于"告不审"类犯罪的量刑情况，《睡虎地秦简·法律答问》载："告人盗百一十，问盗百，告者可（何）论？当赀二甲。盗百，即端盗驾（加）十钱，问告者可（何）论？当赀一盾。赀一盾应律，虽然，廷行事以不审论，赀二甲。"

　　除了区分故意与过失外，秦律还对"有无犯罪意识"规定了不同的量刑原则。秦律规定，对有犯罪意识的行为从重处罚，对无犯罪意识的行为可免予处罚。如前文引述的《法律答问》中的一则材料讲，甲盗钱一千，乙知其盗而分赃不满一钱，却与甲同罪论处；又一则材料说某人盗一百五十钱，并告知甲，甲和甲的妻子儿女知情后，又与盗窃犯一同用赃钱消费，结果甲与其妻子儿女与盗窃犯同罪论处。可见，知赃而分赃、用赃，即被认定为有犯罪意识，从而构成了犯罪，其犯罪性质与盗窃犯一样，故量刑相同。又据《法律答问》载："甲盗钱以买丝，寄乙，乙受，弗智（知）盗，乙论可（何）殹（也）？毋论。"[1] 甲盗钱买丝，把丝寄存乙处，乙接受了，但并不了解盗窃之事，故对乙不应论罪。由此可见，乙之所以未被论罪，即在于其无犯罪意识。

　　（二）自首与告奸

　　自首，秦代一般称为"自出"或"自告"。对于自出或自告的罪犯，秦律实行从轻或免罪的原则。《法律答问》载："把其（假）以亡，得及自出，当为盗不当？自出，以亡论。其得，坐臧（赃）为盗。"[2] 这段话的意思就是：携带借用的官有物品逃亡，被捕获或自首，是否应以盗窃罪论处？回答是：若为自首，则以逃亡罪论处；若为捕获，则按赃数以盗窃罪论处。秦律对盗窃罪处刑一般较逃亡罪为重，知此对自首者处刑是从轻的。

　　我们再看《法律答问》中的两则材料。第一则："司寇盗百一十钱，先自告，可（何）论？当耐为隶臣，或曰赀二甲。"[3] 第二则："士五（伍）甲盗……臧（赃）直（值）百一十，以论耐。"[4] 《睡虎地秦墓竹简》注曰："耐，据下条即指耐为隶臣。"从以上两则材料中可以看出，对盗窃一百一十钱而又自首的刑徒司寇仅判以"耐为隶臣"或"赀二甲"，显然是从轻论处的结果，因为庶民（士伍甲）盗窃一百一十钱才被处以耐为隶臣，而身为刑徒的司寇盗窃一百一十钱，属于累犯，其处刑本应重于庶民，但念其自首，所以从轻发落。

　　告奸则是秦律赋予社会成员的义务。自商鞅变法开始，秦国便实行"连坐法"，任何人对于同居、同里、同伍之人的犯罪行为必须告发，否则会受到相应的刑罚。秦律中的《傅律》规定，社会成员对于应付的徭役"敢为诈伪者，赀

---

〔1〕　《睡虎地秦墓竹简·法律答问》。

〔2〕　"把其假"指携带所借官有物品。参见睡虎地秦墓竹简整理小组编：《睡虎地秦墓竹简》，文物出版社1990年版，第207页。

〔3〕　睡虎地秦墓竹简整理小组编：《睡虎地秦墓竹简》，文物出版社1990年版，第154页。

〔4〕　此处的"耐"指"耐为隶臣妾"。参见睡虎地秦墓竹简整理小组编：《睡虎地秦墓竹简》，文物出版社1990年版，第165页。

二甲；典、老弗告，赀各一甲；伍人，户一盾，皆迁之。"[1] 可见对于同里、同伍之人的犯罪行为，其他人尤其有管理义务的人均必须告发。此外，秦律还鼓励告奸，据《史记·商君列传》所载，商鞅变法规定"告奸者与斩敌首同赏"[2]。睡虎地秦简《法律答问》中亦载："甲告乙贼伤人，问乙贼杀人，非伤也，甲当购，购几何？当购二两。"可见对于告奸的行为，秦律确实规定有较高的赏格。但同时，秦律规定告奸必须符合事实，参见上文所举的"诬告"与"告不审"的例子，可见秦律对于故意或过失所致的控告不实行为规定了不同程度的惩罚措施。

（三）"公室告"与"非公室告"

秦律根据犯罪性质及控告者与被控告者的身份关系，将诉讼案件分为"公室告"和"非公室告"两类，这是秦代国家利益至上、父权家长制等原则在诉讼权利规定上的反映。秦律规定"贼杀伤、盗它人为'公室告'"，即公室告是犯罪人对家庭之外的社会成员的人身、财产的侵犯行为。而"子盗父母，父母擅杀、刑、髡子及奴妾，不为'公室告'"；"'子告父母，臣妾告主，非公室告，勿听。'何谓'非公室告'？主擅杀、刑、髡其子、臣妾，是谓'非公室告'，勿听。而行告，告者罪。告者罪已行，它人又袭其告之，亦不当听"[3]。

从这两条解释来看，所谓"公室告"是指"贼杀伤、盗他人"等危害社会和国家利益的犯罪，对于此类犯罪任何人都有权利并且有义务向官府提出控诉；所谓"非公室告"是指父母控告子女盗窃自己的财产，以及子女控告父母、奴妾控告主人肆意加诸自己各种刑罚。由于这种家庭范围内的侵害行为对国家利益不构成直接重大威胁，因此秦代法律规定对于"非公室告"犯罪，子女、父母、奴妾不得相互为告。对于这两类告诉，只有"公室告"官府才予受理；凡属"非公室告"，即使告到官府，官府也不予受理，若当事人坚持告发，则告者有罪；若是他人接替告发，也不能受理。这种当事人自行呈诉中的公室告与非公室告之别，反映了秦代法律打击的重点和主奴、长幼间公开不平等的法律地位。但诉讼中无"父子相隐"之律。"非公室"告也非"不孝"之罪。甚至许妻在某些情况下杀夫，如"夫为寄豭，杀之无罪"[4]。

三、五刑制的变化与整合

"皆有法式"与"轻罪重刑"是秦代法律制度的基本原则和特点。自商鞅变法以后，秦统治者都把法家的"重刑"主张作为控制社会的基本策略，用严密

〔1〕　参见栗劲：《秦律通论》，山东人民出版社1985年版，第143页。

〔2〕　《史记·商君列传》。

〔3〕　《睡虎地秦墓竹简·法律答问》。

〔4〕　《会稽刻石》。

的法网、严酷的刑罚来推行自己的政治措施。秦代法律制度也以刑法最为发达。在长期的重法、重刑的司法实践中，秦统治者逐步积累了丰富的用刑经验，在"墨、劓、刖（剕）、宫、大辟"等先秦五刑的基础上进一步变化、整合，形成了种类繁多、较为系统的刑罚体系和相对完善的定罪量刑原则，使秦代的刑法理论、原则与制度都在前朝的基础上有了进一步的发展。

（一）生命刑与身体刑

生命刑是剥夺受刑人（连坐时甚至包括亲属）生命的刑罚，在秦刑罚体系中为最重的刑罚。主要有以下几种：

1. 枭首。即处死后悬其首级于木上。

2. 腰斩。即斩腰。

3. 磔刑。即裂其肢体而杀之。

4. 车裂。

5. 戮刑。即先对犯人使用痛苦难堪的耻辱刑，然后斩杀。

6. 弃市。即所谓杀之于市，与众弃之。

7. 族刑。通常称为夷三族或灭三族。

8. 具五刑。即《汉书·刑法志》所说"当三族者，皆先黥、劓，斩左右趾，笞杀之，枭其首，菹其骨肉于市。其诽谤詈诅者，又先断舌"，故谓之"具五刑"。

此外，见于史籍记载的还有"囊扑"、"镬烹"、"凿颠"、"抽胁"、"绞"等的处死方法。[1]

身体刑是指损害受刑人身体器官或使受刑人身体痛苦的刑罚，主要包括残害肢体器官的肉刑。从历史资料分析，秦代的身体刑主要有以下几种：

1. 黥刑。在额头的正面和两侧都黥上印迹。

2. 劓刑。割掉鼻子的酷刑。

3. 斩左趾。是刖刑的一种，即刖去左足。是仅次于宫刑的肉刑。

4. 宫刑。《法律答问》："臣邦真戎君长，爵当上造以上，有罪当赎者……其有腐罪，赎宫。"可见宫刑是对少数民族君长和上造以上爵位的人适用的具有特权性质的法律规定。[2]《尚书正义·吕刑》则描述为"男子割势，妇人幽闭"，是仅次于死刑的酷刑。

它们源于奴隶制时代，在秦时不仅沿用，且十分广泛。值得注意的是，秦代的身体刑往往与城旦舂等较重的徒刑和髡、耐等耻辱刑结合使用。在睡虎地秦简中经常可以看到"黥为城旦"、"劓为城旦"、"髡钳为城旦"、"耐为鬼薪"

---

〔1〕 参见栗劲：《秦律通论》，山东人民出版社1985年版，第244页。
〔2〕 参见栗劲：《秦律通论》，山东人民出版社1985年版，第244页。

的记载。这是秦代身体刑的特点。

（二）耻辱刑与身份刑

耻辱刑是一种带有侮辱性质的刑罚，在秦代主要指髡、耐等象征肉刑的刑罚，常作为徒刑的附加刑。

1. 髡。剃去犯人的头发和鬓须。

2. 耐。只剃去犯人的鬓须。

3. 完。既不加宫、刖、劓、黥等肉刑，也不加髡、耐等刑，保持身体的完好并服劳役。

4. 笞。即笞打。

身份刑是指剥夺犯罪人的爵位、官职等政治权利或降低其社会地位的刑罚。秦王朝作为专制政权，虽然在历史上打破了旧的宗法式的社会等级结构，但又重新建立了新的等级秩序。从现存的历史资料看，秦代的身份刑主要有以下四种：

1. 夺爵。在秦代，爵位是担任官吏的条件，爵位的高低还直接决定了官位的高低。夺爵实际上也就是剥夺了做官的权利，在政治上的特权地位随之也就消除了。

2. 废。这是一种撤职的刑罚。一旦被废，将永不叙用。秦简《除吏律》有"任废官者为吏，赀二甲"便是明证。另据《法律答问》的说法，官吏凡受到赀盾以上处罚的，均被同时处以废刑，这也就意味着受刑者将被终身剥夺做官的资格。

3. 收孥、籍门。在对犯人判处某种刑罚时，还同时将其妻子、儿女等家属没收为官奴婢。

（三）徒刑与赎刑

徒刑是限制犯罪人自由并强制其服劳役的刑罚。徒刑在商周之际即已出现，至秦代时使用范围更加广泛，其地位也逐渐上升，已成为秦代刑罚体系中的主体刑种之一。从秦简及其他历史资料看，秦代的徒刑有：

1. 城旦舂。男犯为城旦，从事筑城的劳役；女犯为舂，从事舂米的劳役。据《汉书·惠帝纪》注引应劭云："城旦者，旦起行治城；舂者，妇人不豫外徭，但舂作米。"当然，实际上男犯或女犯并不单纯从事筑城或舂米的工作，也干其他的事情。

2. 鬼薪白粲。男犯为鬼薪，女犯为白粲。根据《汉旧仪》中的有关记载，所谓"鬼薪"是强制男犯去山中砍柴以供宗庙祭祀之用，所谓"白粲"是强制女犯择米，以择出的白米供宗庙祭祀之用，但实际劳役也绝不止于为宗庙取薪择米。鬼薪、白粲是较城旦舂轻一等的劳役。

3. 隶臣妾。即将罪犯及其家属罚为官奴婢，男为隶臣，女为隶妾，其刑轻于鬼薪、白粲。

第五章

4. 司寇。男犯为司寇，即伺察寇贼，从事这种工作往往去边疆，边服劳役，边防外寇。女犯为作如司寇，根据女犯的生理特点，不宜让其到边疆服役，而是准其在内地从事相当于司寇的劳役。

5. 候。候，即发往边地充当斥候，是秦代徒刑的最轻等级。

赎刑是强制犯罪人向国家交纳一定数目的财物的刑罚。秦代的财产刑一般适用于较轻微的犯罪，或作为一种对特殊身份者的优待。从现存的资料看，秦代的财产刑主要是赀刑。赀即罚，具体有赀甲、赀盾、赀布等，有时也能见到赀徭役的例子。除赀刑外，秦代还使用赎刑。赎刑是判令犯罪人交纳一定数目财物以赎免原判刑罚的制度。在睡虎地秦墓竹简中即可以看到秦代使用赎刑的例证。

第三节　司法思想与司法制度

一、司法思想

（一）注重证据与限制刑讯的思想

从《睡虎地秦简·封诊式》中记述的大量案件中分析，秦代审理案件已形成了比较系统和完善的审讯制度。主要分为：现场勘查和检验、拷讯、爰书和乞鞫等几个阶段。而且，秦的官吏在侦查与审判实践中重视从多方面收集和运用证据。

1. 注重证据和现场勘验。秦代在审判中已开始注重证据和现场勘验。以《封诊式》为例，其中就有关于《贼死》（他杀）、《经死》（自缢）、《穴盗》（挖洞行窃）、《出子》（小产）、《疠》（麻风病）等案件勘验式例，并以"爰书"详细记录。如《贼死》的勘验，"爰书"中就详细记载了案发地点、被害人年龄、肤色、身长、发长、受伤部位、伤口形貌等细节特征，对凶器类别的推断，死者衣着血污情况，尸体周围遗物及痕迹等内容，并记述了向求盗、亭父和附近居民对有关该情况的讯问等等。《封诊式》的上述证据制度，表现了执法者重视证据的态度和司法实践方面的丰富经验，以及在生理学、法医学上所达到的相当高的水平。相比于周代的"以五声听狱讼"，这无疑是一次巨大进步。

2. 注重口供和限制刑讯。秦律在适用中，还遵循着一条原则，即犯罪人的口供是定罪判刑的重要依据。秦代不仅对口供尤为注重，而且提出了"毋笞掠而得人情为上；笞掠为下；有恐为败"的限制刑讯原则。法律规定，只有在被告的口供前后矛盾，多次翻供，拒不服罪的情况下，才可依法刑讯，且须在爰书中记录拷打的原因。[1] 但是，这一原则在审判实践中并不能得到严格的遵循，据《史记·李斯列传》所载，丞相李斯便是在下狱后不胜刑讯之苦，被迫诬服。

---

[1]《睡虎地秦墓竹简·法律答问》。

这即是酷刑逼供的明证，也从侧面说明即使是"欲加之罪"，犯人的"口供"也是十分必要的。由此，秦代司法实践中对"口供"的重视亦可见一斑。

（二）"以法为教"与"以吏为师"的思想

"以法为教"与"以吏为师"出自《韩非子·五蠹》，是秦统治者奉行法家学说治国的体现。[1]"以法为教"指国家专以政策法令为教育内容。秦统治者鼓励全体臣民学法、知法，规定为官吏者必须"明习法令"，"知律者为良吏，不知律者为恶吏"[2]。同时要求民众学习法律应"以吏为师"。这样既能保证国家法令的权威性和严肃性，又能加速法律、法令的传播，使法律、法令能在更广的范围、更深的层次上得以贯彻和施行。

二、司法制度

关于司法制度，李悝《法经》著有《囚》法一篇，秦据此而定有《囚律》，其具体内容已无从详考。据《秦简》和古籍史料，对秦代的司法制度可以做如下几方面的描述：

（一）廷尉、御史及其执掌

1. 中央司法机关——廷尉。"廷尉"是秦帝国的中央最高司法审判机关，[3]属九卿之一，[4]地位颇高，其下设正和左右监等属官，助其办理具体事务。廷尉负责全国法律、法令及司法事务，直接向皇帝负责，负责审理由皇帝下令审理的案件，以及地方移送的重大和疑难案件。但凡重大案件均须皇帝最后裁决方可定案。对于"廷尉"名称的由来，历来有两种解释。一种说法是："听狱必质诸朝廷，与众共之，……故称廷尉"。另一种说法是据《汉书·百官公卿表》颜师古注云："廷，平也，治狱贵平，故以为号。"

2. 监察机关——御史府。监察制度是中国传统政治体制中的一个重要环节。御史源于周时的史官，[5]是为天子掌管文书档案的官员。《周礼·春官》载：

---

〔1〕《韩非子·五蠹》："故明主之国，无书简之文，以法为教；无先王之语，以吏为师。"

〔2〕《睡虎地秦墓竹简·语书》。

〔3〕《史记·李斯列传》，战国时齐国称大理，楚国称廷理。

〔4〕秦代中央机关由"三公""九卿"组成。

〔5〕在古语中，史是掌管文书之官的通称，御史就是在君主左右掌管文书档案记录等事的官吏。至秦时，随中央集权的君主专制制度确立，原先在君主左右"掌赞书而授法令"的御史遂发展为兼司纠察之任的监察官吏。史籍关于秦代御史记载颇多。《史记·张丞相列传》载：张苍"秦时为御史，主柱下方书"（方书即四方文书）。因一般御史所掌事务并不能直接送达皇帝，在朝廷上常侍立于殿柱之下，故又有"柱下史"之称。《汉官仪》载："柱下史，老聃为之，秦改为御史，一名柱后史，谓冠以铁为柱，言其审固，不桡也。"《太平御览》卷二二七载："御史，秦官也，案周有御史"。《史记·秦始皇本纪》亦有派御史办案的记载，如"使御史悉案问诸生"，"遣御史逐问……"。《资治通鉴·秦鉴》始皇三十五年注："秦置御史掌讨奸猾，治大狱。"

"御史，掌邦国都鄙及万民之治令"。由春秋、战国时期的"掌赞书而授法令"，[1] 进而负有某种非专任和经常的监察责任，并渐渐形成机构和一套制度。到汉代发展成古代中国特有的监察制度。

从渊源关系上讲，秦代可说是古代监察制度的发端。战国时期的秦国已有御史之职，行使监察职能发端于战国末期。统一六国后，随着中央集权政治体制在全国的建立，为加强皇帝对百官、中央对地方的全面控制，加重御史大夫职权，提高其地位，属"三公"之一，是秦代的最高监察官，众御史之长。《汉书·百官公卿表》载："御史大夫，秦官，位上卿，银印青绶，掌副丞相。"

秦代在中央设立御史府，以御史大夫为该府长官，其下又设御史中丞，掌监察，其位略次于丞相。但地位在廷尉之上，十分显赫。御史大夫有权监视百官，并随时向皇帝禀奏、进谏、参与机要。时人谓：秦始皇"专任狱吏，狱吏得亲幸"，专事告密的御史大夫当然最为皇帝宠信。对全国实行自上而下的监督考察，并向地方各郡派出监御史，对地方实行监察。秦代监察制度虽属初创，尚不完善，但为汉代以后监察制度的进一步发展奠定了重要基础。[2] 此外，前述秦律"岁雠辟律于御史"之规定，即廷尉系统所属的司法官吏须每年到御史那里核对法律。由此可见，秦代御史的职责相当广泛。

(二) 郡县、里甲及其执掌

在地方上，司法审判由郡守、县令（长）兼理，显示了行政权与司法权不分的制度特色。而在郡守、县令之外，郡、县、乡、亭各级行政机关都设有相应的专职司法官员，辅助郡守、县令处理本地区范围内的司法事务。郡有专任司法官员"决曹掾"，但案件的裁决由郡守决定。另有监御使为郡一级监察官。县令以下设丞主管文书、仓储、司法事务。对于一般性的案件，郡、县可自行判决；对疑难案件或重大案件，则须移送廷尉。史载秦范阳县令在任十年中，审判案件，"杀人之父，孤人之子，断人之足，黥人之首，不可胜数"，[3] 证明秦代郡县长官兼有司法审判及刑杀之权。县之下的基层行政组织则设有三老、

---

[1] 杜佑《通典·职官六》卷二十四。

[2] 如按官制发展上的"汉承秦制"这一公论推断，秦代御史职官的设置当是：中央设御史大夫一人为官长，全面掌管群臣章奏和下达皇帝诏令，并监察文武百官；御史大夫之下设御史中丞二人，负责执掌图籍兼纠察，处理直达皇帝的一切奏章，在殿中察举违法官吏，并受命巡视政事和司法审判；中丞之下设御史（亦称侍御史）若干，主管地方送达中央的文件，并具体从事纠举办案。秦在各郡还设有监御史派往地方执行监察任务。《汉书·百官公卿表》载："监御史，秦官，掌监郡。"其主要职责是对所在郡的官吏实行纠察，并参与治理刑狱。但监御史非地方官职，不专驻地方，隶属于御史府（台），受御史大夫和御史中丞指挥和节制。

[3] 《史记·张耳陈馀列传》。

啬夫、游徼等乡官，其任务或直接处理民事纠纷，或协助上级部门追捕罪犯、查封罪犯财产，等等。由于秦代要求国家各级官吏都要知法、学法、宣传法律，因此凡国家官吏都有宣传、执行法律、法令的职责，即使是最基层的里正、求盗等小吏，也可以处理轻微的民事、刑事案件。

第四节　社会法律思潮

一、皇帝制度的思想表达

与三代以来的王权制度不同，皇帝制度是战国以后确立的全新的统治制度，并通过皇权意识形态和统治秩序加以体现。在皇帝制度确立与皇权意识形成的过程中，出现了一系列的思想表达。

（一）皇帝制度的思想渊源

首先，战国以来的诸子学说为皇帝制度提供了理论启蒙。起初中国社会并无"皇帝"称谓。皇帝制度发源之初的思想表达，往往体现为对强有力的中央集权政权的追求，对皇帝制度而言，这一中央集权的代表就是皇权。早在春秋时期，多数有为的政治思想家几乎都主张建立一个强有力的中央政权。孔子也认为"天下有道，则礼乐征伐自天子出"。战国以后，诸子大都认定中央集权是实现社会稳定的唯一可行制度。《吕氏春秋》中有"乱莫大于无天子。无天子则强者胜弱，众者暴寡，以兵相残，不得休息"之语。《荀子》中也提到"天之立君，以为民也"。战国诸子的"百家争鸣"极大地促进了专制主义中央集权理论的发展与完备。而实际的制度设计与思想的这种趋势相一致，各诸侯国君主专制制度不断强化，最终汇合为秦朝高度的君主专制主义。[1]

此外，皇帝制度与皇权主义得以确立并运行的理论基础之一，在于儒家学说的人性论，尤其是其中的性善论。基于性善论，可以实现政治上的"教化"目的，即可以使皇帝成为明君，亦可以使百姓成为良民。

（二）皇帝名号的思想内涵

1. 皇帝名号的确立。秦始皇统一六国，使"天下大定"，建立了"海内为郡县，法令由一统"的前所未有的大一统帝国，故而对所谓统治者的"名号"非常重视，其本人则称"今名号不更，无以称成功"。皇帝制度的思想表达，则首先体现在"皇帝"及与之相关的一系列名号与称谓上。

秦王政二十六年，令丞相、御史等"议帝号"。臣下指出："昔者五帝地方千里，其外侯服夷服诸侯或朝或否，天子不能制。"由此可见，秦始皇的功绩已

第五章

---

〔1〕　参见刘泽华主编：《中国政治思想史·先秦卷》，浙江人民出版社 1996 年版，第 637 页。

图 8　秦始皇

经远非上古时的五帝所能相比，确实是"自上古以来未尝有，五帝所不及"；又据"议帝号"之说，可见秦始皇称"帝"对于秦国君臣而言已无异议，只是需要创造一个名号，使其既能够包括"帝"的内涵又能实现对其已有内涵的突破，以称颂其功业。[1] 于是，丞相王绾、御史大夫冯劫、廷尉李斯建言，主张取"天皇"、"地皇"、"泰皇"三皇中最贵之"泰皇"称号，改秦王为"泰皇"。而秦王则表示，去掉泰皇的"泰"字，保留其"皇"字；又采上古之"帝"位号，号为"皇帝"。[2]"皇帝"称谓最终确定。与此同时，秦始皇采纳李斯等人的建议，将天子之"命"称为"制"，"令"改称"诏"，天子自称"朕"。[3]至此，在传统中国社会存续两千余年的皇帝制度基本形成。同时，与皇帝制度相配套，秦代在中央建立了三公九卿制的官制，并在地方上废除分封制，确立郡县制的管理体制。

2. 皇帝的至高无上性。由于"皇帝"称号取自"三皇"与"五帝"，其明显兼具了神圣性与世俗的绝对权威性。"皇帝"的称号本就带有一种神格化的思

〔1〕　参见陈坤、胡仁智："秦汉皇帝制度与分封制的纠结"，载《江西社会科学》2014 年第 7 期。

〔2〕　王曰："去'泰'，著'皇'，采上古'帝'位号，号曰'皇帝'。他如议。"见《史记·秦始皇本纪》。

〔3〕　"臣等昧死上尊号，王为'泰皇'。命为'制'，令为'诏'，天子自称曰'朕'。见《史记·秦始皇本纪》"。

想表达，其喻示皇帝不仅是人世间社会的统治者，更是主宰宇宙的上帝。皇帝本身就是上帝，而不是上帝在人间的代理人。[1] 时人所追求的是在人间所能想象的最高价位上来定义秦始皇，充分调动和运用全部政治思想资源来创造一种全新的政治权威。

3. 皇帝的绝对权威性。"皇帝"的称号不仅体现了至高无上的神性，更体现了世俗社会的绝对权威。在皇帝制度与皇权主义意识形态下，皇帝是"君父"，官吏是"父母官"，皇帝和官僚对于百姓而言均具有"父"的性质和权威。此外，由于"以吏为师"本质上也是"以帝为师"，皇帝和官僚对于百姓亦拥有了"师"的权威。由此，"天地君亲师"之间建立了密切的联系，"尊君"与"敬天"、"修德"与"保民"之间也建立了密切的联系，共同构成一种相互指称、相互涵盖、相互喻示的复杂网络。这个网络的中心点是皇帝制度。[2] 正如刘泽华先生所言："皇帝称谓集合了各种君权观念，成为各种权威的集合体，充分体现了群主权威的垄断性……皇帝集天地君亲师的权威于一身，其至上性、独占性、神圣性、绝对性，即使是神明也会自愧不如"。[3]

4. 皇帝的唯一性。在皇权时代人们的视野之内，普天之下唯有一个皇帝。皇帝首先与天下联系在一起，其次才是与国家联系在一起。这表明了皇帝的普世性。所以，无论是秦帝还是汉帝，首先都是普天之下的皇帝，然后才是秦帝国和汉帝国的皇帝。有学者认为，唯一性是皇权专制的基本属性。[4]

二、儒、道思想与法家、阴阳家思想的融合

陈鼓应先生曾言："如果抛开历史的和学派的成见，实事求是地看待中国哲学发展史，那我们就必须承认：中国哲学史实际上是一系列以道家思想为主干，道、儒、墨、法诸家互补发展的历史，而绝不是像一些学者所描述的主要是一部儒家思想发展的历史。"[5] 战国末期到秦汉之际，中国思想界出现了一种"思想统一"的趋势。一方面，诸子之间开始彼此渗透与融合。出现了《荀子》《吕氏春秋》等集诸家大成之作，法家代表人物韩非的思想也集合了儒、道、法三家之大成。另一方面，皇帝制度与皇权主义思想也为战国诸子提供了藉以融合与统一的共识，这种共识为战国后期到秦汉之际诸子思想的融合与统一提供了前提和基础。它以强力方式消弭了诸子之间的理论分歧，使之渐趋融合，共

第五章

---

〔1〕　参见陈坤、胡仁智："秦汉皇帝制度与分封制的纠结"，载《江西社会科学》2014 年第 7 期。

〔2〕　参见雷戈：《秦汉之际的政治思想与皇权主义》，上海古籍出版社 2006 年版，第 189 页。

〔3〕　刘泽华：《中国的王权主义》，上海人民出版社 2000 年版，第 239－240 页。

〔4〕　参见雷戈：《秦汉之际的政治思想与皇权主义》，上海古籍出版社 2006 年版，第 91 页。

〔5〕　陈鼓应："论道家在中国哲学史上的主干地位——兼论道、儒、墨、法多元互补"，载《哲学研究》1990 年第 1 期。

同成为皇帝制度的思想表达。

儒、道思想与法家的融合主要体现在法家的"集大成者"韩非的法律思想上。韩非对儒家的继承，主要来自荀子的哲学与政治思想，体现在对荀子儒家思想的性恶论、正名主义、"法后王"、道统观、朴素的功利主义人性论、历史进化论、大一统的学术专制等思想内涵的继承与改造。学界公认，法家思想根源于道家。道家思想，尤其是其中的黄老学派思想，对于韩非的法律思想产生了深远影响。韩非法律思想中存在大量的辩证思想的例子，如"无为"与"有为"关系的论证，"无为"与重刑关系的论证，"道、理、法"关系的论证等等。[1]

儒、道思想与阴阳家的融合主要体现在阴阳家代表人物邹衍的"五德终始"学说上。邹衍将自然界的五行观念直接应用于现实政治，将其进一步发展为社会领域中"五德终始"的历史观，这种将阴阳理论与政治相结合的致用思想与儒家相一致。而邹衍"五德终始"说所体现的是一种建立在政治基础之上的自然观，将自然界中的五行与现实社会的政治紧密的结合在一起，并用五行之间的相生相克关系来喻示政权转移，是对道家自然观与辩证法的发展与创新。值得注意的是，除了儒、道两家，邹衍的思想同样具有法家的色彩。邹衍曾称国家的统治政策须"当时则用，过则舍之，有易则易也。故守一而不变者，未睹治之至也。"即当时代背景发生变化时，政策也应该作出相应的变革，这与韩非"世异则事异，事异则备变"的思想具有一致性。可见，邹衍虽然是阴阳家的代表人物，但他的思想不仅仅是侈纵怪诞的，而是对儒、道、法等家的思想进行了吸收和借鉴，进而形成了其经世致用的思想理论。[2]

秦朝法律在中国法律史上占有重要地位。秦代是中国历史上第一个创立全国统一的君主专制的中央集权法律制度的王朝，制定并执行了全国统一的法律、法令、规章、制度。它对全国统一局面的形成和巩固、社会秩序的建立与稳定、经济基础的巩固与发展、生产的发展与社会的进步，都起到了积极的作用。秦王朝专任刑法，把专制的政治、经济、文化统治推向了极端。秦代"繁法酷刑"，造成"赭衣塞路，囹圄成市"，使商鞅变法以来所形成的法律秩序遭到严重破坏，从而激化了矛盾，加速了秦王朝的崩溃，造成二世而亡的结局。

〔1〕 参见张伯晋："法家学派的渊源与属性考论"，载《法制与社会发展》2010 年第 1 期。
〔2〕 参见臧明："论邹衍思想中的儒、道成分"，载《西北大学学报》（哲学社会科学版）2011 年第 2 期。

第六章 汉朝法律

汉朝分为西汉与东汉两个政权，公元前202年，刘邦击败项羽，建立"汉朝"，史称"西汉"。其后，公元9年，汉外戚王莽夺取政权，称帝建立"新"朝，西汉灭亡。公元24年，新莽政权覆灭。公元25年，汉室宗亲刘秀重新建汉，史称"东汉"，公元220年，东汉终为权臣曹操之子曹丕所建立的魏国取代，汉王朝正式终结。两汉王朝前后存续共达400余年，是中国历史上第一个盛世，继承和发展了秦朝开创的中央集权的皇帝政治法律制度，纠正了秦王朝严刑峻法的弊端，开启了法律儒家化的进程，对后世法制的发展产生了深远影响。

第一节　立法思想与立法活动

一、汉朝法律儒家化的历史成因

两汉400多年间，传统法律文化自汉初便开始了儒家化的过程，其间从思想到体制虽几经反复，但法律儒家化的进程却始终如一，其历史成因则可以从思想意识形态与制度结构两个方面加以阐释。

（一）思想意识形态的转变——秦亡与法家学说的变化

说到秦汉，人们首先看到的就是汉承秦制，这是就体制上而言，如果细分析起来，特别是在法制方面，则又有许多变化，尤其是对法制的指导思想方面秦汉之际可说是一个巨变的时代。

我们知道，在先秦百家诸子中，儒、法两家都提出了一套积极的治国方案。然而七国的兼并，秦皇的统一使法家成了适时的利器，而荣登统治思想的宝座。但好景不长，随秦二世而亡，长于进取、却苛酷太露、难于守成的法家学说，从此永无居首之日。历史消除了儒学的一个强有力的竞争对象，给"难与进取，可与守成"，富于"仁义"说教的儒学，提供了一个绝好的机运。

自汉初儒生即开始鼓噪要求统治者予以重视。自汉以降，好商、韩之术者虽代有其人，但却大多羞于以法家自居，而改头换面打着儒家的招牌出现。这也为儒法合流（前者吸收与吞并后者）创造了条件。还要说明的是，因秦始皇信奉阴阳家的五德终始说，使当时不少儒生为取得合法地位，不惜与阴阳家合流，成为儒生兼方士，使儒学中渗入大量阴阳五行和天人感应的内容。

汉初得到官方扶植，讲天人感应、阴阳灾异的今文经学影响大于民间的古文经学，并在武帝后上升为官方哲学，其渊源即发端于秦始皇。此外，先秦儒家中儒法杂糅，"隆礼重法"的荀子，因其门生李斯为秦始皇重用，在其时加强了儒法合流的能力。致使后来成为统治思想的儒学，被视为"荀儒"，甚至有"汉代经师……皆出荀卿"的说法。

在先秦诸子百家中远非鹤立鸡群的儒学，能在西汉中后期登上统治思想的宝座，从某种意义上说，与秦始皇的功过是密切相关的。故而有人说是秦始皇开启了"独尊儒术"的大门。然而真正使儒学对中国古代传统法制发生切实影响的，却是在武帝以后的事了。

（二）汉承秦制的制度结构——两汉法律体系的形成

两汉相沿 400 年中，中国传统立法也有了长足的进步，无论在立法内容、立法技术以及法律形式各个方面比前代都有明显的发展和进步。一般说来，汉代的主要立法集中在汉初高祖、吕后及文景之世，至中期武帝时立法更为全面。经过初、中期的全面立法，两汉法律制度的主要内容和风格均已形成，此间所制定的主要法律规范作为祖宗成宪在整个两汉 400 余年中均被遵循。

1. 西汉的立法活动。

（1）约法三章。这是汉高祖刘邦建立汉朝之前为争取民心而颁布的一项法令。高祖元年（公元前 206 年），刘邦占咸阳后，为争取民心，宣布"约法三章"："父老苦秦苛法久矣"，"与父老约法三章耳：杀人者死，伤人及盗抵罪，余悉除去秦法"[1]。

在政治上这样做固然是为收取民心，在法制上无疑是开破旧立新之端。鉴于秦朝法网严密、刑罚残酷，公开宣布废除秦朝残酷法律制度，并确定当时具体的法律原则。"约法三章"是在当时天下未定、民心未附的情况下所采取的政治性措施，其主要意义在于宣布废除秦朝苛法严刑。可以说"约法三章"是汉朝法制的开端。

（2）《九章律》。《九章律》是汉代法典的主要组成部分。史书上说：及至打败项羽，"天下既定"，"三章之法不足以御奸"。因此，在汉朝统治基本稳固之后，简单的约法三章明显不能适应管理国家调节整个社会的需要。汉初统治

---

[1]《汉书·高帝纪》。

者即开始了全面的立法活动。其中最重要的即是相国萧何作《九章律》。史载：相国萧何"攟摭秦法，取其宜于时者，作律九章"[1]。

《九章律》是在吸收秦律的基础上斟酌损益而成的，以《法经》中盗、贼、囚、捕、杂、具六篇为基础，增加户、兴、厩三篇，合为九篇，故称为《九章律》。其中户律主要规定户籍、赋税及婚姻之事，兴律主要规定征发徭役、城防守备等事，厩律主要规定牛马畜牧和驿传之事。《九章律》构成了汉律的核心和基础。一般所说的汉律，通常即是指《九章律》。

（3）《傍章》。《傍章》是儒生叔孙通奉高祖之命制定的有关宫廷礼仪方面的法规。高祖刘邦即皇帝位以后，深感文臣武将缺乏应对礼仪，即命儒生叔孙通召集儒者依儒家的礼仪制度作成《傍章》十八篇，集中规定君臣朝请及宫廷各种礼制，作为对《九章律》的补充，与《九章律》并行。

（4）《越宫律》《朝律》。汉武帝即位以后，对内对外实行"大一统"的彻底的中央集权君主专制制度，在法律方面除继承汉初制定的基本法典以外，还命张汤定《越宫律》二十七篇，赵禹定《朝律》六篇。其中《越宫律》是关于宫廷警卫方面的专门法规。《朝律》也称《朝贺律》，是关于朝贺制度的专门法规。《越宫律》与《朝律》成为武帝时期制定的重要法规，与《九章律》《傍章》合称汉律六十篇。

2. 东汉的立法活动。光武中兴建立东汉，史载："至天下已定，务用安静，解王莽之繁密，还汉世之轻法。"[2] 但实际上是"光武承王莽之余，颇以严猛为政，后代因之，遂成风化"[3]。所以建武中（公元25年），桓谭曾建议："校定科比，一其法度，班下郡国，蠲除故条"[4]。但光武帝并未采纳。这样到了章帝（公元76－87年）时，已是"宪令稍增，科条无限"了。为纠正律文与决事比两类法律规范间的矛盾导致的讼狱难决的状况，司徒鲍昱曾奏定《辞讼比》七卷、《决事都目》八卷，以期"齐同法令，息遏人讼"[5]。和帝（公元89－105年）时采纳廷尉陈宠"宜隆先王之道，荡涤烦苛之法"的建议："绝钻钻诸惨酷之科，解妖恶之禁，除文致之请谳五十余事，定著于令"[6]。此后又"钩校律令条法千九百八十九事"[7]。这是东汉时一次较大的法律修订。

---

〔1〕《汉书·刑法志》。

〔2〕《后汉书·循吏列传》。

〔3〕《后汉书·第五伦传》。

〔4〕《后汉书·桓谭传》。

〔5〕《后汉书·鲍昱传》。

〔6〕《后汉书·陈宠传》。

〔7〕《后汉书·陈宠传》。

两汉时期的最后一次修律是在献帝建安元年（公元 196 年）。因董卓之乱，"典宪焚燎，靡有孑遗"[1]。此外，经学大儒马融、郑玄等对律令的解释，也被天子诏令为具有法律效力的审判根据。所以终汉之世，虽自武帝以降，法律几经删简，但其繁密状况未能改变。在四百多年的立法活动中，基本上沿着由简到繁，由繁到简再恢复到由简到繁这样的轨迹运行。所谓"文书盈于几阁，典者不能遍睹"[2]。

3. 简牍所见汉律的发展变化。自 20 世纪以来，不断出土的秦汉法律文献，尤其是以简牍为代表的史料，在不断丰富研究资料的基础上，也使得对汉律的认识和研究不断推进。20 世纪初西北边陲的敦煌汉简以及 30 年代居延汉简的面世，进一步开拓了法律研究的空间。此后 80 年代江陵张家山汉简（247 号墓）出土，其中包含《二年律令》526 枚，它的发现使得亡佚已久的汉律得以重现，简文含 27 种律（贼律、盗律、具律、告律、捕律、亡律、收律、田律、金布律、史律等）和 1 种令（津关令），通说认为是吕后二年施行的法律；《奏谳书》228 枚，它是议罪案例的汇编，包含了春秋至西汉时期的 22 个案例，不少案例是完整的司法文书，是当时的司法诉讼程序和文书格式的具体记录[3]。此外陆续发现的竹简还有 1986 年张家山汉墓竹简（336 号墓），包含汉律 15 种，与 247 号墓出土竹简的律令大致相同[4]。1993 年的尹湾汉简、2004 年的长沙东牌楼东汉简牍等。

2006 年湖北云梦睡虎地 77 号西汉墓出土了一批内容丰富的简牍，该批简牍 2000 余枚，分为 22 组，内容包括质日、官府文书、私人簿籍与律典、算数、书籍、日书等，据推断其时代应在文帝末年至景帝时期[5]。律典竹简共计 2 卷（V 组和 W 组），V 组 306 枚，有盗、告、具、贼、捕、亡、杂、囚、兴、关市、复、校、厩、钱、迁等 15 种律文，W 组 544 枚，有金布、均输、户、田、徭、仓、司空、尉卒、置后、傅、爵、市贩、置吏、传食、赐、史、奔命、治水、工作课、腊、祠、赍、行书、葬等 24 种律文。睡虎地汉简律典有助于《二年律令》的进一步整理和研究，同时又有多种此前未见的律篇。此外，与张家山汉简《二年律令》中各种律篇呈平行格局不同，睡虎地汉简律典分作两卷，并且其总题之一作"旁律"，为汉律是否存在正律与旁章的讨论提供了新材料[6]。

第
六
章

---

〔1〕 《后汉书·应劭传》。

〔2〕 《汉书·刑法志》。

〔3〕 张家山二四七号汉墓竹简整理小组编著：《张家山汉墓竹简（247 号墓）》，文物出版社 2006 年版。

〔4〕 院文清："江陵张家山两座汉墓出土大批竹简"，载《文物》1992 年第 9 期。

〔5〕 熊北生等："湖北云梦睡虎地 M77 发掘简报"，载《江汉考古》2008 年第 4 期。

〔6〕 熊北生等："湖北云梦睡虎地 77 号西汉墓出土简牍概述"，载《文物》2018 年第 3 期。

2013 年湖南益阳兔子山遗址九号井出土简牍 780 枚，其中有字简牍 579 枚，内容以簿籍为主，为研究战国秦汉时期基层政府行政运作提供了重要资料。[1]

2018 年 10 月至 2019 年 3 月，湖北荆州胡家草场西汉墓 12 号墓出土大批简牍，初步判断属西汉早期，4000 余枚，内容分为岁纪、历日、法律文献、日书、医方、簿籍、遣册等 7 类。其中法律文献主要是律典和令典，约 3000 枚。律典分 3 卷。第 1 卷内容与睡虎地 77 号汉墓出土律典"□律"基本相对应，未见卷题；第 2 卷卷题"旁律甲"；第 3 卷卷题"旁律乙"。3 卷皆有目录，目录有小结，分别记"凡十四律""凡十八律""凡十三律"。新见律名有外乐律、蛮夷诸律等。外乐律有助于推进西汉宗庙乐舞制度的研究，蛮夷诸律是汉初少数民族政策的集中体现。令典分为两卷，第 1 卷有卷题"令散甲"。两卷皆有目录，目录有小结，分别记"凡十一章"、"凡廿六章"。和已公布的同类出土文献相比，律典有目录，新见律名有外乐律，蛮夷杂、蛮夷士等六种律，在已知出土文献中数量最多，体系最完备，整理刊布后，有望成为出土资料中最为完整的西汉律典范本。令典则是首次发现，有望开启汉令分类、编辑与令典形成研究的新篇章。[2]

二、汉朝法律儒家化的表现形式与特点

（一）汉朝的法律形式

1. 律。汉承秦制，仍以律作基本法律的表现形式。作为主要法典的《九章律》，即是远取《法经》六篇体例，近采秦律内容，增加《户》《兴》《厩》三篇而成的。此外还有补《九章律》不足的《傍章律》和武帝时的《越宫律》《朝律》。即以上所说的汉律六十篇。据古籍载，两汉还有《尉律》《酎金律》《上计律》《左官律》《大乐律》《田律》《田租税律》《尚方律》《除钱律》等。

2. 令。进入汉代，令主要是律的一种补充形式。所谓"天子诏所增损，不在律上者为令"[3]。令一般是皇帝发布的法外文告。令的内容比律更为庞杂，至宣帝时，不得不把令按时间顺序分类编成"令甲""令乙""令丙"等。见于史籍的汉令名有《金布令》《品令》《田令》《马复令》《胎养令》《任子令》《缗钱令》《廷尉挈令》等。汉代律令一般是不分的。二者内容上并无明确界限分工。有《田令》也有《田律》，《金布律》又叫《金布令》。而其"令甲""令乙"的编纂，也远非唐宋时"编令""编敕"严格。所以有"魏晋以后，律

〔1〕 张春龙等："湖南益阳兔子山遗址九号井发掘简报"，载《文物》2016 年第 5 期。

〔2〕 "湖北荆州胡家草场西汉墓出土大批简牍"，载国家文物局网，http://www.ncha.gov.cn/art/2019/12/12/art_723_157844.html，访问时间：2020 年 1 月 19 日。

〔3〕 《汉书·宣帝纪》。

令之别极严，而汉则否"的说法。[1]

3. 科。科又称"科条"或"事条"，是关于特别犯罪的刑事处罚规定。《后汉书》记载萧何曾协助高祖制定"宁告之科"，武帝时"重首匿之科"。《晋书·刑法志》记载，汉代还有"异子之科""投书弃市之科"等。法律史学界围绕汉科是否是一种独立的法律形式一直存在争议，有学者认为汉代不存在科这种法规，科作为一种法律形式是在曹魏时期产生并发展的。[2]也有学者对此加以反驳，认为"科"是从律令中衍生出来的定罪正刑之法，曹魏以及蜀、吴的科皆是对汉科的继承。[3]

4. 比。"比"一般称"决事比"，又分为"决事比"（判例）和"辞讼比"（案例）。来源于"比附"，是指用来作为比照判案的典型判例。即律令无正条，比照近似律令审判，并报请皇帝批准。汉代"决事比"是从秦代的"廷行事"发展而来的。汉时曾规定："若今律，其有断事，皆依旧事断之。其无条，取比类以决之"[4]。武帝以后，比作为一种法律形式在司法中大量适用，史载："奸猾巧法，转相比况，禁罔寖密"[5]。随着时间的推移，"比"的数量越积越多，仅武帝时的"死罪决事比"即有一万多件。适用判例比照断案虽然可以弥补法律法令之不足，但在客观上造成许多法律上的问题，成为汉代中后期司法黑暗的重要原因之一。

（二）汉律儒家化的重大发展和特点

1. 礼律混杂。汉初的"礼法合流"是由于客观历史原因所致，与西汉末叶以降在德主刑辅这一明确的理论思想指导下的引礼入律是有所区别的。前者是一种"无意识"的结果，后者是"有意识"的成果。汉初的礼律混杂，表现在礼律同录藏于理官。叔孙通所制《礼仪》（《傍章律》）与赵禹所制《朝律》，均是关于"朝觐宗庙之仪，吉凶丧祭之典"。在包括这些内容的汉律六十篇中，礼仪制度竟达二十四篇，几居半数。这种以礼为律，如程树德所言是因为："汉沿秦制，顾其时去古未远，礼与律之别，犹不甚严。"[6]

2. 儒道入法。汉初，礼、法是两张皮，不过是主观上视礼为法，真正将这两张皮合二而一的是西汉中后期在司法领域的《春秋》决狱。而儒道之说融入法律，仅仅是个别，但也毕竟开始结合了。自武帝以后，以董仲舒为代表的

〔1〕 程树德：《九朝律考》卷一，中华书局 2006 年版，第 11 页。
〔2〕 张建国："'科'的变迁及其历史作用"，载《北京大学学报（哲学社会科学版）》1987 年第 3 期。
〔3〕 刘笃才："汉科考略"，载《法学研究》2003 年第 4 期。
〔4〕 《周礼·秋官·大司寇》贾公彦疏。
〔5〕 《汉书·刑法志》。
〔6〕 程树德：《九朝律考》卷一，中华书局 2006 年版，第 11 页。

"天人感应"的阴阳五行学说成为官方哲学,它笼罩统治汉代数百年,弥漫在几乎全部意识形态领域。儒学最初对法制的影响,正是以这样一个道、法、阴阳兼收并蓄的花脸形象呈现在礼、律混杂的汉代法制之中的。

(1)将阴阳学说、儒家学说及商周以来"君权神授"说糅合一起的"天人感应"理论作为法律上维护君主专制的基础。据此法律为维护"受命之君,天意之所予"[1] 的绝对权威,遂设有一系列有关侵犯皇帝尊严的人身安全的罪名。如"不敬""大不敬"罪;矫制、废格罪;祝诅、巫蛊罪;盗宗庙陵园罪和腹非罪。连被保护者本人——皇帝,有时都觉得仅仅因"触讳"被论如"大不敬"而"甚怜之"[2]。大不敬罪自创于汉代,后世帝王无不袭用。而"腹非罪"较之秦代的焚书坑儒,实有过之无不及。可见这些基于儒学礼仪推导出的罪名并不比专任刑罚的法家仁慈。

(2)以阴阳说论证"三纲",并进而以三纲作为立法原则。董仲舒通过一番"君、父、夫为阳""臣、子、妻为阴"的阳尊阴卑论证,为"三纲"制造了理论根据,从而也论证了法律对三纲维护的合情合理与合乎"天意"。表现在法律上,就是对君权、父权、夫权的全面维护。对君权的维护已如前述。维护父权,集中反映在不孝罪。为"导民以孝",汉代皇帝谥号均挂以孝字。对夫权的维护则突出地表现在"七出"[3] 的规定上。

(3)阴阳之道与德主刑辅。这是董仲舒对古代法制的又一贡献,即将"德主刑辅"与阴阳五行相联,以"天人感应"的阴阳学说作为"德主刑辅"的哲学基础,使之流传后世成为以后历代法制指导思想之一。在汉代则表现为《春秋》决狱。

(4)阴阳四时与秋冬行刑。将节气与刑罚相联,在儒家经典中由来已久。[4] 经过董仲舒以"天人感应"阴阳五行说的论证,使其成为一项法制原则而流行后世。秋冬行刑的法律规定在汉代已相当严格。[5]

3. 伦理法制。

(1)"德主刑辅",这构成了伦理道德与汉代法制外在关系的理想模式。虽然西汉末以前儒学所倡导的以"三纲"为主的伦理道德尚未成为其时法制的指

---

〔1〕《春秋繁露·深察名号》。

〔2〕《汉书·宣帝纪》:"今百姓多上书触讳以犯罪者,朕甚怜之"。

〔3〕《大戴礼记·本命篇》:又称"七去","七弃"。一、"不顺父母",违背孝道;二、"无子";三、"淫";四、"妒";五、"恶疾";六、"多言";七、"窃盗"。

〔4〕《左传·襄公二十六年》:赏以春夏,刑以秋冬,《周礼》刑官为"秋官"。《大戴礼记》、《吕氏春秋》多有详述。

〔5〕《汉书·酷吏列传》:王温舒抓获得罪犯,因已入春,竟顿足而叹"令冬月益展一月,足吾事矣"。这与商周天罚论乃一脉相承。

导思想，但德优于刑的关系已被统治者所接受。这一趋势在以后历代得到了迅速的发展，终于导致了中国古代法律实质上是伦理法这一结果。

（2）等级制度，构成了伦理道德对汉代法制的外在维护。这体现在法制上的就是官僚特权。如"上请"之制，"赎刑、减刑"之条，"任官之制"等等。

（3）宣扬"以孝治天下"。"孝道"成为汉代法制内在精神之一。汉律中众多的不孝罪和对不孝的严刑惩罚也说明了此点。注重"孝道"目的在维护统治。恰如孔子所言："其为人也孝悌，而好犯上者鲜矣；不好犯上而好作乱者，未之有也"[1]。这便道破了"仁义"背后的真谛。

（4）家族主义。这表现在如下几方面：首先是家长的特权与责任。所谓"欲治其国者，先齐其家"。以家长、族长作为社会组成细胞的首脑，这是对秦代"什伍连坐"制的改造与发展。为了"齐家"，给予家长以足够的权力。这从"父"字的古义中也可略见一二。《说文解字》说："父，矩也，家长率教者，从又举杖。"其中的"矩也""率教者""从又举杖"，都说明了家长对全家人的教导惩戒之意。另一方面，法律在许多责任追究上也唯家长是问，如匿户、逃税等，这也是在促使家长有效地"齐家"，对法律对国家负责。最初是一家一户既是生产单位又是生活单位的自然经济结构使然，最后则是由此产生的整个上层建筑和政治统治要求使其然了。

其次是亲属间的法律责任。这又分亲属相犯、亲属相隐、族刑与荫亲几方面。

一是亲属相犯。依据伦常宗法关系，卑幼犯尊长，处刑重于常人，反之则轻。甚至子告父谋反，也不免杀身之祸，因为"告父不孝"[2]。此外汉律将亲属间不正当性行为视"禽兽行"予以严惩。即使以尊奸卑，处也较常人为重。如琅琊王刘泽之孙"与父康王姬奸，生子男一人，夺弟妻为姬，与子女三人奸"。结果："诏下公卿，皆议曰：'定国禽兽行，乱人伦，逆天，当诛'。上许之"[3]。而依汉律，常人相奸仅处"耐为鬼薪"的三岁刑。

二是"亲属相隐"入律。这是汉律的首创。宣帝地节四年（公元前66年）诏书使武帝以来《春秋》决狱中盛行的"亲亲得相首匿"原则终于为法律确认。为倡孝，即为"齐家"而后"治国"，统治者不惜屈法伸情。"亲属相隐"与秦代"非公室"告的规定，其间有一条法律伦理化的原则贯穿着。但忠孝矛盾时，则要尽忠为首。所以屈法伸情是有条件的。如遇谋反、大逆等情形，上述原则

---

〔1〕《论语·学而》。

〔2〕《汉书·淮南衡山济北王传》载：武帝时，"太子爽坐告王父不孝，皆弃市"。

〔3〕《史记·荆燕世家》。

便化为乌有。

三是族刑与荫亲。这是基于伦理要求，表现在法律上的一条原则。所谓"一损俱损，一荣俱荣"。族刑在汉代曾几度废兴。但终汉之世常有"夷三族"之事。而荫亲在汉代统治者手中又曾以"推恩"的方式，起到打击地方诸侯的作用。

第二节　主要法律内容

一、刑事法律

（一）刑事律法对君主中央集权的维护

汉朝刑事法律全面维护以君主为核心的中央集权制度，重点打击危害皇权的行为。西汉时期以削弱藩王为代表的地方势力为典型。东汉时期以维护社会安定为特征。

1. "非所宜言"与"腹非"罪。"非所宜言"与"腹非"罪均为汉代针对思想言论方面的犯罪。"非所宜言"即说了不该说的话，往往按照大不敬、不道等进行惩治，如"丞相御史奏：'汤惑众不道，妄称诈归异于上，非所宜言，大不敬。'"[1]。"腹非"即对皇帝或朝政虽未明确反对，但持有异议或心怀不满而有所表露的行为。《汉书·食货志》载，汉武帝时大农令颜异在与客人交谈时，"客语初令下有不便者，异不应，微反唇"，即被御史大夫张汤奏称"见令不便，不入言而腹非，论死"。后遂有"腹非之法比，而公卿大夫多谄谀取容"[2]

2. "左官"与"阿党附益"罪。由于汉初高祖刘邦大封同姓宗亲子弟为王，各地藩王逐渐尾大不掉，对皇帝与中央政府构成极大威胁。因此汉武帝前后曾制定了一系列单行法规限制、打击地方势力，以巩固皇帝与中央的权力地位。《汉书·诸侯王表》载，武帝时"作左官之律，设附益之法，诸侯惟得衣食税租，不与政事"。颜师古注曰："汉时依上古法，朝廷之列以右为尊，故谓降秩为左迁，仕诸侯为左官也。"[3] 即舍弃朝廷官职而仕于诸侯者为左官，依据《左官律》进行惩处。"阿党"谓"诸侯有罪，傅相不举奏"，[4] 即官员知晓诸侯犯罪而不及时检举或奏报的行为；"附益"谓"言欲增益诸侯王也"，[5] 即官员与诸侯相互勾结，为其谋取政治经济等利益的行为，犯此罪者皆处以重刑。

---

〔1〕 《汉书·陈汤传》。

〔2〕 《汉书·食货志》。

〔3〕 《汉书·诸侯王表》。

〔4〕 《汉书·高五王传》。

〔5〕 《汉书·高五王传》。

（二）汉朝主要刑法适用原则——汉律儒家化的体现

两汉 400 年中，中国传统法律无论在内容、形式、理论和制度上都有了更大的发展。特别是自西汉中期以后，由于儒家学说的影响的加深，汉朝逐渐在立法和司法领域中形成了一系列与秦朝法制迥然不同的原则与制度。在刑罚适用原则方法，儒家"德主刑辅"、"礼法结合"思想的影响也极为明显。其中最有代表性的是"上请"和"亲亲得首匿"原则的确立。

1. "上情"制度。所谓"上请"，是指一定范围内官僚、贵族及其子孙犯罪，不交一般司法机关处理，而应奏请皇帝裁决的制度。这种上请制度正是儒家思想中"尊尊"原则的要求，也是"刑不上大夫"原则的具体体现。在汉朝，自汉高祖以下，平帝、宣帝以及东汉光武帝时都有有关上请制度的诏令，享受上请特权的范围也逐渐由汉初的郎中一级官吏扩大到东汉时几乎所有的官员。

2. "亲亲得首匿"原则。所谓亲亲得首匿，是指汉代法律所规定的有血缘或姻亲关系的亲属之间，有罪应相互包庇隐瞒，不得向官府告发，对于此类容隐行为，法律也不追究其刑事责任的制度。这种亲亲得首匿的制度是中国古代法律中因血缘关系而影响到定罪与量刑的最突出的反映，也是中国古代法的伦理特色的典型表现。亲属之间犯罪后相互包庇，是儒家的基本伦理要求之一。孔子即曾说："父为子隐，子为父隐，直在其中矣。"[1]

秦代深受法家法治主义及国家至上原则的影响，因而鼓励告奸。西汉中期以后，儒家思想开始冲破原有的樊篱而影响整个社会，亲属相互为隐的观念随之为当时社会所接受，正式成为一种法律观念。汉宣帝时正式下诏："父子之亲，夫妇之道，天性也。虽有患祸，犹蒙死而存之，诚爱结于心，仁厚之至也，岂能违之哉！自今，子首匿父母，妻匿夫，孙匿大父母，皆勿坐。其父母匿子，夫匿妻，大父母匿孙，罪殊死，皆上请廷尉以闻。"[2] 自此以后，亲属相容隐即成为正式法律规范，在中国古代整整沿袭存在了二千余年。

3. 复仇的限制。虽然汉代以降确立了"罢黜百家，独尊儒术"的基本理念，但对于复仇行为，汉代在立法观念上是否定和禁止的，其根本在于对国家公权力的维护。东汉时复仇之风盛行，时人桓谭即建议重申旧令，严禁复仇行为，"今人相杀伤，虽已伏法，而私结怨仇，子孙相报，后忿深前，至于灭户殄业，而俗称豪健，故虽有怯弱，犹勉而行之，此为听人自理而无复法禁者也。今宜申明旧令，若已伏官诛而私相伤杀者，虽一身逃亡，皆徙家属于边，其相

〔1〕《论语·子路第十三》。
〔2〕《汉书·宣帝纪》。

伤者，加常二等，不得雇山赎罪。"[1] 然而就司法实践来看，由于受到董仲舒《春秋》决狱，尤其是原心定罪原则的影响，复仇者往往会受到极为宽大的处理，甚至褒扬，整个社会舆论也大都对复仇行为采取同情与支持的立场。《后汉书·列女传》载，赵娥为父报仇，最终"遇赦得免。州郡表其闾。太常张奂嘉叹，以束帛礼之。"[2] 正式在此种背景之下，东汉章帝时期甚至曾颁布过《轻侮法》，以宽宥复仇行为。[3] 复仇行为本身包含着礼与法之冲突，一方面复仇行为本身符合儒家礼的要求，尤其被认为是遵循孝道的表现，另一方面，复仇行为又破坏了国家法律制度，有损国家公权力之尊严，而此种矛盾，恰恰反映了儒家理念对于法律的渗透。

总之，作为中国古代传统法律制度确立时期的基本标志的汉律，其特点在于开始把儒家所倡导的礼义规范纳入法律法令之中，把儒家的经典条文化和法律化，把维护以"亲亲"、"尊尊"为核心的社会政治等级秩序作为自己的首要任务。在客观上，传统法律制度的一些基本原则和制度如"亲亲相隐"、上请等都已初步形成，十恶、八议制度也已开始萌芽。特别是汉代中期以后逐步确立了儒家思想在立法和司法中的地位，对中国传统法律特别是刑事立法制度的发展产生了极为深远的影响。

（三）文景时期的刑罚变革与废肉刑

在中国古代刑罚发展史上，西汉文帝、景帝时期所进行的刑罚改革是一个极为重要的转折过渡。这次刑罚改革的完成，标志着早期刑罚体系向新的刑罚体系的重要转变。

1. 原因与背景。在汉文帝实施刑罚改革以前，汉代的刑罚制度按"汉承秦制"的原则，基本上承袭了秦朝的刑罚体制。而秦朝的刑罚制度，不仅方法残酷，体系也比较混乱，肉刑、徒刑常结合使用，刑种之间的轻重等差亦不是很严格、固定，因而从整体上看仍显得不够系统和严密。西汉初期由于政治上和经济上条件的限制，无法对继承而来的秦刑罚体系中的弊端进行改革。经过西汉初期一段时间的"休养生息"以后，汉朝的政治经济在文帝、景帝之际得到迅速发展，社会文明程度也大大提高，这就为刑罚改革提供了良好的社会条件。

2. 过程与内容。此次刑罚改革始于汉文帝十三年，直接起因于少女缇萦上书。缇萦之父有罪当处肉刑，缇萦上书皇帝，愿自纳为官婢以赎父刑。文帝知道后受到很大的感触，即下令大臣拟定具体办法改革旧有的刑罚体制，主要内

---

〔1〕《后汉书·桓谭传》。

〔2〕《后汉书·列女传》。

〔3〕《后汉书·张敏传》。

容是用徒、笞、死三刑取代黥、斩左趾、斩右趾等肉刑。将黥刑改为髡钳城旦春，劓刑改为笞三百，斩左趾改为笞五百，斩右趾入于死刑，并相应确定徒刑的固定刑期。此次改革虽然以徒刑、笞刑取代了黥、劓、斩左趾等肉刑，但所定笞数太高，实际上经常杖人至死，故时人有"外有轻刑之名，内实杀人"[1]之评。为此，景帝元年和中元六年两次下诏递减笞数，再行改革，将原来劓刑笞三百最终定为笞一百，斩左趾笞五百改定为笞二百，并颁布"箠令"，确定笞刑的刑具、行刑方法等。限制笞杖规格及受笞部位，使"加笞与重罪无异，幸而不死，不可为人"的景况得以改变，"自是笞者得全"[2]。景帝时还曾规定："改磔曰弃市，勿复磔"[3]。至此西汉中期的刑罚改革始告完成。文景帝废肉刑虽不彻底，且有反复，但此举为笞、杖、徒、流、死新五刑体例的产生奠定了基础。

3. 局限与意义。西汉中期的刑罚改革的局限性在于并没有完全彻底地废除残酷的肉刑。如作为肉刑重要刑种之一的宫刑在此次改革中并未见到明确废除或予以取代的措施。同时，此次改革以后不久，斩右趾又复施行。但是，尽管此次刑罚改革有其局限性，其在中国刑罚发展史上所作的贡献依然是巨大的和明显的。自此次刑罚改革以后，作为早期刑罚体系主要特征的肉刑已不复作为刑罚的主体，残酷的肉刑方法在观念上也已不为人所接受。经过此次刑罚改革，传统帝制刑罚体系中的徒刑、笞杖刑已成为刑罚的主体，并不断走向完善，不断系统化。毫无疑问，西汉中期的刑罚改革，经过魏晋南北朝时期的发展与完善，为隋唐之际新五刑的最终确立奠定了重要的基础。

二、民事法律

（一）保护国家和地主的经济利益

作为现实社会关系的反映，汉朝法律中维护传统经济关系、保护国家经济利益的内容也比以前更为丰富。从现存的历史资料看，两汉数百年间各朝统治者都或多或少地注意到了运用法律、法令手段调整国家经济问题，汉代法律中涉及所有权保护、债务、契约、借贷等财产关系的规范也逐渐丰富。特别是为适应中央集权专制制度的经济需要，从汉代开始即用法律手段保证国家的特殊经济利益。在两汉时期，有两种买卖法律关系受特别限制，一为盐铁，只能由国家专营，一为对外贸易，须得到国家批准。盐铁官营能保证盐、铁经营的全部利润收归国家，而规定对外贸易须经国家批准，则既有经济原因，又有政治因素。

（二）维护传统家长制和社会等级关系

传统家长制和等级关系贯穿于整个社会结构之中。作为现实社会关系的反映，汉朝法律也把维护、加强、巩固父权家长制以及社会等级制度作为自己的基本任务之一。在汉代法律中，既承袭了秦代以前法律中维护父权家长制及等级社会秩序的内容，同时又适应社会发展的需要，把儒家所主张的"亲亲"、"尊尊"的一系列伦理原则进一步纳入法律规范之中。特别是自西汉中期"罢黜百家、独尊儒术"以后，儒家思想成为汉朝立法、司法的指导准则，儒家学说中有关的家长制及等级秩序的若干规则通过各种途径上升为法律制度或法律原则。

（三）婚姻与继承法律

在婚姻关系中，家族祭祖嗣续的重要性远胜婚姻关系中的当事人。因为婚姻的目的不过是"上以事宗庙，而下以继后世也"[1]。所以前已论及的维护夫权的"七出"。其中除窃盗一出涉及个人外，其余均与家、族有关。个人利益服从家族利益，莫此为甚。但应说明一点，对广大老百姓来说，"七出"是不十分重要的，首先是经济原因，使他们"出"不起。但作为一项统治思想中的原则，其在精神上的作用是不可低估的。尽管实际生活中并不显得十分普遍。

在继承上，仍是嫡长子继承，并以严"妻妾位"的法律来保证。然而这对百姓讲不十分重要。在社会中下层，继承只是男性子嗣对财产的平均分配，其中也包括一部分女子获得家产的情况。当时的遗腹子，是与常人享有同等继承权的。

三、行政法律

（一）行政管理体制

汉代基本因袭了秦代的政治制度，但在新的形势下对于行政权的组织日臻完善。

1. 进一步确立皇权。汉代最高统治者继续沿用皇帝称号；为了发展集权统治，进一步把皇权神秘化、法律制度化。

首先，提出"君权神授"说，竭力宣扬"王者承天意以从事"[2]，天是支配一切的主宰，而沟通天与人的中介正是帝王，因为皇帝是"天之子也"，皇帝对臣民的统治完全是"天意之所予也"[3] 就这样把皇权披上了神的外衣，显

---

〔1〕《礼记·昏义》。

〔2〕《汉书·董仲舒传》。

〔3〕《春秋繁露·深察名号》。

第
六
章

示其神圣不可侵犯的合法性。

为了把皇帝至尊至圣的地位法律化、制度化，遂规定："汉天子正号曰皇帝，自称曰朕，臣民称之曰陛下。其言曰制诏、史官记事曰上。车马衣服器械百物曰乘舆，所在曰行在所，所居曰禁中，后曰省中，印曰玺，所至曰幸，所进曰御。其命令一曰策书，二曰制书，三曰诏书，四曰戒书"[1]。皇帝在传统帝制政权机构中处于至高无上的绝对权威的地位。国家没有任何代议性质的机构，国家立法、司法、行政大权均操于皇帝一人之手。

2. 中枢机关的变化。汉初，丞相、太尉和御史大夫仍为"三公"。丞相"掌丞天子，助理万机"[2]，权大位尊；太尉掌管军事；御史大夫是副相之职，掌管监察。丞相之下设九卿，即太常、光禄勋、卫尉、太仆、廷尉、宗正、大鸿胪、大司农、少府，并分管礼仪、宫廷守卫、皇室事务、司法、外交、财政、赋税等行政事务。以上的三公九卿构成中央重要的决策机关和行政管理机关。

西汉中期，汉武帝为了加强皇权，大大分散和削弱了相权。丞相改为大司徒，掌管民政、财政、教育；太尉改为大司马，仍掌管军事；御史大夫改为大司空，掌管土木营造。新的三公互不统属而总隶属于皇帝。九卿也由丞相一人统辖而改为三公分管。这一变化不仅是皇权膨胀的表征，同时，"分职授政，以考功效"[3]。便于发挥政权组织的统治效能，也是传统帝制政权机构不断完善的标志。

随着专制集权制的发展，与国家行政机构抗衡的皇帝侍从机构开始参政，原来只在内廷掌管图书、秘籍、章奏的尚书，由于他们接触皇帝的机会多，又多是皇帝的心腹，于是皇帝渐渐委以处理军国大事的重任。这样不仅扩大了尚书的职权，而且扩充了组织。由尚书、中书、侍中等组成"中朝"，决策国家大事。随后建立尚书台、在主管尚书令之下设尚书仆射、尚书丞、尚书郎等职。东汉光武帝时，尚书台组织日趋庞大，增设常侍曹、二千石曹、户曹，三公曹、南主客曹、北主客曹等六曹，分管中央和地方的人事、社会治安、司法审判、外交和土木工程等；从此三公形同虚设，而尚书台却成了"出纳王命，敷奏万机"[4] 的主要行政机关。尚书台的建立是传统帝制的一个重要的发展结果，终汉之世宦官外戚借此秉政专权，后期政治日益腐败。

3. 地方制度的确立。

（1）从郡国并存到削藩。有汉一代承秦败亡的教训，认为秦亡原因之一是

---

[1]（汉）蔡邕《独断》卷上，上海古籍出版社 1990 年版，第 2 页。

[2]《汉书·百官公卿表上》。

[3]《汉书·朱博传》。

[4]（唐）杜佑撰，王文锦等点校：《通典》卷第二十二 "尚书省"，中华书局 1988 年版，第 588 页。

外无同姓相助。刘邦遂于汉初广建同姓封国。形成了郡县制与封国制并存的局面。当时全国分为 50 郡，诸侯王的封地就占了 39 郡。封国各方面有很大独立性，形成地方割据，严重地影响着传统帝制中央集权的统治。汉高祖刘邦从公元前 202 年开始，用了七年时间基本上翦除了异姓王势力。但刘邦错误地认为"孤立之败"是秦亡的教训之一，于是大封刘氏王。结果事与愿违，各诸侯王"乃益骄溢……诱天下亡人，谋作乱"[1]。刘邦希望构成的所谓"磐石之宗"终成泡影。文帝时把封国由大划小，削弱诸侯实力。景帝采纳晁错"削藩"的建议，削夺王国部分土地归中央管辖。"七国之乱"被平定以后，景帝再次削减了诸侯王的土地和权力，使诸侯仅食租税不得与政。公元前 145 年景帝改王国丞相为相，削减了王国官僚机构的编制，把王国的官吏任免和行政大权均收归中央。从此，王国和郡的地位几乎一致了。"削藩"尤以武帝时为烈。有严禁侯国交结、私任属官的"阿党附益之法"与"左官律"，有限制侯国财政的"酎金律"、"事国人过律"。在一系列严刑峻法下，诸侯们动辄得咎，唯恐受诛。加以"推恩令"的实行，武帝后藩国对中央的威胁已不复存在。

（2）由郡县两级到州郡县三级。西汉设郡县两级。郡是中央直属的地方机构，在所辖县内负责督促农业生产、征收徭役赋税、考核官吏、举荐人才，并负责本郡的司法镇压和组织军队。郡的行政长官为郡守。郡守全家除军赋外免除一切徭役，郡守可以任免所属官吏；并有一定杀人权，县的行政长官称令或长，设县丞掌管司法审判，设尉掌管军事。县以下设乡、里、亭。为了维护统治秩序，汉时建立了什伍编制的户籍制度。户籍不仅详细地登记着居民的年龄、性别、社会关系、土地财产等内容，而且对居民的身高、肤色等外部特征均有详细记载。户籍由官府掌管，每年核实一次。通过户籍制度，把广大农民牢牢地束缚在土地上。

东汉末年，州又成为一级地方行政组织，即形成州、郡、县三级制。

（二）职官管理制度

两汉时期，对职官的选拔任免、考课奖惩和弹劾，逐渐形成一整套适应传统帝制中央集权统治需要的职官管理制度。

1. 职官的选拔和任免。统治者为了解决官吏的来源，以"功之高下为先后之次"[2] 作为基本原则，把符合地主阶级要求的所谓德才兼备者看作是"治国之器"，"则材能德行，国之针药也"[3]，这在当时形成了汉代选拔任用官吏以

〔1〕《史记·吴王刘濞列传》。
〔2〕《汉书·高后纪》。
〔3〕（汉）桓谭撰，朱谦之校辑：《新辑本桓谭新论》卷三《求辅篇》，中华书局 2009 年版，第 9 页。

荐举和考试为主的基本方法。

汉初开始实行察举制度。由皇帝下诏责成中央和地方各级长官选贤举能，向朝廷推荐官吏叫"察举"；汉高祖刘邦在去世前一年曾下"求贤诏"布告天下："贤士大夫有肯从我游者，吾能尊显之。"[1]

这是汉代察举之始。惠帝和文帝时进一步规定，公卿郡守以及王侯，每年要向中央选荐"贤良方正"、"孝廉"和"直言极谏"之士。但选荐的范围较窄，中小地主被选荐的很少。武帝时规定，每年要在二十万人中举荐一人，送中央准备录用，成为经常制度。下"议不举孝廉者罪诏"，强调："进贤受上赏，蔽贤蒙显戮"[2]。同时下"求茂材异等诏"[3]，被选荐的范围扩大到有特别才干和奇异能力的人。当时规定，进贤要通过乡里地主阶级代表人物的评议，被选荐的"贤良"还要经过皇帝亲自"策试"即所谓"对策"、"射策"。汉代名臣董仲舒即以对策问官，何武以射策甲科为郎。总的讲，西汉举贤良较多，东汉以举孝廉为主。

除察举制度外，两汉录用官吏还有征辟、上书拜官、任子和荫袭、赀选等方式。

征辟是聘任士人为官的一种方法。皇帝直接聘任士人为官叫征召；大臣聘任士人为官叫辟召。《史记·酷吏列传》载，武帝发兵征大宛国曾"诏征豪吏"，而作过廷尉和御史大夫的张汤到中央任司法官吏，即是由"武安侯为丞相、征汤为史（相府长史）"[4]的。

上书拜官是一种个别现象。士人提出有利于加强统治的措施，上书皇帝，因得到赏识而得官，即所谓"公车上书"之制。

任子和荫袭是指二千石以上官吏，任满三年可保举一人为郎。文景时期有名的酷吏周阳由，就以"宗家（宗室）任为郎"[5]。名臣苏武、刘向均以荫袭为郎。

赀选制度是从武帝时开始的。统治阶级为了解决财政困难，"卖官鬻爵"，任子、荫袭和赀选为官，反映了传统帝制选官制的阶级性、反动性和腐败性。

另外，从汉武帝时开始设"大学"。博士弟子学习儒家经典，每年考试一

---

〔1〕《汉书·高帝纪》。诏书具体规定了如下几点：被荐举的对象是年富力强的所谓智能之士；荐举的方法是由丞相传达到诸侯封国，由御史中丞传达到各郡守，知有贤能要劝他们到相国府登记准备录用；如果地方官吏发现人才没有呈报，要受到免职处分。

〔2〕《汉书·武帝纪》。

〔3〕《汉书·武帝纪》。

〔4〕《汉书·张汤传》。

〔5〕《史记·酷吏列传》。

次，合格者可以作官。这是儒家思想成为传统帝制正统思想在选官制度上的表现。

　　汉初选拔任用官吏曾有身份限制。规定商人子弟、入赘之婿以及因贪赃被免官者不得为官，宗室子弟不得任公位高官。《后汉书·章帝纪》载："一人犯罪，禁至三属，莫得垂缨仕宦王朝，如有贤才而没齿无用。"[1]

　　从章帝开始，各朝皇帝曾多次下诏，解除此禁，但终未奏效。另外，为国家荐举官吏如弄虚作假，情况不实，朋比为奸均要治罪。哀帝建平二年，侯勋嗣，"坐选举不以实……免"[2]。汉元帝竟宁三年，御史大夫张谭同样"坐选举不以实，免"[3]。《汉书》中记载，官吏因相互举荐被罢免甚至被杀头者不乏其例。尽管如此，由于传统帝制社会的腐败，在选官过程中贿赂请托和以特权取得高官厚禄的情况是在所难免的。

　　两汉官吏的任期没有具体规定，从史籍记载看，任职有以下种种情况：有的被选中先不上任称为"待诏"。上任后要经过一定试用期称为"守"，一般要试守一年，称职者才能转称为"真"，发给全俸。在任职官任助理者称为"平"。有的位尊而行卑官之事，有的一身兼二职，有的以一官为主而兼任他职，称为"行""兼""领"。这反映了传统帝制官僚机构初建、尚未完备的特点，东汉时，为了防止官员朋比为奸，曾实行"三互法"，规定"婚姻之家，及两州人士不得对相监临"[4]。

　　汉时官位以薪俸多少分十六级，从万石一直到斗石。以爵位表示身分的尊卑，共分为二十一等爵。

　　汉代还规定了官吏的休假制度。汉高祖时就曾制定了所谓"宁告之科"。"告"分为"予告"和"赐告"。"予告"，是对有功之臣给予省亲的假期，即所谓"在官有功最，法所当得也"[5]。"赐告"是对有病官吏令其归家养病，所谓"病满三月，当免"[6]。"赐告"也是皇帝罢免官吏的一种方法。如《汉书·卫绾传》载："上废太子，诛栗卿之属，上以绾为长者，不忍，乃赐绾告归。"[7]

　　2. 职官的考课与奖惩。两汉时期对官吏政绩的考课是极为重视的。这是汉代统治阶级"尚贤"思想的具体表现。他们认为："官长不考功，则吏怠傲而奸

〔1〕《后汉书·章帝纪》。

〔2〕《汉书·外戚恩泽侯表》。

〔3〕《汉书·百官公卿表》。

〔4〕《后汉书·蔡邕列传》。

〔5〕《汉书·高帝纪》。

〔6〕《汉书·高帝纪》。

〔7〕《汉书·卫绾传》。

宄兴；帝王不考功，则直贤抑而诈伪胜"[1]。

对官吏的考核主要用"上计"的方式。汉有"上计律"，其内容可能是对官吏考课的具体规定。就现存史料看，所谓上计，即郡守每到年终，派上计掾和上计吏各一人，把本郡内农业生产状况、户口的增减、治安情况等写在计簿上，到中央向丞相（东汉时为司徒）汇报。有成绩的可以逐级迁升，称为"平升"，如政绩卓著可以越级迁升，称为"巨升"。对毫无成绩者，轻则申诫，重则罢黜。地方官吏为了怕考课不合格而被贬受罚，"则择便巧史书，习于计簿能欺上府者，以为右职"[2]，就连皇帝也哀叹："上计簿，具文而已。务为欺谩，以避其课"[3]。

官吏工作认真，所谓"积劳"也能得到升迁的褒奖。武帝时，"赵禹以刀笔吏积劳，稍迁为御史"[4]。宣帝时，颖川太守黄霸因"养视鳏寡，赡助贫穷"[5] 而加官进爵。另外，因为所谓"明达法令"而受奖升官的也不少。如薛宣"以明习文法诏补御史中丞"[6]。张汤也是因为精通法律，谙于司法而连连升官。

官吏贪赃在法，一旦被发现即处以严刑，据史籍记载，官吏软弱不称职也要被罢免，凡被贬黜的官吏其行动均受到严格的控制。《后汉书·苏不韦传》载："免罢守令，自非诏征，不得妄到京师"[7]。

（三）禁榷和抑商制度

1. 禁榷与"困""辱"商人。禁榷即传统帝制专卖，这是"重农抑商"的结果。在农业社会，商业是社会中一股最不安定的因素，是引起一切变化，进而造成不满的根源。所以历代统治者在重农的同时，就是以各种手段来抑商，具体作法就是将盐铁等社会生活与生产必须品由官府垄断经营。这在汉代则表现在初步形成的禁榷法律之中。

汉初就颁有贬低商人限制商贾的诏令，将商人置于半奴隶的社会地位，并以加重赋税的办法来打击商贾[8] 如《史记·平准书》载："（汉初）天下已

---

[1] （汉）王符撰，[清] 汪继培笺，彭铎校正：《潜夫论笺校正》卷二《考绩第七》，中华书局1985年版，第63页。

[2] 《汉书·贡禹传》。

[3] 《汉书·宣帝纪》。

[4] 《史记·酷吏列传》。

[5] 《汉书·循吏传》。

[6] 《汉书·薛宣传》。

[7] 《后汉书·苏不韦传》。

[8] 李贽《藏书》："重征商税使无利自止"，《商君书》："重关市之赋"，使"农恶商，商有疑惰之心"，使商"无裕利，则商怯，商怯则欲农"。

平，高祖乃令贾人不得衣丝乘车，重租税，以困辱之"[1]。司马迁的这段记载，用"困""辱"二字准确概括了汉代的抑商政策。自汉以后，历代王朝的抑商政策与立法主旨也不外"困""辱"两途。

（1）"困"商，即对商人实行经济打击。汉代用以"困"商的方式有三：

第一，官营禁榷。任何一种工商业，只要稍有利可图，就可能收归官营、禁止民营（禁榷）。汉武帝时，实行盐铁官营；为了维护国家"专利"，朝廷设定了严刑峻法打击敢与朝廷争利的商人。汉律规定："敢私铸铁器、煮盐者，钛左趾，没入其器物"[2]。

第二，重征商税。汉高祖对商人"重租税"以打击；武帝后，"缗钱令"、"告缗令"已是公开以官府名义掠夺商贾利益。使当时"商贾中家以上大率破"[3]。用征重税和鼓励告发漏逃税的方式对商贾进行大抄家，"得民财以亿计"、"使商贾中家以上大率破"[4]。

汉代征收人头税，明定"贾人倍算"[5]（双倍征税）。自汉以后，历代王朝莫不重征商税，"寓禁于征"。与此同时的是限制商贾占田和土地兼并，并以加强对外贸易的垄断和货币管理，来控制国内商品市场和商业活动。在这方面有颇多建树的就是桑弘羊和他的盐铁专卖措施。

第三，不断改变币制。汉武帝时，"更钱造币以赡用，而摧浮淫并兼之徒"[6]。两汉改币制达六次之多，其主要目的之一就是通过改变铸币的金属成分、重量、发行量来使货币贬值，以搜括民财（主要是商人之财）。为使三者切实有效，均以法律形式加以规范与贯彻。

（2）"辱"商，即对商贾进行政治上的打击。汉代通过立法实施"辱"商方式有三：

第一，直接视经商为犯罪，实行人身制裁。汉武帝"发七科谪"（遣七种罪犯戍边）中也有"贾人"一科。[7]

第二，"锢商贾不得宦为吏"[8]。这是历代最常见的抑商之法。汉初，"贾人皆不得名田为吏，犯者以律论"[9]；孝惠高后时虽"弛商贾之律"，"然市井

---

[1]《史记·平准书》。
[2]《史记·平准书》。
[3]《史记·平准书》。
[4]《史记·平准书》。
[5]《汉书·惠帝纪》六年条，应劭注引汉律。
[6]《史书·平准书》。
[7]《汉书·武帝纪》。
[8]《汉书·贡禹传》。
[9]《汉书·哀帝纪》引汉初之律。

之子孙，亦不得仕宦为吏"[1]，文帝时"贾人赘婿及吏坐赃者，皆禁锢不得为吏"[2]。

第三，从服饰方面进行侮辱。汉高祖令贾人"不得衣丝乘车"，汉律明定："贾人勿得衣锦绣，……乘骑马"[3]。

2. 古代"重农抑商"法律传统的经济政治成因。汉王朝刻意"以法律贱商人"[4]，其根本动因是朝廷之利害。利在重农抑商，害在弃农经商。在以小农经济为基础的中国传统社会里，私人工商业的发展害大于利。

仅就物质方面的利害而言，私人工商业对国家的危害有三：

一是与国家争夺"山海陂泽之利"[5]。二是与农业争夺劳动力资源，甚而使农田荒芜，威胁国本。古时，"以贫求富，农不如工，工不如商，刺绣文不如倚市门"[6]，"故民弃本逐末，耕者不能半，贫民虽赐之田，犹贱卖以贾"[7]。

道出了工商业对小农经济之威胁。中国古代以农业立国，农为国本。民众弃农经商，则农田荒芜、粮食短缺，一遇水旱灾荒或战争，则国家危亡。三是私人工商业发展易形成对朝廷构成威胁的"叛乱"势力。汉人桑弘羊云："往者，豪强大家，得管山海之利，采铁石鼓铸，煮海为盐。一家聚众，或至千余人，大抵尽收放流人民也。远去乡里，弃坟墓，依倚大家，聚深山穷泽之中，成奸伪之业，遂朋党之权，其轻为非亦大矣！"[8] 此语指出了富商大贾对朝廷的威胁。汉时也的确如此，如代国陈稀叛乱，吴楚七国之乱，均有私人工商业势力支持参与。

基于以上三因，朝廷采取了严厉的"困"商政策：为反对富商大贾与国家争利，朝廷实行盐铁茶酒等官营政策，禁止民营；为反对商业争夺农业劳动力及对农业的威胁，朝廷采取了重征商税、改革币制等政策，目的是"重征商税使无利自止"[9]；"重关市之赋"，使"农恶商，商有疑惰之心"，使商"无裕利则商怯，商怯则欲农"[10]；为反对富商大贾聚众深山穷泽成为叛逆势力，朝廷直接设官设场进行盐铁酒茶等专营制造并垄断买卖。

---

[1] 《史记·平准书》。
[2] 《汉书·贡禹传》。
[3] 《汉书·高帝纪下》。
[4] 《汉书·食货志》。
[5] （明）李贽：《藏书·富国名臣总论》。
[6] 《汉书·货殖传》。
[7] 《汉书·贡禹传》。
[8] 《盐铁论·复古》。
[9] （明）李贽：《藏书·富国名臣总论》。
[10] 《商君书·垦令》。

第六章

3. 古代"重农抑商"法律传统的伦理成因。

（1）商人或商业是危害君臣上下贵贱尊卑等级秩序的经常因素。传统帝制等级秩序要求的是"衣服有制、宫室有度、蓄产人徒有数，舟车甲器有禁"[1]。商业和商人势力是对这种静态秩序的一种天然破坏因素。汉时，"工虞商贾，为权利以成富，大者倾都，中者倾县，下者倾乡里者，不可胜数"。"千金之家比一都之君，巨万者乃与王者同乐"，人称为"素封者"[2]。这些靠财力而不是靠帝王诏命获得诸侯般地位享受的人，"馆舍布于州郡，田亩连于方国。身无半通青纶之命，而窃三辰龙章之服；不为编户一伍之长，而有千室名邑之役。荣乐过于封君，势力侔于守令。"[3]

这些工商业主"以财力相君长"[4]，严重地威胁着传统帝制宗法专制秩序。工商业主因其出身多卑贱，有富无贵，故必竭力因其富厚之资僭越礼制，显示尊贵，使传统帝制等级制度堤防日益溃坏，"制度日侈，商贩之室，饰等王候，……见车马不辨贵贱，视冠服不知尊卑"[5]，富商大贾"荒淫越制，逾侈以相高；邑有人君之尊，里有公侯之富"[6]，此种情形，"伤化败俗，大乱之道也"[7]。

（2）商业和商人是对传统的"均平"伦理秩序的破坏因素。孔子云："有国有家者，不患寡而患不均，不患贫而患不安。盖均无贫、和无寡、安无倾"[8]。中国传统的社会生活秩序，就官民关系来讲，是贵贱尊卑等级秩序；就民众之间的秩序来讲，就是一种"均贫"或"均平"秩序。这是传统帝制专制主义中央集权下的自给自足的小农经济所必需的和必然形成的秩序。这也是一种伦理秩序。私人工商业蕴藏着对这种"均平"秩序破坏的天然力量。如汉时"富者木土被文锦，犬马余肉粟，而贫者短褐不完，含菽饮水"[9]、"富者田连阡陌，贫者亡立锥之地。…故贫民常衣牛马之衣，而食犬彘之食"[10]。

这种贫富悬殊，当然不仅仅破坏了小民百姓的"生人之乐"，也破坏了朝廷

---

〔1〕《春秋繁露·服制》。
〔2〕《史记·货殖列传》。
〔3〕《后汉书·仲长统传》。
〔4〕《后汉书·仲长统传》。
〔5〕《宋书·周朗传》。
〔6〕《汉书·食货志》。
〔7〕《汉书·货殖传》。
〔8〕《论语·季氏》。
〔9〕《汉书·货殖传》。
〔10〕《汉书·食货志》。

第
六
章

之乐。朝廷之乐在于百姓"强弱相扶，大小相怀，尊卑相承、雁行相随"〔1〕，此即人伦之理。商业必然导致的两极分化，必然时刻威胁并破坏着小农社会的均平的、宁静停滞的生活伦理。超过了最低生活需要的财富，自古至今，必然是一种天然具有凌驾、僭越、破坏平衡之力量的因素。

（3）在自给自足的自然经济状态下，商业是使社会风气荒淫奢侈的一种破坏性力量。商业的活动，必然威胁这种伦理秩序。汉人崔寔说："夫人之情，莫不乐于富贵荣华、美服丽饰……昼则思之，夜则梦焉……不厚为之制度，则皆侯服王食，僭至尊，逾天制矣。是故先王之御世也，必明法度以闭民欲"。

然而，商业活动能开民欲，刺激物欲："今使列肆卖侈功，商贾鬻僭服，百工作淫器，民见可欲，不能不买。贾人之列，户蹈僭侈矣。故王政一倾，普天率土莫不奢僭者，非家至人告，乃时势驱之使然。此则天下之患一也。"〔2〕。非独暴君污吏，小民百姓也常因商贾奇淫之货的刺激而丧失安贫素朴之性而贪求财货，使社会风气败坏。这种状况是统治者"示民以利"的恶果："示民以利，则民俗薄。俗薄则背义而趋利，趋利则百姓交于道而接于市。……嗜欲众而民躁"。为防止此种状态，王者应该"崇本退末，以礼义防民欲"，"遏贪鄙之俗而醇至诚之风"。简言之，王者应"示民以义""教民以义""治人之道：防淫佚之原，广道德之端，抑末利（工商）而开仁义，毋示以利，然后教化可兴，而风俗可移"〔3〕。

（4）商业使人奸诈，农业使人厚朴，故重农抑商即抑奸诈之俗，长厚朴之风。《盐铁论》云："商则长诈，工则饰罚，内怀窥觊而心作，是以薄夫欺而敦夫薄。"〔4〕 基于以上四因，历朝采取了轻重不等的"辱"商政策。直接以经商为"犯罪"，固可阻吓商人，使人不敢效尤经商，但毕竟太过分，故汉以后未再有此举。禁止商贾宦仕为吏、禁止其子弟参加科举，这都是历代最为有效的"辱"商措施，直到清末才有缓解。经商虽可致富，但无途致贵，无途问津政治，无途光宗耀祖，这的确让商人阶级心灰，如果让那些奸诈的商人封官晋爵，让其凭富厚衣丝帛服文绣，则上僭贵族（宗法血缘贵族）官僚之特权，使官贵无以显荣、无业可守，而且下蚀庶民百姓之美德，使百姓知商贾可以显荣、可以僭贵，则皆弃农经商，不务本业，崇尚奢侈。只有采取种种措施使"农尊而商卑"、"农逸而商劳"、"农恶商"、"商怯"、"商疑惰"〔5〕，作为国家的基础的小农经济才能巩固。

---

〔1〕（汉）陆贾撰，王利器撰：《新语校注·至德第八》，中华书局2012年版，第118页。

〔2〕（汉）崔寔撰，孙启治校注：《政论校注》，中华书局2012年版，第80页。

〔3〕《盐铁论·本议》。

〔4〕《盐铁论·力耕》。

〔5〕《商君书·垦令》。

第三节　司法思想与司法制度

一、司法思想

（一）儒家思想与"《春秋》决狱"

"《春秋》决狱"又称"引经决狱"、"经义决狱"，董仲舒等人提倡以儒家思想为断狱的指导思想，用儒家经典特别是《春秋》一书的"微言大义"作为分析案情、认定犯罪的根据，并按经义的精神解释和适用法律。

《春秋》原是孔子编纂的鲁国编年史，记述了自周平王东迁以后鲁国以及其他周边诸侯国的史实。在这本史书中，孔子借叙述历史之机阐发了自己的各种政治、伦理及哲学观点。因此《春秋》遂被后世儒生奉为经典著作，书中的许多观点也被当作不可怀疑的教条而被代代遵循。"《春秋》决狱"之风始于西汉中期以后，盛于武帝一朝，始作俑者为当时的经学大儒董仲舒等人。著名的有董仲舒和他撰写的《春秋决事比》（以《春秋》决狱的案例）。其后的昭帝赞赏说："公卿大臣，当用经术，明于大谊。"[1]

图 9　董仲舒像

---

〔1〕《汉书·隽不疑传》。

《春秋》决狱是汉朝司法制度中极为显著的特点。西汉中期，社会的发展给儒学的传播提供了良好的条件。但此时在立法领域儒家学说尚未占主导地位。主要是因为汉朝主要法典集中制定于汉初和武帝独尊儒术之前，其中秦朝法家的痕迹非常明显。而这些基本法典作为祖宗成法又不可一日改变。因此以董仲舒为代表的汉代儒生们便开始以《春秋》中的"微言大义"作为判断罪之有无、罪之轻重的依据，对中国传统法律影响极深。后世的引经注律即肇端于此。

《春秋》决狱的基本精神是"论心定罪"。董仲舒认为，"《春秋》之断狱也，必本其事而原其志，志邪者不待成，首恶者罪特重，本直者其论轻。"就是说，定罪量刑应考虑行为人的主观动机。动机不正，即使没有产生危害后果，也要处罚，对于首恶应从重处罚，动机纯正，没有主观恶性的，从轻处罚。汉儒将董仲舒的上述观点归纳为"论心定罪"，所谓"志善而违于法者免，志恶而合于法者诛。"[1] 古书记载：汉代上洛有盗墓者，虽救活墓主，但仍以其"意恶"，诏"论笞三百，不齿终身"[2]。"论心定罪"原则所强调的是主观"心"的好坏，而"心"好坏的标准又来源于儒家的伦理规则。"《春秋》决狱"作为汉朝中期以后盛行的一种特殊的审判方法，其基本特点在于以主观因素来确定罪之有无、刑之轻重。因此在司法实践中很容易把主观归罪推向极端。但实行"《春秋》决狱"在客观上折中了立法和社会现实需要的冲突，促进了儒家伦理道德观念与法律制度的进一步融为一体。经过长时期的《春秋》决狱活动，许多儒家的道德观念被直接赋予法律的含义，使中国传统法律的儒家化越来越深。

可以看出，儒学对汉朝法律的影响，最初便是从司法开始的。《春秋》决狱所以兴盛于汉代，有如下因素：

一是《春秋》决狱所宣扬的"罪止其身""以功覆过"原则，利于缓和矛盾稳定统治秩序。汉朝族刑限于谋反等少数重罪，与此不无关系。

二是"论心定罪"，所谓"志善而违于法者免，志恶而合于法者诛"[3]。从中可随心所欲地解释文意深奥的经书，以便更好地为统治者服务。同时对法制上的不完备也是一种弥补。《春秋》决狱自汉中叶风靡一时，绵延七百余年，则是因为汉末至隋统一前，对软弱无力的君主来说，《春秋》决狱的儒学色彩不像法家一断于法那样强调"实力"。随儒法（指法律）合流和君权的强大，至隋唐，便影响日渐稀少了。

〔1〕 《盐铁论·刑德》。
〔2〕 《太平御览》引《汉记》，参见程树德：《九朝律考》卷一，中华书局2006年版，第111页。
〔3〕 《盐铁论·刑德》。

《春秋》决狱的主观随意特性，使本来就庞杂的汉律更为紊乱。近人章炳麟、刘师培曾有中肯的批判。章炳麟认为引经附法，"上者得以重秘其术，使民难窥，下者得以因缘为市。""悲夫，经之蟊虱，法之秕稗也"[1]。刘师培说："名曰引经决狱，实则便于酷吏之舞文。……掇类似之词，曲相附合，高下在心，便于舞文，吏民益巧，法律以歧，故酷吏由之，易于铸张人罪，以自济其私"[2]。

（二）阴阳五行思想与秋冬行刑

基于"天人感应"理论，董仲舒认为庆赏罚刑四政与四时是对应关系。所谓"天之道，春暖以生，夏暑以养，秋清以杀，冬寒以藏。暖暑清寒，异气而同功，皆天之所以成岁也。圣人副天之所行以为政，故以庆副暖而当春，以赏副暑而当夏，以罚副清而当秋，以刑副寒而当冬。庆赏罚刑，异事而同功，皆王者之所以成德也。庆赏罚刑与春夏秋冬，以类相应也，如合符。故曰：王者配天，谓其道。天有四时，王有四政，若四时，通类也，天人所同有也。"[3]在董仲舒看来，王者要成德就要顺应天意，使庆赏刑罚都不违反天道的四时变化。如果统治者违反司法时令，就会出现灾异、寒暑失当等现象。

秋冬行刑理论把司法活动与阴阳运行、四时更替相联系，使得司法具有了天道之基础，从而强化了其权威和正当。秋冬行刑理论对汉朝的司法制度产生了直接影响，汉武以后"汉法，以冬月行重刑，遇春则赦若赎"[4]。章帝二年将冬三月执行死刑的制度，改为只在十月内执行。除极个别的死刑案件外，一般案件若在十月外执行死刑，则被视为暴政。董仲舒的司法时令理论是正统法律思想的组成部分，因其客观上有利于农业生产和社会秩序的稳定，故而对后世影响很大。司法时令说不仅使秋冬行刑成为定制，也为明清时期的朝审、秋审制度提供了理论支撑。

二、司法制度

（一）司法机关

汉朝司法制度以秦代司法体制为基础，经过不断的积累与发展，在司法机构、诉讼制度各个方面都达到了一个新的水平。特别是西汉中期"罢黜百家、独尊儒术"以后，儒家的思想主张越来越深地渗透到司法领域之中，极大地影响着汉朝的司法原则与司法制度，其中以"《春秋》决狱""录囚"制度等最为突出，对后世影响也最为深远。汉朝的司法机构以秦代制度为基础并有所发展。

〔1〕《章太炎全集》（三），上海人民出版社 2018 年版，第 444 页。
〔2〕刘师培："儒学法学分歧论"，载《国粹学报》1907 年第 29 期。
〔3〕《春秋繁露·四时之副》。
〔4〕《资治通鉴·汉纪十》。

第六章

1. 中央司法机关。在中央，除皇帝总揽最高司法权以外，丞相、御史大夫、廷尉总理司法，其中廷尉，作为中央九卿之一，全面负责全国法律、司法事务。中央廷尉（又称大理）是中央最高专职司法官吏[1]，同时也是中央最高司法机关。丞相作为行政长官，御史大夫作为监察长官，与中央其他高级官吏也经常参与司法审判，名曰"杂治"，即非专任之义。

2. 地方司法机关。汉朝在地方主要为郡、县两级司法机关。汉末州由监察区一变而成郡上一级行政单位，遂形成州、郡、县三级。此后，州、郡、县三级行政长官兼理司法审判，各自配有专职的司法属吏。如郡设"决曹掾"为专职司法官。两汉郡县司法权仍很大。《陔余丛考》记载："刺史守令杀人不待奏"[2]。只是疑重案才呈廷尉，或丞相大臣共议后由皇帝裁决。

（二）诉讼审判制度

1. 告诉及诉权的限制。诉讼形式主要是两种：分官吏纠举与当事人自告两类。汉朝告讼称"告劾"。汉承秦制，仍行鼓励"告奸"之制。律定："其见知而故不举劾，各与同罪"[3]。但同时又对诉讼权加以一定限制：

其一，规定按照司法审级逐级告诉，一般不得越诉或直诉；

其二，禁止卑幼控告尊长、奴卑控告主人。特别是汉宣帝直接规定"亲亲得首匿"制度以后，亲属之间的诉讼权限制就更为严格了。

2. 刑讯制度。在刑讯上，仍以口供为要，并在景帝时定有《棰令》。但终汉之世，司法实践中多奉行的是"缓深故之罪，急纵出之诛"，"深（从重论罪）者获功名，平者多患害"[4]。故治狱之吏，多以严刻著称。对囚犯可罚立考讯，这大概是后世梁陈时"测立法"的源头。特别是武帝之时，提倡"论心定罪"，开《春秋》决狱之先河，司法严苛。"奸吏因缘为市，所欲活则傅生议，所欲陷则予死比，议者咸冤伤之"[5]。

3. 上报、复审及录囚。在继承前代法律文化成果和长期司法经验积累的基础上，汉代形成了比较完善的审判制度。如在审判程序上有"读鞫"（宣读决

---

〔1〕 景帝、哀帝时曾一度称大理。宣帝时增廷尉平。

〔2〕 （清）赵翼：《陔余丛考》卷十六，商务印书馆1957年版，第303页。

〔3〕 《晋书·刑法志》。

〔4〕 《汉书·刑法志》。

〔5〕 《汉书·刑法志》。《史记·酷吏列传》所记十人，九人出自武帝一朝。从昭帝至平帝六代间，每年处死刑者平均千分之一。史载："郡国被刑而死者岁以万数，天下狱二千余所。其冤死者多少相覆，狱不减一人。"（《汉书·刑法志》）及至东汉，滥用刑讯更为普遍："不堪痛楚，死者大半……掠考五毒，肌肉消烂"，"体生虫蛆"（《后汉书·独行列传》）。其他如烧斧挟腋、大针刺指、以土室口等苦不堪言的非法刑讯（《东汉会要》卷三五："大狱以来，掠考多酷，钻钻之属，惨苦无极"），代有所载。

书）和"乞鞫"（请求复审）的规定。有上报、复审及录囚的专门制度。

（1）上报。即地方司法机关判决的死刑案件和重大疑难案件，必须上报廷尉转呈皇帝批准，或交由高级官员慎重讨论。

（2）复审。即当事人如不服判决，可在法定时间内请求再审，也称"乞鞫"。"乞鞫"以三个月为限。不服判决逐级上诉，禁越级申诉。东汉顺帝时，有宁阳县主簿为其县令申冤，六七年不得审理，乃上书皇帝，结果几以大逆论死。汉初文帝时的缇萦上书，直好比凤毛麟角。

（3）录囚。是指皇帝或指定的机关审录已决未决囚犯，检查审判是否合法、是否有差错，以便平反冤案、及时处理案件的制度。自汉初开始，录囚即成为常制，作为帝制国家"恤刑"的重要措施代代相传。

（三）监察机关

随着汉朝中央集权专制制度的逐渐强化，汉朝的监察制度在承袭秦制的基础上也有了进一步的发展。在汉朝，监察制度逐渐形成中央与地方两大监察体系。汉代，原御史大夫主管的文书事宜，已分由尚书令负责。而使其专职监察之权。其实际首脑为御史中丞，御史台的机构名称也开始出现，成为历史上第一个专门监察机构。

在中央，以御史大夫及御史中丞主管的御史台为最高监察机关，"内承本朝之风化，外佐丞相统理天下"[1]，总领百官，上下为监，并可奉诏参与审判。

纠举官吏犯罪，以御史大夫"典正法度，以职相参，总领百官，上下相监临"[2]。御史大夫甚至有权弹劾丞相。弹劾者和被弹劾者可以在皇帝面前据理争辩。弹劾的内容是否属实，要由皇帝裁决。这种监督权完全附属于皇权。

在地方，为强化对地方官吏的监察，秦时各郡常设的"监御史"改由丞相随时派出的"丞相史"行监察数郡之责。武帝时把全国分为十三个监察区，称州部，设刺史一名专事监察。刺史在御史中丞的领导下按武帝规定的"六条问事"行使监察权。监察的内容是：地方官吏是否田宅逾制，是否遵行诏令，是否执法公平，有无其他违法乱纪等；在京师地区则设司隶校尉以行此职。至此，萌芽于秦朝的监察体制至汉朝最终建立。在完善监察机构的同时，汉朝还明确规定了监察官员的职责。汉武帝时，还亲自手订"六条"，确定州部刺史的监察范围与职责。依武帝手订"六条问事"[3]行使职权。

第六章

---

〔1〕《汉书·薛宣传》。
〔2〕《汉书·朱博传》。
〔3〕 根据《汉书·百官公卿表》，地方官吏是否田宅逾制，是否遵行诏令，是否执法公平，有无其他违法乱纪等。

其时，刺史已有"选第大吏，所荐位高至九卿，所恶立退"[1]的大权。御史中丞和司隶校尉的权势极大，他们是皇帝的耳目，受皇帝的倚重。在朝会时同尚书令、御史中丞一样，专席设座，称为"三独坐"。至东汉，监察机关地位日隆。御史台仅名义上归九卿之一的少府，实际上与尚书台、谒者台一样，独立行事，时称"三台"。

汉朝监察机关的发展及对司法活动的参与和监督，强化了皇帝对司法大权的控制。这一制度的形成与完善有着积极意义。一方面由于监察机关的监督形成了对司法官吏的制约，有益于审判制度的完善；同时，监察官吏参与审判，可以在一定程度上纠正错案，保证审判质量。自汉朝以后，监察制度不断发展与完善，成为中国传统政治体制中不可分割的一部分。

第四节　社会法律思潮

一、"德主刑辅"思想

汉武帝采纳董仲舒"罢黜百家、独尊儒术"的建议之后逐渐形成了以董仲舒的新儒学为指导的汉代正统法律思想。董仲舒在继承孔孟思想的基础上，兼采先秦阴阳家、法家以及汉初黄老等派思想，建立了新的儒家理论体系，提出了"德主刑辅"的法律思想。

董仲舒以"阴阳五行说"论证了"德主刑辅"的合理性，他说："天道之大者在阴阳。阳为德，阴为刑，刑主杀而德主生。是故阳常居大夏，而以生育养长为事；阴常居大冬，而积于虚空不用之处。"所以"王者承天意以从事，故任德教而不任刑。"[2]也就是说，首先，天有阴阳与德刑，那么人世间也应当德刑兼备。其次，在德刑关系上，董仲舒主张以德教为本，以刑杀为辅，德主刑辅为天道之使然。

此外，董仲舒还从人性方面，进一步论证了"德主刑辅"的合理性。董仲舒提出了"性三品"理论，他将人性区分为三种，即圣人之性、中民之性、斗筲之性。在他看来，"圣人之性"是极善的，天生性善无恶，无需教化；"斗筲之性"是极恶的，天生有恶无善，虽经教化亦不能善；"中民之性"则是既可以为善，亦能为恶，即"圣人之性，不可以名性。斗筲之性，又不可以名性。名性者，中民之性。"[3]所以，通过德教使得占大多数的"中民之性"得以为善，而刑罚只是辅助的手段，由此一来，社会秩序才能够得以安定，正如董仲舒所言，"教，政之本也；狱，政之末也。"[1]

至此，董仲舒从天道与人性两个方面论证了"德主刑辅"之合理性，阐述了其天道与人性基础，进一步强化了"德主刑辅"的权威性。

二、"外儒内法"思想

传统观点认为，"外儒内法"是指制度表面上的意识形态为儒家，而实质上的则是法家。正如汉宣帝所言，"汉家自有制度，本以霸王道杂之"[2]。经过董仲舒等人的努力，儒家思想成为正统，但西汉统治者也认识到单纯依靠儒家思想并不能完全实现加强中央集权的需要，只有通过儒法结合，方能实现。因此，"外儒"为传统帝制统治者包装了德礼的外衣，"内法"则进一步满足了传统帝制统治者的统治需求。正如有学者所言，表面上尊崇儒学，实际上却利用儒家尊君卑臣理论缘饰内在"法治"，推行的依旧是刑名法术，[3] "内多欲而外施仁义"[4]。而这一思想也在一定程度上适应了君主专制中央集权的需要，也极大地影响了后世传统帝制统治者的治国思想。

第六章

---

〔1〕《春秋繁露·精华》。

〔2〕《汉书·元帝纪》。

〔3〕 马元晖："'儒''法'结合与西汉中央集权制"，载《天水行政学院学报》2018 年第 2 期。

〔4〕《汉书·汲黯传》。

第七章
三国两晋南北朝时期的法律

东汉末年因黄巾起义导致各地军阀混战，汉家天下被魏、蜀、吴三家鼎足而分。此后曹魏强大，灭刘蜀。但大权旁落于司马氏。司马炎夺魏平吴，使全国重归一统，史称"西晋"。十多年后爆发"八王之乱"，西北各族乘虚而入，灭西晋，残存政权南迁建康，史称"东晋"。东晋末年权臣刘裕篡位建宋，此后又为齐、梁、陈取代，史称"南朝"。灭掉西晋的北方少数民族的一支拓跋氏创建北魏，以后分裂为东魏、西魏，不久分别被北齐，北周取代，史称"北朝"。

第一节　立法思想与立法活动

在这一时期政权交替频仍的状况下，统治者为在对峙中求生存和发展，在政治上多所改易；整个社会思想层面也发生了许多变化，表现在法律方面，则是立法思想变化，立法活动频繁，律学思想活跃，使得法律制度有很大发展，为隋、唐法律制度的完备奠定了基础。

一、立法思想

（一）正统儒家思想的变化

自汉武帝时"罢黜百家，独尊儒术"，儒家思想成为正统官方哲学，对中国传统法律制度和法律思想产生重大影响。然而，儒家宣扬的纲常名教在被统治阶级使用的过程中日益僵化，繁冗刻板的教条禁锢了人的思想，固化的名教纲常和社会现实需求之间的矛盾使得正统儒家思想的转变有其必要性。人们开始探索纠正儒家固化的经学教义的办法，以解决实际问题。随着汉王朝的灭亡，正统儒家思想受到挑战，魏晋南北朝时期，正统儒家思想逐渐变化，并有了新的发展。

与此同时，魏晋南北朝时期大分裂的社会状态为各方思想的喷涌碰撞和法律思想的整合创造了条件，也促成了正统儒家思想的调适与转变。公元220年，曹丕建立魏朝，之后，蜀、吴相继建国，历史进入三国鼎立时期；直至589年，隋朝才重新统一了全国。魏晋南北朝时期，除了西晋曾短暂地统一全国以外，基本处于南北分裂、对抗的状态。正如政治上的不统一一样，无论是在政治制度层面，还是在法律思想领域，这一时期都呈现出自出心裁、多头并进的态势。葛兆光先生曾对混乱和转型期的理论重塑作过清晰地解释："一个动荡的时代，常常使人们对既定的价值发生疑惑，时时变动的秩序，则往往使人们对固有的结构产生疑问，'天经地义'本来说的是无需怀疑的道理，但是'天崩地裂'则使这些不言而喻的道理失去了基础"[1]。

于是，正统儒家法律思想不再那么"根正苗红"，不得不接受来自多方的挑战，穷于应付；而"治乱世用重典"的理念早已深入人心，故治世的政治家们纷纷祭起了法术势之大旗，期望依法治国，整顿吏治，重振政纲；玄学思潮挟"越名教而任自然"而倡言思想解放之风，甚嚣尘上，弥漫天下；律学作为古代专门研究法学的学问，在多种思潮与相对自由学风的影响下，不论是在理论深度上还是在实践领域内，都取得了长足的进步，收获颇丰。

总体而言，朝代更迭频繁，社会动荡多变是这个时期的主要态势。然而，正如春秋战国时期那样，政治的不统一却为思想文化的繁荣创造了较为宽松的环境，使得玄学兴盛、佛道争竞、文赋绮丽、律学昌明。各种力量、诸多思想都在整合中等待着新的"大一统"的到来。不难看出，这一时期法律思想整合的迹象非常明显；也正是经过这一时期的融合与发展，进一步杂糅了更多思想因子的正统儒家法律思想能够在涅槃后重生，最终迎来"一准乎礼"的《唐律》统治时代。

（二）门阀世族思想的特点

自春秋战国时开始，小家庭制度在中国流行开来。但秦汉统一，自春秋战国时期以来的长期动乱结束，再加之汉代文景之治、轻徭薄赋，家族或宗族因此得以以其所有的田地而聚居繁衍，逐渐形成家业世承、利害与共的聚居的家族团体。两汉的强宗豪右，在文献中又有"豪族著姓""旧姓豪强""郡国豪杰"等名称，东汉的刘秀就是充分利用豪族的势力获得政权的。有学者提出"在整个东汉时期，从中央到地方的各级官职基本上掌握在各级宗族势力之手，并且，他们更得以利用手中的政治权力，经营其经济势力。宗族势力在东汉得到了发展，出现了一批批世代为官的世族阶层。这些世族实际上已经构成了魏晋时期门阀的基础。"[2]

---

〔1〕 葛兆光：《中国思想史：七世纪前中国的知识、思想与信仰世界》（第一卷），复旦大学出版社2001年版，第82页。

〔2〕 赵沛：《两汉宗族研究》，山东大学出版社2002年版，第230页。

　　魏晋时期，世族门阀地位不断上升，政治地位不断膨胀，形成了以血缘家族为基础的特定的社会群体。据统计，它有高门、势家、世家、世族等 28 种称谓[1]，其中最为人所通用的则是士族。魏晋南北朝的世家大族虽然人数仅占总人数的很小一部分，但由于他们往往占据国家政权中的高位，在社会上又具有很大的影响，因而成为这一时期具有代表性的家族。他们以高贵血统为说辞，推行不与寒门、贫民通婚交往的政策。经济上的"品官占田荫客制"和政治上所确立的"九品中正制"的双重作用影响下，门阀世族与国家统治阶层开始融为一体并控制了国家政权，并通过制定法律将各种经济与政治特权规范化与法律化。此外，门阀世族阶层在思想层面的一个显著特质即重视儒家经学的发展。他们直接参与法律的制定，进一步将儒家的宗法观念、礼仪习俗和道德观念以法律的形式固定了下来，成为重要的法律原则与法律观念，实现了法律与礼义道德的融合。儒家思想与法律制度的结合，既是门阀世族地位的重要依托与保障，也是法律儒家化的具体呈现。

　　在正统儒家思想的影响下，经过门阀世族的熏染和努力，法律儒家化在魏晋南北朝时期到达高潮，中国传统法以伦理特点在中国传统法律中得到了充分表达。主要表现在：

　　1. 以伦理为中心，强化法律对儒家伦理的保护。沿袭中国传统法律"出礼入刑"、"礼之所去，刑之所取"的传统，魏晋南北朝时期首创的"重罪十条"就是对儒家"三纲五常"伦理加以特别法律保护的制度，其规定的需要严加惩治的犯罪主要就是侵犯皇权与特权的犯罪以及违反伦理纲常的犯罪。

　　2. 以血缘和官阶等为基础，强化对伦理等级的维护。中国传统法所体现的伦理是一种等级伦理，它不仅以血缘关系为基础，而且以统治位阶为基础，处于不同地位的人所享受的法律权利及承担的法律义务均不相同。最典型的是"准五服以制罪"制度、"八议"及"官当"制度以及亲属相隐制度和族诛连坐制度等。这些制度均在魏晋南北朝时期创立或得到充分完善，到唐代定型后一直为以后各朝代所保存。

　　3. 以家族为本位，严惩"不孝"，维护家长特权。父权制家族本位的伦理法在中国传统法中占有重要地位，秦汉以来的法律都以严刑峻法来调整家族成员间的权利义务关系。"不孝"罪的历史悠久，是传统法律重点打击的犯罪之一。魏晋南北朝时期，"不孝"被列"重罪十条"，而且列入"不孝"犯罪的行为也在逐步细化。那些严重侵犯家族亲伦关系的行为，例如殴打及谋杀祖父母、父母及伯叔父母等尊长的行为，构成了较"不孝"更为严重"恶逆"之罪；强

第七章

---

〔1〕　毛汉光：《中国中古社会史论》，上海书店出版社 2002 年版，第 141 页。

奸、通奸小功以上亲、父祖妾构成"内乱"罪，都分别轻重，与"不孝"一起，构成对家族伦理的破坏，均列为"十恶"重罪，受到法律的严惩。

二、立法概况

（一）三国时期的立法

蜀国定都成都后，着手制法。史载诸葛亮、法正等人"共造蜀科"。[1] 现除散见的部分军令外，蜀科及其他单行法规均已佚失难考。吴国也曾有两次主要的立法活动，但科令也都失传。1996 年在湖南长沙发现大量吴简，简牍内容涉及政治、军事、经济、法律等各个方面，对这批简牍的整理研究，促进了对这一时期法律制度的研究。

魏国立法较蜀、吴卓有成效。早在曹操被封魏王时，就针对汉律繁芜和不适于动乱年代的状况有所改易。但迫于汉臣名分，遂有"科"这一独立性的临时法律形式的出现。当时制订有"新科"和"甲子科"。到魏明帝太和三年（公元 229 年）诏令陈群、刘邵、韩逊等着手制定《新律》。史载："删约旧科，傍采汉律，定为魏法，制《新律》十八篇"。[2] 此外，还颁定了《州郡令》、《尚书官令》、《军中令》等和《新律》共 180 多篇。[3] 较东汉末年以来"律令紊乱，科比冗杂，章句歧义，览者艰难"的汉律，显得"文约而例通"，对晋律的制定有着直接影响。

（二）两晋的立法

曹魏末年，晋王司马昭即命贾充、羊祜、杜预、裴楷等人以汉、魏律为基础，修定律令。历时四年，至晋武帝司马炎泰始三年（公元 267 年）完成。次年颁行全国，史称《晋律》或《泰始律》。该律又经张斐、杜预作注释，为武帝首肯"诏颁天下"，与律文同具法律效力，故又称《晋律》为"张杜律"。这一形式成为以唐代《永徽律疏》为代表的律疏并行的先河。《晋律》共二十篇，620 条。[4] 同时颁行的还有《晋令》四十篇，2306 条，此外还有《晋故事》三十卷，与律令并行。"式"作为一种法律形式也已出现。《晋律》为东晋、宋、齐沿用，至南朝梁武帝改律共承用达 235 年，是两晋、南北朝时期行世最久的一部法典，对后世立法影响深远，促进了传统法律和律学的发展。

（三）南朝立法

宋、齐均沿用晋律。统治阶层崇尚玄学与佛学，蔑弃礼法，以清淡为高雅，

---

〔1〕《三国志·蜀书·伊籍传》。

〔2〕《晋书·刑法志》。

〔3〕《晋书·刑法志》。

〔4〕《晋律》篇目与条文的文献记载曾颇有出入，篇目有 20 篇和 28 篇的记载，条文有的记载为 620 条，有的是 630 条，还有的是 1530 条。通说多采《晋书·刑法志》所载 20 篇，620 条。

以法理为俗务，优于词章，疏于律令。刘宋五十多年未立新制，萧齐仅于武帝永明七年（公元489年）由王植、宋躬据《晋律》张、杜二注，抄撰同异，其旨在统一二注，成律文二十卷，史称《永明律》，共1532条，但终因意见不一，结果是"事未施行，其文殆灭"。[1]梁武帝萧衍代齐，于天监元年（公元502年）诏蔡法度，沈约等人依照《永明律》修订《梁律》，次年成二十篇，共2529条。但与《晋律》相比，篇目次第依旧，仅名称有所改易，作了些删削辞句、统一注释的工作，未超出晋律范围。同时还颁有《梁令》、《梁科》各三十卷。梁季丧乱，陈霸先废梁敬帝萧方智，自立为帝。认为梁律"纲目滋繁"、"宪章遗紊"，[2]诏尚书删定郎范泉等修订律令，撰成《陈律》、令、科各三十卷，皆早失传。史载《陈律》"条流冗杂，纲目虽多，博而非要"，其"篇目条纲，轻重繁简，一用梁法"。因而陈律实质上仍是晋律的继续。

（四）北朝立法

北魏首开北朝重视法典编纂之风。自太祖拓跋珪天兴元年（公元398年）到孝武帝太昌元年（公元532年）诏议改条格的百多年中，大大小小的立法活动见于记载的有九次，前八次均是修订《北魏律》，至孝文帝太和年间（公元477－499年）始告成，前后经历了一个多世纪的改定，这大约是中国帝制历史上修订最久的一部法律。以后虽续有纂修但变化不大。《北魏律》共二十篇（今篇目可考者十五篇），它的颁行，一改魏初"礼俗纯朴，刑禁疏简"，"临时决遣"的状况。因参与修律的崔浩、高允等人均是当时汉族中著名律学家，加之北魏历代君臣都重视法律[3]，使《北魏律》能"综合比较，取精用宏"，冶汉、魏、晋律于一炉，开北系诸律之先河。

东魏孝敬帝兴和三年（公元541年）命群臣议定新法。天平年间（公元534－538年）曾诏高澄与封述定新格，史载："以'格'代'科'，于麟趾殿删定，名为《麟趾格》。"[4]

西魏大统元年（公元535年）着手制定新法。十年命苏绰编定《大统式》[5]，"总为五卷，颁于天下"[6]。

公元550年，东魏权臣高洋自立为帝，改东魏为北齐。初沿用《麟趾格》，

---

〔1〕《隋书·刑法志》。
〔2〕《隋书·刑法志》。
〔3〕《魏书·刑罚志》载：孝文帝主持修定，多次诏群臣聚议，有疑议"亲临决之"，并亲自下笔"润饰辞旨，刊定轻重。"他认为律是礼的体现，应"齐之以法，示之以礼"。
〔4〕《唐六典·刑部》卷六注。
〔5〕"以太祖前后所上二十四条及十二条新制"损益而成。
〔6〕《周书·文帝纪》。

至武成帝河清三年（公元564年）在封述等人主持下，以《北魏律》为蓝本，校正古今，锐意创新，省并篇名，务存清约，编定成《北齐律》十二篇，949条。以"法令明审，科条简要"著称。上承汉魏律之精神，下启隋唐律之先河，成为隋唐法典的蓝本。近人程树德说："南北朝诸律，北优于南，而北朝尤以齐律为最"[1]。西魏权臣宇文觉于公元557年废魏恭帝自立，改国号曰周，史称北周。初用制诏，至武帝保定三年（公元563年），命越肃、拓跋迪等撰定法律，仿《尚书·大诰》谓之《大律》，共二十五篇，1537条，原文早佚。因《大律》仿《尚书》、《周礼》，杂采魏、晋诸律，使"今古杂糅，礼律凌乱"，不合时宜。《隋书·刑法志》说它"大略滋章，条流苛密，比于齐法，烦而不要"。因此，隋虽承周立国，但在立法上却以《北齐律》为本。

第二节　主要法律内容

一、法典结构与内容的变化

（一）法典结构的变化

这一时期律仍是法律（尤其是刑事法律）的主要形式。其变化较大的是律典的篇章体例和逻辑结构。

1. 魏《新律》对汉旧律的改革。其中主要有如下几项：

一是增加篇目。将刑事条款尽入于律，作为正典，所谓"律以正罪名"[2]。针对汉律"一章之中或事过数十，事类虽同，轻重乖异"，篇章间"错糅无常"的庞杂状况加以损益调整。如汉《九章律》的《盗》律中有劫略、恐吓等项，皆非盗事，魏律遂增《劫略律》一篇；汉《贼》律有欺谩、矫制、诈伪等项，《囚》律有诈伪生死，《令丙》有诈自复免，事类众多，所以魏律增《诈伪律》一篇[3]。这样虽较《九章律》多了9篇[4]，但比之东汉末年的除汉律60篇外，令300余篇，法比900余卷，章句[5] 700余万言的状况，仍可说是"文约而例通"了。基本解决了汉末"篇少则文荒，文荒则事寡，事寡则罪漏"[6]的缺陷。

---

[1]　程树德：《九朝律考·北齐律考序》，商务印书馆2010年版，第521页。
[2]　（晋）杜预：注《律序》。转引自（宋）李昉：《太平御览》。
[3]　此外尚吸收律外的傍章科令中的相关内容。
[4]　魏《新律》十八篇，计：刑名、盗、劫略、贼、诈伪、毁亡、告劾、捕、系讯、断狱、请赇、杂、户、兴擅、乏留、惊事、偿赃、免坐，其中盗、贼、捕、杂、户乃"故五篇"。
[5]　章句：法律解释之谓。
[6]　《晋书·刑法志》。

二是体例上的调整。以往认为汉《九章律》中《具》律在第六篇，《具》律类似现代刑法总则，放在中间很不恰当，故魏《新律》将其改称《刑名》列于律首。这一改动为以后的晋律、北齐律所肯定。晋律在《刑名》后又增《法例》一篇，北齐律则将二者合为《名例》一篇，此后相沿未改，直至于清。此外是对新增篇目与"故五篇"的统一调整，其中的《告劾》、《捕》、《系讯》、《断狱》四篇的先后排列顺序，正与当时的司法程序相吻合，体现立法技术的进步。魏《新律》成为三国时期具有代表性的法典，并成为晋律的直接渊源。

2. 晋律（又称《泰始律》）设置更有进步。主要体现在以下两点：

一是严格区别律令界限，这是较魏律的重大进步。

二是篇章体例合理，分魏律《刑名》为《刑名》、《法例》两篇。所谓"刑名所以经略罪法之轻重，正加减之等差，明发众篇之多义，补其章条之不足……名例齐其制"[1]。并因关津交往频繁，贸易活动发展，救火防火，分封侯王、郡国并行而增设《关市律》、《水火律》和《诸侯律》。《晋律》在魏律基础上共分二十篇，计：刑名、法例、盗律、贼律、诈伪、请赇、告劾、捕律、系讯、断狱、杂律、户律、擅兴、毁亡、卫宫、水火、厩律、关市、违制、诸侯。晋律令将多达七百余万字的汉末律令，精简到约十二万六千字，称得上是"蠲其苛秽，存其清约"。

晋律对魏律的改进，特别是张斐、杜预二人对律文的注释，促进了传统法制和律学的发展。

3. 南北朝时期律的发展变化。南北对峙后的东晋和宋、齐、梁三代均承用晋律，其间有《永明律》和篇目同于《晋律》的《梁律》，都无创见。《陈律》不过是《梁律》的翻版，故仍无出《晋律》之右。

继晋律之后有所进取的是北朝《北魏律》和《北齐律》。

《北魏律》共二十篇，篇目可考者有：刑名、法例、宫卫、违制、户律、厩牧、擅兴、贼律、盗律、斗律、系讯、诈伪、杂律、捕亡、断狱十五篇。其中《捕亡律》似是《晋律》中《捕律》与《毁亡律》的合并，并从《晋律》的《系讯律》中分出《斗律》。

《北齐律》进一步改革体例，省并篇目确定十二篇[2]。将《刑名》《法例》合为一篇，称《名例》，冠于律首，增强了法典结构上的科学性。改《宫卫》为《禁卫律》，将原来宫廷警卫扩及到关禁。增加《违制律》，完善吏制的法律规

---

[1]《晋书·刑法志》。

[2] 十二篇计：名例、禁卫、婚户、擅兴、违制、诈伪、斗讼、贼盗、捕断、毁损、厩牧、杂律。

定。其他篇章也多有损益。史称"法令明审，科条简要"[1]。

三国两晋南北朝时期律学成果，先后为封建法典所吸收，因此这一时期的律典结构体例发生了很大变化，篇目篇幅趋于合理，律典体例结构也更加科学。曹魏编定的《新律》共18篇，与汉律"九章之律"加上《傍章》等律之后的汉律60篇相比，大大减少。晋《泰始律》共20章，620条，并正式将律与令分开，使其既分工又协调，整个律令体系得到大幅精简。《北齐律》在晋律基础上再次进行大的调整，整个律典共12篇，较晋律更为精简。

在律典体例结构方面，形成了总则在前、分则在后的体例，为隋唐律《名例》总则在前，《卫禁》、《职制》等实体法居中，《捕亡》、《断狱》等诉讼程序法律在后的传统律典12篇的经典体例打下基础。中国传统律典经过魏晋南北朝数百年的探索，在篇目和体例方面对后世的唐、宋、元、明、清诸朝产生了深远影响。

（二）法典内容的变化

1. "重罪十条"的由来及其内容和影响。为加强镇压危害皇权专制统治和违反伦理纲常的行为，"重罪十条"始于北齐正式入律。此"重罪十条"即后世法典中之"十恶"。即将直接危害朝廷根本利益的最严重的十种犯罪置于律首。这十条是："一曰反逆，二曰大逆，三曰叛，四曰降，五曰恶逆，六曰不道，七曰不敬，八曰不孝，九曰不义，十曰内乱。其犯此十者，不在八议论赎之限"[2]。

北魏律严惩不孝罪。北齐则将此罪列入"重罪十条"，虽属八议，亦不减免。南北朝时，进一步罗列罪名，《北魏律》规定："大逆不道腰斩，诛其同籍，年十四以下腐刑，女子没县官"。且将"害其亲者"视为大逆之重，处轘刑；将"为蛊毒者"视为不道，"男女皆斩，而焚其家"[3]。

隋唐律在《北齐律》规定的"重罪十条"基础上发展为"十恶"定制，并为宋、元、明、清历代所承袭。

2. 服制定罪与留养制度。依服制定罪是《晋律》首创，目的在"峻礼教之防"。它是指亲属间的犯罪，据五等丧服所规定的亲等来定罪量刑，即"准五服以制罪"。"五服"制度是指按照中国古代礼制，与死者亲疏关系不同的亲属的丧服在材质、式样方面有所不同，后逐渐以丧服来指代不同的亲等关系。以丧服为标志，规定亲属之间的关系由近及远分为斩衰、齐衰、大功、小功、缌麻

〔1〕《隋书·刑法志》。

〔2〕《隋书·刑法志》。

〔3〕《魏书·刑罚志》。

五等。服制定罪的基本原则是：凡尊长杀伤卑幼，服制愈重，处刑愈轻，卑幼杀伤尊长，服制愈重，处刑愈重；亲属相盗的，服制愈重，处刑愈轻，服制愈轻，处刑愈重。

留养，亦称"存留养亲"，指犯人直系尊亲属年老应侍而家无成丁，死罪非十恶，允许上请，流刑可免发遣，徒刑可缓期，将人犯留下以照料老人，老人去世后再实际执行。《北魏律·名例》规定："诸犯死罪，若祖父母，父母年七十以上，无成人子孙，旁无期亲者，具状上请，流者鞭笞，留养其亲，终则从流，不在原赦之例"[1]。这是中国古代法律家族化、伦理化的具体体现。这一内容亦为后代法律承袭。

3. 五刑制度的形成。

（1）五刑体系的形成。魏《新律》将法定刑分为死、髡、完、作、赎、罚金、杂抵罪[2]等数种，并减轻某些刑罚，如废除投书弃市，限制从坐范围，禁诬告和私自复仇等。

晋律定刑为五种，计：死、髡、赎、杂抵罪和罚金，死刑有三，分别是枭首、腰斩、弃市；髡刑有四，分别是髡钳五岁刑，笞二百和四、三、二岁刑；赎刑有五（适用于非恶意的犯罪），分别是赎死缴金二斤，赎五、四、三、二岁刑则依次缴金一斤十二两、一斤八两、一斤四两和一斤；杂抵罪和罚金也各有五等。

《北魏律》定刑为六，计：死、流、宫、徒、鞭、杖。《北齐律》承其后，最终确立死、流、徒、鞭、杖五刑，为隋唐以后死、流、徒、杖、笞的刑罚体系奠定了基础。

综括这一时期历代刑罚变革，总的趋势是逐渐宽缓。

（2）免除宫刑。自汉文帝改革刑罚以来，宫刑兴废无常。北魏、东魏时期仍有施用宫刑记载。西魏文帝大统十三年（公元547年）诏："自今应宫刑者，直没官，勿刑"[3]。北齐后主天流五年（公元569年）亦诏令："应宫刑者，普免刑为官口"[4]。从此宫刑不复作为一种法定刑。

（3）缘坐范围的变化。缘坐指一人犯罪而株连亲属，使之连带受刑的制度，又称"从坐"、"随坐"。秦汉以来有此类规定。尤其妇女因父亲犯族刑，要从坐受戮；而夫家犯族刑亦须"随姓之戮"，使妇女"一人之身，内外受辟"。直至曹魏高贵乡公时才有改革。《新律》颁布后，又据程咸上议，修改律令，规定：

---

〔1〕《魏书·刑罚志》。
〔2〕指以夺爵、除名、免官来抵罪的总称。
〔3〕《北史·西魏文帝纪》。
〔4〕《北齐书·后主纪》。

在室之女从父母之诛，已嫁之妇，从夫家之罚[1]，开缘坐不及出嫁女之先例。后世多循此制。《新律》对缘坐范围也有缩小，律定："大逆无道，腰斩，家属从坐，不及祖父母、孙"。

以后的《梁律》进一步缩小范围，规定：谋反、降叛、大逆等罪虽缘坐妇人，但"母妻姊妹及应从坐弃市者，妻子女妾同补奚官为奴婢"。创从坐妇女免处死刑的先例。梁武帝大同元年（公元546年）诏："自今犯罪，非大逆，父母、祖父母勿坐。"但《陈律》又"复父母缘坐之刑"[2]。

《北魏律》缘坐范围广泛，至孝文帝时有缩小。延兴四年（公元475年）诏："自非大逆干纪者，皆止其身"[3]。然而法律上尽管有缩小的规定，而司法实践中却往往有扩大的趋势。

（4）定流刑为减死之刑。秦汉以降的死罪减等之刑——徙（迁）刑至此时期已改为流。《隋书·刑法志》载，梁武帝天监三年（公元504年）建康女子任提犯拐骗人口罪，子景慈证明其母确有此行。后景慈以"陷亲于极刑"之罪名流放交州（今广东江河三角洲一带）。"至是复有流徙之罪"。北魏、北齐均据"降死从流"的原则，将流刑列为法定刑，作为死与徙的中间刑，从而填补了自汉文帝改革刑罚以来死、徙二刑间的空白，为隋唐时期刑罚制度的完善奠定了基础。北周律又分流刑为五等，计二千五百里、三千里、三千五百里、四千里、四千五百里。隋唐因之。如沈家本言："开皇元年定律，流为五刑之一，实因于魏周，自唐以下，历代相沿莫之改也。"[4]

二、法律形式的变化

魏晋南北朝时期律学的发达推动了这一时期律令体系的发展，改变了秦汉以来法律形式繁杂、彼此之间难以区别的情况，为隋唐时期古代律令体系发展的高峰准备了条件。

（一）律的发展与令的变化

汉时律令无严格区分，所谓："前主所是著为律，后主所是疏为令"[5]，"天子诏所增损，不在律上者为令"[6]。令在汉朝实际上是律的补充形式。汉时律令的繁多庞杂造成了法制上的混乱。曹魏政权建立后对此进行改革。魏明帝下诏改定刑制，删约旧科，傍采汉律，制定魏法，最后形成《新律》18篇，

---

[1]《隋书·刑法志》。
[2]《隋书·刑法志》。
[3]《魏书·刑罚志》。
[4] 沈家本：《历代刑法考·刑法分考》。
[5]《汉书·杜周传》。
[6]《汉书·宣帝纪》注。

《州郡令》45 篇，《尚书官令》、《军中令》，合计 180 篇。曹魏政权在立法上的贡献之一就是初步使律与令分开，将各个单行的律与令统一起来并将其法典化。但真正使律令功能分开、各司其职的是晋朝。早在曹魏末年掌握实权的晋王司马昭有感于前代律令本注繁杂，令贾充等定法律。经数年努力终于在晋泰始三年（公元 267 年）修成《晋律》。《晋律》在曹魏律的基础上继续前进，开始明确区分律与令的功能，把相当部分原属于律的内容纳入令的范围，不再入律。

这一时期，令和律一样，仍为法律主要形式，但其内涵已开始有别于秦汉时代。参与《晋律》制定的杜预首次从学理上对律与令的功能进行区分："律以正罪名，令以存事制。"[1] 律主要是固定性的刑事法律规范，令主要是暂时性的国家制度方面的规定，违令有罪者，依律定罪处刑。

（二）以格代科与式的出现

1. 汉魏科比。曹魏立国之初，以汉为宗，不便更替汉制，新设立颁行的法令也没有以律或者令为名称，而是以"科"代之。法律上科的统治局面自汉末一直沿续到魏明帝制定《新律》，将科按性质列为律、令才告结束。科本来从形式和内容上都带有变通的特性，在把其中有关刑罚部分抽出厘为律，其他则按类归纳为令之后，科的使命也就完成了。

魏科作为一种变通的法律形式存在时间不长，但具有重要的历史意义。三国时期，"科"是主要的法律形式，其中，尤以曹魏为盛。曹魏成为三国中最强的一支，科的作用不容否认。科的制定本身也是对汉律进行重大改革的关键一步，亦直接为魏晋修订正式法典开辟了道路。此外，魏科对当时的蜀、吴两地也有影响。换言之，魏科是传统法制由不成熟走向成熟的重要一环。

2. 麟趾格。北魏以格代科。北魏初，科作为副法仍在行用[2]。后世以格代科，从其表面形式上推测有两个原因：一是格、科读音相近[3]，二者一清一浊，古音可以相通。二是格，科字意相近。《说文解字》中广韵曰："程也，条也"，格亦有"条文"之意。《魏书·高宗纪》载："（和平四年）十二月辛丑，诏曰：……有司可为之条格……著之于令"。此处言条格即条款之意。由于格、科相近，晋时即有混用[4]。当然，科、格读音字意相近，只是以格代科的表面原因，更为主要的原因或许是北朝统治者未像南朝一样直接承袭汉制。其对汉

---

〔1〕（晋）杜预：《注律序》。转引自（宋）李昉：《太平御览》。

〔2〕参见《魏书·太祖纪》卷二略云："（天兴元年）（398 年）十有一月辛亥……诏三公郎中王德定律令，申科禁。"《魏书·刑罚志》："（太祖）约定科令，大崇简易。"

〔3〕格，见母；科，溪母。

〔4〕《晋书·陈頵传》："初，赵王伦篡位，三王起义，制《己亥格》。"《南史·羊玄保传》记有"壬辰之科"。刘宋时羊希奏"依定格条上赏薄"，"停除咸康二年壬辰之科"等。

文化需要有一个接受、融合的过程。其间，即仿效汉制，又更新汉制，格或许便是这一过程的产物。

这一时期格的发展变化大致为三个阶段：

北魏中期前为第一阶段。此阶段格刚从科演变而来，在内容上与汉晋之科无大区别，作为补律令的副法行用。

北魏后期至北齐初，是格演变的第二阶段。为应付动乱局面和阶级、民族、统治集团内部的各种日趋激化的矛盾，魏孝武帝太昌元年（公元 532 年）诏：“前主为律，后主为令，历世永久，实用滋章”。“令执事之官，四品以上集于都省，取诸条格，议定一途，其不可施用者，当局停记，新定之格勿与旧制相连，务在约通，无致冗滞”[1]。从此，格取代律文成其主要法律形式[2]。时隔不久，北魏分裂为东、西魏，与南梁三分天下，彼此吞并无暇顾及律令编纂。施法一直沿用北魏末期的格。东魏十七年历史中（公元 534－550 年）无修定律令记载，至兴和三年（公元 541 年）十月，颁定了著名的《麟趾格》。此后北齐文宣帝在位时（公元 550－559 年）“议造齐律，积年不成”[3]，又重新刊定《麟趾格》，作为正刑定罪的规范，这一阶段，格成为当时的“通制”。

此时的格已有别于第一阶段。首先，此时修订律令的立法活动已停或不了了之，律已成虚设之文，格则作为主法而常有检修更定。《洛阳伽兰记·景明寺》卷三中记：“法吏疑狱，簿领成山，仍敕（邢）子才与散骑常侍温子昇撰《麟趾新制》十五篇，省府以之决疑，州郡用之治本。”《北史·封述传》中也载：“天平中，……增损旧事，为《麟趾新格》。其名法科条皆述所删定”。

其次，这一时期的格以尚书省诸曹名为篇目，开创了新的体例[4]。由于形势的特殊需要，格已由补律令的副法上升为代律令行事的主法，由“疑事”判例的编修变为正刑定罪的条文。

北齐中后期为第三个阶段。此时政局相对稳定，格虽为“通制”，但在人的传统观念中终非长久之计，律令才是人们所期待建立的正流制度。北齐初期司徒功曹张老就上书，反对废律用格，他指出：“大齐受命已来，律令未改，非所以创制垂法，革人视听”[5]。经张老的反对，北齐皇帝高洋才命令群官议造齐

---

〔1〕《魏书·出帝平阳五纪》卷十一。
〔2〕《魏书·孝静帝纪》：“先是诏文襄王与群臣于麟趾阁议定新制，甲寅，颁于天下。”陈仲安认为：麟趾格制定“始于魏”，“作为正式颁布的法律文书则到东魏才形成”。参见《文史·麟趾格制定经过考》二十一辑。
〔3〕《隋书·刑法志》。
〔4〕《魏书·窦瑗传》。
〔5〕《隋书·刑法志》。

第七章

律，但经多年努力仍未完成，故《麟趾格》一直被用作正罪定刑的主要法典。至武帝即位，河清三年成《齐律》，以格代律局面才告衰止，格复退回副法地位。在律无正条的情况下暂作定刑依据。《隋书·刑法志》记："后平秦王高归彦谋反，须有约罪，律无正条，于是遂有《别条权格》，与律并行"。此处的权格与第一阶段的别格类似均为补律令的副法（临时制定性的律外条目）[1]

就以后格与律令关系来说，隋代延续了北齐后期重律轻格的发展趋势。时人以为格令章程"颇伤烦碎""非简久之法"[2]。隋唐后虽形成律令格式并行，但格的地位与作用远远不能与律令相比了。

3. 大统式。式，最早见于秦，有《秦简·封诊式》，多属行政性法规。汉初有品式章程，西魏文帝时编定《大统式》，成为隋唐以后，律令格式四种基本法律形式之一"式"的先声。

此外，这一时期仍沿用汉以来用"比"和经义断案的传统。

综上可见，魏晋南北朝时期法律形式有较大变化。特别是律令有别，以格代科，成为隋唐以降律令格式并行的渊源。

三、门阀世族特权的法律化

（一）确立维护贵族官员的特权制度——"八议"入律和"官当"出现

1. "八议"。"八议"是指对八种权贵人物，在他们犯罪以后在刑罚上给予特殊照顾，所谓"大者必议，小者必赦"，官府不得专断。这八类人是：

"亲"（皇帝宗室亲戚）；"故"（皇帝故旧）；"贤"（朝廷认为有大德行的贤人君子）；"能"（政治军事等方面有大才能者）；"功"（对国家有大功勋者）；"贵"（有一定级别的官爵者）；"勤"（为国家服务卓著有大勤劳者）；"宾"（前朝皇帝及后裔）。

"八议"之说源于《周礼·八辟》。周有"刑不上大夫"，汉有"先请"之制[3]，但未必已成完整体系。曹魏总结前代经验，制定魏律时，定为"八议"。"八议"入律，使贵族官僚地享有特权，凌驾于一般法律制裁之上，为统治阶级中不法分子破坏法律大开方便之门。东晋成帝时，庐陵太守羊聃为非作歹，滥施刑杀，一次错杀无辜一百九十人，"有司奏聃罪当死"，但因景献皇后是他祖姑，属"议亲"之列，竟免处死[4]。南梁武帝时，"王侯子弟皆长而骄蹇不法"，"或白日杀人于都街；劫贼亡命，咸于王家自匿"[5]。晋时傅玄就曾指出：

---

〔1〕 参见《隋书·刑法志》《册府元龟·刑法部》等。

〔2〕 《北史·苏威传》。

〔3〕 汉代曾有人（应劭）提议援用"八辟"，但未被确认。

〔4〕 《隋书·刑法志》。

〔5〕 《隋书·刑法志》。

"八议"是"纵封豕于境内，放长蛇于左右"[1]。

2. 官当。《晋律》在沿用"八议"同时，规定"除名比三岁刑"，"免比三岁刑"[2]。虽不能确定晋代以"除名"、"免"抵罪，但这种相比的做法，实为以后"官当"之制的滥觞。三国两晋南北朝时期，多行"九品中正制"，朝廷用人以家世门第为标准，为保证世族地主在朝廷官僚体系中的地位，进一步扩大官僚的律上特权，"官当"制度遂应运而生，继晋之后的梁，在官身犯，只处罚金[3]，《北魏律·法例》规定：公、侯、伯、子、男五等爵，每等抵三年徒刑。官品从第五品起一阶当刑二年；免官者，三年后照原官阶降一级叙用[4]。《陈律》则正式使用"官当"一词，规定品官犯罪判五年、四年徒刑的，准用官职抵二年刑，余刑居作外，属公罪过误，可处罚金；判二年徒刑的，可用赎刑[5]。及至隋、唐，"官当"制日臻完备。明、清始为加强官吏控制而取消，但"罚俸"、"降级"仍可为特权者使用。

（二）九品中正制与任官考绩制度

曹操曾经提出过"唯才是举"的口号，只要有才能的，都可选拔为官。他选择各地声望高的人士出任"中正官"，将当地之士按才能分成九等，由朝廷按等选任官吏。这是后来实行"九品中正制"的萌芽。

1. 九品中正制。九品官人之法是魏文帝黄初元年（公元 220 年）采纳尚书陈群的建议而定的。规定郡设小中正官，州设大中正官，中正官的职责是依照家世、才能、德行将辖区内的士人分成上上、上中、上下、中上、中中、中下、下上、下中、下下九等；由小中正将品评结果申报大中正，再经大中正申报司徒，最后由中央按品第高下任官。

九品中正制创始于魏，沿用至宋、齐、梁、陈各代。这一制度的实行，巩固了大土地所有制基础上形成起来的士族制度，保障了士族垄断政治统治权的特殊地位。由于"九品"之分标准不确定，不仅凭中正官的主观臆断，再加上请托、权势、裙带关系等等影响，不但造成了"上品无寒门，下品无世族"，使士族与庶族相隔天壤，矛盾愈益加深，且弊端丛生，贿赂公行，加速了士族、官员的腐化。

2. 任官考绩制度。除九品中正制外，这一时期值得一提的任官、考绩制度方面还有以下几点：

---

〔1〕（宋）李昉：《太平御览·傅子》卷五二。
〔2〕（晋）杜预：《注律序》，转引自（宋）李昉：《太平御览》。
〔3〕《隋书·刑法志》。
〔4〕《魏书·刑罚志》。
〔5〕《隋书·刑法志》。

其一，魏明帝时，曾令散骑常侍刘劭作"都官考课之法七十二条"，考核百官之政绩，但未施行。

其二，晋代明令规定："不经宰县，不得入为台郎"[1]。这是在选任方面，重视基层官吏作用的表现。

其三，北魏孝明帝时，武人退役争相为官，吏部尚书崔亮创制《停年格》，规定以停解日月为断，依年资深浅而定选用的顺序。

（三）确认和保护贵族官员按等级占田的特权

法律在确认豪门士族经济特权的同时，又极力保护中央朝廷的经济利益。它成为皇族地主与豪门士族相互依赖和妥协的产物。

1. 颁布"占田令"或"均田令"确认土地等级占有制。曹魏时，曾颁布"给公卿以下租、牛、客户数各有差"的法令，西晋进一步制定了按官品占田、占客，荫亲属的法规——"品官占田荫客令"和"占田令"[2]。

与"品官占田荫客令"同时颁行的"占田令"规定：男子占田 70 亩，女子 30 亩；丁男课田 50 亩，丁女 20 亩；次丁男课田 25 亩。所谓"占田"是农民可占土地数的额定指标，而"课田"则是应负田租的土地数。

北魏以降，因长期战乱，人口逃亡，土地荒芜，留居农民亦不堪沉重租调徭役，多荫附士族豪门。针对这一状况，太和九年（公元 485 年）颁《均田令》：15 岁以上男子受露田（植谷物）40 亩，女 20 亩；男授桑田（植树）20 亩，女 5 亩，产麻区男授麻田 10 亩。桑田"皆为世业，终身不还"；露田所有权归官府，授者年老免役或死时，归还朝廷，并规定奴婢与良人一样授田；四岁以上耕牛每头授露田 30 亩，以 4 头牛为限[3]。

北魏后的历代也颁有类似的均田令。

2. 施行租调法令保障朝廷财政收入。颁布均田令目的在保护门阀士族经济特权把农民束缚于土地，强制其垦荒，以保障国家财政收入和徭役来源。所以在颁布均田令同时还要推行租调法令。租调法亦始于曹魏，史载：计亩征租，按户收调，每亩粟 4 升，户纳绢 2 匹、绵 2 斤，余皆不擅兴[4]。

西晋太康元年颁"户调之式"：丁男之户，岁输绢 3 匹，绵 3 斤，女及次丁

---

〔1〕 《通典·职官》。

〔2〕 "品官占田荫客令"颁于太康元年（公元 280 年）。主要内容是：一品官占田 50 顷，占佃客 15 户，按品级逐级减少，至九品官占田 10 顷，占佃客 1 户。此外可依官品高低，荫其亲属，高者可荫"九族"，低者亦可荫三世；不在官府任职之士族地主，均可依门第高低享受荫庇特权，受荫庇的本属佃客不在官府立籍，不向国家纳税服役。从法律上确认豪门士族从国家总户口中割取一部分为私属，从国家总赋税中割取一部分为私租。参见 [唐] 杜佑《通典·食货一》《通典·食货四》。

〔3〕 《魏书·食货志》，并参见 [唐] 杜佑《通典·食货一》《通典·食货四》。

〔4〕 《三国志·魏书·武帝纪》。

男为户者半输[1]。

北魏颁《均田令》，次年颁"租调法"，规定一对夫妇年纳租粟 2 石，调帛 1 匹。北齐、北周推行的租调法也大致如此[2]。

这一时期因士族豪门大量兼并土地，占有劳力，使官府直接控制的农户减少，损害了赋税徭役来源。为此朝廷颁均田令、行租调法，一方面将被兼并的民田、招募的佃户，荫庇的免役人口等予以法律承认和保护；另一方面为维持官府租调徭役来源，对官僚、士族上述特权从数量上略加限制。对普通农户则定有占田数额和相应的租调数，为了"督农归田"，"寓劝于课"，以保证中央财政来源。

（四）维护尊卑良贱等级关系的婚姻制度

当时是士族豪门操纵中央政权，传统尊卑良贱等级森严，反映在婚姻关系上，则是所谓士庶、良贱不婚。法律保护尊卑士庶良贱的不平等社会关系和士族占有部曲、奴婢的特权。如杀继母同生母，处死。殴兄姊处徒刑五年。

在婚姻方面特别重视门第家世，为不使家族系统被外族冒认，续有家谱，由官府掌握。高门世族孩子出世就有官职。士庶良贱通婚，被视为"失类"，受讥评或弹奏和法律制裁。如南朝梁士族王源嫁女与富阳满氏，被御史中丞沈约弹奏："惟利是求，玷辱流辈，莫斯为甚"，"请以见事免源所居官，禁锢终身，辄下禁止，视事如故"[3]。又如权重一时的河南王侯景，曾对梁武帝说要请婚于王、谢之家，武帝因侯景门第不高，明确回答："王、谢门高非偶，可于朱、张以下访之"[4]。

此外，这一时期纳妾被认为合法。晋令规定可依官品纳妾一至四人。实际上绝不止此数。

继承上严别嫡庶，惟嫡子有继承权，庶子一般没有。尤其北朝，庶子更受歧视。凡此种种都在维护士族的团结，并以此达到巩固统治的目的。

（五）稳定财产交易的买卖、借贷等法律规范的增多

汉代以来买卖关系成立，一般要订立"券书"（即契约），由买卖双方各执其一，"讼则按券以正之"[5]。到晋代，规定买卖田宅牛马，必须订立"文券"，写明买卖成交的价值，官府按成交总额百分之四"契税"，卖方负三分买方负一分。买卖它物则可不立文券，但依上例"契税"，叫作"散估"。此制为南朝沿

---

[1]《晋书·食货志》。

[2]《魏书·食货志》。

[3]《南史·侯景传》。

[4]《南史·侯景传》。

[5]（汉）郑玄《周礼注疏》卷三十五。

第七章

用。这固然是有增加财政收入之利，但客观上也对买卖关系加以法律确认。如生纠纷，官府依"契税"单据（"文券"上有纳税之红色印章，称红契）为据进行裁决。

有关借贷，官府常以强力助放贷者收回本利。贪官污吏往往与富户勾结，催逼无力纳赋税者借高利贷，北魏文成帝时（公元 461 年）针对此弊曾诏令："自顷每因发调，逼民假贷，大商富贾，要射时利，旬日之间，增赢十倍，上下通同，分以润屋……为政之弊莫过于此，其一切禁绝，犯者十疋以上皆死"[1]。

第三节　司法思想与司法制度

一、司法思想

（一）强化皇权与慎刑思想

魏晋南北朝时期政局动荡，战争连绵，地方势力强大，皇权受到门阀世族的牵制而日渐衰微。一方面，为了加强皇权，统治者加强了对司法领域的控制；另一方面，为了缓和社会矛盾，慎刑思想进一步在司法实践中发挥作用。具体而言，譬如皇帝直接参与司法审判、死刑复核制度的确立等，无不体现了强化皇权与慎刑思想，究其本质，仍在于维护统治秩序从而稳固皇权。

1. 皇帝频繁直接干预和参与司法审判。如魏明帝太和三年（公元 224 年）改"平望观"为"听讼观"，史载"每断大狱，常幸观临听之"[2]。南朝宋武帝也常"折疑狱"，"录囚徒"，仅永初二年（公元 421 年）即有五次之多。北周武帝常"听讼于正武殿，自旦及夜，继之以烛"[3]。

2. 死刑复核制度的形成。死刑复核制度在这一时期逐渐确立。魏明帝青龙四年（公元 236 年）诏："廷尉及天下狱官，诸有死罪具狱以定，非谋反及手杀人，亟语其亲治，有乞恩者，使与奏……"[4]。南朝曾规定："其罪甚重辟者，皆如旧先上"[5]。北魏律规定："诸州国之大辟，皆先谳报乃施行"，"当死者，部案奏闻"[6]。又"狱成皆呈，帝亲临问，无异辞怨言乃绝之"[7]。从而使死刑决定权归于皇帝，一方面是慎刑，另一方面也是控制。

---

[1]《魏书·高宗纪》。

[2]《三国志·魏书·明帝纪》。

[3]（宋）李昉：《太平御览·后周书》卷六三九。

[4]《三国志·魏书·明帝纪》。

[5]《宋书·孝武帝纪》，参见《南齐书·王敬则传》：征东将军王敬则杀路氏，武帝责问："谁下意杀之？都不启闻。"

[6]《魏书·刑罚志》：太祖武帝时，"以死不可复生，惧监官不能平。"

[7]《魏书·刑罚志》。

3. 妇女犯罪行刑上享有特殊规定。魏明帝时，为避免对女犯用刑使身体裸露，改妇人加笞还从鞭督之例，以罚金代之。《晋律》规定："女人当罚金杖罚者，皆令半之"。《梁律》加以沿用，且扩大对女子的照顾，规定："女人当鞭杖罚者，皆半之"，"女子怀孕，勿得决罚"。《北魏律》则进一步明确："妇人当刑而孕，产后百日乃决"[1]。这其中有礼教因素，但也是社会文明程度提高和慎刑思想影响的结果。

（二）律学思想的发展与法律解释的规范化

1. 引经入律与律学思想的发展。律学肇始于秦汉时期，兴盛于魏晋南北朝时期。两汉开始引经注律，即在不改变法律条文的情况下，以儒家经典的基本原则和精神来解释适用现行法律，这使律学与政治伦理结合而日兴。但一方面，经学的发展导致其成为专门索隐发微的章句之学，流于烦琐迂腐，日近绝路。到公元 220 年三国曹魏文帝时的情况已是"叔孙宣、郭令卿、马融、郑玄诸儒章句十有余家，家数十万言。凡断罪所当由用者，合二万六千二百七十二条，七百七十三万二千二百余言，言数益繁，览者益难。"[2] 虽然魏文帝下诏"但用郑氏章句，不得杂用余家。"[3] 但这只是试图从实用层面来解决问题，并未从理论上来解决这一问题。律学大师杜预从理论源头解决了这一问题，他明确提出："法者，盖绳墨之断例，非穷理尽性之书也。"[4] 由此，正式把律学与经学作了区分，奠定了律学诞生的理论基础。

另一方面，东汉以来的阴阳谶纬等神学思想，经谭恒、王充等人从哲学上的批判已无甚作用。"名教"出于"自然"说（非董仲舒的"天意"说）的"玄学"抬头，并对法学理论有一定影响。加之汉初尚黄老之术，道学在思想意识领域的潜在影响，导致这一时期明辨之术和《易》学的盛行。多重因素影响下，律学在魏晋时期开始从伦理政治的束缚中解脱出来。研究的对象不再仅限于对古代法律的起源、本质和作用的一般论述，而是侧重于律典的体例、篇章结构和概念，以及定罪量刑等问题的研究。譬如，曹魏《新律》改汉《九章律》第四篇《具》律为《刑名》"冠于律首"。

2. 法律解释的规范化。随着传统法律和律学的发展，这一时期的法律解释也趋于规范化，私家为律注疏开始成为一种新的法律解释形式，对后世立法、司法和法制的统一产生了深远影响。有代表性的如晋代张斐、杜预对《泰始律》的解释，对法律概念的科学化与规范化做出了较大贡献。特别是张斐对一些法

〔1〕 《魏书·刑罚志》。

〔2〕 《晋书·刑法志》。

〔3〕 《晋书·刑法志》。

〔4〕 《晋书·杜预传》。

律名词的说明，如："故意"是"知而犯之谓之故意"；"过失"是"不意误犯谓之过失"；"谋"指"二人对议"；"群"指三人以上；"赃"是以图利为目的；"戏"重在双方相和斗；"斗"着重在双方争执；"诈"是以背信为要件；"率"指力能指挥众人；"强"是以不和为原则；"造意"重在首先倡议，等等。对"晋律"中一些相类易混的罪名也作了解释。如"以威势得财"的犯罪，"不求自与为受求"，"所监求而后取为盗贼"，"敛人财物积藏于官为擅赋"，"将中有恶言为恐喝"[1]此外对刑名类别也作了简明解释。如"意善功恶，以金赎之"，"律制生罪不过十四等，死刑不过三，……刑等不过一岁，金等不过四两"，便是对前述晋律刑罚体制通俗明白的概括。

这一时期，律学成果逐渐为传统律法所吸收，《北魏律》的"累犯加重""共犯以造意为首"就是例证。[2]

二、司法制度

这一时期司法制度基本承用汉制，但也有一些变化。

（一）中央三省制与地方州、郡、县三级制

在秦汉传统行政与司法体系合二而一的结构特点下，这一时期的司法体制在传统社会政治经济结构的发展变化过程中，也发生了较大的变化。东汉以来，逐渐形成大地主封建庄园经济，和以豪门士族为核心的贵族官僚大地主集团。法律从极力维护世族大地主政治统治和经济利益出发，魏晋南北朝时期，从全国范围来看，处于封建割据、军阀混战的时间相当长，但每一王朝又都厉行专制主义的中央集权制度。这一时期的行政司法制度以及依据法律制度设立的司法机构，大体上是沿用汉制，但随着形势的变化，也有一些与汉制不同的地方。在内容上有如下几方面主要发展：

1. 中央三省制。东汉光武末年，因忧惧朝廷失权，又憎恶强臣篡权，所以"太尉""司空""司徒"三公尽管仍旧设置，但又使三公事权归于尚书。从而使三公成了虚设之位，尚书的地位则日益显得更加重要。

魏初，尚书脱离少府而独立，称为"尚书台"，进而掌理政务。同时，皇帝

---

〔1〕《晋书·刑法志》。另载："无变斩击谓之贼……取非其物谓之盗。"

〔2〕杜预在《律释》的上奏中说："法者，盖绳墨之断例，非穷理尽性之书也。"律学也成为了注释学，加之东晋以降官方注释的确立，私家言论大受限制，从而使律学研究走向衰微，法理学意义上的探讨大大落后于对律文的注释，结果是律学也回到了训诂之类的老路，像张斐这样的律学家也渐次消失了。除了注释章句的律学内容得以发展外，律学中"学"的内容已近衰竭。然而，律学仍不失其在中国法律史中的重要地位。《唐律疏议》这部集古代中国传统法典之大成的法典，对东南亚各国均有影响，无论就刑名概念的解释，还是法律适用原则的确定；无论是其语言特色及注释风格，还是其内容的周密与完整等等，均一定程度受到律学的浸润。换言之，没有汉魏律学的发展，唐律及其疏议不可能如此卓著。

又设有秘书作为侍从要职，称"秘书令"。魏文帝时，改秘书为中书。尚书的职权逐渐移至中书。随其权力的扩大，中书省形成。于是中书省与尚书台之间产生了权限划分问题，结果是规定中书省负责起草诏令，为决策、立法机构；尚书台负责奉行诏令，为执行行政机构。

晋代侍中的地位日益显得重要，于是成立了以侍中为主管长官的门下省，用以钳制中书省行使职权。这样，就造成了中书、尚书、门下三省并主的制度。

中央三省制的形成，一方面反映了政治机构分工的严密化、合理化，另一方面相对地加强了皇权。无论从哪一方面看，这都有利于中央集权的专制统治。中央三省的形成，使九卿逐渐流为冗曹。梁武帝时为了调整职务，曾增设大府卿、大匠卿、都水卿，使九卿变成十二卿。北魏仍改为九卿。北齐改廷尉为大理，改少府为太府，并改称其官署为"寺"，于是产生了"九寺"的名称。从此、国家机关的名称不再以官衔相称，这是国家机关发展史上的一个重要变化。

2. 地方州、郡、县三级制。东汉末年形成了州、郡、县的地方行政制度。魏承汉制，沿用未改。晋武帝时曾大封宗室二十七人为王，建立王国，又设置公、侯、伯、子、男五等爵位。王及公、侯、伯、子、男分领其"国"，各设常备军，形成了大大小小不计其数的土皇帝。这是一种行政划分。与此并行的则为州、郡、县三级行政机构，州设刺史，刺史以下设有别驾、治中、长史、司马等属官。州下设郡，郡的长官为太守，郡太守兼领兵权。郡下设县，县的长官为县令。此外还规定，重要的州刺史为持节都督，次要的为持节，不重要的州单称州牧或卅刺史。北魏的州、郡、县各分上、中、下三等；北齐时，在上、中、下三等中又各有上、中、下之别，按等差设置员额不等的属吏。这表明地方机构的日益严密化。

两汉时期，地方的乡治组织比较发达，魏晋南北朝时期，乡治明显废弛。这与战事频繁密切相关。不过晋之乡仍有啬夫，里仍有吏，北魏、北齐也有里长、里正之设。乡官之设，于隋文帝开皇十四年（公元594年）尽行罢去，从此乡治制度日渐衰落。

（二）司法机关的扩大与演变

1. 中央审判机关廷尉改称大理寺。三国时吴称大理，北周称秋官大司寇。北齐改廷尉为大理，并扩建其机构为大理寺，设卿、少卿、丞各一人为主官，其下设正、监、平各一人，律博士四人，明法掾二十四人，司直、明法各十人。

2. 刑部的前身——三公尚书、都官尚书。东汉后三省制渐成，尚书台脱离少府成中央最高行政机构。这一重大变革，对司法机构发展影响深刻。此时虽尚无刑部，但尚书台之下均置有负责司法行政和兼理刑狱的机构[1]。曹魏承汉制，保留三公曹、二千石曹，又增设比部郎，"以司刑狱"；晋初以三公尚书"掌刑狱"，武帝太康年间以吏部尚书取代，"领刑狱"，废三公尚书；南朝宋都官尚书"掌京师非违，兼掌刑狱"；北齐以尚书省六尚书分统列曹，其中殿中尚书统三公曹，"掌五时读时令，诸曹囚帐、断罪、赦日建金鸡等事"，都官尚书统比部曹，"掌诏书律令勾验等事"[2]。

中央行政机构兼领司法事务，标志着司法制度逐渐走上司法行政与审判分离而又彼此牵制的道路，反映了传统司法机构的完善与强化的趋势。这一变化为隋唐司法机构和中央三省制的确立提供了雏形。

3. 地方司法机构的变化。地方仍沿汉朝旧制，司法权由县令、郡太守、州刺使掌领。江南各代重视京畿地区司法职能，赋予其与中央同等权力。如梁在建康设有与廷尉属官相同的正、监、平三官[3]。并以廷尉寺，建康县为两大司法机构，称"廷尉寺为北狱，建康县为南狱，并置正、监、平"[4]。

由于战事频繁，地方长官可以"军法从事"为借口擅杀部属平民，而不受通常司法约束。南朝宋曾限定军官"非临军战阵，一律不得专杀"[5]，违者以杀人论，陈时也有"将帅职司军人犯法，自依常科"[6]的规定，但多流于形式。

（三）诉讼制度的变化

这主要体现在以下几方面：

1. 限制诉讼权利。晋律规定："囚徒诬告人犯，罪及亲属"[7]。北魏律规定："诸告事不实者，以其罪罪之"[8]。北齐文宣帝时禁囚犯告诉。制定《案劾格》规定："负罪不得告人事"[9]。唐律亦承之。

2. 刑讯用测立法。《梁律》首定测罚之制。凡在押人犯，不招供者均施以"测罚"之刑。具体作法是"断食三日，听家人进粥二升，女及老小，一百五十刻乃与粥，满千刻止"。《陈律》在此基础上创立"测立"之制，对证据确凿而不招供的囚犯，戴刑具，鞭二十笞三十后，站在高一尺，上尖圆，仅容两足的

---

〔1〕 曹魏之都官尚书、南北朝之都官尚书、隋唐刑部尚书皆源于此。
〔2〕 《隋书·百官志》。
〔3〕 《隋书·百官志》。
〔4〕 《隋书·刑法志》。
〔5〕 《宋书·孝武帝本纪》。
〔6〕 《陈书·宣帝纪》。
〔7〕 《晋书·刑法志》。
〔8〕 《魏书·韩麒麟子熙传》。
〔9〕 《隋书·刑法志》。

土堆上。首次为七刻；再次分两回，朝三刻，夕七刻。七日一行鞭，至鞭杖数满一百五十仍不招供，可免死。此方法入隋而止。

3. 上诉制度的变化。曹魏时为简化诉讼，防止讼事拖延，改汉朝上诉之制，特别规定："二岁刑以上，除以家人乞鞫之制"[1]。晋代允许上诉，规定："狱结竟，呼囚鞫，语罪状，囚若称枉，欲乞鞫者，许之也"。《北魏律》则规定："狱已成及决竟，经所绾，而疑有奸欺，不直于法，及诉冤枉者，得摄讯复治之"[2]。

4. 直诉制度——登闻鼓。直诉作为制度成于西晋。直诉，即不依诉讼等级直接诉于皇帝或钦差大臣，是诉讼中的特别上诉程序。传说的周代路鼓、肺石之制，汉代的缇萦上书文帝，以己身赎父罪，但均非一种定制。晋武帝设登闻鼓[3]，悬于朝堂外或都城内，百姓可击鼓鸣冤，有司闻声录状上奏。此后历代相承。如北魏太武帝时，于宫阙左面悬鼓，人有冤则挝之，由公车上奏其表，南朝梁亦有"击鼓乞代父命"的记载[4]。

（四）监察机关对司法活动的监督

秦汉时郡县有权判决死刑，至曹魏、晋代，县令审判权受到限制，凡重囚，县审判后须报郡，由郡守派督邮案验。南朝宋改为将案卷及人犯一并送郡，由郡太守复审后方可执行。如郡太守不能决，再送州刺史，州刺史不能决则上交中央廷尉。对此，各代还普遍施行特使察囚制度，"如有枉滞以时奏闻"，加强对地方审判的监督。

这一时期，中央监察机关仍为御史台，但已从少府独立出来，成为皇帝直接掌握的独立监察机关。长官仍为御史中丞（北魏称御史中尉，南朝叫南司），职权广大，"自皇太子以下，无所不纠"。因地位渐高，中丞以下，设有名目繁多的御史，自魏以后，地方不设监察机关，由中央派御史监察，发展了御史出巡制度。御史甚至可"风闻言事"，对各级官吏进行弹奏。但御史中丞失纠则要免官。东汉时的司隶校尉，魏晋时仍设，与御史中丞"分督百僚"。至东晋废，分其行政权归扬州刺史（京师在扬州），分其监察权归御史台。司隶校尉一职不复存在。

第四节　社会法律思潮

一、士人思想的活跃

三国两晋南北朝时期社会文化最典型的特征是士族文化。"夫士族之特点既

〔1〕《晋书·刑法志》。

〔2〕《魏书·刑罚志》。

〔3〕《晋书·武帝纪》。

〔4〕《梁书·吉翂传》。

在其门风之优美，不同于凡庶，而优美之门风实基于学业之因袭。"[1]　士族文化的特征是以门第和学术相标榜，它对中国古代经学、律学发展的作用不可低估。首先，它使汉武帝以来的儒学与经学发展并没有随着朝代的更替而中断或湮没，使法律指导思想继续在儒家化的道路上前进；其次，社会明确地分为士族与庶族两相对立的阶层，士族因此而在一个生产力发展水平相对不高、社会资源相对贫乏的时代占有了相当多的物质、文化资源，这使得他们有条件专门从事精神领域的生产，进行社会管理与控制方面的专门研究。法律成为他们研究的重点，这为法律理论的发展提供了很好的社会环境；再次，士族注重家风学风的传承，同时他们垄断政治与文化，因此无论是在立法领域、司法领域以及学术领域均出现了一批子孙世代相承的专门的法律家，使法律文化成果得到最大限度的承继。

与这种士族文化相伴而生的，是士阶层地位的提高和士人思想的活跃。士在先秦时代是属于分封贵族最低的一级。随着春秋战国时期宗法制的打破以及士在社会进化中的作用增加，士逐渐成为"士农工商"的"四民"之首。代秦而起的刘汉政权，其元勋功臣除叔孙通、陆贾等极少数儒生外，多是来自社会最下层的贩缯屠狗之徒，汉武帝"罢黜百家，独尊儒术"之后，士开始与儒结合，成为读书阶层。再加之两汉经学大盛，而且往往注重家学渊源，讲究子承父业，由此开始形成家族世袭化的特征，士阶层也逐渐兴起。

至魏晋南北朝时期，整个社会处在分裂状态，各种势力纵横捭阖。皇权衰弱与世家大族的壮大，客观上促进了士阶层社会地位的进一步提高。社会动乱迎来了精神自由，也带来了思想萌芽的沃土。士人阶层在特定的动荡时期获得了相当程度的思想解放，拥有了前所未有的话语权。这些士人或是积极入世，参与国家政治生活，建言献策；或是向往田园山水，追求宁静的精神天地，消解苦闷。有的强调传统礼教伦理，"具孝友之行"；有的不羁洒脱，更关注个体价值和生命本质。

总体而言，魏晋时期社会思潮发生变化，即使是主张遵从并维护礼教伦理的士人，也不一味强调刻板的儒学正义。随着自我意识觉醒，士人开始批判虚伪的"名教"，试着去探索真正的儒家精神，亦有士人从道教、佛教中汲取思想精华，以"无为自然"和"明心见性"来改造正统儒学。无论呈现出何种风貌，在魏晋时期特定的时代背景下，思想碰撞的火花更加闪耀，士人思想往往突破了其本身的学术领域而渗入政治、文化和法律领域，对整个社会产生深远影响。在士人探索国家、社会和自身精神出路的同时，也使得道家和佛家学说渐渐受

---

〔1〕　陈寅恪：《隋唐制度渊源略论稿·唐代政治史述论稿》，北京三联书店 2004 年版，第 260 页。

到主流社会的普遍认可和接受，客观上促进了儒释道思想的融合。

二、儒释道思想的融合

与魏晋大分裂相适应，这一时期的思想文化也具有多元性的特点，名、法、道、儒、墨等家思想得到了"复兴"的机会，形成了继"诸子百家"后思想界又一个"百家争鸣"的局面。在此过程中，士人阶层成为各种思想发源与传播的主力军，他们开始结合道教、佛学思想对正统儒家思想加以改造和调整，在理论中融入了佛禅哲理和道法哲学，道、佛思想一时兴盛，而儒、道、佛思想也在互相竞艳中得到了融合。

（一）正统儒家思想

正统儒家思想在汉魏之际虽然受到了挑战，但它仍然是诸多思想的底色调，别的思想想要登上历史舞台，必须要么凭借它，要么对抗它才能成功。其实，就法律思想而言，以我们的后见之明来看，中国古代的诸家法律思想，各有利弊，互有胜场；而以儒家为主色调杂糅诸家是一条容易行得通的路。另外主要的两家中，法家主张法术势相结合，容易倒向重刑主义，不利于团结；道家强调"无为而治"，进而走向消极遁世，容易倒向法律虚无主义，不利于进取。唯有儒家在当时的世局下可以包容他家，被选为正统的法律思想，这固然有公孙弘、董仲舒等人的作为在发挥作用，主要还是它的思想主张迎合了统治阶级的需要的结果。一家的主张得以成为统治阶级所使用的思想，未必就是它在当时最先进、最有理论深度，可能仅仅是因为它能让统治阶级内部各种势力达成较为一致的意见，也就是能让各方利益达成平衡与妥协。这一时期的儒家法律思想受到了多方的非议，正处在整合与调整之中。

（二）道家思想与儒家思想的融合

魏晋时期兴起的玄学思想便是道家思想与儒家思想融合的产物。魏晋玄学，主要继承了先秦道家尤其是秦汉以来的黄老学派道家的思想，又杂糅了儒家的一些思想，属于道家学说的新发展。玄学家们用抽象的思辨，否定了繁琐的经学和汉儒"天人合一"的神学目的论，建立了以"无为"而有"为"的宇宙本体论。他们试图根据理性来探讨名教与自然的关系，企图用理性来纠正现实，使现实符合理性。这一派别的重要代表人物，魏有何晏、王弼；魏晋之际有嵇康、阮籍；西晋有向秀、郭象等。说到玄学思想，必须要注意的是，不论何王之玄学，嵇阮的玄学还是向郭的玄学都是政治学说，后世空学其形的"清谈误国"之空谈不可与它们同日而语。在汉魏之际的思想意识中，刑名法术的有为与玄学的无为，都可以在"道"的旗帜下并行。而名法派侧重点在主张君主有为，故强调对有形有名事物之辨析，循名责实；玄学家们则侧重主张君主无为，故强调研究、效仿无形无名的宇宙本体，倡导圣人无名论。在玄学思想的冲击下，儒学一度衰落，却并未退出历史舞台，儒家的纲常名教、礼仪制度仍然是当时社会的占主导地位的正统法律思想。玄学作为一种新思想、新潮流终究还是被整合于儒家思想之下。当时的政治措施、法律制度，主要还是以儒家思想为准据的。

（三）佛家思想与道家、儒家思想的互动

佛教自汉代传入中国，在魏晋南北朝动荡不安的局势下，与儒道思想一同成为世人缓解不安、排解迷思的一剂良药。起初，佛教在中国的传播过程中与儒、道产生了种种冲突，儒、道二家作为本土哲学，对外来宗教具有天然的排斥性。之后，佛教却借助儒道思想对自身加以改进和调整，极力援儒、道入佛。一方面，通过吸收、依附儒家思想，强化对世俗生活的重视，帮助统治者安定人心，以获得统治阶级的认可；另一方面，其"性空"理论与道家"无为"思想具有一定程度的相似性，因而获得普遍接受。在这一过程中，佛教逐渐建立了与中国传统文化和思想体系相契合的独立的哲学体系，并反过来对儒家、道思想产生了影响。譬如佛教的因果论、善恶报应论等，皆对儒、道二家产生影响，开始促使儒、道二家对自身理论进行反思和完善。

第七章

第八章

隋朝法律

公元 581 年，掌握北周权力的外戚杨坚逼迫北周静帝退位，建立隋朝，589 年南下灭陈朝，统一全国，结束了中国历史上 300 多年的政治分裂局面。虽然隋朝仅存在三十余年，但在政治、经济、文化、法律等方面均有不少建树，对后世产生重要影响。

第一节　立法思想与立法活动

一、立法思想

自西汉武帝时期"罢黜百家，独尊儒术"以后，儒家思想逐渐开始作为正统统治思想受到重视。经过魏晋南北朝时期的"法律儒家化"发展，隋朝已经将儒家思想确立为立法的指导思想。

（一）德礼为治国之本

隋文帝认识到德礼在国家治理中的重要地位和作用，强调国家治理要以德礼为本，实现民众的教化的重要方式是"以德代刑"，"导德齐礼"。他在开皇三年（583 年）十一月的诏令中说道："欲使生人从化，以德代刑，求草莱之善，旌闾甲之行。"[1] 隋文帝在仁寿二年（602 年）的诏令中再次强调"礼"在国家治理中的重要意义："礼之为用，时义大矣……道德仁义，非礼不成，安上治人，莫善于礼。"[2] 因此，在国家和社会治理中，要"导德齐礼"，实现"四海义安"[3]

隋文帝时修订律典的重臣苏威曾上言："臣先人每诫臣云，唯读《孝经》一卷，足可立身治国，何用多为！"他的这种观点得到隋文帝的认同。虽然何妥指

---

[1] 《隋书·高祖纪》。
[2] 《隋书·高祖纪》。
[3] 《隋书·高祖纪》。

出苏威所言不实，实际上，"苏威所学，非止《孝经》"，但是他们均秉持儒家思想，以孔子的教诲为是："不读《诗》，无以言；不读《礼》，无以立。"[1] 隋朝的君臣均受儒家思想的深刻影响，将德礼视为治国之本。

(二) 因时立法，"弘风训俗"

隋文帝在开皇元年（581 年）"更定新律"时就指出要因时立法，有所沿革，不能囿于前代之法，《隋书·刑法志》记载隋文帝当时颁诏曰："帝王作法，沿革不同，取适于时，故有损益。"[2] 此外，隋文帝还重视民风民俗，强调要"弘风训俗"。他在开皇三年（583 年）十一月下诏："民间情伪，咸欲备闻……远近官司，遐迩风俗，巨细必纪，还日奏闻。"[3] 隋文帝在开皇十四年（594年）的诏令中指出往昔的圣人对于"作乐崇德，移风易俗"的重视，但是在之后的历史中，"雅乐流散，年代已多，四方未一，无由辨正"，所以对于民间所行的惯习成俗"宜加禁约，务存其本"[4]。隋文帝在仁寿二年（602 年）的诏令中再次说道，实现国家的安定太平，"理宜弘风训俗"，"缀往圣之旧章，兴先王之茂则"[5]。

(三) "以轻代重"，"务在宽平"

隋文帝在开皇元年"更定新律"时在诏令中指出，要删减前代的严酷刑罚。隋文帝认为，绞刑和斩刑作为死刑执行方式，"除恶之体，于斯已极"，而"枭首轘身"等死刑执行方式更是"义无所取，不益惩肃之理，徒表安忍之怀"，鞭刑则"残剥肤体，彻骨侵肌，酷均脔切"，虽然这些刑罚都是"远古之式"，但是均非"仁者之刑"，不是德礼之治所应采行的方式，所以"枭轘及鞭，并令去也"[6]。《隋书·刑法志》记载，在制定《开皇律》时，其他诸多刑罚也是本着"以轻代重，化死为生"的原则，除削严酷之刑[7]。开皇三年（583 年），隋文帝在阅览刑部上奏时看到"断狱数犹至万条"，又敕令削减诸多死刑、流刑及徒刑、杖刑的处罚[8]。《旧唐书·刑法志》记载："隋文帝参用周齐旧政，以定律令，除苛惨之法，务在宽平。"

从上述内容可以看出儒家思想特别是"德""礼"思想对于隋文帝以及隋朝统治阶层的影响。隋文帝也曾感慨前代宗法伦理和尊卑等级秩序之失："君无君

---

〔1〕《隋书·儒林列传》。《论语·季氏》载："不学诗，无以言"，"不学礼，无以立"。
〔2〕《隋书·刑法志》。
〔3〕《隋书·高祖纪》。
〔4〕《隋书·高祖纪》。
〔5〕《隋书·高祖纪》。
〔6〕《隋书·刑法志》。
〔7〕《隋书·刑法志》。
〔8〕《隋书·刑法志》。

德，臣失臣道，父有不慈，子有不孝，兄弟之情或薄，夫妇之义或违，长幼失序，尊卑错乱。"因此，他下诏强调："凡我臣僚，澡身浴德，开通耳目，宜从兹始。"[1] 当然，施行仁政和德治的同时，隋文帝也重视法律和刑罚在治理国家和维护秩序方面的重要作用，他在开皇九年（589年）的诏令中说："兵可立威，不可不戢，刑可助化，不可专行。"[2] 《隋书·循吏列传》记载：隋文帝"膺运抚图，除凶静乱，日旰忘食，思迈前王。然不敦诗书，不尚道德，专任法令，严察临下"。隋文帝在统治后期"渐亦滋虐"[3]，《隋书·刑法志》记载，隋文帝在仁寿年间"用法益峻，帝既喜怒不恒，不复依准科律"，动辄施以重刑、死刑。隋文帝统治后期和隋炀帝统治时期实施的"轻罪重罚""严刑止奸"等刑事镇压措施在很大程度上造成了社会混乱和一些冤案错案。沈家本在《历代刑法考》中对此评价道："观于炀帝之先轻刑而后淫刑，与文帝如出一辙。文淫刑而身被弑，炀淫刑而或遂亡。盖法善而不循法，法亦虚器而已。"

二、立法活动

隋朝重要的立法活动是隋文帝时制定《开皇律》与隋炀帝时制定《大业律》。

《隋书·裴政传》记载，隋文帝即位之初，在开皇元年（581年）诏令裴政、苏威等十余人"修定律令"，要求"采魏、晋刑典，下至齐、梁，沿革轻重，取其折衷"，"凡疑滞不通，皆取决于政"。[4] 《隋书·刑法志》记载，开皇元年，隋文帝"诏尚书左仆射、勃海公高颎，上柱国、沛公郑译，上柱国、清河郡公杨素，大理前少卿、平源县公常明，刑部侍郎、保城县公韩浚，比部侍郎李谔，兼考功侍郎柳雄亮等，更定新律，奏上之。"这次"更定新律"的主要内容是，"蠲除前代鞭刑及枭首轘裂之法，其流徒之罪皆减纵轻。唯大逆谋反叛者，父子兄弟皆斩，家口没官。"此外，还在《北齐律》"重罪十条"的基础上斟酌损益，"置十恶之条"，同时还规定了八议、赎刑、官当等内容。

开皇三年，隋文帝"因览刑部奏，断狱数犹至万条，以为律尚严密，故人多陷罪。又敕苏威、牛弘等，更定新律。除死罪八十一条，流罪一百五十四条，徒杖等千余条，定留唯五百条。凡十二卷。一曰名例，二曰卫禁，三曰职制，四曰户婚，五曰厩库，六曰擅兴，七曰贼盗，八曰斗讼，九曰诈伪，十曰杂律，十一曰捕亡，十二曰断狱。"在开皇三年"更定新律"，删减死刑、重刑等内容的基础上，最终完成《开皇律》的"更定"工作，凡十二卷，五百条。隋《开皇律》确立起较为完善的十二篇的法典体例，在中国法律史上具有承上启下的

第八章

[1] 《隋书·高祖纪》。
[2] 《隋书·高祖纪》。
[3] 《旧唐书·刑法志》。
[4] 《隋书·裴政传》。

重要意义，成为唐律制定的蓝本。"刑网简要，疏而不失"[1] 是对《开皇律》的中允评价。《资治通鉴》对《开皇律》的历史地位的评价是："自是法制遂定，后世多遵用之。"[2]

《隋书·刑法志》记载，隋炀帝即位后，"以高祖禁网深刻，又敕修律令"，"三年，新律成。凡五百条，为十八篇。诏施行之，谓之《大业律》"，其十八篇的篇目分别是："一曰名例，二曰卫宫，三曰违制，四曰请求，五曰户，六曰婚，七曰擅兴，八曰告劾，九曰贼，十曰盗，十一曰斗，十二曰捕亡，十三曰仓库，十四曰厩牧，十五曰关市，十六曰杂，十七曰诈伪，十八曰断狱。"[3] 根据《隋书·刑法志》的记载，与《开皇律》相比，《大业律》除了篇目的调整变化之外，修改的具体内容主要有以下几个方面：其一，"除十恶之条"，但相关内容在具体条文中仍有规定。其二，增加赎刑所需的铜数。其三，减轻相关刑罚。"其五刑之内，降从轻典者，二百余条。其枷杖决罚讯囚之制，并轻于旧。"其四，"罪不及嗣"，在一定范围之内取消了犯罪者亲属不得为官任职、不得任宿卫近侍之官的禁令。《隋书·刑法志》记载："诸犯罪被戮之门，期已下亲，仍令合仕，听预宿卫近侍之官。"[4]

隋朝的法律形式主要有四种，即律、令、格、式。《隋书·经籍志》记载，隋朝"律令格式并行"。《隋书·苏威传》记载："律令格式，多威所定。"开皇年间，隋文帝命高颖等撰成《开皇令》三十卷，内容涉及官品、职官的职责、选用、考核、俸禄、仪制、宫卫军防、赋役、关市、仓库厩牧、狱官、丧葬以及行政机构的议事程式等诸多方面。《开皇令》三十卷的内容分别为：官品、诸省台职员、诸寺职员、诸卫职员、东宫职员、行台诸监职员、诸州郡县镇戍职员、命妇品员、祠、户、学、选举、封爵俸廪、考课、宫卫军防、衣服、卤簿、仪制、公式、田、赋役、仓库厩牧、关市、假宁、狱官、丧葬、杂。[5] 隋炀帝时期也制定和编订令、格、式等方面的法律，《隋书·炀帝纪》记载，隋炀帝在大业四年（608 年）"颁新式于天下"。

虽然隋朝的律、令、格、式的具体内容已佚失，只能从一些文献典籍的记载中了解其零散的内容，但从相关文献典籍的记载可以看出，隋朝已经确立起较为完善的律令格式法律体系，这体现出当时立法技术的进步和成熟。王夫之

第八章

---

〔1〕《隋书·刑法志》。

〔2〕《资治通鉴·陈纪九》。

〔3〕《隋书·刑法志》。

〔4〕《隋书·刑法志》。

〔5〕《唐六典·尚书刑部》，参见（唐）张九龄等著，袁文兴、潘寅生主编：《唐六典全译》，甘肃人民出版社 1997 年版，第 203 页。

曾评价道："隋无德而有政，故不能守天下而固可一天下。以立法而施及唐宋，盖隋亡而法不亡也。"[1]

第二节 主要法律内容

一、行政法律

隋文帝即位后建立起统一的中央集权体制，在总结前代统治和治理经验的基础上，从政治、经济、军事、法律等方面完善维护皇权和中央集权的行政制度。

（一）中央和地方行政制度

隋朝在中央初步建立起"三省六部"制。《隋书·百官志》记载，隋文帝即位后改革北周官制，在中央，"置三师、三公及尚书、门下、内史、秘书、内侍等省，御史、都水等台，太常、光禄、卫尉、宗正、太仆、大理、鸿胪、司农、太府、国子、将作等寺，左右卫、左右武卫、左右武候、左右领、左右监门、左右领军等府，分司统职焉。"其中，三师"不主事，不置府僚"，三公"参议国之大事"，"其位多旷，皆摄行事"，"朝之众务，总归于台阁"。尚书省为最高行政机关，"事无不总"，"总吏部、礼部、兵部、都官、度支、工部等六曹事"；门下省在隋初主要是侍奉皇帝起居，并兼谏议职责。大业三年（607年），隋炀帝改革官制，门下省成为专掌封驳的机构。内史省[2]的主要职掌为出纳王命，起草诏令。由内史省奉旨起草的诏令，须经门下省审阅；若门下省认为其内容不妥，可封还驳回。尚书省、门下省、内史省之间职能上互有分工，相互制约，但在职责分工、相互制约等方面尚不完备。根据《隋书·百官志》记载，隋文帝时曾多次改革官制及其职掌。

隋炀帝即位后，中央和地方政制"多所改革"。《隋书·百官志》记载，大业三年（607年）"定令，品自第一至于第九，唯置正从，而除上下阶。罢诸总管，废三师、特进官。分门下、太仆二司，取殿内监名，以为殿内省，并尚书、门下、内史、秘书，以为五省。增置谒者、司隶二台，并御史为三台。"其他机构也多有改革。此外，在大业十二年（616年），"改内史为内书"[3]。

在地方，隋初设州、郡、县三级行政体制。之后，为强化中央集权，基于"存要去闲，并小为大"的原则合并一些州、县，并且"罢天下诸郡"[4]，改原

---

〔1〕（清）王夫之：《读通鉴论》卷一九《隋文帝》。
〔2〕 内史省即原中书省，隋朝因避讳而改称此名。
〔3〕《隋书·百官志》。
〔4〕《隋书·高祖纪》《隋书·杨尚希传》。

来的三级地方行政体制为州、县二级行政体制。隋炀帝时，"罢州置郡，郡置太守"，并且在大业三年的"定令"之后，"骤有制置，制置未久，随复改易"。[1]

（二）官吏制度

隋朝在改革行政体制的同时，加强对官吏的选任和管理，地方主要官员由中央统一任命，并且加强对官吏的考核和监察。随着隋朝的地方行政体制改革，原来的九品中正制被废除，与此相关的门阀制度也逐渐衰落，但是"门第"观念仍然存在，门阀士族在政治、经济、社会等方面仍有较大势力和影响，官僚贵族及其子弟享有政治上的特权，门荫制度不断发展，父祖的身份爵位和官品是其后代为官的重要考量。

官吏选任制度是行政制度中的一项重要内容。为强化皇权和中央集权，隋朝确立科举制，由国家分设科目，定期组织全国统一的考试，按照考试成绩的优劣录取考生，并授以官职。隋炀帝时设"进士科"，一般将此视为我国古代科举制之始，即通过考试来选拔人才，授官任职。此前的"察举取士"基本以举荐为主，身份和地位是选任的基础，而此后的"科举取士"以考试为主，"唯才是举"，考察资质和能力是重要方面，虽然身份和地位也起到重要作用，但科举制无疑促进了社会阶层之间的流动，也改善了整个官吏群体的素质及其结构。通过科举制，选拔任用官吏的权力由中央统一行使，在很大程度上加强中央集权，抑制世族势力及其政治和经济特权，同时也在一定程度上满足了中小地主阶层参与政权的要求，甚至也为平民百姓、寒门子弟参与政权提供了入仕途径，既有利于扩大统治阶层，巩固统治基础，也有利于在较大的范围内选拔各级官吏和所需的人才。科举制成为此后诸多朝代选任官吏和选拔人才的重要制度，使中国古代的选官和任官制度进入一个新的历史发展时期，对后世产生重要影响。

二、刑事法律

在前代立法经验的基础上，隋朝在刑事法律方面有不少发展和创新，较为系统地规定了刑制、"十恶"、对官僚贵族特权的保障等方面的制度，对后世产生重要影响。

（一）五刑

隋朝以前代的五刑制为基础，确立起较为规范完备的五刑制，使刑罚体系更为合理、完善。《开皇律》规定的五刑为：死刑、流刑、徒刑、杖刑、笞刑。其中，死刑为斩、绞二等；流刑为三等，分别为流一千里、一千五百里、二千里，"应配者，一千里居作二年，一千五百里居作二年半，二千里居作三年。应

---

〔1〕《隋书·百官志》。

住居作者，三流俱役三年。近流加杖一百，一等加三十。"[1] 徒刑为五等，各等之间以半年为差，分别为徒一年、一年半、二年、二年半、三年；杖刑为五等，各等之间以十为差，分别为杖六十、七十、八十、九十、一百；笞刑为五等，各等之间以十为差，分别为笞十、二十、三十、四十、五十。与以前以肉刑为主的"奴隶制五刑"相比，这种"封建五刑制"无疑是一大进步，体现出中华法制的文明化发展。这种较为合理、完善的五刑制为之后的历代王朝所继承，成为其基本刑罚制度。

对于上述五种刑罚，隋朝规定了相应的赎刑。隋文帝开皇元年更定的赎刑内容是："应赎者，皆以铜代绢。赎铜一斤为一负，负十为殿。笞十者铜一斤，加至杖百则十斤。徒一年，赎铜二十斤，每等则加铜十斤，三年则六十斤矣。流一千里，赎铜八十斤，每等则加铜十斤，二千里则百斤矣。二死皆赎铜百二十斤。"[2] 隋炀帝所定的《大业律》增加赎刑所需的铜数，《隋书·刑法志》记载："杖百则三十斤矣。徒一年者六十斤，每等加三十斤为差，三年则一百八十斤矣。流无异等，赎二百四十斤。二死同赎三百六十斤。"

（二）"十恶"

《开皇律》在《北齐律》"重罪十条"的基础上确立起"十恶"制度，对于侵犯皇权、危害政权统治和违反伦理纲常的十种严重的犯罪行为予以严惩。根据《隋书·刑法志》的记载，"十恶"的内容如下："一曰谋反，二曰谋大逆，三曰谋叛，四曰恶逆，五曰不道，六曰大不敬，七曰不孝，八曰不睦，九曰不义，十曰内乱。"[3] 犯"十恶"之罪者将受到严厉处罚，而且株连亲属："大逆、谋反、叛者，父子兄弟皆斩，家口没官。"[4] 即使遇到皇帝"大赦天下"时仍要予以严惩，即"犯十恶及故杀人狱成者，虽会赦，犹除名"[5]。《开皇律》所确立的"十恶"制度为后世历代王朝所承袭，成为维护皇权统治和伦常秩序的重要方面，直至清末修律时才被废除。

（三）官僚贵族的决定特权

隋朝继承和发展了前代维护官僚贵族特权的相关制度并予以系统化，主要体现为"八议""官当""例减"等方面。

隋朝继续确认曹魏时期正式规定在《魏律》中的"八议"制度，即凡属于亲、故、贤、能、功、贵、勤、宾的八类人犯罪，可经特别程序审议后减免其

〔1〕《隋书·刑法志》。
〔2〕《隋书·刑法志》。
〔3〕《隋书·刑法志》。
〔4〕《隋书·刑法志》。
〔5〕《隋书·刑法志》。

应处的刑罚。开皇元年"更定新律"时规定，"其在八议之科及官品第七已上犯罪，皆例减一等。其品第九已上犯者，听赎。"[1] 据此，属于"八议"者以及官品第七以上者犯罪，皆"例减"一等处罚；对于官品第九以上者犯罪，适用赎刑。对于"官当"，当时规定，"犯私罪以官当徒者，五品已上，一官当徒二年；九品已上，一官当徒一年；当流者，三流同比徒三年。若犯公罪者，徒各加一年，当流者各加一等。其累徒过九年者，流二千里。"[2] 据此，若官吏犯罪，可根据犯罪的性质、应处刑罚的不同以及官吏品级的不同分别适用不同的"以官抵罪"的方式。这些维护官僚贵族特权及其身份等级的规定均为后世所继承。这些内容也体现出隋朝《开皇律》在中国法律史上的重要地位。

第三节　司法思想与司法制度

一、司法思想

隋朝统治者秉承"德法共治"的理念，强调"德主刑辅"的国家治理原则。开皇元年，隋文帝在诏令中称："先施法令，欲人无犯之心；国有常刑，诛而不怒之意。措而不用，庶或非远。"[3] 所以，颁行法律的目的不在于施用刑罚，而是"欲人无犯之心"，最终实现"措而不用"的目的。

隋文帝主张"法不可违"，认为法律制定和实施之后就不应违犯，即使皇亲贵族违犯法律也应受到处罚。《隋书·秦孝王俊传》记载，隋文帝的第三子秦孝王杨俊"违犯制度，出钱求息，民吏苦之"，隋文帝将其"免官"，虽有大臣求情说，杨俊"非有他过，但费官物营舍而已"，可免于处罚，但是隋文帝指出"法不可违"，不可因亲情而枉法，并反问道："若如公意，何不别制天子儿律？以周公之为人，尚诛管、蔡，我诚不及周公远矣，安能亏法乎？"[4] 隋文帝还任用一些能够秉公执法的官吏依法审断和处理案件。

隋文帝不仅在制定《开皇律》时主张削减严酷之刑，适用"轻刑"，而且主张"慎狱恤刑"。北周宣帝时制定的《刑经圣制》较为残酷，造成"内外恐惧，人不自安，皆求苟免，莫有固志，重足累息，以逮于终"的局面。[5] 杨坚当时对此有着深刻的认识，他在北周宣帝驾崩之后，"革宣帝苛酷之政，更为宽大，

---

[1]《隋书·刑法志》。
[2]《隋书·刑法志》。
[3]《隋书·刑法志》。
[4]《隋书·秦孝王俊传》。
[5]《周书·宣帝本纪》。

删略旧律，作《刑书要制》，奏而行之……中外悦之"[1]。此外，隋文帝时规范刑讯，"尽除苛惨之法"[2]，在一定程度上限制滥施酷刑。

隋文帝的"慎狱恤刑"思想还体现为慎重对待死刑，实施"死刑复奏"制度。《隋书·刑法志》记载：开皇十二年，"帝以用律者多致踳驳，罪同论异。诏诸州死罪不得便决，悉移大理案覆，事尽然后上省奏裁。"开皇十五年又定为"三复奏"。"死刑复奏"制度对于防止滥刑滥杀起到一定的限制作用。

二、司法制度

隋朝的中央最高审判机关为大理寺，而御史台主监察，都官省为最高司法行政机关。在地方，仍由州、县行政机关兼理司法，同时还设立一些司法佐官，有户曹参军、法曹参军等。

提起诉讼的方式主要有两类：一是由官府提起诉讼，纠举犯罪，二是当事人直接向官府提起诉讼。案件应首先向州、县基层司法机构提起，若不受理，当事人可逐级上告。《隋书·刑法志》载："有枉屈县不理者，令以次经郡及州，至省仍不理，乃诣阙申诉。有所未惬，听挝登闻鼓，有司录状奏之。"司法机关受理诉讼案件后，可对当事人实施刑讯，以获取口供。为防止司法官员滥用刑讯，隋文帝时期规定："尽除苛惨之法，讯囚不得过二百，枷杖大小，咸为之程品，行杖者不得易人。"[3] 依此，刑讯的杖数不得超过二百，并且用于犯人的枷及刑讯之杖都按照一定的规格制作，在刑讯的过程中，不得中途更换行杖之人。

根据开皇十二年的诏令，死刑案件在审理判决之后，须经大理寺复核，报经皇帝批准后，才能执行死刑。开皇十五年又定为"三复奏"："死罪者三奏而后决。"[4] 依此，对于判处死刑的案件要认真核查，上奏三次经批准后才能执行死刑。

隋朝在司法制度的诸多方面推动了我国古代司法的进步，特别是规范刑讯、死刑复奏等制度在一定程度上体现了"慎狱恤刑"的思想原则。尽管隋文帝统治后期和隋炀帝时期实施严刑酷罚，特别是隋炀帝统治时期"更立严刑"，"生杀任情"，[5] 但是这些制度本身产生了重要影响，多为后世所沿袭。

---

〔1〕《资治通鉴·陈纪八》。
〔2〕《隋书·刑法志》。
〔3〕《隋书·刑法志》。
〔4〕《隋书·刑法志》。
〔5〕《隋书·刑法志》。

第四节 社会法律思潮

在南北朝时期有着重要影响的佛教在隋朝仍有着重要影响。梁启超在《中国学术思想变迁之大势》中把"南北隋唐"划分为"佛学时代",可见佛教在当时的影响。被视为中国佛教华严宗初祖的杜顺即生活在这一时期。杜顺站在宗教实修的立场,主张以信仰、观行、"一心法界"来"悟"和"用"《华严经》及其玄旨。杜顺"通达禅风","专修观行","只为'道'而精进,因之,朝野僧俗,慕其德行,尊崇者不计其数,名达帝室",受到隋文帝的敬重。[1] 隋文帝笃信佛教,曾在诏令中指出:"佛法深妙,道教虚融,咸降大慈,济度群品,凡在含识,皆蒙覆护",因此,"建庙立祀,以时恭敬",对于"毁坏偷盗佛及天尊像、岳镇海渎神形者,以不道论。沙门坏佛像,道士坏天尊者,以恶逆论"。[2]

除佛教外,玄学和儒家思想也具有重要影响,特别是儒家思想在经过魏晋南北朝时期的"法律化"发展之后,已经在国家政治生活、法律制度方面产生重要影响。所以,魏晋以降直至隋朝,佛教、道教、儒家思想对于国家治理和社会发展都产生重要影响,这一时期的思想发展呈现出儒佛道融合发展的特点。

一、王通以"三教可一"为基础的法律思想

王通(公元584－617年),字仲淹,"隋末大儒,道号文中子",出身于儒学世家,自幼聪慧过人,被认为"能通天下之志"。王通"以著书讲学为业",著有《礼论》《乐论》《续书》《续诗》《元经》《赞易》等,但皆佚失,其所著《中说》一书[3],共十卷,仿《论语》体例,记录他与门人的对话、问答,倡行礼乐、仁义等儒家思想,"皆为儒士所称"。王通基于儒家的立场,包容佛教、道家等思想,以此阐发其政治、法律、伦理等方面的思想主张。

王通坚持儒家学说,推崇周公、孔子之道,主张"礼信仁义"。《中说·王道》载:"卓哉,周、孔之道,其神之所为乎!顺之则吉,逆之则凶。"《中说·天地》载:"千载而下,有申周公之事者,吾不得而见也;千载而下,有绍宣尼之业者,吾不得而让也。"[4] 受道家思想的影响,王通理想中的社会是一个"自然无为"的社会:"古者圣王在上,田里相距,鸡犬相闻,人至老死不相往来,盖自足也。是以至治之代,五典潜,五礼措,五服不章……何哉?盖上无

---

[1] 杜顺后来也受唐太宗的信任,受赐"帝心尊者"之号。参见王寿南主编:《中国历代思想家》(隋唐),九州出版社2011年版,第167－168页。

[2] 《隋书·高祖纪》。

[3] 司马光、朱熹等人认为,《中说》一书可能是王通后人所作,但《中说》体现出王通的思想主张。

[4] 《中说·天地》。

为，下自足故也。"[1] 但是，实现这样一种社会的途径则是仁义、礼乐，其中仁义是根本："仁义，其教之本乎？先王以是继道德而兴礼乐者也。"[2] 温大雅文问其如何为政，他的回答是："仁以行之，宽以居之，深识礼乐之情。"其次则是"言必忠，行必恕"，"谨而固，廉而虑"[3]。王通还指出，"父母安之，兄弟爱之，朋友信之。施于有政，道亦行矣。"[4] 宇文化及问其天道人事，他的回答是："顺阴阳仁义，如斯而已。"[5] 楚公问其用师之道，王通的回答也是"行之以仁义"[6]。

基于儒家的"仁政"思想，王通主张，国家治理应该"先德而后刑"，这也是古人为政所坚持的原则[7]，对于"政""法""狱"的实施，王通的意见是："政猛，宁若恩；法速，宁若缓；狱繁，宁若简"[8]。通过法律进行治理的理想目标是"法悬而不犯"的"无讼"社会[9]。王通在《中说》的最后一篇《关朗》中指出："非礼不动终身焉"，"御家以四教：勤、俭、恭、恕；正家以四礼：冠、婚、丧、祭"，"不以三代之法统天下，终危邦也"[10]。

二、颜之推的"立身治家"思想

颜之推（公元531—约597年），字介，是南北朝和隋朝时期的著名文学家、教育家。据记载，颜之推幼年丧父，博览群书，精研《礼记》《左传》等经典，但不喜道家之言，先后仕于梁、北齐、北周、隋，曾上书隋文帝正雅乐，其著作主要有《家训》《训俗文字略》《证俗音字略》《急就章注》《集灵记》等，但《颜氏家训》影响最大，被视为国学经典著作。据考，《颜氏家训》成书于隋文帝平陈之后，隋炀帝即位之前，是颜之推晚年的著作。[11]

《颜氏家训》共七卷，二十篇。颜之推在书中系统论述了自己在立身治家、为人处世方面的经验和心得，希望以此传给后世，"非敢轨物范世也，业已整齐门内，提撕子孙"[12]。《颜氏家训》述及子弟的品德教育和道德修养、治家、为

---

[1]《中说·立命》。

[2]《中说·礼乐》。

[3]《中说·述史》。

[4]《中说·礼乐》。

[5]《中说·问易》。

[6]《中说·问易》。

[7]《中说·事君》："古之为政者，先德而后刑，故其人悦以恕。"

[8]《中说·关朗》。

[9]《中说·关朗》："至治之代，法悬而不犯……如有用我，必也无讼乎。"

[10]《中说·关朗》。

[11] 檀作文译注：《颜氏家训》，中华书局2011年版，"前言"第2页。

[12]《颜氏家训·序致》。

第八章

学、婚丧嫁娶礼仪等方面的内容，反复告诫子弟要勤学自立，同时在《归心》篇告诫子孙要虔诚信佛，坚持持戒修行，不要虚度生命。[1] 颜之推在《文章》《书证》《音辞》《杂艺》等篇中告诫后代要博览群书，要在注重文章体制大义的基础上修饰文辞，不可片面追求音韵对偶，妄发议论，他认为书法、绘画、骑射、算术、医学等技艺或可修身，或可怡情，或可有助于日常生活，需要有一定的了解。[2]

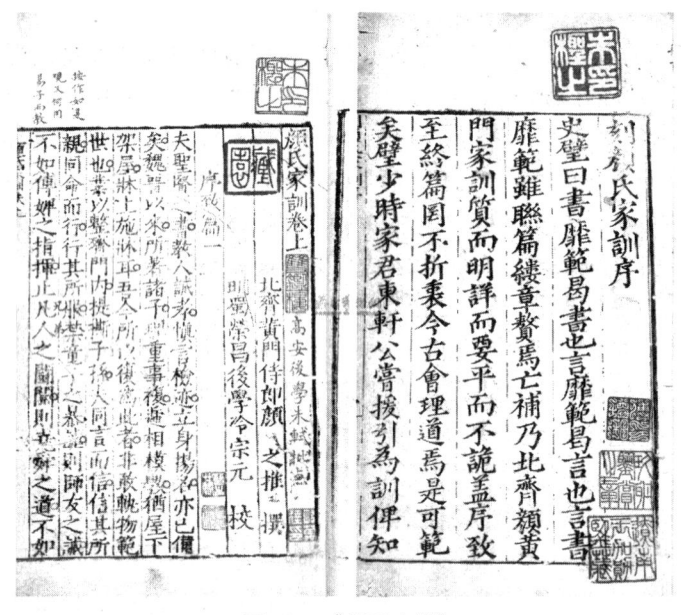

图 10 《颜氏家训》

颜之推在《颜氏家训》第一篇"序致"的开篇就指出："夫圣贤之书，教人诚孝，慎言检迹，立身扬名，亦已备矣。"对于子女的教育，颜之推强调要重视品德教育，"以礼节之"，使其"明孝仁礼义"，"父母威严而有慈，则子女畏慎而生孝"。[3] 颜之推指出，士大夫要讲求"风操"，即有些礼仪规范是《礼经》等典籍没有记载的，有些则随着世事而改变，博学通达的君子要"自为节度，相承行之"。[4] 颜之推教育子弟要向古今的贤人学习，要多接触品德高尚的正人君子，"熏渍陶染，言笑举动，无心于学，潜移暗化，自然似之"。[5] 这

第八章

----

〔1〕 檀作文译注：《颜氏家训》，中华书局 2011 年版，第 211 页。
〔2〕 参见檀作文译注：《颜氏家训》，中华书局 2011 年版，第 141 页、第 302 页。
〔3〕 《颜氏家训·教子》。
〔4〕 《颜氏家训·风操》。
〔5〕 《颜氏家训·慕贤》。

里强调贤者的潜移默化的教育作用。颜之推告诫子弟要勤勉自立,不能依靠祖上的荫庇,"自古明王圣帝,犹须勤学,况凡庶乎!"[1] 在"农商工贾"各行各业中,"皆有先达,可为师表,博学求之","所以学者,欲其多知明达耳"。颜之推提倡学以致用,要"学之所知,施无不达","当博览机要,以济功业",不能"但能言之,不能行之"[2] 颜之推在《名实》篇中探讨了名与实的关系,强调为人处世要做到言行一致,表里如一,恪守士大夫之风,不可沽名钓誉,"不修身而求令名于世"。颜之推指出,"上士忘名,中士立名,下士窃名。忘名者,体道合德,享鬼神之福祐,非所以求名也","立名者,修身慎行……窃名者,厚貌深奸",[3] 认为"君子当守道崇德"[4],"士君子之处世,贵能有益于物耳"[5]。

在治家方面,颜之推认为治家跟治国一样,要宽严有度,不能一味"宽仁"。风化教育是上行下效的,前人影响后人,"父不慈则子不孝,兄不友则弟不恭,夫不义则妇不顺矣"[6] 颜之推告诫子孙要勤俭持家,"俭者,省约为礼之谓也;吝者,穷急不恤之谓也",要做到"俭而不吝",既要勤俭节约,又要对穷困急难者不吝啬。颜之推还提出,读圣人之书要"肃敬对之","借人典籍,皆须爱护,先有缺坏,就为科治,此亦士大夫百行之一也"。在婚嫁方面,颜之推强调,"婚姻素对,靖候成规",不可片面看重对方父祖的权势地位并且利用婚嫁捞取钱财[7]

从《颜氏家训》的内容可见当时的儒家思想、佛教思想等对人们生活的影响。《颜氏家训》在中国历史上特别是教育史上具有重要影响和意义。明人王三聘评价《颜氏家训》是"古今家训,以此为祖",宋人晁公武评价其"述立身治家之法,辨正时俗之谬,以训世人"[8]

〔1〕《颜氏家训·勉学》。
〔2〕《颜氏家训·勉学》。
〔3〕《颜氏家训·名实》。
〔4〕《颜氏家训·省事》。
〔5〕《颜氏家训·涉务》。
〔6〕《颜氏家训·治家》。
〔7〕《颜氏家训·治家》。
〔8〕檀作文译注:《颜氏家训》,中华书局 2011 年版,"前言"第 3 页。

第九章

唐朝法律

隋朝统治后期，阶级矛盾和社会矛盾激化，各地的起义和反叛此起彼伏。公元 617 年，太原留守、唐国公李渊起兵，之后攻占长安。618 年，隋炀帝被杀，李渊称帝，建立唐朝，改元武德。唐朝统治者在国家治理和社会管理方面确立"德礼为政教之本，刑罚为政教之用"的基本原则，以儒家所倡的"仁政""德治"为指导思想，进一步发展完善各项制度，使唐朝成为中国历史上的一个"盛世"时期。

第一节　立法思想与立法活动

唐初统治者在总结隋亡的教训的基础上，以正统儒家思想为指导进行一系列立法活动。唐朝的立法活动主要集中于唐中前期，包括唐高祖武德年间、唐太宗贞观年间、唐高宗永徽年间以及唐玄宗开元年间。

一、立法思想

(一)"德礼为政教之本，刑罚为政教之用"

经过自西汉以来的"法律儒家化"发展，特别是在董仲舒阐述的"德主刑辅"思想的基础上，唐朝将"礼"的精神原则融入律典规定之中，确立起"德礼为政教之本，刑罚为政教之用"的思想原则并以之作为立法和执法的指导思想。《唐律疏议·名例》载："德礼为政教之本，刑罚为政教之用，犹昏晓阳秋相须而成者也。""德礼"和"刑罚"就像昼夜更替、春去秋来一样同为治理国家所必须，二者缺一不可。这揭示出礼与法、德与刑在国家治理中的作用关系，突出了德礼在政教中的本体地位，明确刑罚在政教中的辅助作用。德礼重在教化劝导，劝民以礼，导民向善，而刑罚的作用重在禁顽止奸，惩罚犯罪。二者功能互补，相辅相成。[1]

---

[1]　参见朱勇主编:《中国法律史》，高等教育出版社 2019 年版，第 125－127 页。

"德礼为政教之本，刑罚为政教之用"也体现出唐初统治者施行"仁政"的思想，即统治者要"爱民厚俗"，"以宽仁治天下，而于刑法尤慎"。[1]唐初名臣魏征也曾上疏："圣哲君临，移风易俗，不资严刑峻法，在仁义而已……然则仁义，理之本也；刑罚，理之末也"，因此，"圣帝明王皆敦德化而薄威刑也。德者，所以循己也；威者，所以治人也。"[2]所以，唐太宗在总结前朝统治经验的基础上认识到，只有以仁义治国，才能使国家保持长久安定，即"以仁义为治者，国祚延长；任法御人者，虽救弊于一时，败亡亦促。"[3]

（二）"取合时宜"，"务在宽简"

鉴于炀帝时"敕天下窃盗已上，罪无轻重，不待闻奏，皆斩"，[4]"百姓苦隋苛政"，唐高祖李渊在太原起兵时"即布宽大之令"，在称帝后，"尽削大业所用烦峻之法，又制五十三条格，务在宽简，取便于时"[5]唐高祖还要求制定律令时，"斟酌繁省，取合时宜，矫正差遗，务从体要"。[6]唐太宗李世民曾对臣下说道："国家法令，惟须简约，不可一罪作数种条。格式既多，官人不能尽记，更生奸诈……宜令审细，毋使互文。"[7]所以，根据国家和社会的实际情况制定法律，并且法律的内容"体要""简约"，刑罚轻缓，是当时制定法律的基本指导思想。

"宽简"不仅意味着刑罚轻缓，还意味着"据礼论情"，刑罚宽平、适中。唐太宗即位后，修订法律时要求以"宽"为本，"据礼论情"，根据"用刑之道，当审事理之轻重"的原则，减少死罪、减轻刑罚。唐太宗不仅矜怜"死者不可再生"，认为死刑过于严酷，大幅减少死刑罪名，而且认为肉刑亦甚严酷，令人悲怆，所以唐太宗修律时，"凡削烦去蠹，变重为轻者，不可胜纪。"[8]唐高宗时，长孙无忌等也曾述及"刑法宽平""刑罚适中"等法律原则。[9]

（三）法律明白易知，"不可数变"

唐初制定法律时还要求"明白易知"。唐高祖即位后，针对刘文静的上奏曾回道："本设法令，使人共解，而往代相承，多为隐语，执法之官，缘此舞弄。

---

〔1〕《新唐书·刑法志》。
〔2〕《贞观政要·公平》。
〔3〕《贞观政要·仁义》。
〔4〕《隋书·刑法志》。
〔5〕《旧唐书·刑法志》。
〔6〕《旧唐书·刑法志》。
〔7〕《贞观政要·赦令》。
〔8〕《旧唐书·刑法志》。
〔9〕《旧唐书·刑法志》。

宜更刊定，务使易知。"〔1〕所以，法律明白易知，不产生歧义，是保证执法官吏不滥权施刑的基础。

《新唐书·刑法志》记载："法令在简，简则明，行之在久，久则信。"法律制定之后应保持稳定，"不可数变"。唐太宗曾说道："法令不可数变，数变则烦，官长不能尽记，又前后差违，吏得以为奸。"〔2〕唐太宗还说道："诏令格式，若不常定，则人心多惑，奸诈益生……更宜详思此议，不可轻出诏令，必须审定，以为永式。"〔3〕《唐律疏议·职制》对此专门规定："诸称律、令、式，不便于事者，皆须申尚书省议定奏闻。若不申议，辄奏改行者，徒二年。"唐朝的法律在制定之后保持了一定的稳定性，《新唐书·刑法志》记载："自房玄龄等更定律、令、格、式，讫太宗世，用之无所变改。"

只有在上述基础上制定的法律才能充分发挥其在国家政治生活和社会生活中的作用，才能实现唐高祖李渊在武德七年发布的诏令中所说的"禁暴止奸，弘风阐化，安民立政"〔4〕的目的。

二、立法活动

唐高祖李渊攻入长安之后，"约法十二条"，〔5〕"惟制杀人、劫盗、背军、叛逆者死，余并蠲除之"。〔6〕在称帝后，唐高祖诏令纳言刘文静及"当朝通识之士"，以隋《开皇律》为基础制定新律，同时废除隋炀帝时期的"烦峻之法"，在武德二年（619年），"颁新格五十三条"〔7〕之后，唐高祖又下诏"撰定律令，大略以开皇为准"，将五十三条格的内容编入，于武德七年（624年）"颁行天下"，是为《武德律》。〔8〕根据《唐六典》的记载，《武德律》的"篇目一准开皇之旧，刑名之制，又亦略同"。除《武德律》外，武德年间还制定令、式等，颁布施行。

唐太宗即位后，命长孙无忌、房玄龄等修订《武德律》。一是减轻刑罚，废除肉刑。将之前五十条关于绞刑的规定改为断右趾，但唐太宗认为断右趾仍为严酷，因而废除断趾之刑，改为加役流，"以笞、杖、徒、流、死为五刑"。二是减少死刑条数。修订反、逆之罪的处刑，将原来的"连坐俱死，祖孙配没"改为"反逆者，祖孙与兄弟缘坐，皆配没；恶言犯法者，兄弟配流"，即区别不

〔1〕《旧唐书·刘文静传》。
〔2〕《资治通鉴·唐纪十》。
〔3〕《贞观政要·赦令》。
〔4〕《旧唐书·刑法志》。
〔5〕《新唐书·刑法志》。
〔6〕《旧唐书·刑法志》。
〔7〕《新唐书·刑法志》。
〔8〕《旧唐书·刑法志》。

同情节，改连坐死刑为流刑，大大减少死刑条款的数量，"自是比古死刑，殆除其半"。贞观十一年，"定律五百条，分为十二卷"，是为《贞观律》。此外，唐太宗时，还制定了令、格、式等，颁布施行。[1]

唐高宗即位后，又诏令长孙无忌等"撰定律令格式"，对于"旧制不便者，皆随删改"。律成之后，唐高宗因"律学未有定疏，每年所举明法，遂无凭准"，即人们在明法科的科举考试中对律文的理解不一致，没有统一的解释和考试标准，所以又命长孙无忌等"参撰《律疏》，成三十卷"，在永徽四年"颁于天下"，"自是断狱者皆引疏分析之"，是为《永徽律疏》。一般认为，《永徽律疏》即《唐律疏议》，其中疏文和律文具有同等的法律效力。

唐玄宗开元元年命卢怀慎等删定格、式、令，开元三年奏上《开元格》。开元六年（718年），命吏部尚书兼侍中宋璟等人"删定律令格式，至七年三月奏上，律令式仍旧名，格曰《开元后格》。"开元二十二年（734年），户部尚书李林甫等受命"删缉旧格、式、律、令及敕"，开元二十五年（737年）奏上颁行。

唐玄宗时期还编撰了一部具有行政法律汇编性质的《唐六典》[2]。《唐六典》共三十卷，仿《周官》六典的体例，采取"以官统典"的原则，按照理、教、礼、政、刑、事六类分述国家机构的设置、职掌、办事规程及制度沿革等方面的内容，汇集整理了当时关于官制、官员的选任、考核、监督及其品级、职责等方面的制度和规定。《唐六典》对明清时期会典的编纂产生重要影响。

唐朝后期的立法活动多是修订格或格后敕等，例如唐宪宗元和年间、唐文宗大和年间等多次修订格后敕。此外，唐宣宗大中年间（847－859年）还编成《大中刑律统类》，是唐朝中后期的重要立法活动。《大中刑律统类》共十二篇，1250条，将律的内容按其性质分为若干"门"，每"门"之下将律、敕、令、格、式混编。这种法典编纂体例对其后五代及宋朝的立法活动产生重要影响。

唐朝的法律形式主要是律、令、格、式。《唐六典》记载："律以正刑定罪，令以设范立制，格以禁违止邪，式以轨物程式。"《新唐书·刑法志》记载："令者，尊卑贵贱之等数，国家之制度也；格者，百官有司之所常行之事也；式者，其所常守之法也。凡邦国之政，必从事于此三者。其有所违及人之为恶而入于罪戾者，一断以律。"律、令、格、式各有其不同的功能和作用，相互联系又有区别，共同构成唐朝较为完善的法律体系。

---

〔1〕 参见《旧唐书·刑法志》《新唐书·刑法志》。

〔2〕 关于《唐六典》的性质，学界多有争论。陈寅恪认为，《唐六典》是一部"类书"，既是"法令之类书"，也是"本朝掌故之类书"。严耕望认为，《唐六典》是一部"职官志"。还有学者认为，《唐六典》是行政法典或政制官文书。

三、《唐律疏议》的体例、内容及其影响

《唐律疏议》的体例和内容以隋朝的《开皇律》及此前的《武德律》《贞观律》为蓝本，共十二篇，五百条。十二篇分别为名例、卫禁、职制、户婚、厩库、擅兴、贼盗、斗讼、诈伪、杂律、捕亡、断狱。《名例》位于律首，相当于现代的"总则"，其中规定刑罚的种类及其适用规定、定罪量刑的一般性规定等内容。《疏》议曰："名者，五刑之罪名；例者，五刑之体例……命诸篇之刑名，比诸篇之法例。"最后两篇《捕亡》和《断狱》两篇的内容多为程序性规定，其余各篇的规定基本是各种具体犯罪及相应刑罚的内容。依此，《唐律疏议》所确立的是"总则—实体法—程序法"的基本结构。从另一个方面看，《卫禁》《职制》《户婚》《厩库》《擅兴》五篇可归为"事律"，《贼盗》《斗讼》《诈伪》《杂律》《捕亡》五篇可归为"罪律"，《断狱》篇可视为"专则"，据此，《唐律疏议》的基本结构是"始以总则，终以专则，先列事律，后列罪律"，反映出唐律在立法技术上的成熟。[1]

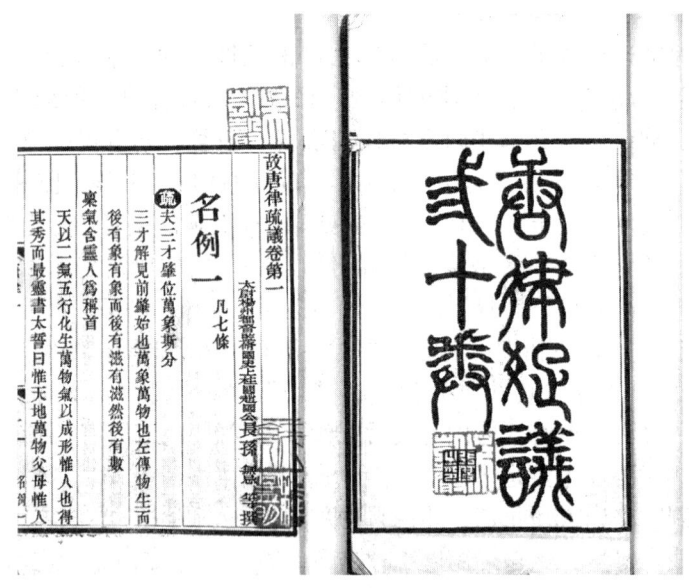

图11 《唐律疏议》

《唐律疏议》各篇规定的相关内容如下：

《名例》主要规定五刑、十恶、八议、请、减、官当等官僚贵族特权以及自首、累犯、共犯等刑罚适用原则、条文的适用和解释以及相关用语的解释等。

---

〔1〕 参见刘俊文撰：《唐律疏议笺解》（上），中华书局1996年版，第30－35页。

《卫禁》主要规定宫廷、行宫守卫以及关津制度和相关罚则。

《职制》主要规定官吏及其职责、程序、公文书及其贪赃枉法等关于"职司法制"的内容。

《户婚》主要规定户口、土地、赋税、婚姻家庭、继承等方面的内容。

《厩库》主要规定马牛等公私牲畜的饲养、使用及仓库管理方面的内容。

《擅兴》主要规定涉及军队管理、工程兴造、徭役等方面的内容。

《贼盗》主要规定涉及贼与盗方面的内容，这两方面是历朝历代律典规定的重点内容。贼盗律明确规定谋反、谋大逆、谋叛、谋杀人、巫蛊、强盗、窃盗等严重危害国家统治和社会秩序的犯罪及其处罚。

《斗讼》主要规定"斗殴之科"与"告讼之事"，前者主要是关于斗殴犯罪及相关处罚，后者主要是关于诉讼方面的犯罪，包括"告讼"的一些禁止性规定。

《诈伪》主要规定诈骗、伪造官文书印以及司法和行政程序中的诈伪等犯罪及其处罚。

《杂律》主要规定上述各篇没有规定的一些内容，起到"拾遗补阙"的作用。该篇规定的内容较为"班杂"，涉及堤防失修、失火以及国家和公共事务管理、社会秩序等方面的规定。

《捕亡》主要规定抓捕罪犯及逃亡的士兵、丁夫、官户奴婢及其他逃亡者的相关规定。

《断狱》主要规定"决断之法"，包括狱囚管理、拷讯、司法官责任、刑罚执行、审判原则等司法制度方面的规定。

从上述内容可以看出，《唐律疏议》是一部规定内容十分广泛的综合性法典，是中国古代法典的典型代表，也是中华法系的代表作，在中国法律史上具有重要地位。《唐律疏议》对此后宋、元、明、清等诸多朝代的立法均产生重要影响，其中的诸多制度、原则、内容为后世所沿袭。清朝纪昀（1724　1805 年）在编纂《四库全书总目·唐律疏议提要》时说道："论者谓唐律一准乎礼以为出入，得古今之平，故宋世多采用之。元时断狱，亦每引为据。明洪武初，命儒臣同刑官进讲唐律，后命刘惟谦等详定明律，其篇目一准于唐。"

《唐律疏议》对东亚诸国的立法也产生重要影响，成为当时日本、朝鲜、越南等诸多国家立法修律的典范，以此为基础形成了中华法系。日本在 8 世纪初制定的《大宝律令》和《养老律令》均受《唐律疏议》的影响。其中，《大宝律令》基本以唐律为蓝本而制定，其篇目、体例、原则、相关内容等均仿照唐律。朝鲜高丽王朝制定实施的法律也受到唐律的影响，《高丽史·刑法志》载："高丽一代之制，大抵皆仿乎唐。至于刑法，亦采唐律，参酌时宜而用之。"越

第九章

南李朝、陈朝时期制定颁布的法律，如《刑书》（1042 年）、《国朝刑律》（1230 年）的原则、内容多有"遵用唐宋之制，但其宽严之间，实加斟酌"。

第二节　行政法律

唐朝建立起较为完备的行政法律体系，《唐六典》以及律、令、格、式等规定涉及中央和地方行政体制以及官吏的选任、管理、考核、监督等国家行政制度的各个方面，使百官诸司各安其位，各司其职。

一、中央与地方行政体制

以皇帝为核心的中央集权专制制度是唐朝的基本政治制度，并以此为基础建立起中央、地方两级政权和行政体制，其中皇帝是最高统治者和一切权力的核心，维护皇权及其统治是唐朝中央、地方两级政权和行政体制的基本任务。

《旧唐书·职官志》记载，唐高祖李渊在称帝之后，"官名称位"仍沿袭隋朝，但"随时署置，务从省便"，武德七年定令："以太尉、司徒、司空为三公；尚书、门下、中书、秘书、殿中、内侍为六省"，此外还设"九寺"，即太常、光禄、卫尉、宗正、太仆、大理、鸿胪、司农、太府，以及御史台、国子学等。唐太宗贞观元年，"改国子学为国子监"；贞观十一年，"改令置太师、太傅、太保为三师"，而"六省、一台、九寺、三监、十二卫、东宫诸司，并从旧定"；贞观二十三年，改民部尚书为户部尚书，改治书侍御史为御史中丞等。唐高宗显庆元年，"改户部尚书为度支尚书，侍郎为度支侍郎"等，龙朔二年又"改百司及官名"，所以唐高宗时期，"官名品秩，屡有改易"。此后，唐玄宗、唐肃宗统治时期，"百司及官名"也多有改易。[1]

总体上，唐朝在中央设"三师"、"三公"，同时确立起"三省六部"的管理体制。"三师"分别是太师、太傅、太保，为"训导之官，天子所师法"，以"道德崇重"之人任之。"三公"分别是太尉、司徒、司空，为"论道之官"，"佐天子理阴阳，平邦国，无所不统"，唐太宗时期的三公"皆不视事，祭祀则摄者行也"。[2]

三省六部掌中央的行政管理之权。三省为中书省、门下省、尚书省，六部为尚书省所辖的吏部、户部、礼部、兵、刑部、工部，"凡庶务，皆会而决之"。[3] 其中，中书省为中枢决策和政令机关，负责向皇帝进奏、参议朝政、

---

〔1〕　参见《旧唐书·职官志》。
〔2〕　《旧唐书·职官志》。
〔3〕　《旧唐书·职官志》。

根据皇帝的旨意起草诏令等，所处理的基本是机要政务。中书省的长官中书令"佐天子而执大政"，"掌军国之政令，缉熙帝载，统和天人。入则告之，出则奉之，以厘万邦，以度百揆"，对于皇帝的制书、敕旨、敕牒等"皆宣署申覆而施行之"。门下省专司各类文书、奏章及诏旨的审核。门下省的长官侍中"佐天子而统大政"，"掌出纳帝命，缉熙皇极，总典吏职，赞相礼仪，以和万邦，以弼庶务"，对于军国之务，则"与中书令参而总焉"。门下省还负责审核各级机构上报的奏章、公文等，于其"皆审署申覆而施行焉"。此外，门下省对于中书省草拟的诏令还拥有封驳权，即中书省根据皇帝的旨意起草诏令之后送至门下省审核，若有不妥之处，门下省可予以封驳，由中书省重新拟定。尚书省为最高行政执行机关，负责执行政令，包括执行皇帝的旨意及中书省、门下省议决的事项等，其长官尚书令"总领百官，仪刑端揆"。"尚书省领二十四司"，其下所设的吏部、户部、礼部、兵部、刑部、工部之间职责分工明确，"各分领四司"。〔1〕应予注意的是，《旧唐书·职官志》中记载的职官及其职掌的权力大小不是固定不变的，会基于当时的政治斗争和政治形势而有所变化。

在地方，唐朝基本沿袭隋朝所设的州县两级的行政体制。州的长官为刺史〔2〕，"掌清肃邦畿，考核官吏，宣布德化，抚和齐人，劝课农桑，敦敷五教"，还要每年巡视所属之县，"观风俗，问百年，录囚徒，恤鳏寡，阅丁口，务知百姓之疾苦"，同时还要举荐"笃学异能闻于乡间者"，处理"不孝悌，悖礼乱常，不率法令者"，纠察官吏，旌表门闾等。刺史之下，设别驾、长史、司马、录事以及司功、司仓、司户、司兵、司法、司士六曹参军事等诸多属官，分掌不同职能。〔3〕

州下设县，县的长官为县令，"掌导扬风化，抚字黎氓，敦四人之业，崇五土之利，养鳏寡，恤孤穷。审察冤屈，躬亲狱讼，务知百姓之疾苦"。县令之下，设县丞、主簿、县尉、司功、司仓、司户、司兵、司法、司士、典狱、问事等属吏，属吏的配置及其数额在"上县""中县""下县"各有不同。

在州、县两级行政体制以外，唐代还设立了一些临时性的地方行政机构，如贞观年间设"道"，作为相对独立的监察区，后来逐渐演变为州之上的一级地方行政机构。此外，根据《旧唐书·职官志》记载，"凡天下节度使有八，若诸州在节度内者，皆受节度焉。"主掌军事的"节度使"（之前也称"总管""都督"）逐渐掌握当地的军政大权，发展成为州之上的一级地方行政机构。

---

〔1〕《旧唐书·职官志》。
〔2〕《旧唐书·职官志》载：唐玄宗天宝元年，"改州为郡，刺史为太守"。唐肃宗至德二年，"罢郡为州，复以太守为刺史"。
〔3〕《旧唐书·职官志》。

第九章

二、官吏管理制度

唐朝进一步发展完善官吏管理制度，包括官吏的选任、考核、监察等诸多方面。

（一）官吏选任

唐朝进一步发展和完善科举制度。各地每年举行科举考试选录人才，这种每年定期举行的科举考试，称"常举"。《旧唐书·职官志》记载："有唐已来，出身入仕者，著令有秀才、明经、进士、明法、书算。"唐玄宗天宝三年，"又置崇玄学，习《道德》等经，同明经例"。在"常举"的多科中，"明经"和"进士"二科最受重视。除"常举"外，还有"制举"，为临时设科，如贤良方正科、直言极谏科、博学宏辞科等。此外，也有"以门资入仕"者。当然，皇帝拥有最高的官吏任免、处罚等权力。

吏部"掌天下官吏选授、勋封、考课之政令"。官吏选任的标准主要是"四才""三实"，即所谓"择人以四才，校功以三实"。"四才"，即身、言、书、判，分别取其"体貌丰伟""言辞辩正""楷法遒美""文理优长"；"三实"，"谓德行、才用、劳效，德均以才，才均以劳，劳必考其实而进退之"[1]。所以，在选录人才时，首重德行，次重才能。

（二）官吏考核

唐朝的官吏考核可分为岁课与定课。岁课在基层机构进行，每年举行一次。中央的各机构和地方的州县分别主持对所属官吏的考核。定课为全国的统一考核，吏部的考功司"掌内外文武官吏之考课"，由吏部考功司统一对各级官吏进行考核。[2] 但吏部所考核的官吏为四品以下者，三品以上者则由皇帝亲自考核。

考核官吏的标准为"四善二十七最"。"考课之法有四善：一曰德义有闻，二曰清慎明著，三曰公平可称，四曰恪勤匪懈。""二十七最"则包括"近侍之最""选司之最""考校之最""判事之最""法官之最""将帅之最""政教之最""纠正之最""勾检之最""监掌之最""役使之最"等，涉及为官施政的二十七个方面，如"铨衡人物，擢尽才良，为选司之最"，"推鞫得情，处断平允，为法官之最"，"礼义兴行，肃清所部，为政教之最"，"访察精审，弹举必当，为纠正之最"。根据被考核者符合的"善"与"最"的数量，考核的结果分为九等："一最以上，有四善，为上上；一最以上，有三善，或无最而有四善，为上中；一最以上，有二善，或无最而有三善，为上下；一最以上，而有一善，或无最而有二善，为中上；一最以上，或无最而有一善，为中中；职事粗理，

---

〔1〕《旧唐书·职官志》。
〔2〕《旧唐书·职官志》。

善最不闻，为中下；爱憎任情，处断乖理，为下上；背公向私，职务废阙，为下中；居官谄诈，贪浊有状，为下下。"[1] 根据不同的考核结果，分别给予不同的奖惩处理，包括增减俸禄、升职、降级或免官等，例如"中上以上，每进一等，加禄一季；中中，守本禄；中下以下，每退一等，夺禄一季"，"有下下考者，解任"。[2]

唐朝不仅建立起较为完善的官吏选任、考核等制度，还规定了相关的行政程序和办事期限，以提高行政效率。例如，《唐六典》记载："凡内外百司所受之事皆印其发日，为之程限：一日受，二日报，小事五日，中事十日，大事二十日，狱案三十日。"[3]

（三）监察制度

唐朝建立起较为完备的监察制度，对于维护吏治清明起到重要作用。中央设御史台，长官为御史大夫，其下设御史中丞二人，侍御史四人，主簿一人，录事二人等。御史大夫和御史中丞"掌持邦国刑宪典章，以肃正朝廷"，"凡中外百僚之事，应弹劾者，御史言于大夫"，"凡天下之人，有称冤而无告者，与三司讯之"。[4] 御史台不仅有权监督、弹劾百官，参与重要案件的审理，还负责重大活动场合的礼仪纠察，《旧唐书·职官志》载："凡国有大礼，则乘辂车以为之导。"

御史台内设台院、殿院、察院，分掌不同的职能。台院设侍御史四人，在中央监察体制中具有较高地位，"掌纠举百僚，推鞫狱讼"，包括纠弹百官、参与案件的审理。对于皇帝交办审理的案件，御史台须据实审查，审查完毕之后交由大理寺判决。殿院设殿中侍御史六人，"掌殿廷供奉之仪式"，即主要承担监察朝仪的职责，包括皇帝郊祀及巡幸的礼仪等，"凡两京城内，则分知左右巡，各察其所巡之内有不法之事"。[5] 察院设监察御史十人，"掌分察巡按郡县、屯田、铸钱、岭南选补、知太府、司农出纳，监决囚徒"，"尚书省有会议，亦监其过谬。凡百官宴会、习射，亦如之。"[6] 察院的监察范围较为广泛，从尚书省到州县地方，从钱币的铸造审核到百官宴会和习射之礼，均属其监察范围。

---

〔1〕《旧唐书·职官志》。

〔2〕《新唐书·百官志》。

〔3〕《唐六典·尚书都省》，参见（唐）张九龄等著，袁文兴、潘寅生主编：《唐六典全译》，甘肃人民出版社1997年版，第25页。

〔4〕《旧唐书·职官志》。《新唐书·百官志》："三司，谓御史大夫、中书、门下也。"

〔5〕《旧唐书·职官志》。

〔6〕《旧唐书·职官志》。《新唐书·百官志》记载，侍御史为六人，殿中侍御史为九人，监察御史为十五人。《唐六典》的记载则是，侍御史四人，殿中侍御史六人，监察御史为十人。

　　对地方州县官吏的监察主要由察院承担。唐太宗贞观年间将全国划分为十"道"，作为相对独立的监察区，由察院的监察御史对各"道"所属的州、县官吏进行监察，同时也参与州、县重要案件的审理。同时，各道还设有巡按，"以判官二人为佐，务繁则有支使"，其所察内容为如下六个方面："其一，察官人善恶；其二，察户口流散，籍帐隐没，赋役不均；其三，察农桑不勤，仓库减耗；其四，察妖猾盗贼，不事生业，为私蠹害；其五，察德行孝悌，茂才异等，藏器晦迹，应时用者；其六，察黠吏豪宗兼并纵暴，贫弱冤苦不能自申者。凡战伐大克获，则数俘馘、审功赏，然后奏之。屯田、铸钱，岭南、黔府选补，亦视功过纠察。"此外，还参与案件的审理以及"莅宴射、习射及大祠、中祠"，察其"不如仪者"[1]。纵观唐朝的监察制度，监察权呈不断扩张之势，到唐朝中后期则兼行行政、军事等权。

第三节　刑事法律

一、刑法原则

（一）"十恶"重惩原则

　　《唐律疏议》沿袭规定了隋律中的"十恶"制度，并且在《名例》篇首明确指出："五刑之中，十恶尤切，亏损名教，毁裂冠冕，特标篇首，以为明诫。""十恶"是严重危害皇权统治与和违背伦理纲常的犯罪行为，因此《唐律疏议》确立了严惩"十恶"犯罪、不适用议、请、减等原则和规定。

　　《唐律疏议》所规定"十恶"包括谋反、谋大逆、谋叛、恶逆、不道、大不敬、不孝、不睦、不义、内乱。按照《唐律疏议》的规定，谋反"谓谋危社稷"。谋大逆"谓谋毁宗庙、山陵及宫阙"。谋叛"谓谋背国从伪"。恶逆"谓殴及谋杀祖父母、父母，杀伯叔父母、姑、兄姊、外祖父母、夫、夫之祖父母、父母"。不道"谓杀一家非死罪三人，支解人，造畜蛊毒、厌魅"。大不敬"谓盗大祀神御之物、乘舆服御物；盗及伪造御宝；合和御药，误不如本方及封题误；若造御膳，误犯食禁；御幸舟船，误不牢固；指斥乘舆，情理切害及对捍制使，而无人臣之礼"。不孝"谓告言、诅詈祖父母父母，及祖父母父母在，别籍、异财，若供养有阙；居父母丧，身自嫁娶，若作乐，释服从吉；闻祖父母父母丧，匿不举哀，诈称祖父母父母死"。不睦"谓谋杀及卖缌麻以上亲，殴告夫及大功以上尊长、小功尊属"。不义"谓杀本属府主、刺史、县令、见受业师，吏、卒杀本部五品以上官长；及闻夫丧匿不举哀，若作乐，释服从吉及改

〔1〕《新唐书·百官志》。

嫁"。内乱"谓奸小功以上亲、父祖妾及与合者"。

上述"十恶"的内容可分为四个方面：一是侵犯皇帝及皇权的犯罪，如谋反、谋大逆、谋叛、大不敬。二是侵犯祖父母、父母及其他"五服"内亲属（特别是尊亲属）以及违背伦理纲常的犯罪，如恶逆、不孝、不睦、内乱。三是惨无人道的犯罪，如不道，《唐律疏议》的解释是："安忍残贼，背违正道，故曰'不道'。"四是侵犯官长、尊师的犯罪，如不义。对于"十恶"犯罪，《唐律疏议》规定了最为严厉的刑罚，并且刑罚"决不待时"，不受行刑时节的限制，特别是对于谋反、谋大逆、谋叛、恶逆，即使遇有皇帝"大赦天下"时也不得赦免或减轻刑罚。例如，对于谋反和谋大逆者，"皆斩；父子年十六以上皆绞，十五以下及母女、妻妾、祖孙、兄弟、姊妹若部曲、资财、田宅并没官，男夫年八十及笃疾、妇人年六十及废疾者并免；伯叔父、兄弟之子皆流三千里，不限籍之同异"。

（二）官僚贵族的特权原则

为保护官僚贵族的特权地位，唐律确立了对于一般犯罪的皇亲国戚及官僚贵族通过特殊程序或特殊方式予以减免刑罚的制度，具体包括八议、请、减、赎、官当等。这些制度反映出当时对于官僚贵族特权和等级制度的维护。

1. 八议。唐律在前朝法律规定的基础上进一步发展和完善"八议"制度。《唐律疏议·名例》"八议"条规定，对于八种具有特殊身份的人犯罪予以特别对待，所谓"议者"，即"原情议罪，称定刑之律而不正决之"。这八种人分别是亲、故、贤、能、功、贵、勤、宾。具体言之，议亲"谓皇帝袒免以上亲及太皇太后、皇太后缌麻以上亲，皇后小功以上亲"；议故"谓故旧"，即"宿得侍见，特蒙接遇历久者"；议贤"谓有大德行"，即"贤人君子，言行可为法则者"；议能"谓有大才艺"，即"能整军旅，莅政事，监梅帝道，师范人伦者"；议功"谓有大功勋"，即"能斩将搴旗，摧锋万里，或率众归化，宁济一时，匡救艰难，铭功太常者"；议贵"谓职事官三品以上，散官二品以上及爵一品者"；议勤"谓有大勤劳"，即"大将吏恪居官次，凤夜在公，若远使绝域，经涉险难者"；议宾"谓承先代之后为国宾者"。

《唐律疏议·名例》"八议者（议章）"条规定，对于属于八议者，"犯死罪，皆条所坐及应议之状，先奏请议，议定奏裁；流罪以下，减一等。其犯十恶者，不用此律"。所以，属于八议者犯罪，要根据不同的情况，区别对待。若所犯为死罪，须将其所犯罪行及符合八议的情况上奏，相关机构提出处理意见，报请皇帝批准；若所犯为流罪以下者，由司法机关直接减一等处罚；但若所犯为"十恶"之罪，则不适用上述规定。

2. 请、减、赎。对于"八议"范围之外的官僚贵族，唐律规定了"请"

"减""赎"制度，使犯罪的官僚贵族因其身份和地位而享减免刑罚的优待。《唐律疏议·名例》明确规定了适用请、减、赎的范围及方式。

"请"也称"上请"，"谓条其所犯其应请之状，正其刑名，别奏请"。"请"的范围包括皇太子妃大功以上亲，应议者期以上亲及孙，官爵五品以上者。可见，属于"上请"者比应"议者"地位低，但其范围扩大。属于"上请"范围之人，"犯死罪者，上请"，即上报皇帝，奏请定夺；"流罪以下，减一等"。但是，"其犯十恶，反逆缘坐，杀人，监守内奸、盗、略人、受财枉法者，不用此律。"

"减"即依律减刑处罚。《唐律疏议·名例》"七品以上之官（减章）"条规定："诸七品以上之官及官爵得请者之祖父母、父母、兄弟、姊妹、妻、子孙，犯流罪已下，各从减一等之例。"上述规定之人若犯流罪以下，依律减一等处罚，但是若犯死罪，则正常处刑。

"赎"即以铜赎罪，不实际科处刑罚。《唐律疏议·名例》"应议请减（赎章）"条规定："诸应议、请、减及九品以上之官，若官品得减者之祖父母、父母、妻、子孙，犯流罪以下，听赎。"上述规定之人若犯流罪以下，可以以铜赎罪。《唐律疏议》规定了不同刑罚应赎铜的数量：笞十赎铜一斤，每加一等加一斤；杖六十赎铜六斤，每加一等加一斤；徒一年赎铜二十斤，每加一等加十斤；流二千里赎铜八十斤，每加一等加十斤；死刑符合条件者，不分绞斩，均赎铜一百二十斤。

3. 官当。官当，即官员犯罪可以官品或爵位折抵刑罚。《唐律疏议·名例》"官当"条规定："诸犯私罪，以官当徒者，五品以上，一官当徒二年；九品以上，一官当徒一年。若犯公罪者，各加一年当。以官当流者，三流同比徒四年。"依此，若官员所犯为私罪，五品以上官，一官折抵徒二年；六品至九品官，一官折抵徒一年；若官员所犯为公罪，五品以上官，一官折抵徒三年，六品至九品官则一官折抵徒二年。若官员犯流罪的，则三等流刑均折算为徒四年，在此基础上"官当"。对于官员犯罪，先进行官当，若罪大官小，则官当之后的"余罪"可以以铜赎罪。

（三）其他刑法原则

1. 区分公罪与私罪。唐朝对于官员犯罪明确区分公罪与私罪，并在定罪量刑方面区别对待，公罪与私罪的区分标准是是否涉及公事以及在公事中是否徇私枉法。所谓"私罪"，"谓私自犯及对制诈不以实、受财枉法之类"，即"不缘公事，私自犯者；虽缘公事，意涉阿曲，亦同私罪"。所谓"公罪"，"谓缘公事致罪而无私、曲者"[1] 因为犯公罪的行为是职务行为并且没有徇私枉法之

---

〔1〕《唐律疏议·名例》"官当"。

类的因素，犯公罪的主观恶性较小，所以，唐律对官员犯公罪的处罚较轻，并且在官当时能折抵较多的罪。

2. 老幼废疾减免刑罚。唐律规定，老、幼、废疾、笃疾等人犯罪可减免刑罚。《唐律疏议·名例》"老小及疾有犯"条根据犯罪者的年龄及身体残疾程度的不同分别规定不同情形下减免刑罚的情形：其一，年龄在七十以上、十五以下及废疾，犯流罪以下，适用赎刑（犯加役流、反逆缘坐流及会赦犹流者除外）；其二，年八十以上、十岁以下及笃疾，犯谋反、谋大逆、杀人罪应处死刑者，须上请；犯盗及伤人者，也适用赎刑，有官职爵位者，各依官当、除名、免官之法处理；其三，年龄在九十以上、七岁以下，"虽有死罪，不加刑"，但是缘坐应配没者除外。

此外，《唐律疏议·名例》"犯时未老疾"条规定："诸犯罪时虽未老、疾，而事发时老、疾者，依老、疾论。若在徒年限内老、疾，亦如之。犯罪时幼小，事发时长大，依幼小论。"据此，犯罪时未达到年老的年龄或无废疾、笃疾等情形，但事发时达到年老的年龄标准或出现废疾、笃疾等情形的，仍按年老或废疾、笃疾者犯罪予以处理；若罪犯在服徒刑期间达到年老的年龄标准或出现废疾、笃疾等情形的，也按年老或废疾、笃疾者对待；若罪犯在犯罪时尚年幼，但事发时已长大的，仍按年幼者犯罪处理。这些规定明显体现出"矜老恤幼"的原则。

3. 自首减免刑罚。《唐律疏议·名例》"犯罪未发自首"条规定："诸犯罪未发而自首者，原其罪。"这里的"犯罪未发"即未被告发或未被发觉，但若"其事已彰，虽欲自新，不得成首"。此外，《唐律疏议》还规定了其他情形下的自首：第一，一人犯数罪，若较轻的罪被发觉或告发，但其自首较重之罪的，则免其重罪的处罚；第二，罪犯被审问某罪时，将其尚未被发觉的其他"余罪"自首的，则免其余罪；第三，让他人代为自首的，不限亲疏，均可视为犯罪者本人自首，法律规定的"同居相为隐"范围内的亲属代为自首以及部曲、奴婢代主人自首的也视为自首；第四，未如实交代犯罪行为或没有完全坦白所犯之罪的，即"自首不实及不尽者，以不实、不尽之罪罪之"，但罪至死刑的，减一等处罚；第五，犯罪者知晓他人要告发而自首的以及"亡叛而自首者"，减罪二等处罚。

《唐律疏议》还规定了"自首"的例外情形："其于人损伤，于物不可备偿，即事发逃亡，若越度关及奸，并私习天文者，并不在自首之例。"根据《唐律疏议》的解释，"损，谓损人身体"，"伤，谓见血为伤"。"于物不可备偿"的"物"，"谓宝印、符节、制书、官文书、甲弩、旌旗、幡帜、禁兵器及禁书之类，私家既不合有，是不可偿之色"。"越度关"包括越度和私度，越度"谓关不由门，津不由济而度者"，"私度"则为"若无公文，私从关门过"。因"天文玄远，不得私习"，所以"私习天文者"不在自首之列，即使自首也不减免刑罚。

4. 同居相为隐。"同居相为隐"即一定范围内的亲属及同财共居者可以相互隐匿犯罪。基于伦理亲情，孔子提出"父为子隐，子为父隐"，汉朝则规定"亲亲得相首匿"，唐朝进一步扩大了亲属之间相互隐匿犯罪的范围，即"同居相为隐"，即"同财共居"者，"不限籍之同异"均可相互隐匿犯罪。《唐律疏议·名例》"同居相为隐"条规定："诸同居，若大功以上亲及外祖父母、外孙、若孙之妇、夫之兄弟及兄弟妻，有罪相为隐；部曲、奴婢为主隐，皆勿论。其小功以下相隐，减凡人三等。若犯谋叛以上者，不用此律。"根据《唐律疏议》的解释，"外祖父母、外孙、若孙之妇、夫之兄弟及兄弟妻"虽不是大功以上的亲属，但是这些人之间"服虽轻，论情重"，所以他们之间可以相互隐匿犯罪。此外，部曲、奴婢可以为主隐匿犯罪。小功以下的亲属之间相互隐匿犯罪，则"减凡人三等"予以处罚。但是，因谋反、谋大逆、谋叛等"十恶"之罪严重危及皇权统治，所以，对于谋反、谋大逆、谋叛等罪，即使属于上述"同居相为隐"的范围也不得隐匿。

基于伦理亲情和等级秩序，亲属之间相互隐匿犯罪既是权利，也是义务，特别是卑幼不告尊长是法定义务。如果向官府告发上述范围之内的亲属犯罪，那么告发者要受到一定的刑罚处罚。《唐律疏议·斗讼》规定："诸告祖父母、父母者，绞。"[1]"诸告期亲尊长、外祖父母、夫、夫之祖父母，虽得实，徒二年"，"告大功尊长，各减一等；小功、缌麻，减二等；诬告重者，各加所诬罪一等。"[2]"诸告缌麻、小功卑幼，虽得实，杖八十。"[3] 此外，部曲、奴婢不得告主，《唐律疏议·斗讼》"部曲奴婢告主"条规定："诸部曲、奴婢告主，非谋反、逆、叛者，皆绞；告主之期亲及外祖父母者，流；大功以下亲，徒一年。"

5. 化外人相犯。《唐律疏议·名例》"化外人相犯"条规定："诸化外人，同类自相犯者，各依本俗法；异类相犯者，以法律论。"所谓"化外人"，《唐律疏议》的解释是，"谓蕃夷之国，别立君长者，各有风俗，制法不同"。唐朝对于"化外人"在唐朝境内犯罪，区分不同情形，分别适用不同的法律。第一，属于同一国家的"化外人"之间在唐朝境内犯罪，适用该国法律。第二，不同

---

〔1〕《唐律疏议·斗讼》"告祖父母父母"。
〔2〕《唐律疏议·斗讼》"告期亲尊长"。
〔3〕《唐律疏议·斗讼》"告缌麻卑幼"。

国家的"化外人"之间在唐朝境内犯罪，则适用唐朝法律的规定。

6. "举重以明轻"与"举轻以明重"。《唐律疏议·名例》"断罪无正条"条规定："诸断罪而无正条，其应出罪者，则举重以明轻；其应入罪者，则举轻以明重。"在律无明文规定的犯罪的情形下，司法官员在审理案件时可根据该原则定罪处罚。《唐律疏议》还举例说明该原则的运用。对于"举重以明轻"的原则，例如《贼盗律》规定："夜无故入人家，主人登时杀死者，勿论。"依此，若主人将夜间无故入其家的人打伤，应对主人如何处理，法律没有规定。根据"举重以明轻"的原则，"杀死者，勿论"，那么打伤夜间无故入其家者，对主人也应"勿论"。对于"举轻以明重"的原则，例如《贼盗律》规定："谋杀期亲尊长，皆斩。"这里仅规定对"谋杀"期亲尊长的处罚，但没有规定对已经杀害或伤害期亲尊长的处罚，根据"举轻以明重"的原则，对于较轻的"谋"都要处斩，那么对于已经实施的"杀"或"伤"当然也要处斩。总体上，"举重以明轻"与"举轻以明重"属于"类比"，似于论理解释中的"当然解释"。

此外，《唐律疏议》还规定了共犯、再犯、累犯等犯罪的处罚原则以及"二罪从重"等刑法原则，对于确定犯罪与否以及如何定罪量刑作了系统性规定。

二、罪名

唐律规定了较为系统、完整的罪名体系及相应的刑罚，有效地打击犯罪，维护君主集权统治和社会秩序。唐律规定的罪名包括危害国家统治的犯罪、侵犯财产的犯罪、侵犯人身的犯罪、官吏职务犯罪以及破坏社会秩序和家庭秩序的犯罪等诸多方面。

（一）危害国家统治的犯罪

维护皇权及其统治是唐律的根本任务。"十恶"中的"谋反""谋大逆""谋叛""大不敬"等均为直接侵犯皇帝与皇权统治、危害皇帝安全的重罪，对其施以严厉的刑罚，此类犯罪还有"擅发兵""应给发兵符不给""征讨告贼消息""主将临阵先退""烽候不警""举烽燧不当"等。《唐律疏议》还规定了诸多侵犯皇帝人身安全及其尊严和权威的罪名，例如"阑入宫殿""冒名宿卫""登高临宫中""行御道""御在所误拔刀""冲突仪仗"等，还有"盗御宝""伪造御宝"等罪名。诏令、制书是皇帝权威和权力的体现，也关乎国家统治和行政制度，对于诏令、制书的写作、发布、执行过程中的失误或不规范行为，唐律也规定了相应的罪名，例如"稽缓制书""被制书施行有违""写制书误""受制出使辄干他事""盗制书""诈为制书""制书误辄改定"等。

（二）侵犯财产的犯罪

保护官私财产是唐律规定的一个重要方面。《唐律疏议·贼盗》"公取窃取皆为盗"条规定："诸盗，公取、窃取皆为盗。"其中，公取"谓行盗之人，公然而取"；窃取"谓方便私窃其财"。《唐律疏议·贼盗》"窃盗"条解释："窃盗人财，谓潜形隐面而取。"根据规定，窃盗财产，即使未得财，也要笞五十；窃得财物"一尺杖六十，一匹加一等；五匹徒一年，五匹加一等，五十匹加役流。"唐律依据窃盗的主体和客体的不同规定了不同的罪名，如"监临主守自盗""盗所监临财物""亲属相盗"以及"盗大祀神御物""盗御宝""盗官文书印""盗禁兵器""盗园陵内草木""盗毁天尊佛像""盗缌麻小功财物"等。此外，唐律还将一些与侵犯财产相关的犯罪"以窃盗罪论处"或"准窃盗罪论处"，如"恐喝取人财物者，准盗论加一等"。

为维护社会秩序，唐律专门规定"强盗"罪并对其施以严厉的刑罚。唐律对"强盗"的解释是："以威若力而取其财，先强后盗，先盗后强等。若与人药酒及食，使狂乱取财，亦是"，并且特别指出"假有以威胁人，不加凶力，或有直用凶力，不作威胁，而劫掠取财者"亦为"强盗"。若强盗而未得财物者，徒二年；得财物满一尺者，徒三年；每二匹加一等，"十匹及伤人者，绞；杀人者，斩"，"其持杖者，虽不得财，流三千里；五匹，绞，伤人者斩"。唐律对于强盗罪的严厉处罚还表现在，对于强盗罪，不分首犯、从犯，一律从重处罚。[1]

（三）侵犯人身的犯罪

侵犯人身的犯罪主要包括"杀人"罪和"伤害"罪两大类。根据行为人的主观心理状况等因素，唐律将"杀人"分为六类：谋杀、故杀、斗杀、误杀、戏杀、过失杀，即所谓"六杀"。①谋杀，"谓二人以上；若事已彰露，欲杀不虚，虽独一人，亦同二人谋法，徒三年。已伤者，绞。已杀者，斩"。谋杀人一般为二人以上实施，以"谋"作为重要的判断标准。②故杀，即故意杀人，行为人主观上有杀人的故意，《唐律疏议·斗讼》"斗故杀人"条解释："斗而用刃，即有害心；及非因斗争，无事而杀，是名故杀……本虽是斗，乃用兵刃杀人者，与故杀同，亦得斩罪。"③斗杀，即在斗殴的过程中杀死他人，行为人原本并无杀人的主观意愿，即"元无杀心，因相斗殴而杀人"。"斗殴杀人者，绞。"④误杀，指因斗殴过程中错杀他人，包括斗殴误杀伤傍人、斗殴误致傍人死亡及误杀助己者等。如甲乙相斗，甲以器械欲击乙，但却误击中丙，致丙死亡。误杀人者，减斗杀一等处罚，流三千里。⑤戏杀，"谓以力共戏，至死和同者"，所以戏杀人者主观上没有杀人的故意，并且杀人者与被杀者在"戏"的过程中始终"和同"，但在客观上造成一方死亡的结果。《唐律疏议》规定，戏杀中的"和同"并不包括期亲尊长、外祖父母、夫、夫之祖父母的"和同"，这些人"虽和，并不得为戏，各从斗杀伤法"。戏杀人者，减斗杀二等处罚。⑥对于

---

〔1〕《唐律疏议·名例》"共犯罪本罪别"条规定："强盗及奸，略人为奴婢……亦无首从。"

"过失"，《唐律疏议》解释为"耳目所不及，思虑所不到"；"共举重物，力所不制；若乘高履危足跌及因击禽兽，以至杀伤之属"，皆为过失。过失杀人者，可以铜赎罪。

伤害罪可分为故意伤害、过失伤害、共同伤害、持械伤害等。关于"伤"，《唐律疏议·斗讼》规定："见血为伤。非手足者，其余皆为他物，即兵不用刃亦是。""诸斗殴人者，笞四十；伤及以他物殴人者，杖六十。"对于伤情更为严重的"折伤"，唐律也加以认定并且施以更重的处罚："诸斗殴人，折齿，毁缺耳鼻，眇一目及折手足指，若破骨及汤火伤人者，徒一年；折二齿、二指以上及髡髪者，徒一年半。"若行为人在实施伤害行为时手持兵器或其他器物等，均加重处罚。

基于伦理纲常，唐律根据当事人的身份、地位等确定不同的加重或减轻处罚的原则。一般情形下，尊长等杀伤卑幼、贱者，减轻处罚；反之，卑幼、贱者杀伤尊长等，则加重处罚。

唐律规定了"保辜"制度，为伤害行为的刑事责任认定提供依据，同时也促使行为人积极救助受害者。在伤害行为发生后，由于被害人的伤情未定，难以确定被害人是否会因伤势而导致死亡，因此，《唐律疏议·斗讼》"保辜"条规定："凡是殴人，皆立辜限。"在伤害行为发生后，若殴伤人未至死，则确定一定的期限，以期满时被害人的死伤状况作为对伤害人定罪量刑的依据。在规定的期限内，伤害人可采取积极措施救助被害人，以减轻自己的罪责，所谓"保人之伤，正所以保己之罪也"。若被害人在保辜期限内死亡，"不限尊卑、良贱及罪轻重，各从本条杀罪科断"，即按照杀人罪论处；若被害人在保辜期限外死亡，或虽在辜限内死亡，但因其他原因而死亡的，则以伤害罪论处。《唐律疏议》根据殴伤的不同方式及伤害的不同情形规定了不同的保辜期限："诸保辜者，以手足殴伤人限十日，以他物殴伤人者二十日，以刃及汤、火殴伤人者三十日，折跌支体及破骨限者五十日。"可见，保辜期限越长，伤害者的责任越重。

（四）官吏职务犯罪

加强对各级官吏的管理皆为历朝历代统治者所重视，唐朝统治者不仅给予各级官吏较多的特权，同时也要求各级官吏清正廉明，忠于职守，勤勉履职。《唐律疏议》分门别类地规定诸多不同罪名，加强对各级官吏的管理和处罚。从刺史县令私自出界到"曹司点检"时无故不到岗，从公文书处理失误到"受财枉法"，涉及各级官吏从衣食住行到为官理政的各个方面。例如，《唐律疏议·职制》规定，州县长官"不因公事，私自出境者，杖一百"；"若点不到者，一点笞十"，"若全不来，上计日以无故不上科之"。

唐律以严刑惩治贪官污吏，规定了"受财枉法""受财不枉法""事后受财""受所监临财物""坐赃"等罪。《唐律疏议·职制》"受财枉法"条规定："监临主司受财而枉法者，一尺杖一百，一匹加一等，十五匹绞。"若"虽受有事人财，判断不为曲法"，即"受财不枉法"，则受财"一尺杖九十，二匹加一等，三十匹加役流"。"受所监临财物"即"监临之官，不因公事而受监临内财物"，"计赃一尺以上笞四十，一匹加一等，八匹徒一年，八匹加一等，五十匹流二千里。""坐赃"是指"非监临主司，而因事受财"，"诸坐赃致罪者，一尺笞二十，一匹加一等，十匹徒一年，十匹加一等，罪止徒三年。与者，减五等。"[1] 受人之财和与人之财都要受到处罚。

此外，各级监临官不得娶当地妇人为妻为妾，不得"受猪羊供馈"，不得随意役使民人、马牛等，更不得"因官挟势乞索"。

（五）破坏社会秩序的犯罪

唐律从不同方面规定了诸多不同的罪名，对破坏社会秩序的行为予以惩罚，以实现稳定的社会秩序和安定的社会生活。《唐律疏议》在维护社会秩序方面的规定涉及社会治安、集市贸易、私铸钱币、车船行使、稼穑耕种、仓库管理以及侵占街巷阡陌等关于基层社会治理的诸多方面。例如，《唐律疏议·杂律》专设"无故于城内街巷走车马""在市人众中惊动扰乱"等条维护社会公共秩序，规定在市内及众聚之处，"诳言有猛兽之类，令扰乱者，杖八十"，"因其扰乱而杀伤人者，减故杀伤一等，惊人致死，减一等流三千里"。此外，《唐律疏议·杂律》"向城官私宅射"条规定，向城内及官私住宅射弹及投瓦石者，笞四十，因此而杀伤人者，"各减斗殴杀伤一等"处罚。

（六）破坏家庭秩序的犯罪

家庭秩序是社会秩序的基础，也集中体现出宗法伦常秩序。因此，唐律注重维护家庭秩序及伦理纲常秩序，不仅规范家庭伦常秩序，还专门规定一些罪名对违反家庭伦常秩序的行为予以严惩。如前所述，"十恶"中的恶逆、不孝、不睦、不义、内乱就直接关涉家庭伦常秩序。

我国古代家庭秩序的核心是父权和夫权，父亲和丈夫在家庭中拥有的特殊的身份和地位。唐律注重维护父权和夫权及其权威，要求子孙服从和善事祖父母、父母，严惩"不孝"的犯罪行为。《唐律疏议》解释道："善事父母曰孝。既有违犯，是名'不孝'"，同时以《礼记》的记载"乐其心，不违其志，以其饮食而忠养之"来说明"孝子之养亲"的意涵。[2] 所以，子孙违反教令、供养

---

[1]《唐律疏议·杂律》"坐赃致罪"。
[2]《唐律疏议·名例》"十恶"。

有阙、闻祖父母父母丧匿不举哀、居父母丧嫁娶等都要受到严惩。此外，《唐律疏议·户婚》专门规定"卑幼自娶妻"条，若子孙未经祖父母、父母等尊长同意而擅自娶妻的，杖一百。

唐律严惩家庭及五服内亲属之间的奸淫、乱伦等行为。"奸小功以上亲、父祖妾及与合者"就属于"十恶"之一的"内乱"。《唐律疏议·杂律》专门设"奸缌麻以上亲及妻""奸从祖祖母姑""奸父祖妾"等条，规定"奸缌麻以上亲及缌麻以上亲之妻……徒三年；强者，流二千里；折伤者，绞"，"奸父祖妾、伯叔母、姑、姊妹、子孙之妇、兄弟之女者，绞"。

三、刑种

唐代继承和发展隋律所确立的五刑制度，使之进一步系统化。唐律规定的"五刑"为笞、杖、徒、流、死，共二十等，即所谓"封建制五刑"。

笞刑是五刑中最轻的一种刑罚，用于惩罚较轻的犯罪。《唐律疏议》解释道："笞，击也，又训为耻。言人有小愆，法须惩戒，故加捶挞以耻之。"笞刑分五等，由轻到重分别为：笞十，笞二十，笞三十，笞四十，笞五十。

杖刑，重于笞刑。杖刑也分为五等，由轻到重分别为：杖六十，杖七十，杖八十，杖九十，杖一百。执行杖刑所用之杖略大于笞刑所用。

徒刑，重于杖刑，是剥夺罪犯的人身自由，并强制其从事奴辱性劳役的刑罚。《唐律疏议》解释道："徒者，奴也，盖奴辱之。"根据服劳役的时间长短，徒刑分为五等，分别为：徒一年，徒一年半，徒二年，徒二年半，徒三年。

流刑是五刑之中仅次于死刑的刑罚，将罪犯流放边远地区，并强制其服苦役。《唐律疏议》解释道：流刑"谓不忍刑杀，宥之于远也"。根据流放的距离远近，流刑分三等，分别为：流二千里、流二千五百里、流三千里，并且均服苦役一年。此外，唐太宗贞观年间将唐高祖武德年间的断趾刑改为"加役流"，即在最重的流刑基础上增加服苦役的时间，为流三千里，服苦役三年。

死刑是五刑中最重的一种刑罚，即罪犯的剥夺生命的刑罚，为"刑之极也"。死刑分绞、斩二等。因绞刑保全罪犯的身体，故绞刑轻于斩刑。

第四节 民事经济法律

唐朝的民事法律关系受礼、传统习俗、法律等规范的共同调整。《唐律疏议》中关于民事关系的规范涉及身份、契约、婚姻、家庭、继承等诸多方面，散见于《名例》《户婚》《厩库》《诈伪》《杂律》等多篇的规定之中，但多以刑罚的方式来调整民事关系。唐朝的令、格、式等法律形式中也多有关于民事经济法律关系的规范。

一、土地和赋税制度

土地是传统中国国家和社会发展的基础。为恢复和发展农业生产，唐朝建立后在土地制度方面实行均田制，根据人口等因素来分配土地，不同身份和地位的人可分到不同数量的耕地，并以此确定向国家缴纳的部分赋税。根据所分配耕地性质的不同，可分为永业田、口分田、赐田等。在唐朝中前期，"丁男给永业田二十亩，口分田八十亩，其中男年十八以上亦依丁男给。老男、笃疾、废疾各给口分田四十亩，寡妻妾各给口分田三十亩。"[1] "诸以工商为业者，永业、口分田各减半给之。"[2] 唐玄宗开元年间，各级官员、贵族可得数量不等的永业田："亲王百顷，职事官一品六十顷，郡王及职事官从一品各五十顷，国公若职事官正二品各四十顷，郡公若职事官从二品各三十五顷……"[3] 符合条件的田地买卖须经官府批准，发给文牒。唐玄宗开元二十五年《田令》规定："诸卖买田，皆须经所部官司申牒，年终彼此除附。若无文牒辄卖买，财没不追，地还本主。"《唐律疏议·户婚》专门对"占田过限""盗耕种公私田""在官侵夺私田""卖口分田"等侵害土地权益的行为予以处罚，例如"在官侵夺私田者，一亩以下杖六十，三亩加一等；杖过一百，五亩加一等，罪止徒二年半。"

在赋税制度方面，唐朝先后实行租庸调制、两税法，以增加国家财政和赋税收入。唐高祖武德二年（619 年）确定以人丁赋役为基础的租庸调制，武德七年（624 年）在实行均田制时又对租庸调制作进一步规定："凡授田者，丁岁输粟二石，谓之租。丁随乡所出，岁输绢、绫、絁各二丈，布加五之一，绵二两，输布者，麻三斤，谓之调。用人之力，岁二十日，闰加二日，不役者日为绢三尺，谓之庸。"[4] 所谓"有田则有租，有身则有庸，有户则有调"，遇有灾年可减免征收。根据武德年间和开元年间定令，"租""庸""调"之间可以折算："若不役者收庸，每日絁绢各三尺，布三尺七寸五分。须留役者，满十五日免调，三十日租调俱免，通正役并不得过五十日。遣部曲代役者，听之。"[5] 唐朝中前期实施租庸调制征收的赋役较轻，在一定程度上减轻了基层民众的赋税负担，在恢复农业生产和稳定社会秩序方面起到积极的作用。唐朝中期以后，随着均田制废弛，租庸调制也未能得到有效实施。唐德宗统治时期开始实施以土地和财产为赋役基础的"两税法"，取消租庸调制和其他杂税。"两税法"按

---

〔1〕 ［日］仁井田陞：《唐令拾遗》，栗劲等编译，长春出版社 1989 年版，第 542 页。

〔2〕 ［日］仁井田陞：《唐令拾遗》，栗劲等编译，长春出版社 1989 年版，第 562 页。

〔3〕 ［日］仁井田陞：《唐令拾遗》，栗劲等编译，长春出版社 1989 年版，第 548 页。

〔4〕 （元）马端临撰：《文献通考·田赋考·历代田赋之制》。

〔5〕 ［日］仁井田陞：《唐令拾遗》，栗劲等编译，长春出版社 1989 年版，第 597 页。

照各户的贫富程度划分等级，征收户税，同时按照田亩数量，征收地税，在夏秋两季征收。"两税法"以财产的多寡为征税依据，增加了国家的赋税收入，在很大程度上减轻了下层民众的赋役负担，但也遭到地主阶级的反对。"两税法"在实施一段时间之后被迫做出改变，改货币征收为实物征收，而各级官吏也在"两税"之外巧立名目，沉重的苛捐杂税使"两税法"失去了存在的意义。

唐朝除征收田赋外，还征收茶税、酒税、盐税等诸多赋税，实施茶、酒、盐等物品的国家专营，禁止民间私自贩卖，同时还设盐官、榷茶使等官吏征税。此外，唐朝在矿业、手工业、市场管理等方面也制定相应的法律，以维护正常的社会经济秩序。

二、身份

唐朝法律注重维护不同阶层的身份和地位，除官僚贵族享有法律上的特权地位之外，一般的民事法律关系中也区分"良"与"贱"。"良"是指普通民众，大体上可分为四类，即士、农、工、商。唐玄宗开元七年《户令》规定："诸习学文武者为士，肆力耕桑者为农，巧作贸易者为工，屠沽兴贩者为商（工商皆谓家专其业，以求利者。其纴组紃之类，非也）。工商之家不得预于士，食禄之人不得夺下人之利。"[1] 士、农、工、商虽然都属"良人"，但是他们的社会地位还是有所差别，而相比于"贱民"，他们具有相对独立的社会地位和身份。

贱民的社会地位低于良人，且不具有完全的民事主体身份，甚至被视为一种特殊的资财。根据其身份的不同，贱民可分为官贱民与私贱民。官贱民包括官奴婢、官户、工乐、杂户等；私贱民包括奴婢、部曲、客女等。对于上述"贱民"，《唐律疏议》中有相关解释，例如《唐律疏议·名例》解释，杂户"谓前代以来，配隶诸司职掌，课役不同百姓，依令'老免、进丁、受田，依百姓例'，各于本司上下"。官户"谓前代以来，配隶相生，或有今朝配没，州县无贯，唯属本司"。而客女"谓部曲之女，或有於他处转得，或放奴为之"[2] 虽然他们均属"贱民"，但其身份和地位仍有不少区别。例如，奴婢在法律上被视作财产。《唐律疏议·贼盗》解释："部曲不同资财"，"奴婢同资财"。私贱民可"经放为良及自赎免贱"，即可以通过"自赎"或主人"放良"而脱离贱民身份。唐玄宗开元二十五年《户令》规定：放良"皆由家长手书，长子以下连署，仍经本属申牒除附"，"自赎免贱，本主不留为部曲者，任其所乐"[3]

---

〔1〕［日］仁井田陞：《唐令拾遗》，栗劲等编译，长春出版社1989年版，第154页。
〔2〕《唐律疏议·户婚》"以妻为妾"。
〔3〕［日］仁井田陞：《唐令拾遗》，栗劲等编译，长春出版社1989年版，第170页、第171页。

按照唐律规定，良贱之间不能通婚，违者要处以一定的刑罚，因为"人各有耦，色类须同。良贱既殊，何宜配合"。《唐律疏议·户婚》规定："诸与奴娶良人女为妻者，徒一年半；女家，减一等。离之。其奴自娶者，亦如之。主知情者，杖一百。""诸杂户不得与良人为婚，违者，杖一百。官户娶良人女者，亦如之。良人娶官户女者，加二等。"

三、契约

唐朝的民事和经济活动较为活跃，相关主体之间订立契约确定彼此之间的权利和义务成为普遍现象，所订契约涉及买卖、借贷、租赁、雇佣等诸多方面。当事方之间订立契约的前提是自愿，即"两情和同"，契约的内容包括标的物、实现方式、担保人以及履行契约的期限及违约处罚等。

（一）买卖契约

买卖契约是基于买卖关系而订立的契约，是唐朝的契约关系中较为普遍的一种。根据买卖的标的物性质的不同，买卖契约又可分为不动产买卖契约与动产买卖契约。

根据唐律，口分田不得买卖，《唐律疏议·户婚》"卖口分田"条规定："卖口分田者，一亩笞十，二十亩加一等，罪止杖一百；地还本主，财没不追。"但是该条又规定"即应合卖者，不用此律"，意即在特定的条件下，口分田是可以买卖的。根据该条的解释，"永业田家贫卖供葬，及口分田卖充宅及碾硙、邸店之类，狭乡乐迁就宽者，准令并许卖之"。此外，赐田以及"其五品以上若勋官，永业地亦并听卖"。买卖土地须经官府批准，并订立契约。

根据《唐律疏议》的规定，买卖奴婢、马、牛、驼、骡、驴等须订立契约，否则要受到相应的处罚："诸买奴婢、马、牛、驼、骡、驴，已过价，不立市券，过三日笞三十；卖者，减一等。立券之后，有旧病者三日内听悔，无病欺者市如法，违者笞四十。"依此，买卖双方都有责任订立契约，买卖成交后必须在三日之内"立市券"，否则，买卖双方均要受到一定的处罚。唐律同时也规定了掌管订立契约的市司应承担的责任："即卖买已讫，而市司不时过券者，一日笞三十，一日加一等，罪止杖一百。"在买卖双方成交之后，"市司当时不即出券者"要受到相应的处罚。[1]

（二）借贷契约

唐代的借贷方式主要有"出举"和"负债"。"出举"即附加利息的借贷，"负债"为无利息的借贷。借贷双方应订立契约，以明确当事双方的权利和义务。唐玄宗开元二十五年所定《杂令》规定："诸公私以财物出举者，任依私

---

[1]《唐律疏议·杂律》"买奴婢牛马不立券"。

契，官不为理。"但是，"若违法取利、契外掣夺及非出息之债者，官为理。"为避免利息过高引发社会矛盾，该令规定了"出举"的利息上限："每月取利，不得过六分。积日虽多，不得过一倍。"[1] 如果违反法律规定的最高利息上限，可以向官府告发："私契取利过正条者，任人纠告，利物并入纠人。"[2] 唐玄宗开元二十五年《杂令》还规定了粟麦的"出举"："诸以粟麦出举，还为粟麦者，任依私契，官不为理，仍以一年为断，不得因旧本更令生利，又不得回利为本。"[3]

《唐律疏议》规定了"负债违契不偿"应受的处罚："诸负债违契不偿，一匹以上，违二十日笞二十，二十日加一等，罪止杖六十；三十匹加二等，百匹又加三等。各令备偿。"所以，在一方不履行契约时，官府可对违约方施以一定的刑罚，令其偿还。

（三）租赁契约

根据《唐律疏议·名例》的解释，"赁，谓碾硙、邸店、舟船之类，须计赁价为坐。"租借人在约定的期限内使用被租借人的碾硙、邸店、舟船等物，并向被租借人支付一定的"赁价"，当事人可通过租赁契约确定所"赁"之物的使用期限及"赁价"等内容。为防止官吏在其辖内私自役使、租赁奴婢、牛马等，《唐律疏议》规定："诸监临之官，私役使所监临，及借奴婢、牛马驼骡驴、车船、碾硙、邸店之类，各计庸、赁，以受所监临财物论"，[4] 并且"计庸、赁为赃"。

根据唐玄宗开元二十五年《田令》，土地不得"贴赁及质"，"违者财没不追，地还本主"，但是"若从远役、外任，无人守业者，听贴赁及质。其官人永业田及赐田，欲卖及贴赁者，皆不在禁限"[5]。

四、婚姻家庭制度

父权家长制是唐朝家庭制度的核心，家长拥有教令权、财产权、主婚权等广泛的权力，集中体现出宗法制下的身份等级制的原则和内容。

（一）婚姻制度

唐朝法律关于婚姻制度的规定涉及从婚姻关系的建立到婚姻关系的解除等诸多方面。建立婚姻关系，需要订立"婚书"。基于家长的主婚权，订立婚书需经婚姻双方当事人家长的同意，由此而订立的婚书或婚约受法律保护。《唐律疏

〔1〕〔日〕仁井田陞：《唐令拾遗》，栗劲等编译，长春出版社1989年版，第789页。
〔2〕〔日〕仁井田陞：《唐令拾遗》，栗劲等编译，长春出版社1989年版，第791页。
〔3〕〔日〕仁井田陞：《唐令拾遗》，栗劲等编译，长春出版社1989年版，第790页。
〔4〕《唐律疏议·职制》"役使所监临"。
〔5〕〔日〕仁井田陞：《唐令拾遗》，栗劲等编译，长春出版社1989年版，第564页。

议·户婚》规定："诸许嫁女,已报婚书及有私约而辄悔者,杖六十",但是"男家自悔者,不坐,不追娉财"。男女双方在订立婚书之后应依约婚嫁,不得"违约妄冒",《唐律疏议·户婚》规定："女家妄冒者,徒一年;男家妄冒者,加一等。"《唐律疏议》还解释道:"婚礼先以娉财为信",并且"娉财无多少之限",若女方接受娉财则视为同意婚约,不受是否订立婚书的影响。

婚姻关系的成立除"父母之命,媒妁之言"之外,男女双方在经过"婚礼"之后才正式确立婚姻关系,即所谓"六礼":纳采、问名、纳吉、纳征、请期、亲迎。在经过了"六礼"程序之后,婚姻关系即告成立,婚姻受法律保护。

在婚姻年龄方面,唐朝在不同时期有不同的规定。唐太宗贞观元年规定的结婚年龄为"男年二十,女年十五",根据唐玄宗开元二十五年《户令》,"男年十五,女年十三以上,并听婚嫁"[1]唐律还规定了一些禁止结婚的情形,违者要受到一定的处罚,如不得同姓为婚、不得娶逃亡妇女、"夫丧服除而欲守志者"不得强嫁、监临官不得娶所监临内的妇女、卑幼不得擅自娶妻、良贱之间不得为婚等。《唐律疏议·户婚》"同姓为婚"条规定:"诸同姓为婚者,各徒二年。缌麻以上,以奸论。"

唐朝实行一夫一妻制,"一夫一妇,不刊之制"[2]已有妻者再娶妻,要受到刑罚处罚:"诸有妻更娶妻者,徒一年;女家减一等。"[3]夫在有妻的情况下可以娶妾。妾的身份和地位明显不同于妻。但若以妻为妾,同样构成犯罪,要受到刑罚处罚:"诸以妻为妾,以婢为妻者,徒二年。"[4]在婚姻关系中,夫居于主导地位,根据《唐律疏议》的解释,"夫者,妇之天",[5]"妻之言齐,与夫齐体,义同于幼。"[6]

唐朝的离婚可分为协议离婚与强制离婚两种。

所谓协议离婚即"和离",意为"夫妻不相安谐"而离婚者,《唐律疏议·户婚》的解释是:"彼此情不相得,两愿离者"。在这种情形下,夫妻双方可自愿解除婚姻关系。

强制离婚可分为法定强制离婚与丈夫强制离婚两种。法定强制离婚包括"违律为婚"和"义绝"两种。"违律为婚"即男女双方的婚嫁违反了法律上禁

---

〔1〕 [日]仁井田陞:《唐令拾遗》,栗劲等编译,长春出版社1989年版,第158页。

〔2〕 《唐律疏议·户婚》"有妻更娶妻"。

〔3〕 《唐律疏议·户婚》"有妻更娶妻"。

〔4〕 《唐律疏议·户婚》"以妻为妾":"妻者,齐也,秦晋为匹。妾同买卖,等数相悬。婢乃贱流,本非侪类。若以妻为妾,以婢为妻,违别议约,便亏夫妇之正道,黩人伦之彝则,颠倒冠履,紊乱礼经。"

〔5〕 《唐律疏议·名例》"十恶"。

〔6〕 《唐律疏议·斗讼》"殴伤妻妾"。

止为婚的规定，"违律为婚"所缔结的婚姻关系无效，男女双方必须离异，主婚者还要受到刑罚处罚："祖父母、父母主婚者"，只处罚主婚者，"徒一年"；"若期亲尊长主婚者，主婚为首，男女为从"。"义绝"则指所缔结的婚姻本身为合法有效，但由于夫或妻一方对对方的亲属实施较严重的侵害行为或者夫妻双方亲属之间发生较严重的侵害行为，则夫妻必须离异。《唐律疏议·户婚》引唐令规定了"义绝"的具体条件："诸殴妻之祖父母、父母，及杀妻外祖父母、伯叔父母、兄弟姑姊妹，若夫妻祖父母、父母、外祖父母、伯叔父母、兄弟姊妹自相杀，及妻殴詈夫之祖父母、父母，杀伤夫外祖父母、伯叔父母、兄弟姑姊妹，及与夫之缌麻以上亲若妻母奸，及欲害夫者，虽会赦皆为义绝。妻虽未入门，亦从此令。"[1] 据此，若在婚姻关系存续期间发生上述情况之一者，即构成"义绝"。《唐律疏议·户婚》规定："诸犯义绝者离之，违者，徒一年。"在发生"义绝"的情形下，即使夫妻双方均不想离婚，也必须离婚，"若两不愿离，即以造意为首，随从者为从"予以处罚。[2]

若妻存在"七出"所规定的情形，丈夫有权解除婚姻关系。《唐律疏议·户婚》引唐令规定，"七出"为"一无子，二淫泆，三不事舅姑，四口舌，五盗窃，六妒忌，七恶疾。"对于妻在何时无子可以休弃，《唐律疏议》解释道：根据律的规定，"妻年五十以上无子，听立庶以长"，那么"四十九以下无子，未合出之"。若妻存在上述"七出"情形之一，夫可单方面解除婚姻关系，但是要经过较为严格的程序："夫手书弃之。男及父母伯姨舅，并女父母伯姨舅，东邻西邻，及见人皆署。若不解书，画指为记。"[3] 此外，当时也对"七出"作了限制性规定，即"三不去"："一经持舅姑之丧，二娶时贱后贵，三有所受无所归。"若妻存在上述"七出"所规定的情形，但若同时也存在"三不去"之一者，夫仍不得弃妻。《唐律疏议·户婚》对此规定："诸妻无七出及义绝之状，而出之者，徒一年半；虽犯七出，有三不去，而出之者，杖一百。追还合。"

妻妾无权单方面解除婚姻关系，因为"妇人从夫，无自专之道"，"若有心乖唱和，意在分离，背夫擅行"，要受到刑罚处罚。《唐律疏议·户婚》规定："妻妾擅去者，徒二年；因而改嫁者，加二等。"

（二）继承制度

继承包括宗祧继承与财产继承两个方面。对于宗祧继承，唐朝实行嫡长子继制。《唐律疏议·户婚》引唐令规定："无嫡子及有罪疾，立嫡孙；无嫡孙，以次

〔1〕 ［日〕仁井田陞：《唐令拾遗》，栗劲等编译，长春出版社 1989 年版，第 164 – 165 页。

〔2〕 《唐律疏议·户婚》"义绝离之"。

〔3〕 ［日〕仁井田陞：《唐令拾遗》，栗劲等编译，长春出版社 1989 年版，第 162 – 163 页。

立嫡子同母弟；无母弟，立庶子；无庶子，立嫡孙同母弟；无母弟，立庶孙。曾、玄以下准此。"如果在上述范围之内仍没有继承宗祧之人，法律规定，可收养同宗之人。根据唐玄宗开元二十五年《户令》："诸无子者，听养同宗于昭穆相当者。"[1] 若违反上述顺序确立继承人的，要受到刑罚处罚："诸立嫡违法者，徒一年。即嫡妻年五十以上无子者，得立嫡以长，不以长者亦如之。"依此，在无嫡子的情况下，可立庶子为嫡，但是，"皆先立长，不立长者，亦徒一年。"[2]

在财产继承方面，唐朝实行诸子均分。根据唐玄宗开元七年和开元二十五年《户令》："诸应分田宅及财物者，兄弟均分，妻家所得之财，不在分限（妻虽亡没，所有资产及奴婢，妻家并不得追理）；兄弟亡者，子承父分（继绝亦同）；兄弟俱亡，则诸子均分，其未娶妻者，别与娉财；姑姊妹在室者，减男娉财之半，寡妻无男者，承夫分。"[3] 据此，在诸子均分的总原则下，可以"子承父份""寡妻承夫份"，若兄弟均去世，则再次"诸子均分"。同时也照顾到尚未娶妻和出嫁的儿女的权益，给未娶妻的儿子还另外留一定数量的"娉财"，给尚未出嫁的女儿留一定数量的"嫁资"，其数量为留给未娶妻儿子"娉财"的一半。

第五节　司法思想与司法制度

一、司法思想

唐朝中前期的统治阶层重视法律在国家治理中的重要作用，要求统一实施法律，做到"依法"审判和处理案件，同时也兼顾情理，在"明德慎罚"的指导思想下要求慎刑慎罚。

（一）"守文定罪"，依情宽宥

唐初统治者深刻认识到"法之不行，自上犯之"，唐太宗针对隋炀帝时期的统治评价道："隋炀帝不以官人违法为意，性多猜忌，惟虑有反叛者"，而他所忧虑的是各级官吏"不遵法式，致有冤滞"[4] 所以，唐太宗认为，"理国守法，事须画一"[5] 在贞观初年，各级官吏"志存公道，人有所犯，一一于法"[6] 唐太宗也认识到法律本身的局限性："曹司断狱，多据律文，虽情在可矜，而不敢违法，守文定罪，或恐有冤"，因此要求对于"据法合死而情可宥

---

〔1〕 ［日］仁井田陞：《唐令拾遗》，栗劲等编译，长春出版社1989年版，第141页。
〔2〕 《唐律疏议·户婚》"立嫡违法"。
〔3〕 ［日］仁井田陞：《唐令拾遗》，栗劲等编译，长春出版社1989年版，第155页。
〔4〕 （唐）王方庆：《魏郑公谏录》。
〔5〕 《贞观政要·刑法》。
〔6〕 《贞观政要·公平》。

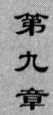

者，宜录状奏"，[1] 以期在依据法律的基础上兼顾情理，实现案件处理的"平允""公正"。魏征对此提出："凡理狱之情，必本所犯之事以为主，不严讯，不旁求。"[2] 房玄龄曾对唐太宗说道："理国要道，在于公平正直。"[3] 对于如何实现公平正直，唐太宗曾问臣下："今作何法，得使平允？"他接受臣下的建议，"但选公直良善人，断狱允当者"，以图实现"奸伪自息"的目的。[4]

（二）恤刑慎罚

在"明德慎罚"的思想基础上，唐初统治者坚持"国家惟刑是恤，恩弘博爱"的原则，"以刑者不可复属，死者务欲生之"，[5] 因此特别谨慎地对待死刑。唐太宗认为"死者不可再生"，对于死刑案件"皆令中书、门下四品以上及尚书九卿议之"。[6] 唐朝的死刑复奏制度也典型地体现出慎刑恤狱的思想。唐太宗曾据御史的劾奏处死大理丞张蕴古，但之后追悔莫及，认识到执行死刑需慎之又慎，由此将原来的死刑"三覆奏"改为"五覆奏"："以决前一日、二日覆奏，决日又三覆奏"。[7]

唐初统治者坚持"明德慎罚""慎刑恤狱"的思想取得很大成效，在贞观初年"庶免冤滥"，"几致刑措"。[8]

二、司法机构

唐朝的司法机构主要分为中央司法机构和地方司法机构两类。

中央司法机构主要为大理寺、刑部、御史台，共同行使司法权，三者各司其职，互相配合，互相制约。大理寺是中央最高审判机关，负责审理中央百官犯罪以及京师徒刑以上的犯罪案件。对于徒刑、流刑案件的判决须经刑部复核；对于死刑案件的判决则须奏请皇帝决断。大理寺设卿一人、少卿二人，分别为正、副长官，其中大理卿"掌邦国折狱详刑之事"。此外，还设正、丞、主簿、录事等官，分掌不同职能。[9]

刑部是中央最高司法行政机关，除负责司法行政事务之外，还负责复核大理寺判决的流刑以下案件以及地方州县判决的徒刑以上案件，若发现问题可将案件发回重审。刑部设尚书一人、侍郎一人，分别为正、副长官，刑部尚书、

〔1〕《旧唐书·刑法志》。
〔2〕《贞观政要·公平》。
〔3〕《贞观政要·公平》。
〔4〕《贞观政要·刑法》。
〔5〕《唐律疏议·名例》"应议请减"。
〔6〕《贞观政要·刑法》。
〔7〕《旧唐书·刑法志》。
〔8〕《贞观政要·刑法》。
〔9〕《旧唐书·刑法志》。

侍郎之职"掌天下刑法及徒隶勾覆、关禁之政令","凡中外百司之事,由于所属,咸质正焉。"[1]

御史台为中央最高监察机关,不仅负责监察百官,还参与重要案件的审理以及监督大理寺和刑部的司法活动。

在遇有重大疑难案件时,由大理寺、刑部、御史台三个机构的长官大理寺卿、刑部侍郎、御史中丞会同审理,这种审理方式被称为"三司推事"。此外,根据《唐六典》记载,中书省的中书舍人、门下省的给事中和御史台的侍御史组成的"三司"也会同审理一些重大案件:"凡国之大狱,三司详决,若刑名不当,轻重或失,则援法例退而裁之。"[2]

地方司法机构基本与行政机构一致,仍为"行政兼理司法",由县、州地方行政长官主持司法审判,同时也在地方行政机构内部设立一些专门的司法佐吏。例如,在州一级行政机构内,设司法参军事、司户参军事等职,掌案件审判和纠纷处理等。根据《唐六典》记载,府、都督府等内设法曹司法参军,"掌律、令、格、式,鞫狱定刑,督捕盗贼,纠逖奸非之事,以究其情伪,而制其文法,赦从重而罚从轻,使人知所避迁善远罪",而户曹司户参军,"掌户籍、计帐,道路、逆旅、田畴、六畜、过所、蠲免之事,而剖断人之诉竞。凡男女婚姻之合,必辨其族姓,以举其违。凡井田利害之宜,必止其争讼,以从其顺"[3]基本上,前者负责刑事案件的审理,而后者负责民事案件的审理。如前所述,监察御史等在监察地方时也参与州、县重要案件的审理。

三、诉讼与审判制度

(一) 诉讼的提起

在唐朝,提起诉讼主要可分为"举劾"和"告诉"两类。"举劾",即由监察机关或各级官吏代表国家纠举犯罪,类似于近现代法律中的公诉。举劾犯罪是各级官吏的义务,若知晓犯罪而不举劾或举劾不及时,则要受到相应的处罚。《唐律疏议·斗讼》规定:"诸监临主司知所部有犯法,不举劾者,减罪人罪三等。纠弹之官,减二等。"此外,唐朝还实行"伍家相保"制度,即同伍保内在家犯罪,若知晓有他人犯罪,则须向官府纠举,否则也要受到一定的刑罚处罚。《唐律疏议·斗讼》规定:"即同伍保内,在家有犯,知而不纠者,死罪,徒一

---

[1]《唐六典·尚书刑部》,参见(唐)张九龄等著,袁文兴、潘寅生主编:《唐六典全译》,甘肃人民出版社1997年版,第189页。

[2]《唐六典·门下省》,参见(唐)张九龄等著,袁文兴、潘寅生主编:《唐六典全译》,甘肃人民出版社1997年版,第255页。

[3]《唐六典·三府都护县官吏》,参见(唐)张九龄等著,袁文兴、潘寅生主编:《唐六典全译》,甘肃人民出版社1997年版,第739页。

年；流罪，杖一百；徒罪，杖七十。"若犯罪不在家中，则虽是伍保之内，"知而不纠，不合科罪"。

"告诉"，即当事人到官府提起诉讼，控告违法犯罪行为，类似于近现代法律中的自诉。"告诉"可由当事人提起，也可由其亲属代行，但均应向官府提交"辞牒"，即诉状。当事人自己不能书写的，可由相关吏员代写或雇请他人书写，但他人受雇书写辞牒，必须实事求是，不可夸大其词，《唐律疏议·斗讼》规定："诸为人作辞牒，加增其状，不如所告者，笞五十；若加增罪重，减诬告一等。"此外，"诸告人罪，皆须明注年月，指陈实事，不得称疑。违者，笞五十。官司受而为理者，减所告罪一等。"符合条件的，官府即应受理，"推抑而不受者，笞五十"。但为减少讼事对农业生产的影响，唐律规定，在每年三月三十日至十月一日的农忙季节，官府不得受理涉及田宅、婚姻、债负等方面的民事纠纷。

无论是"举劾"，还是"告诉"，案件的处理都须自下而上逐级进行，不得"越诉"。在地方，基层司法机构为县、州，在京城则为各部所属诸司。唐玄宗开元七年《狱官令》规定："诸有犯罪者，皆从所发州县推而断之。在京诸司，则徒以上送大理，杖以下当司断之。"对于"越诉"，《唐律疏议·斗讼》"越诉"条规定："凡诸辞诉，皆从下始。从下至上，令有明文。谓应经县而越向州、府、省之类，其越诉及官司受者，各笞四十。"在特殊情形下，例如有重大冤情等情形，当事人可以不受"越诉"规定的限制，以邀车驾及挝登闻鼓等"直诉"方式提起，在这种情形下，主司必须受理，否则，"加罪一等"。但是邀车驾者，不得"入导驾仪仗中"，违者杖六十。

唐律还限制一些人的"告诉"之权，如卑幼不得告尊长，奴婢不得告主人，否则构成犯罪，但是谋反、谋大逆、谋叛等重大犯罪除外，"诸知谋反及大逆者，密告随近官司，不告者，绞。知谋大逆、谋叛不告者，流二千里。"此外，唐律规定，在押囚犯及年八十以上、十岁以下及笃疾者，除谋反、谋大逆、谋叛等犯罪外，"不得告举他事"，即使告言，官府也不得受理，"官司受而为理者，各减所理罪三等"。[1]唐律还规定，不得"投匿名书"告发他人犯罪，否则无论所告罪行轻重，都要处"流二千里"。[2]

（二）审级制度

基层司法机构在审理后，对于一般民事案件则直接作出判决，对于刑事案件则需根据刑罚轻重由不同的司法机构作出有效判决。对于杖刑以下的案件，

〔1〕《唐律疏议·斗讼》"囚不得告举他事"。
〔2〕《唐律疏议·斗讼》"投匿名书告人罪"。

各县可直接判决。对于徒刑以上的案件，则由县审理后作出初步判决，并报州复审，州复审之后，徒刑案件的判决即生效，"如有不当者，随事驳正"；符合赎刑条件者，可以以铜赎罪。对于流刑以上的判决以及符合除名、免官、官当等条件的案件，经州复审后，报刑部复核。死刑案件必须奏请皇帝裁决。《唐律疏议·断狱》规定："诸断罪应言上而不言上，应待报而不待报，辄自决断者，各减故失三等。"

根据唐玄宗开元二十五年《狱官令》，州府若有"疑狱"不能决者，则需上报大理寺，若大理寺仍不能决者，则报尚书省裁决。[1]

（三）审理与拷讯

《唐律疏议·断狱》规定，司法官在审理案件过程中"必先以情，审察辞理，反覆参验"，在此基础上"犹未能决，事须讯问者，立案同判，然后拷讯"。因为口供是断罪定案的主要依据，所以拷讯的主要目的在于获取口供。唐律对拷讯的方式、次数等方面都作了限制性规定："诸拷囚不得过三度，数总不得过二百，杖罪以下不得过所犯之数。拷满不承，取保放之。"若不使用法定刑具拷讯或拷讯超过规定的限度，要受到一定的处罚，导致被拷讯人死亡的，"徒二年"[2]。若拷讯限满，被拷讯者仍不承认犯罪事实的，则要"反拷告人"，若提起控告之人在拷讯限满之后也不承认自己为"诬告"的，则"取保释放"[3]。此外，唐律还规定，对于享有议、请、减等特权的官僚贵族以及"年七十以上，十五以下及废疾者"等不得拷讯，对这些人的审判"皆据众证定罪"，即需要三人以上证实其犯罪，才能定罪[4]。对于应予拷讯的怀孕妇人，应当在其产后一百日之后再行拷讯，违者杖一百，"若堕胎者，合徒二年。妇人因而致死者，加役流。"[5]

（四）回避制度

为保证案件审判的公正，唐律规定了"换推"制度，即回避制度。若司法官与当事人之间存在一定的利害关系，则可更换司法官进行审判。"诸鞫狱官与被鞫人有五服内亲，及大功以上婚姻之家，并受业师，经为本部都督、刺史、县令，及有仇嫌者，皆须听换。"[6]

---

〔1〕　[日] 仁井田陞：《唐令拾遗》，栗劲等编译，长春出版社1989年版，第720页。
〔2〕　《唐律疏议·断狱》"拷囚不得过三度"。
〔3〕　《唐律疏议·断狱》"拷囚限满不首"。
〔4〕　《唐律疏议·断狱》"议请减老小疾不合拷讯"。
〔5〕　《唐律疏议·断狱》"拷决孕妇"。
〔6〕　[日] 仁井田陞：《唐令拾遗》，栗劲等编译，长春出版社1989年版，第720页。

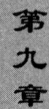
第九章

（五）司法官责任

司法官因故意或过失而导致定罪量刑不准确则要承担相应的责任，唐律将此分为"出罪"与"入罪"两种情形，其中，"出罪"包括重罪轻判，或将有罪判无罪；而"入罪"则包括轻罪重判，或将无罪判有罪。根据司法官的主观状况，"出罪"和"入罪"又有故意、过失之分。对于司法官故意或过失出入人罪的处罚，《唐律疏议·断狱》规定："若入全罪，以全罪论；从轻入重，以所剩论。刑名易者：从笞入杖、从徒入流，亦以所剩论；从笞杖入徒流、从徒流入死罪，亦以全罪论。其出罪者，各如之。"[1] 因过失出入人罪的主观恶性较小，所以对司法官的处罚则较轻："断罪失于入者，各减三等；失于出者，各减五等。"[2]

（六）判决及上诉

司法官做出判决应以律、令、格、式的规定作为依据，在掌握案件事实的基础上作出合法、公正的判决。《唐律疏议·断狱》"断罪不具引律令格式"条规定："诸断罪皆须具引律、令、格、式正文，违者笞三十。"根据唐律规定，司法官作出的判决若为徒刑以上刑罚的，应向犯人及其家属宣读判决，"其家人、亲属，唯止告示罪名，不须问其服否。因若不服，听其自理，依不服之状，更为审详。"若不服判决的，可以逐级上诉，一般情形下不得越级上诉。

（七）刑罚的执行

笞刑、杖刑判决由县执行。执行笞刑的所用之具为楚条（笞杖）。根据《狱官令》，楚条（笞杖）"皆削去节目，长三尺五寸"，"大头二分，小头一分五厘"。"决笞者，腿、臀分受"，但是受笞刑者愿意"背、腿分受者，听"。执行杖刑所用之杖也要"削去节目，长三尺五寸"，"大头二分七厘，小头一分七厘"，"决杖者，背、腿、臀分受，须数等"。若违反上述规定，行刑者要受到刑罚处罚，《唐律疏议·断狱》"决罚不如法"条规定："诸决罚不如法者，笞三十；以故致死者，徒一年。即杖粗细长短不依法者，罪亦如之。"

徒刑的执行，在京城，男犯送将作监、女犯送少府监服劳役；在州县，则送当地官府服劳役。流刑的执行，根据所流里数的不同，分别遣送至相应的地方服役。

死刑在执行前必须经过"覆奏"程序，上报皇帝核准，皇帝核准之后才能执行。京城地区的死刑案件须经行决之司"五覆奏"，其中"决前一日二覆奏，

---

[1]《唐律疏议·断狱》"官司出入人罪"条对此解释："从徒入流者，三流同比徒一年为剩；即从近流而入远流者，同比徒半年为剩；若入加役流者，各计加役年为剩。"

[2]《唐律疏议·断狱》"官司出入人罪"。

决日三覆奏"；州县的死刑案件须经刑部"三覆奏"，其中"初日一覆奏，后日再覆奏"，并且规定"纵临时有敕，不许覆奏，亦准此覆奏"。但是，"若犯恶逆以上，及部曲、奴婢杀主者，唯一覆奏。"[1] 若违反覆奏的规定，要受到严刑处罚，《唐律疏议·断狱》规定："诸死罪囚，不待覆奏报下而决者，流二千里。即奏报应决者，听三日乃行刑，若限未满而行刑者，徒一年；即过限，违一日杖一百，二日加一等。"

此外，执行死刑还有时间上的限制。唐律规定，从立春到秋分期间不得奏决死刑，同时"其大祭祀及致斋、朔望、上下弦、二十四气、雨未晴、夜未明、断屠月日及假日"也不得奏决死刑，即使"其所犯虽不待时"也不得在断屠月及禁杀日奏决死刑。但是，对于犯恶逆以上及部曲、奴婢杀主者，则不受上述时间的限制。[2] 对怀孕女性执行死刑，也应在其产后一百日行刑，"若未产而决者，徒二年；产讫，限未满而决者，徒一年。失者，各减二等。其过限不决者，依奏报不决法。"[3]

第六节 社会法律思潮

经过魏晋南北朝时期和隋朝的发展，佛教、道家思想在唐朝仍较为活跃，与儒家思想在社会发展过程中既有对立，又相互吸收，在社会发展诸多方面具有重要影响。自唐朝中期以后，不少政治家、思想家大力弘扬儒家学说，他们关心民间疾苦，主张革除时弊，革新政治，提出了一系列具有积极意义的思想主张。

一、韩愈以"道统论"为基础的法律思想

韩愈（768－824年），字退之，唐朝著名的文学家、思想家，曾任刑部侍郎、吏部侍郎等，也曾屡遭贬谪，谥号"文"，又称"韩文公"。韩愈以传承孔孟之道、弘扬儒家学说为己任，指出"己之道，乃夫子、孟轲、杨雄所传之道也"。[4] 韩愈自幼"刻苦学儒，不俟奖励"，"文字多尚古学，效杨雄、董仲舒之述作，而独孤及、梁肃最称渊奥，儒林推重"。[5] 同时，韩愈也排斥佛教和道家思想，成为当时反对佛教和道家思想的代表人物，并身体力行地"觝排异

---

〔1〕《通典·刑法六·拷讯》。
〔2〕《唐律疏议·断狱》"立春后秋分前不决死刑"。
〔3〕《唐律疏议·断狱》"妇人怀孕犯死罪"。
〔4〕《韩昌黎全集·重答张籍书》。
〔5〕《旧唐书·韩愈传》。

端，攘斥佛老"。[1]

韩愈重视仁义道德，将之视为国家和社会的基础："博爱之谓仁，行而宜之之谓义，由是而之焉之谓道，足乎己无待于外之谓德。仁与义为定名，道与德为虚位。"他指出，自己所说的"道、德"是"合仁与义言之也，天下之公言也"，这与老子的主张有着本质的区别，他所谓之"道"也并非"向谓老与佛之道"，因为"老子之所谓道、德云者，去仁与义言之也，一人之私言也"。[2] 韩愈认为，他所承续的"道统"是从尧舜禹、文武周公、孔子、孟子传承下来的，孟子之后"不得其传焉"。因此，他要传承这种儒家之"道"，"明先王之道以道之"。[3]

以此为基础，韩愈认为，在以儒家思想为主导、以礼乐政刑为统治基础的社会中，"其为道易明，而其为教易行也。是故以之为己，则顺而祥；以之为人，则爱而公；以之为心，则和而平；以之为天下国家，无所处而不当。"[4] 其中，君、臣、民各安其位，各尽本分，"君者，出令者也；臣者，行君之令而致之民者也；民者，出粟米麻丝，作器皿，通货财，以事其上者也。"[5] 而礼、乐、政、刑皆为"圣人"所立，各自发挥不同的作用。[6] 韩愈以"仁义道德"为基础，提出治国"以德礼为先，而辅以政刑"，这也是儒家所主张的"仁政"和"德主刑辅"思想的延续。

韩愈对于"孝子复仇"的态度也体现出他所阐扬的儒家思想。唐宪宗元和六年（811 年），梁悦为报父仇而杀死仇人，之后到县衙投罪自首。对于如何处置"孝子"梁悦，当时朝野上下引起较大争论。唐宪宗在诏敕中提出："复仇，据礼经则义不同天，征法令则杀人者死。礼法二事，皆王教之大端，有此异同，必资论辩。"韩愈在上书也提出这种案件中存在的礼法冲突问题："以子复父仇，见于《春秋》，见于《礼记》，又见《周官》，又见诸子、史，不可胜数，未有非而罪之者也。最宜详于律，而律无其条，非阙文也。盖以为不许复仇，则伤孝子之心，而乖先王之训；许复仇，则人将恃法专杀，无以禁其端也。"韩愈提出的解决方法是："宜定制曰：凡有复父仇者，事先，具其事由，下尚书省集议奏闻，酌其宜而处之，则经律无失其指矣。"[7] 韩愈的这种把礼法、经律统一

---

[1] 《韩昌黎全集·进学解》。

[2] 《韩昌黎全集·原道》。

[3] 《韩昌黎全集·原道》。

[4] 《韩昌黎全集·原道》。

[5] 《韩昌黎全集·原道》。

[6] 《韩昌黎全集·原道》："为之礼以次其先后，为之乐以宣其湮郁，为之政以率其怠倦，为之刑以锄其强梗。"

[7] 《旧唐书·刑法志》。

起来的意见实际是"礼法结合"的思想体现。

二、柳宗元以"仁""德"为基础的法律思想

柳宗元（773 - 819 年），字子厚，唐朝著名的文学家、思想家，曾为监察御史、礼部员外郎等，也曾屡遭贬谪，与韩愈并称为"韩柳"。柳宗元"少聪警绝众，尤精西汉诗骚。下笔构思，与古为侔。精裁密致，璨若珠贝。当时流辈咸推之"。[1] 柳宗元曾提及自己"以中正信义为志，以兴尧舜孔子之道，利安元元为务"，以"立仁义，裨教化"，[2] 但其思想以儒家思想为基础，还融合了佛教及其他诸家的学说，取其所长、适于时者而用之。他在《送元十八山人南游序》中指出，"杨墨申商、刑名纵横之说，其迭相訾毁、抵捂而不合者"，不可胜言，这些学说主张跟道家一样，都是"孔氏之异流"，但是"皆有以佐世"，因此，柳宗元主张，"悉取向之所以异者，通而同之，搜择融液，与道大适，咸伸其所长，而黜其奇邪。"[3]

柳宗元认为，"天"与"人"之间不存在必然的联系，也不认为天人之间存在"感应"，因此政事存亡与"天"之间"各行不相预"。他曾对刘禹锡的《天论》提出批评，指出"生植与灾荒，皆天也；法制与悖乱，皆人也，二之而已。其事各行不相预，而凶丰理乱出焉，究之矣。"[4] 柳宗元明确指出，天地、元气、阴阳并不能"赏功而罚祸"，"功者自功，祸者自祸，欲望其赏罚者大谬"，[5] 认为"雷霆雪霜者，特一气耳，非有心于物者也；圣人有心于物者也……秋冬之有霜雪也，举草木而残之，草木岂有非常之罪也哉?"[6] 因此，柳宗元反对"赏以春夏，刑以秋冬"的"司法时令说"和"则天行刑"之类的学说，也批评了《礼记·月令》中按照春夏秋冬和不同月份施行政令的相关内容。[7] 所以，刑罚为"人"所行之事，"天"本身并不能赏善罚恶，不必"顺时而杀"，[8] 国家统治要从"人"本身以及"人之仁"寻求解决之道："是故受命不于天，于其人；休符不于祥，于其仁。惟人之仁，匪祥于天；匪祥于天，兹惟贞符哉! 未有丧仁而久者也，未有恃祥而寿者也。"[9] 这也合乎柳宗元所说的"圣人之道"："圣人之道，不穷异以为神，不引天以为高，利于人，备于

---

[1] 《旧唐书·柳宗元传》。

[2] 《柳宗元集·许京兆尹孟容书》。

[3] 《柳宗元集·送元十八山人南游序》。

[4] 《柳宗元集·答刘禹锡天论书》。

[5] 《柳宗元集·天说》。

[6] 《柳宗元集·断刑论》。

[7] 《柳宗元集·时令论》。

[8] 《柳宗元集·断刑论》。

[9] 《柳宗元集·贞符》。

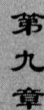

事，如斯而已矣。"[1]

对于何谓"圣人之道"，柳宗元认为，"凡圣人之所为经纪，为名物，无非道者"，"自天子至于庶人，咸守其经分，而无有失道者，和之至也。"天下的官员都是实现"道"的工具，即"官也者，道之器也"。[2] 按照"圣人之道"治理国家，德礼政刑均为必需，但德礼是根本。柳宗元重视德礼的作用，认为"非德不树"，[3] "儒以礼立仁义，无之则坏"，[4] "泽久而愈深，仁增而益高"。[5] "圣人"通过"五常"即仁义礼智信实施德教，"谓之五常，言可以常行者也"。[6] 柳宗元认为，赏罚要及时，其要在"速"："夫圣人之为赏罚者非他，所以惩劝者也。赏务速而后有劝，罚务速而后有惩。"[7] 只有及时赏罚才能达到"劝教"和"惩罚"的目的。"为善者日以有劝，为不善者日以有惩，是驱天下之人而从善远罪也。驱天下之人而从善远罪，是刑之所以措而化之所以成也。"[8] 所以，将"德教"和"刑罚"统一起来才能实现国家之治。这种思想也体现在柳宗元关于当时孝子复仇案件的态度上，指出"礼之所谓仇者，盖其冤抑沉痛而号无告也；非谓抵罪触法，陷于大戮"，对于这种案件要"穷理以定赏罚，本情以正褒贬"，实现情理法的统一，而这也是"圣人之制"的内在要求。[9]

柳宗元反对贵族世袭特权，主张任人唯贤。他对《左传》中被视为"乱之本"的"六逆"进行了批判。在他看来，作为儒家伦理纲常重要内容的"少陵长、小加大、淫破义"，确实属"乱之本"，但是"贱妨贵、远间亲、新间旧"不能视为"乱之本"，反而是"择君置臣之道，天下理乱之大本"。他认为这三个方面恰是治国理政所需要的，"若贵而愚，贱而圣且贤，以是而妨之，其为理本大矣"，"夫所谓'远间亲、新间旧'者，盖言任用之道也。使亲而旧者愚，远而新者圣且贤，以是间之，其为理本亦大矣。"[10] 所以，柳宗元反对贵族世袭特权，主张"使贤者居上，不肖者居下"，[11] 通过贤才更好地实现国家和

〔1〕《柳宗元集·时令论》。

〔2〕《柳宗元集·守道论》。

〔3〕《柳宗元集·贞符》。

〔4〕《柳宗元集·南岳大明寺律和尚碑》。

〔5〕《柳宗元集·贞符》。

〔6〕《柳宗元集·时令论》："圣人之为教，立中道以示于后，曰仁、曰义、曰礼、曰智、曰信。"

〔7〕《柳宗元集·断刑论》。

〔8〕《柳宗元集·断刑论》。

〔9〕《柳宗元集·驳复仇议》。

〔10〕《柳宗元集·六逆论》。

〔11〕《柳宗元集·封建论》。

社会治理。

三、白居易的刑礼道"迭相为用"思想

白居易（772－846年），字乐天，号香山居士，其父祖"世敦儒业"，他曾任翰林学士、左拾遗、苏州刺史、太子少傅、刑部尚书等。史载，白居易"幼聪慧绝人，襟怀宏放"，"文辞富艳，尤精于诗笔"，其诗歌"皆意存讽赋，箴时之病，补政之缺"。白居易的思想以儒家思想主，兼采佛教、法家、道家等思想。

白居易在西汉以来"德主刑辅"的思想基础上发展出礼刑道"循环表里，迭相为用"的法律思想，指出儒家的德与礼、法家的法与刑、道家的无为而治对于维护统治和治理国家各有其不同的作用，三者缺一不可，需要各顺其宜，相适而用，即"举之有次，措之有伦"，"适其用，达其宜"。白居易指出："刑者，礼之门；礼者，道之根。知其门，守其根，则王化成矣。"实现"王化"的刑、礼、道"犹天之有两曜，岁之有四时，废一不可也，并用亦不可也；在乎举之有次，措之有伦而已"[1] 白居易详细阐释了刑、礼、道的不同作用及其相互关系：

> "夫刑者，可以禁人之恶，不能防人之情；礼者，可以防人之情，不能率人之性；道者，可以率人之性，又不能禁人之恶。循环表里，迭相为用。故王者观理乱之深浅，顺刑礼之后先，当其惩恶抑淫，致人于劝惧，莫先于刑。划邪窒欲，致人于耻格，莫尚于礼。反和复朴，致人于敦厚，莫大于道。是以衰乱之代，则弛礼而张刑；平定之时，则省刑而弘礼；清净之日，则杀礼而任道。亦如祁寒之节，则疏水而附火；徂暑之候，则远火而狎水。顺岁候者，适水火之用；达时变者，得刑礼之宜。适其用，达其宜，则天下之理毕矣，王者之化成矣……其要者，在于举有次，措有伦，适其用，达其宜而已。"[2]

在刑、礼、道三者中，礼是基础和根本："序人伦，安国家，莫先于礼"，[3]"安上尊君，礼为本焉……故命太常以典礼乐，立太学以教诗书，将使乎四术并举而行，万人相从而化。"[4] 在白居易看来，礼乐并行是一种理想的统治方式："礼者，纳人于别而不能和也；乐者，致人于和而不能别也。必待礼

---

〔1〕《白居易集·策林三·刑礼道》。
〔2〕《白居易集·策林三·刑礼道》。
〔3〕《白居易集·策林四·议礼乐》。
〔4〕《白居易集·策林四·救学者之失》。

以济乐，乐以济礼，然后和而无怨，别而不争。是以先王并建而用之，故理天下如指诸掌耳。"[1]

白居易承续了孔子"先富后教"的思想，认为"止狱措刑，在富而教之"，他也引用管子所说的"仓廪实则知礼节，衣食足则知荣辱"来加以说明，强调"食足财丰，而后礼教所由兴也；礼行教立，而后刑罚所由措也。"[2] 所以，预防犯罪的最好办法就是德礼教化，"崇其教，开其廉耻之路，塞其冤滥之门；使人内乐其生，外畏其罪"，"使人有耻且格，刑措不用"[3] 对于实现德礼教化，白居易强调上行下效的影响作用，"凡下之从上也，不从口之言，从上之所好也；不从力之制，从上之所为也"，同时"上之所为"还要出于发自内心的"诚"，即"推之于诚"，因为"诚"能实现行为效果的最大化："盖行诸己也诚，则化诸人也速。求诸己也至，则感诸人也深。若不推之于诚，虽三令五申，而令不明矣。"[4]

白居易既重视德礼的教化作用，也强调法令统一以及法和刑的强制作用。他提出，明君要赏罚并行，恩威并施，"量其功而限之以爵，审其罪而纠之以法……恩荣并加，畏爱相济，下无贰志，上无疑心。此明王所以念功劳而全君臣之道也。"[5] 同时，统治者还要"理大罪、赦小过"，"使天下畏而爱之，悦而服之"，因为"宥其小者，仁也。仁以容之，则天下之心，爱而悦之矣。刑其大者，义也。义以纠之，则天下之心，畏而服之矣"[6] 由此，通过恩威并施、仁义并用，实现"近悦远安，恩信推于中，惠化流于外"[7]

---

〔1〕《白居易集·策林四·议礼乐》。

〔2〕《白居易集·策林四·止狱措刑》。

〔3〕《白居易集·策林四·止狱措刑》。

〔4〕《白居易集·策林一·号令》。

〔5〕《白居易集·策林三·御功臣之术》。

〔6〕《白居易集·策林四·使人畏爱悦服理大罪赦小过》。

〔7〕《白居易集·策林三·议封建论郡县》。

第十章
宋朝法律

公元960年，后周禁军将领赵匡胤发动"陈桥兵变"夺取政权，建立宋朝，定都东京（今河南开封），史称北宋。1127年，金兵南侵，宋王朝被迫南迁，定都临安（今浙江杭州），史称南宋。1279年，南宋为元所灭。两宋基本承袭唐朝的法律制度，但根据其时经济政治形势新的发展，多所变革，进而形成自己的特色，成就了中国法律史上新的辉煌。

第一节　立法思想与立法活动

一、强化中央集权与改革变法的立法指导思想

北宋政权建立后，面临削弱割据势力、巩固国家统一、恢复社会安定和经济发展等一系列问题。为此，宋太祖曾与赵普等人反复探讨。赵普针对地方提出"稍夺其权，制其钱谷，收其精兵"[1]的对策，将兵权、财权、司法权全部集中到中央，进而"强干弱枝"，做到政出于一、权归于上，使中央和地方"上下相维，如身使臂，如臂使指"[2]。

然而，集权中央并没有消除宋朝日趋严重的社会问题，冗官冗员、积贫积弱，内部矛盾的激化与外部少数民族政权的侵扰，促使北宋政权不断地寻求解决办法。宋仁宗庆历年间和宋神宗熙宁年间有两次重要的变法改革。

仁宗庆历三年（1043年），任命范仲淹（989–1052年）为参知政事主导改革，史称"庆历新政"。范仲淹提出以限制官员的特权、改革现行官制为中心的十项具体措施："明黜陟"，变不问功绩、按年限升迁为对官员的严格考核；"抑侥幸"，提高恩荫入官的条件，减少荫子数目；"精贡举"，改进科举考试的方法，以利于选拔优秀人才；"择官长""均公田"，改革地方官员的选拔方法和官

---

[1]《续资治通鉴长编》卷二，建隆二年七月。
[2]《范太史集》卷二二，《转对条上四事》。

员职田的分配方式。针对宋朝司法的弊端，范仲淹坚持以儒家"六经"为原则进行司法改革，要求官员执法公正，加强刑部职能，使审刑院、大理寺地位平等；加强对官员办案的监督，减少冤假错案；通过考试选拔司法官吏，保证其具有专业素质等等。在宋仁宗的支持下，改革方案陆续以诏令形式颁行全国，但在保守派的强烈反对下很快以失败告终。

熙宁二年（1069年），王安石（1021－1086年）担任参知政事，在宋神宗的支持下开展变法。面对以司马光为代表的保守派的指责，王安石提出"三不足说"，即"天变不足畏""祖宗不足法""人言不足恤"。他指出，历史上的圣君贤相都是"贵乎权时之变者也"，[1] 要立善法于天下。北宋时期的善法就是鼓励社会生产，使天下富足，进而实现国家的富足，解救"积贫积弱"的统治危机。为此，王安石变法时，首先设立制置三司条例司，作为创立新法的专门机构。围绕着发展社会经济、增加政府财政，制定青苗法、免役法、方田均税法、农田水利法、市易法、均输法，还有选将法、保甲法、保马法等军事方面的新法。

王安石重视官员在推行新法中的重要作用，把选人用人作为"急务"付诸实践，这是变法得以坚持十六年的一个重要原因。王安石强调要对官员"约之以礼，裁之以法"，严格要求和约束。变法时设置"明法"新科，凡是参加进士和诸科考试而被录取的人都要再参加一次律令大义或断案的考试，足见他对官员法律素养的重视。宋神宗去世后，新法被废。列宁曾称赞王安石是中国十一世纪的改革家。

二、立法概况

宋朝的法律形式，除保留唐朝的律、令、格、式之外，还将敕与例作为重要的法律形式，编敕与编例成为重要的立法活动。

（一）《宋刑统》

建隆三年（962年），宋太祖令工部尚书窦仪主持修律。四年律条修成，太祖下诏刊板模印颁行天下，此即《建隆重详定刑统》，简称《宋刑统》。《宋刑统》是宋朝最基本的法典，也是中国历史上第一部刊版印行的法典，其效力一直延续到南宋，在宋朝法律史上占有重要地位。

《宋刑统》继承《唐律疏议》十二篇之目，但不乏创新，其体例上的变化如下：

1. 法典不称"律"，而称"刑统"。自商鞅"改法为律"以后，"律"成为中国封建法典的基本名称，如秦律、汉律、晋律、唐律等。宋改变传统做法，

---

[1]　《临川集·非礼之礼》。

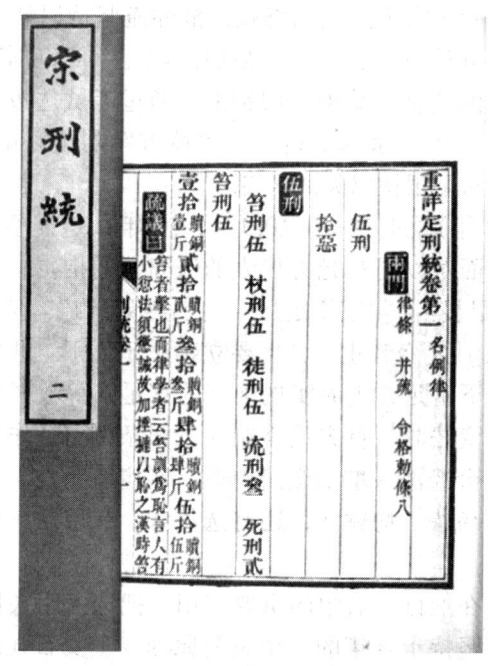

图 12 　《宋刑统》

《宋刑统》首列律条、律疏，其下按照时间顺序分列敕、令、格、式，确立刑律统类的体例。这种编纂综合性法典的体例，始创于唐宣宗大中七年（853 年）编定的《大中刑律统类》，完备于后周的《显德刑统》。

2. 分门类编，附列敕令格式。《宋刑统》采用《唐律》十二篇之目，但和唐律不同的是，在篇目之下又分为二百一十三门。所谓门，即根据法律所调整对象的性质，将同一性质的法律条文归结为一个单元的形式。《宋刑统》把唐开元二年（714 年）以来至宋太祖建隆三年（962 年）近一百五十年间敕、令、格、式中有关刑事法律规范一百七十七条，分门别类，按时间先后附在律文之后。所附敕、令、格、式的内容皆是唐律中所无但其疏议中解释明白的事项，且系先前已经反复引用、当时仍适用的敕、令。

3. 新增"臣等起请"之条。《宋刑统》于附加的敕、令、格、式之间，又夹有"臣等起请"条目三十二条，低三格附于敕、令、格、式之后，每条冠以"臣等参详"四字，作为新增条款，与所附令、敕相区别。所谓"臣等起请"，是指窦仪等修律者为适应宋时形势发展的需要，对前朝行用的敕、令、格、式经过审核详忖后，向朝廷提出的修改建议，与其他律文及所附的敕、令、格、式具有同等的法律效力。这是《宋刑统》编修体例上的一个创新。

4. 首创综合性法规之门和总括性条文"余条准此"条，附于《名例律》

后。所谓"余条准此"，是指具有类推适用性质的条文。《唐律疏议》中有不少"余条准此"的规定，散列在有关律文之后。《宋刑统》的编纂者虽将此逐条照录，但在编修时将这些规定从各律条中录出汇集在一起，总为一门，集中附在《名例律》之后，冠以"一部律内余条准此条"之名，共四十四条。这是《宋刑统》编纂技术上的一大突破，此门内容的增创对司法人员检用法律、避免遗误，颇有助益。

5. "补疏议"之未备。在《宋刑统·名例律》第六《杂条门》中有二十条疏议增加新的内容，其标志是在新添内容之前，均冠以一个"议"字，附在疏议各节之末，以补"疏议"所未备。整部法典唯此门内有对疏议加以补充，虽然数量不多，但也说明《宋刑统》对疏议亦有所发展。

（二）编敕、编例和条法事类

1. 编敕。编敕是宋朝最重要的立法活动，《宋史·刑法志一》载："宋法制因唐律、令、格、式，而随时损益则有编敕。"这说明宋朝编敕是调整变革法律的主要途径。敕是皇帝发布命令的一种形式。凡在特定时间对特定人或事发布的圣旨称为"散敕"。散敕缺乏稳定性，亦不具有普遍的效力，只有经过一定的编修程序，才能上升为一般的法律形式。宋朝每过一段时间，便把积年的散敕分门别类加以整理，删去重复，去其抵牾，编纂成书，加以颁布，这种活动就是"编敕"。建隆四年（963 年），在编定《宋刑统》时，窦仪等将刑事方面的敕、令、格、式编入《宋刑统》，将非刑事的敕、令单独汇纂成四卷，名为《新编敕》，开编敕之先例。自太宗淳化编敕开始，编敕的活动逐渐频繁，其后历朝都把编敕作为主要立法活动。宋真宗之后，编敕的范围扩大，不仅有通行全国的综合性编敕，中央各省院寺监、部曹司务亦开始编修本部门的敕令，地方上的路州县也有编敕。同时，还出现只适用于特别地区、特种犯罪的编敕。

宋朝编敕涉及范围非常广，既有关于官吏选试、差遣、资任、叙迁，又有贡举、御试、礼乐、供奉、丧葬等；还有军队编制、刑名狱讼、修筑城郭、将作营造，甚至还包括京师和路、州、县的常法。特别是调整经济关系方面的编敕，宋朝较之前代数量明显增多，内容也更加丰富。这一变化充分反映了当时封建经济高度发展及统治者运用法律手段对经济关系进行调整的要求。

宋朝编敕的法律地位一直在不断地提高。神宗以前是律敕并行。神宗时，出于变法的需要，开始以敕破律、以敕代律，在熙宁二年（1069 年）宣布："律不足以周事情，凡律所不载者，一断以敕。"[1] 终宋之世，以敕代律的局面没有改变，这也反映了宋朝君主专制的强化。

---

[1]《宋史·刑法志一》。

第十章

2. 编例。编例活动始于北宋中期，盛于南宋，也是宋朝法律的重要形式。例在宋朝有三种含义：一是"条例"，即皇帝发布的特旨；二是"断例"，即审判案件的成例；三是"指挥"，即中央官署对下级官署下达的命令。例最初是临时性的决定，宋有"法所不载，然后用例"的规定，明确"法所不载"是用例的前提条件若"引例破法，非理也"。所以，"例"只是法律的补充形式。但例形象、具体，使用时方便、灵活，实践中经常出现"法令虽具，然吏一切以例从事，法当然而无例，则事皆泥而不行"[1]现象，例甚至越居于法令之上，导致"引例破法"的现象不断出现，后来被广泛运用于政府活动尤其是司法实践，其地位愈来愈高，编例也成为重要的立法活动。

3. 编纂条法事类。南宋自孝宗始，力矫北宋后期法典编纂之弊，致力于法典的系统化和便捷化。所谓"条法事类"，是指以事为类，统编敕、令、格、式等形成的综合法典。南宋时期编纂的条法事类主要有《淳熙吏部条法总类》《淳熙条法事类》《庆元条法事类》等。《淳熙吏部条法总类》是宋朝第一部按"条法事类"体例编纂的部门法典。《淳熙条法事类》是宋朝第一部"条法事类"体例的综合法典。宁宗嘉泰二年（1202年）修成的《庆元条法事类》，共八十卷，分职制、选举、文书、榷禁、财用、库务、赋役、农桑、道释、公吏、刑狱、当赎、服制、蛮夷、畜产、杂等门，每门又分成若干类，如职制门分为官品杂压、职掌、禁谒、谒见、上书奏事、臣僚陈请等五十二类，每类记载敕、令、格、式和申明。这是目前存留于世的条法事类。

三、宋朝法制特色

（一）重视法律作用

唐宋时期是中国传统法制发展的高峰，其中一个很重要的原因就是唐宋统治者对法律的作用有充分的认识。在这一点上，宋朝尤为突出。这主要体现在如下方面：

第一，宋王朝的最高统治者，十分重视法制的作用。如宋太祖说："王者禁人为非，莫先法令。"[2] 又如，宋太宗认为："法律之书甚资政理，人臣若不知法，举动是过，苟能读之，益人知识。"[3] 法律十分有助于国家治理，如果不懂法，人就容易犯错误，熟读法律，能让人增长知识。再如，宋仁宗认为："法制立，然后万事有经，而治道可必。"[4] 只有确立了法制，天下万事才有章可循，而国家的治理也才能实现。北宋时期前后几代皇帝都能够深刻认识法律的

---

〔1〕《宋史·刑法志一》。

〔2〕《宋史·吕夷简传》。

〔3〕《宋朝事实·兵刑》卷一六。

〔4〕《续资治通鉴长编》卷一六，庆历三年九月。

作用，并致力于立法建制，在中国古代是难能可贵的。

第二，重视培养官吏的法律素养。除科举考试把法律作为重要内容外，太宗雍熙三年（986年）下诏："应朝臣、京官及幕职、州县官等，今后并须习读法令"，地方官"秩满至京，当令于法书内试问，如全不知者，量加殿罚"[1]。宋神宗时，"进士及第，自第一人以下注官，并先试律令、大义、断案"[2]。如此，形成了学法知法的社会导向，一时间"天下争诵法令"。

第三，注重总结司法经验。郑克的《折狱龟鉴》和宋慈的《洗冤集录》相继问世。《折狱龟鉴》是中国第一部汇集历史上有关决狱、检验的案例并加以分析评述的著作，是研究中国古代司法活动的重要参考文献。《洗冤集录》共五卷，五十三目，是宋慈结合自己的实践经验，对于中国古代法医学成果的全面总结，一经问世，便被钦命颁行全国，成为南宋决狱官员的必读之书，更被后世司法官吏奉为圭臬。

图13　《洗冤集录》

---

〔1〕《宋会要辑稿·选举十三之十一》。
〔2〕《续资治通鉴长编》卷二六六，熙宁八年七月辛巳。

（二）加强中央集权

鉴于唐王朝因藩镇割据走向衰败的历史教训，宋朝统治者采取了一系列加强中央集权的措施。

第一，在军事上，中央回收兵权，加强皇帝对军权的控制。建隆二年（961年），宋太祖采纳赵普建议，"杯酒释兵权"，解除手下大将对军队的指挥权。

第二，在行政体制上，调整中央管理机构的设置，分割地方行政职权。为了防止宰相专权，中央实行"两府三司制"。两府是指中书门下与枢密院。中书门下是中央最高行政机关，其长官为"中书门下平章事"，行使宰相职务，一般置二三人，另设"参知政事"为副职。枢密院为中央最高军事行政机关，长官为枢密使，其品秩与宰相同。"三司"，是指盐铁司、度支司和户部司，其长官为"三司使"，地位略低于参知政事，但因其"掌邦国财用之大计，总盐铁、度支、户部之事，以经天下财赋而均其出入焉"，[1]"位亚执政，目为计相"。宋朝废除地方节度使，于州之上设路，各路置经略安抚使、转运使、提点刑狱使、提举常平使，分掌军政、钱赋、司法及盐铁专卖事务，互不统属，互相监督，各自直接对中央负责。除此之外，宋朝还任命儒臣权知州事，并采取"三岁一易"和回避的制度，以防止地方官据地自守；同时，为分割知州职权，又于各州置通判，对知州进行监督和牵制。

第三，在职官任免上，宋朝皇帝为加强对人事权的控制，实行官职分离的差遣制度，分割各级长官的权力。《宋史·职官志一》记载："其官人受授之别，则有官、有职、有差遣。官以寓禄秩，叙位著，职以待文学之选，而别为差遣以治内外之事。"官指正官或本官，北宋前期用前代的各种官员名称组成官阶，但不再担任与官名相应的职务，所以，这些官名又称阶官或寄禄官，简称"官"。职一般指馆阁中的官职，如大学士、学士、待制等，是给予文官的荣誉衔，并不承担实际的责任，称为"贴职"，简称"职"。差遣是指官员担任的实际职务，由皇帝灵活授予，又称"职事"，差遣职务之前常有判、知、权、提举、提点之类词语限制，以示其临时性。官、职、差遣相互分离的制度，突出体现宋朝人事任免权的分配，在一定程度上提高了行政机关统治效能，便于皇帝驾驭官员，是宋朝行政立法的重要特色。不过由于"官与职殊""名与实分"，十之八九的官员"虽有其官，不举其职"，从而造成宋朝冗官之弊。

（三）民商法的内容更加丰富

宋朝土地私有制和租佃制发展迅速，商品交换十分活跃。统治者为了调整社会生活中新出现的复杂经济关系，颁布大量法令，民商法规的内容比以前的

---

[1] 详见《宋史·职官志二》。

朝代更为丰富，具体表现在：

第一，法律中关于民商关系的内容比唐朝大为增加。《宋刑统》卷十二的"户绝资产""死伤钱物"以及卷十三的"典卖指当论竞物业""婚田入务"等条文是《唐律疏议》中没有的。此外，从《宋史·食货志》《宋会要辑稿》《文献通考》《续资治通鉴长编》《庆元条法事类（残卷）》《名公书判清明集》《作邑自箴》等史料记载来看，宋朝有关民事立法的内容涉及所有权、债、财产继承、婚姻嫁娶、检校析财、别宅子及接脚夫的权利等诸多方面，尤其是检校、别宅子及接脚夫等方面的内容也是唐朝法律不曾涉及的。

第二，专门制定保护财产继承权及促进海外贸易的单行法规。保护财产继承权方面的立法主要有仁宗天圣年间制定的《遗嘱财产条法》《户绝条贯》《户绝田敕》等，海外贸易方面则有《嘉祐编敕》《庆历编敕》《熙宁编敕》《广州市舶条法》等。

第三，为适应社会形势的变化和发展，宋朝推行、实施许多促进农业生产，增加国家财政收入的法律、法令。冗官、冗兵和冗费的问题在宋朝十分严重，北宋王朝先后几次进行改革，如"庆历新政"、王安石变法等，试图以变法来摆脱财政危机，为此颁布一系列发展生产，扩大财政基础的法令。

第二节　刑事法律

宋朝刑事法律中的罪名和刑罚基本上承袭唐律，但由于宋朝中央集权的加强、阶级矛盾的尖锐复杂，相关立法也发生一些重要的变化，主要表现在贼盗重法的实施和采用新的刑罚。

一、重典惩治贼盗

宋初建之时，出于缓和社会矛盾、树立统治新形象的需要，宋太祖曾经采取宽政待民的政策，对一般刑事案件的处罚比较宽松，但贼盗犯罪则一律严惩不贷。《宋史·刑法志一》说："祖宗仁政，加于天下者甚广。刑法之重，改而从轻者至多。惟是强盗之法，特加重者，盖以禁奸宄而惠良民也。"宋朝贼盗罪涉及面广，内容复杂，包括谋反、叛逆、谋杀、劫囚、造畜蛊毒、造妖书妖言、强盗、窃盗、恐吓取财等多方面的犯罪。《宋刑统》所附敕文对于这些犯罪的惩罚明显重于唐律。例如，唐律规定："诸强盗，不得财徒二年；一尺徒三年，二匹加一等；十匹及伤人者，绞；杀人者，斩。其持仗者，虽不得财，流三千里；五匹，绞；伤人者，斩。"《宋刑统》所附敕文却规定，擒获强盗，不论有赃无赃，一并集众决杀。持杖行劫，不问有赃无赃，并处死，且其同行、同情、知情者都同罪。唐律规定："窃盗罪得财一尺杖六十，五匹徒一年，五十匹加役流。"但《宋刑统》所准用的唐德宗建中三年（782年）的敕文规定："自今以后，捉获窃盗，赃满三匹以上者，并集众决杀。"

宋初加重刑罚的做法并没有达到预期的效果。仁宗时，天下盗贼纵横，统治者更重其法，颁布了一系列重惩贼盗的编敕。景祐初年，仁宗亲政后不久，宣布对京城地区"持杖窃盗者"加重处罚，其后嘉祐七年（1062年）颁布《窝藏重法》。该法将京师开封府和所属诸县、相邻四州划为重法实施地，在此区域内窝藏贼盗者，一律加重处罚。这种在常法之外，针对某一地区单独制定、单独适用的法律，类似于现代的刑事特别法，在中国古代是史无前例的。英宗治平三年（1066年），再一次明确在重法地内，"获强劫罪死者，以分所当得家产给告人，本房骨肉送千里外州军编管。"[1] 对于非"十恶"范围内的强盗罪，株连家属、没收财产，这是唐律甚至是五代法律中所没有的。然而，此后即位的神宗完全肯定了英宗的重法，又补充规定在重法地区内的"强劫贼盗"，不论罪犯本人是否当地居民，案发在立法之前或之后，均"并用重法"，将重法的溯及力延伸到立法之前。

神宗熙宁四年（1071年）复立《盗贼重法》，史称："熙宁四年，立《盗贼重法》，凡劫盗罪当死者，籍其家资以赏告人，妻子编置千里；遇赦若灾伤减等者，配远恶地。罪当徒、流者，配岭表；流罪会降者，配三千里，籍其家资之半为赏，妻子递降等有差。应编配者，虽会赦，不移不释。凡囊橐之家（即窝藏之家），劫盗死罪，情重者斩，余皆配远恶地，籍其家资之半为赏。"[2] 与仁宗、英宗朝的"重法"相比，神宗时期修订的《盗贼重法》特点有四：一是扩大了重法地的范围。熙宁初，重法范围扩及淮南宿州、京东应天府等地。之后，神宗又数次下诏扩大重法地范围，将重法地由开封府诸县扩大到十几个州、军。至元丰时，河北东西路、京东东西路、淮南东西路、福建路等皆用重法，"郡县浸益广矣"。二是告者给赏，以鼓励人们告发盗贼及窝藏之人。三是加强地方官员的捕盗责任。四是非重法地犯贼盗罪，亦以重法论处。至哲宗时，重法地又扩大到陕西路和永兴军，所涉范围已占全国二十四路中的十七路。《盗贼重法》在这些地区完全取代《宋刑统·贼盗律》，并增加了"重法之人"的概念和地方官吏的责任规定。"若复杀官吏，及累杀三人，焚舍屋百间，或群行州县之内，劫掠江海船栈之中，非重地，亦以重论"，[3] 甚至窝藏犯都是重法的对象，也要按重法处罚。而知县、县尉等地方官吏若捕盗不利，要"劾罪取旨"。[4] 自

---

〔1〕《宋会要辑稿·兵十一之捕贼二》。
〔2〕《宋史·刑法志一》。
〔3〕《宋史·刑法志一》。
〔4〕《宋史·刑法志一》。

此，重法惩治盗贼已由个别地区发展到全国各地。

划定重法地、重法人，以非常之刑进行惩罚的做法，不仅是加重对贼盗犯罪的处罚，还打破了正常的法律秩序，对封建社会后期的刑罚制度产生恶劣的影响。然而，刑罚威吓主义并不能彻底地铲除盗贼，反而是愈治贼盗愈多，社会愈乱。于是，北宋末年，徽宗转而实行军事镇压与抚谕招安的两手策略。南宋时期社会形势更加紧张，统治者进一步加重对贼盗的惩治，对于免死的强盗，要在额上刺"强盗"字样，以示不齿。而两犯强盗，即使从犯也论死罪，但对饥民为盗贼者从轻处罚。总之，由于各种因素造成的宋朝社会结构性矛盾，贼盗始终是宋王朝的心腹之患，终宋之世，重惩贼盗都被作为一贯的方针。

二、创设新的刑罚

宋朝的刑罚制度在沿袭唐朝笞、杖、徒、流、死五刑的基础上又有所变化。

（一）折杖法

鉴于唐末五代刑罚过于苛重，不利于新政权的稳定，建隆四年（963 年），太祖诏令创设折杖法，并列入《宋刑统》中。折杖法是用决杖来代替笞、杖、徒、流四刑。对于笞刑：笞五十，决臀杖十，放；笞四十、三十，决臀杖八，放；笞二十、十，决臀杖七，放。对于杖刑：杖一百，决臀杖二十，放；杖九十，决臀杖十八，放；杖八十，决臀杖十五，放；杖六十，决臀杖十二，放。对于徒刑：徒三年，决脊杖二十，放；徒二年半，决脊杖十八，放；徒二年决脊杖十七，放；徒一年半，决脊杖十五，放；徒一年，决脊杖十三，放。对于流刑：加役流决脊杖二十，配役三年；流三千里决脊杖二十，配役一年；流二千五百里，决脊杖十八，配役一年；流二千里，决脊杖十七，配役一年。折杖法不适用于死刑及反逆、强盗等犯罪。

宋太祖改行折杖法是因为他认为五代时期刑罚过于苛重，而折杖法具有"流罪得免远徙，徒罪得免役年，笞杖得减决数"的好处，体现了省刑从轻的精神。宋初采行折杖法，对于纠正刑罚越来越严酷的趋势、缓和社会矛盾起到一定作用，但是其中的刑种和刑等设置破坏了五刑相对科学合理的体系结构，有轻重悬殊之嫌。

（二）刺配刑

为弥补折杖法轻重悬殊的缺陷，宋开始使用刺配刑。刺配是将杖刑、刺面、配役三刑同时施加于一人，比唐朝的加役流更为严酷。刺配始创于五代后晋天福年间，原为宽恕死罪之刑，至宋初逐渐超出宽贷死罪的使用范围。《宋史·刑法志》说："配法日多，犯者日众，黥配之人，所至充斥。"南宋时，被刺配之人竟达十余万人。

宋朝刺配刑的具体执行相当复杂，杖责有数量和杖脊、杖臀的区别，刺字有刺背、额、面之分，配役有军役和劳役的不同。军役编入军籍，劳役是从事煮盐、酿酒、烧窑、开矿、炼铁等苦役。宋初先是将犯人配往西北边区，后又改配登州沙门岛、通州海岛和岭南。南宋中后期，流配分为永不放还、海岛（沙门岛）、远恶州军（琼州、万安、昌化、朱崖）等十四等。刺配集肉刑、劳役等多种刑罚于一身，刑罚苛重，使用过滥，引起了一系列的恶果。

（三）凌迟

凌迟也作"陵迟"，俗称"千刀万剐"，是以利刃零割碎剐肌肤、残害肢体，使受刑人在极端痛苦中慢慢死去的刑罚，是我国古代生命刑中最为残酷的一种执行方法。凌迟起于五代，法定于辽，《辽史·刑法志》载："死刑有绞、斩、凌迟之属。"北宋仁宗时，荆湖地区出现杀人祭鬼的恶行，皇帝下令对首犯处以凌迟刑，首开凌迟先例。北宋中期凌迟盛行，南宋《庆元条法事类》明确把凌迟与斩、绞一起列入死刑之中。此后，元、明、清三代亦沿袭凌迟之刑。

（四）编管和安置

1. 编管。编管是把犯罪之人编入外州户籍，使其接受监督管制，限制其人身自由的处罚方法。编管主要用于朝廷命官犯重罪者，是宋朝不杀士大夫之祖训在刑罚上的具体表现。编管作为宋朝一个新的独立刑种，不仅适用广泛，而且有地里远近之分、轻重等级之别，又可与行政处罚结合使用。编管还适用于"谋危社稷"的谋反重罪中因罪当坐的家属。

2. 安置。安置是将犯罪者贬谪到远恶之地居住并限制其人身自由的处罚方法，主要适用于高级官吏犯罪。

第三节　民商事法律

宋初社会经济由萧条、凋敝到恢复、繁荣，阶级结构发生深刻变化，随着租佃制度的普遍确立，客户及手工业者等人的人身依附关系日趋松散。商品经济的繁荣及私有制的深化，使私有财产（包括小生产者的私有权益）的占有、收益、处分以及典当、担保、继承、婚姻、负债等民事法律关系的发生更加频繁。与之相适应，宋朝的民事法律表现出如下的特点：民事权利主体的范围扩大，对行为能力的规定有所发展；民事立法多以单行的形式出现，在物权、债负、婚姻、财产继承诸方面比唐律更加完善等。

一、民事法律

（一）户籍、身份与人的行为能力

宋朝农民比较唐朝的人身依附关系削弱，城乡客户、雇工、人力、女使等在唐朝没有独立人格的"贱民"，在宋朝都成为国家的"编户齐民"，享有权利主体资格，具体表现在以下方面：

1．"部曲"上升为佃客或客户，具有国家的正式户口，能够参与大部分民事、经济、行政关系。部曲在唐朝是地主的私属，不具有独立地位，法律上不是民事权利的主体。《宋刑统》虽然仍沿袭唐律，保留"部曲"的概念，但在实际生活中，"部曲"已上升为"客户"，不再是地主的私属。契约关系下的"雇工"代替唐朝轮差劳役制下的工匠，取得法律主体的资格。家庭中的"人力"（男仆）、"女使"（女仆）代替唐朝的奴婢，跟客户、雇工一样成为国家的编户齐民，法律在一定程度上保护他们的利益。

2．宋以有无不动产为准，将户口分为主户与客户。主户承担赋役，分五等：四五等户是自耕农；二三等户是中小地主，占田约为一至三顷；一等户是大地主，占田约在三顷以上至数百顷之间。客户主要指租佃地主土地耕种的农民，一般称之为佃客，同时，宋朝将城市户籍称为"坊廓户"，分为十等，其依据的财产标准各地不同，上五等户大体与乡村上户一样，"乃从来兼并之家"。主户、客户皆属平民，都具有独立的法律人格。

3．宋朝法律没有明确规定行为能力和责任年龄的界限，但依《宋刑统·户婚律》规定："其男年二十一为丁，妻年二十一以上同兼丁之限。"又准《户令》："诸男女三岁以下为黄，十五以下为小，二十以下为中；其男年二十一为丁，六十为老，无夫者为寡妻妾。"从这些规定可知，二十一岁至六十岁是宋朝负担劳役义务的成丁年限，成丁即是法定成年人，在这个年限之内的正常人是具有完全行为能力的人。所以说，在宋朝，二十一岁是法定的具有完全行为能力人责任年龄的下限，六十岁则是完全行为能力人责任年龄的上限。

（二）所有权

宋朝所有权已经区分为不动产所有权和动产所有权。不动产主要指田宅，宋时谓之产、业，所有权人为业主。动产包括六畜、奴婢，有时也包括附着于土地的矿物、植物，还有货币及有价证券。这些被称之为物或财物，其所有权又称物主权。《宋刑统·户婚律》规定："器物之属，须移徙其地……地既不离常处，理与财物有殊。"

宋朝不动产主要是指土地，土地买卖、土地所有权是法律的重要内容，史称"官中条令，惟交易一事最为详尽"[1]。随着封建社会后期商品经济的发展，唐朝的均田制以及其他形式的国家土地所有制日趋衰落，地主土地私有制迅速发展，特别是宋"不立田制"，"不抑兼并"，允许官僚、地主以经济手段任意购置、兼并土地，甚至国家也参与其中。在法律上，宋承认百姓对于新垦荒田的

---

[1]　《袁氏世范·卷三·田产宜早印契割产》。

所有权。对于战乱、灾荒之后的弃田，两宋均规定耕种者可以享有事实上的占有，在其占有的前几年内减免赋税，如果十年内原主不来复业，则官府承认占有者对土地的所有权，即弃田土地所有权的取得时效为十年。通过买卖取得的不动产所有权，以红契作为合法的产权证书。法律规定，不动产所有权的转移必须经官府承认，交纳契税，然后由官府在买卖契约上加盖公章，称为"红契"，又称"赤契"。红契既是已纳税的标志，又是土地所有权的凭证，一旦发生争讼，就是不容置疑的证据。但在实际生活中，买卖双方的当事人为规避契税，往往私立草契，以白契成交。

宋朝动产所有权的取得大体上可分为原始取得和继受取得两种方式。原始取得包括生产、先占、强制所得、取得原物之孳息等；继受取得有买卖、互易、赠与、继承等。关于无主物的先占，《宋刑统》承袭唐律之规定，凡山野间的物产，如柴草、木料、药材、矿石等，若有人已花费功夫、力气，或加以刈割、斫伐，或业经积累、聚集，如再有人妄自拿取的，各依盗窃罪论处。对于阑遗物、宿藏物、漂流物的处理规定，《宋刑统》大体沿用唐律，而在"地内得宿藏物得阑遗物"门，又准用唐《捕亡令》《厩牧令》《杂令》的有关内容补充以下规定：

1. 凡得到阑遗物（遗失物），皆送随近县，在市得者送市司。所得之物，皆悬于门外，凡有人认领者，由官府检验后，令其具保给还之。若遗失物无明显记号，但有充足的证据证明其是失主者，亦给还之。若经过二十日，无人认领者，由官府收管，并把物色品种记录在案，通晓所失物附近城乡，经一年无人认领的，由官府没收。没收之后，其物犹在，若失主前来认领，只要证据充分，仍发还失主。

2. 凡得到官、私马、骡、牛、驴、羊等，只有官方印记而无私印者，送官府牧养。若无官印，或虽有官印而又有私人印记者，经一年无失主认领的，即可由官府重打印记（不得破坏原有印记），收官单独牧养。若有失杂畜者，令失主赴官府专门牧养遗失牲畜的牧场认领，检验核实后印"还"字，发还失主。各州、镇所得阑遗牲畜，须在当界内访主人，经过两季无主识认者，可在当处出卖。卖时，先卖给官府驿站；待入官后，仍有失主前来认领的，官府检验核实，发还失主所卖之价。

3. 关于漂流物的取得，凡公私竹木为暴水漂失，有能接得者，并积于岸上，明立标榜，于所在官府申请批文。凡有失主前来认领者，江河所得五分赏二分，其余水流所得五分赏一分。若三十日内无人认领，则归拾得人所有。

（三）契约制度

宋朝商品经济高度发展，契约关系广泛，契约种类很多，包括田宅契约、买卖契约、典卖契约、借贷契约、赠与契约、寄托契约等。下面重点介绍买卖契约和典卖契约。

1. 一般买卖契约。宋朝买卖关系极为发达，买卖的内容相当广泛，除御用物之外的一切财产，一般都可以成为商品交换的标的物。在主要生产资料的买卖中，宋法律规定必须订立契约，以官府印押的契约作为确立买卖当事人之间权利义务关系的法律依据。因此，宋朝维护和调整买卖契约的法律较为详备。买卖契约可分为动产买卖契约和不动产买卖契约。动产买卖，如牲畜、车船以及私家婢仆等重要生产资料，必须立契、印押、纳税。对于不动产买卖契约，即田宅买卖契约，宋朝法律规定其构成的四个要素：

（1）田产买卖先问亲邻。"应典卖、倚当物业，先问房亲，房亲不要，次问四邻，四邻不要，他人并得交易。"[1] 在四邻中，还有先上邻、后下邻的规定，东、南为上邻，西北为下邻。北宋后期又改为只问有亲之邻，如果不问亲邻而出典、出卖者，在三年之内有赎回的权利。

（2）到官府印契，缴纳契税。

（3）过割赋役。契约上必须写明标的物的租税、役钱，并由官府在双方赋税簿账内改换登记后，才能加盖官印。违反者，田产还给原主，价钱一半没入官府。由于对违法者的惩罚不够严厉，两宋时豪强地主大量兼并土地而千方百计地逃避赋役的现象十分普遍。

（4）离业。北宋仁宗时期专门规定买卖契约达成后，必须转移土地的占有，卖主必须离业，不允许卖主租佃该地，以防止自耕农减少、佃农增多，有利于官府赋税征收，以及减少土地纠纷。

以上四个要素对后世买卖契约制度的影响极大，成为不动产买卖契约的基本内容。南宋时又反复强调这一规定。

2. 典卖契约。典卖在唐朝以前即已出现，南朝一些城市或寺院就设有质库（当铺），人们常以财产抵押"质钱"。唐朝的典卖又称典贴，但典卖成为普遍现象并上升为制度，则是在宋朝。为了规范典卖制度，《宋刑统·户婚律》专设"典卖指当论竞物业"一门，具体规定如下：

（1）一物不得两典，即法律所说的重叠典当，违者包括本主、牙人、邻人及契上署名的人，各按入己钱数，准盗论；典物归先典者。

（2）契约为凭，且在契约中明确约定回赎的期限，期限内出典人有权回赎该项产业。业主与典主双方达成协议后，必须签订契约，"当面署押契贴"，并经官府批准认可，"皆得本司文牒，然后听之"。契约双方中，钱主或称典主可以享有占有、使用、收益的权利，但无权处分。出典人（业主）如出卖该项不

────────────────

[1] 《宋刑统·户婚律》"典卖指当论竞物业"门。

动产时，典主有先买权。

（3）对于没有约定回赎期限，或约定不清的典卖契约，法律规定在三十年内允许回赎，过期不赎。

（4）价金交付的期限为 120 天，以钱交付的再以钱赎回，以纸币交付的再以纸币赎回，避免有人借货币贬值，从中渔利。

（5）家庭财产的典权归家长。"诸家长在，而子孙弟侄等，不得辄以奴婢、六畜、田宅及余财物私自质举，及卖田宅。"如违反规定，卑幼欺瞒尊长，"专擅典卖、质举、倚当，或伪署尊长姓名，其卑幼及牙保引致人等，并当重断，钱业各还两主"。[1]

（四）财产继承制度

宋朝的继承制度沿用唐朝的规定，又针对新出现的问题，增加"户绝资产""死商钱物"等内容，形成一般财产继承、遗嘱继承、户绝财产继承、死亡客商财产继承等比较复杂、完善的遗嘱继承制度。

1. 一般遗产的继承。在唐律诸子均分的基础上，《宋刑统》进一步明确继承人的范围及其顺序。第一顺序继承人为儿子、未嫁女，诸子均分，未娶妻者多分聘财，未嫁女分得男子聘财一半。这里所说的儿子包括亲子与养子。养子有同宗养子和异姓养子之分。南宋禁止抱养异姓，但允许抱养三岁以下遗弃小儿。因收养情况不同，有的可以视同亲子，有的只取得三分之一。第二顺序继承人是孙、守寡妻妾。若儿子死亡，孙子可以"子承父分"，代位继承。守寡而无子的妻妾也有权继承丈夫应分的遗产份额。改嫁妻妾、别居无户籍妻妾及其子女不得继承遗产。

2. 户绝财产的继承。所谓户绝，指无男性子嗣之户。关于户绝财产的继承，情况比较复杂，遗产份额也不一致，因此宋律关于户绝财产继承的规定比较详密，具体如下：

（1）户绝财产的范围包括所有的部曲、客女、奴婢、店宅、资财。

（2）户绝财产继承有法定和遗嘱两种，法定继承人的顺序依次是女、近亲、官府。

（3）法定继承情况下，户绝财产的处分原则是除丧葬费以外，其他财产全部由在室女继承；出嫁女只给三分之一，其余入官；无女则归近亲；无亲戚则遗产入官。

另外，宋朝法律允许近亲尊长为夫妻双亡的绝户立嗣，称为命继子；命继子可以继承部分财产，但少于在室女和归宗女。

---

[1]《宋刑统·户婚律》。

3. 遗嘱继承。北宋时遗嘱继承一般以户绝为前提。宋仁宗天圣四年（1026年）颁布的《户绝条贯》在详细规定户绝遗产继承顺序之后，又说"若亡人遗嘱，证验分明，依遗嘱施行"。[1] 南宋时期私有观念加强，遗嘱继承的规定越来越明确：

（1）财产"无承分人"，即财产既无儿、又无女继承的，可以用遗嘱处分财产。

（2）遗嘱继承人应该是缌麻以上的亲属，得到的只是遗产的三分之一。

（3）遗嘱应"自陈，官经公凭"，或"经官投印"，由官府进行公证，或由族众进行见证，否则遗嘱无效。

南宋著名的《名公书判清明集》中收录了一些有关遗嘱继承的真实案例，说明宋朝遗嘱继承并不少见，官府在处理这类案件时，既要考虑处分人的主观意愿，又要避免影响亲属之间的和睦关系，还要维护既成的所有权事实。总之，要灵活处理，稳定家族和社会的秩序。

4. 中外客商死后钱物的继承。宋朝内地及海外贸易发达，商人客居他乡，死于异地，其财产的处理是民事关系中较为复杂的。《宋刑统》新增"死商钱物"一门，汇集唐中后期和五代时的有关敕令节文，但这些规定比较苛刻，后经户部奏请，对此作了一些改动，具体规定如下：

（1）如有父母、妻、子、亲兄弟、未嫁之姊妹、未嫁女和亲侄等随行者，可任其继承收管。如相随之人不在此范围的，只能由父母、妻儿持官府的公文前来收认。其后继承人的范围又有所缩小，亲兄弟、亲侄儿等均被排除。

（2）如死亡客商无人相伴，则先由官府保管，并通知其原籍追访亲属；待父兄、子弟等有继承权人前来识认，依数酬还。

（3）客死外商在海外的直系亲属可以认领财物。

考察中国法制历史，如此详尽完善的财产继承制度是前所未有的，对于女子继承权的确认也是较早、较为完善的。对外商遗产的处理既照顾到外商利益，又体现国家主权。这些规定充分反映出宋朝私有观念的深化，中国古代民事法律进入一个新的发展时期。

二、商事法律

宋朝农业、商业、手工业的发展超越前代，不仅有开封、临安这样百万人口的大都市，还有遍及各地的"草市""集市"。城市中，原有的坊市制度被打破，形成了较为近代化的不受限制的市场自由贸易。宋朝开始大量使用纸币，交易动辄上千万，出现一大批与官府争夺商业利益的富商巨贾。官府则运用法

---

〔1〕《宋会要辑稿·食货六十一之五十八》。

律的手段，限制富商巨贾的经济实力，尽可能地占取商业利润。在这样的背景下，从官府到士大夫，争相言财言利，传统"重农抑商"的思想观念开始变化。农商并重、发展生产、繁荣经济、尽快扭转贫弱成为社会普遍的共识。宋朝廷不仅通过变法等方式调整经济政策，增加财政收入；而且对工商业采取一定的保护措施，避免竭泽而渔。两宋虽与中国古代其他历史时期一样，并没有独立的经济法，但调整农业、手工业、商业等方面的法令并不少见，尤其是以皇帝诏敕形式发布的经济法令较为详备，在宋朝经济发展中发挥了重要作用。

（一）商业立法

我国自汉以降，历代封建王朝都实行"重农抑商"的政策，法律上也公开歧视商人，如汉朝法令规定，商人不得衣丝乘车。到了宋朝，贱商的思想在商品经济的冲击下有了一定程度的转变，商人的社会地位较前朝有所提高。商人有正式的户籍，被编入坊廓户中，工商之子允许参加科举考试。不仅如此，宋朝制定法律，保护商人的利益，体现"通商惠工"的原则，同时也增加了国家的商业税收。相关立法涉及市场管理、商品流通、商税征收等方面，主要有：

1. 禁止各级官吏借采购官需物品，勒索商人。五代十国以来，法令严苛，官府盘剥、勒索商人司空见惯。宋自太祖建隆年间，便开始颁布敕令，严禁留难、勒索商人，为此形成"书市买牌"[1]制度，官府将所要购买的物品和价格书写在牌子上，公之于市，有愿成交的商人和官府到市买处按牌交易，官府一手交钱，商人一手交货。

2. 规定交易活动的中介——"牙人"必须具备的条件。为了市场交易秩序的健康发展，宋律严格管理牙人，将牙人的行为规则刻写在木牌上，发给每个牙人，并对充当牙人的条件作了严格规定，以此防止牙人与官吏、店户等相勾结，骗取商客货物。

3. 禁止把守道路、口岸、关卡的官吏以履行公务为名，阻滞商旅，盘剥商人。两宋时期都有"不得辄发箧搜索"的规定，《庆元条法事类》更是禁止用法锥锥插箱笼。

4. 严格按照法律对商人征税，对非法增加商税的官员严加惩处，决不姑息。宋律规定商税征收的范围和方法，"国朝之制，钱帛、什器、香药、宝货、羊豕、民间典卖庄田、店宅、驴骡、橐驼，及商人贩茶皆算"，该范围应"揭于板榜，置官宇之屋壁以遵守焉"[2]。商税的征收机构为设在州、县、关镇上的商税务。

5. 根据经济情况和当地自然灾害情况，经常给予商人临时的特定税收减免。

---

〔1〕《作邑自箴》卷八。
〔2〕《宋会要辑稿·食货十七之十三》。

如元丰元年（1078 年），对滨州、沧州等地灾民"零贩竹木、鱼果、炭箔税不及百钱者蠲之"。宣和七年（1125 年），"以岁歉之后，用物少而民艰食，在京及畿内油、炭、面、布、絮税并力胜钱并权免"。为了促进经济恢复和发展，靖康元年（1126 年）诏："都城物价未平，凡税物，权更蠲税一年"，南宋时"临安府物价未平，免淳熙七年税一半。光、宁以降，亦屡与放免商税，或一年，或五月，或三月"[1]。

（二）专卖立法

专卖，又称禁榷，是官府对某些商品从生产、流通到出售过程全部垄断的制度，这是中国古代的传统做法。列入专卖的都是生活的必需品，如盐、茶等，由官府控制和垄断，除能确保日常供给，还能给官府带来可观的利润，仅盐利一项在北宋中期就占全国财政收入的一半以上。

宋朝专卖法内容繁多，远超前代。宋列入专卖的物品有金、银、铜、铁、锡、铅等矿产及货币，还有盐、茶、酒、矾、香药等。宋朝的盐法是中国历史上第一部有关垄断盐产、控制销售与禁断私盐的专门性法规。由于各地情况不同，盐的销售方法有官卖法、商销法与钞盐法，违犯盐法的构成私盐罪。宋朝对私盐罪的处罚极其严厉，以斤、两计算私盐。太祖建隆二年（961 年）诏："私炼盐者，三斤死；擅货官盐入禁法地分者，十斤死。"[2] 而南宋时，私有盐一斤徒一年，三百斤配本城；煎炼者一两比三两。此外，朝廷对茶、酒等其他商品的专卖也有专门的管理法规。

（三）对外贸易法规

为有效地管理外贸活动，太平兴国初，朝廷在京师设置榷易院，这是中国历史上最早的中央一级的外贸机构。地方上，北宋朝廷先后在广州、杭州、明州、泉州、密州、秀州、温州、江阴军等八大港口设立了"市舶司"或"市舶务"，作为招徕互市、管理舶商、征收舶税、收买舶货的专门机构。市舶司设市舶使、市舶司判官，"掌蕃货海舶征榷贸易之事"，即负责办理一切出海贸易及外船进来之后的抽解等事。另外，监官专门负责外来船物货的抽解和收买；专库、手分、牙侩等负责对货物评定价格和保管来货。海外贸易给朝廷带来丰厚的利益，深受重视。为强化管理，宋朝颁布大量管理海外贸易、鼓励外商来华、奖励有功官员的法规，史称这些规定为"市舶条法"。其主要内容包括：

1. 无论官府还是私人进行海外贸易，都必须报请朝廷批准。太宗"端拱二年五月诏，自今商旅出海外蕃国贩易者，须于两浙市舶司陈牒，请官给券以行，

---

[1]《宋史·食货志下八》。
[2]《宋会要辑稿·食货二十三之十八》。

违者没入其宝货"〔1〕

2. 海外贸易应遵守官府的有关禁令，例如出于国防需要，禁止前往某些地区。出境物品应上报清楚，不得夹带榷禁物品和制造武器的原料。

3. 外商靠岸后，必须先由市舶司进行检查，征购其中的榷禁物品，对其他货物抽取十分之一的税金，然后允许其上岸交易。

4. 以礼优待前来贸易的外商。两宋时，市舶司于外商到来和离开之际，设宴慰劳、送别成为常例。

5. 对所有在对外贸易中的有功人员实行物质奖励或晋升官职。

6. 禁止官员利用职权妨碍正常的贸易活动，如直接购买外商货物，或接受馈赠，或克扣货物。法律允许外商越级投诉，犯者计赃坐罪。

（四）财政管理法规

在中国历史上，两宋时期的财政危机非常突出，统治者始终在探索财政问题，特别是神宗以后，历朝都把增加财政收入、严格财政管理作为中心任务。因而，宋朝有关财政管理的法规多如牛毛，矛盾抵牾之处也甚多，但重心始终放在加强中央控制、监管上。

1. 建立比较完善的财政管理体制。宋初中央设三司总管财计，其中户部掌财政收入，度支掌财政预算和支出，盐铁掌工商税收。三司下属的都磨勘司、专勾司等为审计机关。神宗之后三司职责归并户部，审计职权也归并刑部下属的比部。南宋时，专勾司改为审计司，此后又设审计院。这是中国古代第一次正式以"审计"命名的机构。

2. 明确划分中央与地方财政收入。太祖曾令各州，每年所收民租、管榷课税、度支经费，除留州用外，全送京师。〔2〕太宗时则派遣"监当使臣"前往地方监督税收，以达到"利归公上而外权始削"。

3. 严格中央与地方财政的预、决算会计制度，各级部门定期编定决算的账簿，如"月帐""季帐"等。自宋真宗朝的权三司使丁谓编制《景德会计录》之后，此后几乎各代皇朝都编纂《会计录》，数量之多实属有史以来之罕见。这些《会计录》对会计簿账的编造、格式、记录、报送、审覆都作出了严格的规定。

第四节 行政法律

宋自太祖立国之初，为革除五代以来藩镇割据之弊，从调整各种矛盾需要

---

〔1〕 《宋会要辑稿·职官四十四之二》。
〔2〕 参见《续资治通鉴长编》太祖乾德二年。

出发，建立起强化中央集权的国家管理体制。为壮大封建官僚队伍，推动国家机器的有效运转，制定更加细密的行政法规，在官吏选拔、考核、任免、监督中积累更多的经验，为调整行政机构的活动和相互关系，强化中央集权过程，发挥了重要作用。

一、行政体制

两宋时期，无论是中央管理机构的设置调整，还是地方行政职权的分割，都是围绕加强中央集权展开的，由此形成宋朝行政管理体制的特点。

（一）中央行政体制

宋初至神宗元丰改制前，中央行政体制虽仿效唐朝，有三省六部之名，而无实际职责，具体实行中央行政职权的机关是"二府三司"。元丰改制后，恢复三省六部的职权。

1. 二府，是指中书门下与枢密院。中书门下是宋朝最高行政机关，与唐朝不同的是，它不再是宰相的联合机构，而是脱离三省的独立的行政机构，其长官为"中书门下平章事"，行使宰相职务，一般置二三人，另设"参知政事"为之副。中书门下作为中央的最高行政机构，有权对下属行政机关发布命令，下属机关也可直接向中书门下报告工作。史称中书门下"佐天子，总百官，平庶政，事无不统"。枢密院为中央最高军事行政机关，其职能是"掌军国机务、兵防、边备、戎马之政令。出纳密命，以佐邦治。凡侍卫诸班直、内外禁兵招募、阅试、迁补、屯戍、赏罚之事皆掌之"[1] 枢密院长官为枢密使，其品级与宰相等。故宋时，人称中书门下和枢密院为"二府"。

枢密院虽为中央最高军事行政机关，具有掌管全国军事、调兵之权，但枢密使、枢密副使及院中其他官员俱不统兵。由此，一方面军政移于枢密院，削弱宰相的权柄，使枢密院与宰相互相牵制，以防专权；另一方面又使调兵权与统兵权互相掣肘。

2. 三司使。宋把晚唐以来的度支司、盐铁司、户部司合而为一，称为"三司"，其长官称三司使，副长官为三司副使。三司使统领三部，总管国家财政，地位略低于参知政事，故有"计相"之称。神宗改制后，三司并归户部。

（二）地方行政体制

宋初，地方政权分为州、县两级。州县长官由朝廷定期派员轮任差遣，或由朝官外补，称作"知州""知县"，以杜绝地方官员结党揽权。其后，为加强中央对地方的监控，分散地方机关职权，特在州以上置路，形成路、州（府、军、监）、县三级地方行政体制。

---

〔1〕《宋史·职官志二》。

1. 路。宋朝的路大约相当于唐朝的道，带有监察区的性质。路置经略安抚使（南宋称帅司），掌管一路军政；设转运使（南宋称漕司）掌财赋；设提点刑狱司（南宋称宪司）掌司法；设提举常平司掌赈灾或盐铁专卖。上述四机关互不统摄，他们之间可互相监督，都对皇帝直接负责，以防止地方长官揽权。

2. 府、州、军、监。这四者为路以下的同级机构。府、州大约与秦汉时的郡同，但府的地位略高于州，凡皇帝即位前居住过或任过职的州，在其即位后便升格为府。军在唐时原为军事机构，五代后逐渐演变为行政区。监多设在矿区，一般不管民政。府、州、军、监的长官为知府、知州、知军、知监，由皇帝直接任命的文官充任，以防止出现过去由武将兼任地方官所造成的拥兵自重现象。宋朝又于各州、府设立"事得专达皇帝"的通判。通判除对知府、知州实行监察外，还负责一府或一州的财政。府州内一切政令若无通判联署则无效，通判可以随时向皇帝报告情况，因而素有"皇帝耳目"及"监州"的称号。

3. 县。县以知县为长官，由皇帝任命文官担任，改变五代以来由节度使委派亲信驻县（称镇将）所造成的武官把持政务的局面，加强中央对地方的掌控。

二、官吏选任与考课制度

（一）职官的选任

科举制度始创于隋唐。此前，官员的选任以荐举为主、考试为辅，隋唐之后，尤其是宋之后，则改以考试为主、荐举为辅，另有恩荫补官制度。宋朝的科举制度和唐朝相比，具有显著的变化：

1. 录取和任用的范围较宽。仅以进士科为例，唐时进士及第每次不过二三十人。宋朝进士分为三等，一等称及第，二等称赐进士出身，三等称同进士出身，录取的总额通常在二三百人左右，多时达到五六百人。唐朝科举中第只是取得做官的资格，实际授予官职还须通过吏部考试一关。而宋朝一经录取便可任官，排名在前的即可得到高官。宋朝还不限制应试者的出身，甚至僧、道也可以参加科举。

2. 确立殿试制度。殿试始于公元 690 年武则天亲临洛阳策问贡士，但这种殿试在唐朝很少进行，真正成为一项制度是在宋朝。宋朝开国后，统治者为贯彻文臣治国的原则，皇帝亲自考试录取士人成为制度，其后，元、明、清诸朝皆因之。由此，考生成为天子的门生，从而避免考生与主考官之间以师生为名结成同党。

3. 实行锁院制度。即贡举考试期间，贡举官一旦受命，即被锁居贡院，不得与外人包括家属接触的制度。

4. 创造"糊名"（弥封）、"誊录"和"回避"等考试方法和规则，以防止考场舞弊，做到公平竞争。这些方法都被明、清两朝所继承。

5. 在考试的内容上，改变唐朝只考诗赋的做法，进士科增加经义等内容。还设有"明法"科，"试律令、《刑统》，大义、断案"，[1] 考中者出任司法官员。宋神宗时，还规定进士也须经过"试法"，方能授官。

宋朝科举制度从各个方面严防贵族官僚凭借权势培植私人势力和世袭固定官职，使科举选拔人才的优势得以真正突显，并出现了中国科举史上的人才高峰，不仅数量之多前所未有，而且名公巨卿、才华横溢之人源源不断脱颖而出。

（二）职官的考课

宋朝非常重视考课，主要表现在：

1. 专设机构主管考课官员，审官院负责京朝官的考课，考课院负责幕职官和州县官的考课。考课的程序是由上级负责考课下级，由下至上逐级进行。

2. 考课制度固定化和法律化，南宋所编的《庆元条法事类》"职制门"汇集宋朝有关考课的敕、令、格、式及申明，从中可见宋朝考课制度相当细密和规范。

3. 考课的方法主要有二：一是历纸制，二是磨勘制。历纸是由吏部下发，类似记录功过的表格，由长官每年终负责填写所属官员在任内的功过，确定等级，作为升迁的依据。磨勘制是定期根据官员的年资和政绩来决定升迁的制度。真宗时文、武官员三年一磨勘，仁宗时改为文官三年，武官五年。

4. 对各级官吏规定不同的考课标准和内容，对地方官的考课标准尤为具体和明确。例如，"以七事考监司：一曰举官当否，二曰劝课农桑，增垦田畴，三曰户口增损，四曰兴利除害，五曰事失案察，六曰较正刑狱，七曰盗贼多寡"，[2] 相比之下，京朝官的考课标准只是笼统地规定为"公勤、廉恪"等。

虽然宋朝确定了比较详细的考课标准，但是随着考课公文化、程式化的发展，考课开始变成一种有名无实的形式主义方法。而作为这个发展趋势的产物，磨勘法的推行实际是将年资置于政绩之前，造成官场盛行安于现状、因循守旧的风气，加深了宋朝吏治的腐败。

三、监察制度

宋朝的监察机关仿唐制，中央设御史台，以御史中丞为长官，其下有台院、察院和殿院，设有侍御史、殿中侍御史、监察御史，分掌三院监察事宜。仁宗明道年间还专门设立谏院，置左右谏议大夫，与御史台共同承担监察职责，但是，宋朝的监察制度与唐有所不同。宋朝实行台、谏合一制，谏官也和台官一样，把百官作为监督的对象。宋以前谏官专门负责监督皇帝，向皇帝规谏讽喻，

---

〔1〕《宋史·选举志一》。
〔2〕《宋史·职官志三》。

而宋朝谏官"凡朝政阙失,大臣至百官任非其人,三省至百司事有违失,皆得谏正"。[1] 这完全是出于加强君主权力、实现君强臣弱的需要。

台谏之官必须由皇帝亲自任命,允许风闻弹奏,不受任何限制,因此被皇帝所利用,成为牵制宰相等官员的一种力量。宋朝台谏官在政治斗争中起到了重要作用,往往是当宰相欲有所作为时,台谏官便议论纷纷,结果宰相"志未伸、行未果、谋未定,而位已离矣"。南宋时,台谏官多为权臣专权和排斥异己的工具。

宋朝加强对地方的监察。路一级以监司行监察之权,州一级则由通判监察,沿边和战事地区以走马承受行使监察权,从而形成以监司为主,辅以通判、走马承受的地方监察体系。为保证监察官履行职责,宋朝规定监司出巡制度和失察受罚制度,并对监察官进行再监察,即由尚书省监察御史,由御史台监察地方监司官,再由监司监察走马承受。

综上可见,宋朝的监察权同其他权力一样,虽被分散到各个不同的部门,但并没有削弱监察力量,相反,更多部门的介入、参与使得宋朝的监察更加严密,在加强专制主义中央集权的过程中发挥重要的作用。

第五节　司法制度

在继承唐朝的基础上,宋朝的司法体制围绕加强中央集权进行调整,司法制度有新的发展和建树。

一、司法机构

(一) 中央司法机构

1. 刑部。宋神宗官制改革前,刑部的职能主要是复核大理寺所评断的全国死刑已决案件及官员叙复、昭雪等事。元丰改制后,审刑院与在京刑狱司并入刑部,其职能扩大为"掌刑法、狱讼、奏谳、赦宥、叙复之事"。刑部正、副长官分别为尚书和侍郎。

2. 大理寺。宋朝的大理寺为中央最高审判机构。北宋前期,大理寺负责书面审理地方上奏的狱案,送审刑院复审后,同署上报。神宗元丰改制后,大理寺置卿一人为之长,少卿二人为之副,下设正、推丞、断丞、司直、评事、主簿等职若干人。寺内审判事务分左、右两部,左"断刑"、右"治狱"。史称"凡天下奏劾命官、将校及大辟囚以下以疑请谳者,隶左断刑",[2] 凡在京百官

---

〔1〕《宋史·职官志一》。
〔2〕《宋史·职官志五》。

刑狱，或皇帝指令审问及追究官物，由右治狱审理。大理寺的审判官也依审讯和用法的分工而分为断司和议司二职。所有案件先断司，后议司，经一再审议才能定判。

3. 御史台。除监察职能外，御史台还参与命官案件及州县不能解决的重大疑难案件的审理。

4. 审刑院。宋初于三法司以外增设的司法机构。太宗淳化二年（992年）置审刑院于禁中，设知院事为其长官，职责主要是复核大理寺所裁断的案件。凡属上奏的案件，皆先送审刑院备案，再交大理寺断复，然后再返回审刑院评议，由知院或评议官写出书面意见，奏请皇帝裁决。审刑院的设置分割了大理寺原有的复审权，是皇帝直接控制司法审判权的典型表现。元丰改制时，审刑院罢归刑部。

此外，中书门下省对疑难案件有权论正刑名。枢密院在哲宗后也取得对军事案件的监督权。盐铁、户部、度支"三司"置有推勘检法官，审理各司官员的经济犯罪案件。神宗时，三司罢归户部。对于有关钱谷方面的犯罪，杖以下户部有权定断。这是其时行政、司法不分的集中反映。

（二）地方司法机构

宋朝的地方司法机构分路、州（府、军、监）、县三级。开封府和临安府是两宋的京师，虽与府、州、军、监同级，但在司法上权力较大，这里单独列出。

1. 县。县作为诉讼的第一审级，有权判决杖以下案件，对徒刑以上的案件，则须将案情审理清楚，写出初步意见，报送州、府，由州、府作出正式判决。宋对县级审判不够重视，设置的负责司法事务的属官比唐朝少，除知县或县令外，有些县只有县尉一人直接主持司法审判，人少事繁，是司法审判的薄弱环节。

2. 州、府。州、府作为第二审级，有权判决徒刑以上案件，但对死刑案件作出的判决，必须上报提刑司复核；重大疑难案件报刑部，由大理寺审议，甚至经皇帝批准后，方可执行。州、府还可以直接受理诉状。宋朝州、府经办的案件数量多、案情重，职责重要，所以设置的官员比县级更多，并实行审判分离的制度。

3. 路。各路所设提点刑狱司，不是一级审判机构，而是中央派出的、代表中央监督所辖州县司法审判活动的机构，负责监察地方审断案件。如有疑狱及拖延未决案件，提点刑狱公事可亲赴州、县审问。州、县已决案件，当事人喊冤则由各路提点刑狱司复推。提点刑狱官一年两次巡按州、县，平反冤狱，监察地方官吏。另外，各州的死刑案件必须经提点刑狱司审复、核准后方可执行。通过提点刑狱司的活动，中央加强了对死刑判决权的控制及一般审判活动的监督。

4. 开封府和临安府（京畿地区）。开封府和临安府虽与府、州、军、监同级，但在司法上地位特殊，权力较大。凡狱讼，"小事则裁决，大事则禀奏。若承旨已断者，刑部、御史台无辄纠察。"[1] 府中除设府尹以外，还设判官、推官，分日轮流审判案件；设左右厢公事干当官，负责检查侦讯和处理某些轻微案件；设左右军巡院，负责京师地方案件的审讯；还专设司录参军，处理户口婚姻方面的纠纷。

二、审判制度

宋朝关于审判程序的规定基本沿袭唐律，较有特色的地方是关于民事审判程序的规定和鞫（审）谳（判）分司制度与翻异别勘制度。

（一）宋朝民事案件的审理

宋朝规定民事诉讼受理的时间，即"务限"。《宋刑统》有"婚田入务"专条，规定每年"取十月一日以后，许官司受理，至正月三十日住接词状，三月三十日以前断遣须毕，如未毕，具停滞刑狱事由闻奏"。据此，每年农历十月一日至次年的正月三十日，州县官府可以受理相关民事诉讼，其他时间不能受理；如果原已受理的民事案件尚未审理完毕，可延长审理至三月底。三月底以后，不允许受理相关民事案件，亦不能审案，其理由是田宅、婚姻、债务纠纷等民事争诉案件在诉讼、审理过程中，除双方当事人，还会牵涉左右亲邻，为防止耽误生产，将这类案件受理和审理限制在农闲季节，也是以农业生产为主的国家法律制度的特色所在。

宋朝审理民事案件，一般不用刑讯，注意使用各种证据，特别是书证，包括契据、干照、文书、遗嘱、宗谱等。对于判决不服的，当事人可以逐级上诉，直至中央户部。宋朝有民事诉讼时效的规定，超过时效的诉讼，官府不再受理。《宋刑统》规定，田地房屋分界纠纷，当时不曾诉讼，事后家长见证人死亡、契书毁坏，超过二十年的，不再受理。对于债务纠纷，债务人、保人逃亡的，过三十年不再受理。南宋高宗时，买卖田宅依法满三年而后再发生纠纷的，不得受理。时效的规定着眼于稳定依法已经形成的民事关系，避免给社会带来更多的影响。

（二）鞫谳分司与翻异别勘制度

鞫谳分司是宋朝审判制度的特色。宋朝自大理寺至州，都实行鞫谳分司、审判分离的制度。中央大理寺、刑部设有详断官（断司）、详议官（议司），分别负责审讯、检法用律，而后由长官审定断案。州府设司理院，置司理参军

---

[1] 《文献通考》卷六三。

"掌狱讼勘鞠之事"，负责审讯人犯、传集人证、调查事实等审判事务；置司法参军，掌"议法判刑"，就是根据已经认定的事实，检索有关法律条文，定罪量刑；在这些工作的基础上，最后由知州（知府）亲自决断。这种由专职官员分别负责审与判的制度，叫鞠谳分司制。在这种制度下，检法断刑的官员无权过问审判，负责审判的官员又无权检法断刑，两司独立活动，不得互通信息、协商办案。南宋的周林评论说："狱司推鞠，法司检断，各有司存，所以防奸也。"[1] 鞠谳分司制度设计的初衷是要防止司法官吏因缘为奸，保证司法审判的公正，同时也是宋朝法律繁杂，要求司法官员专业化的结果。

翻异别勘制，又称翻异别推制。翻异别勘是为防止冤假错案而规定的复审制度。该制度起源于唐末、五代时期，是指犯人如在录问或行刑时提出申诉，或家属代为申冤时，案件必须重新审理。宋朝的翻异别勘分为原审机关的"移司别勘"和上级机关的"差官别推"两种形式。原审机关的移司别勘即指同级异司复审，是由原审机关将案子交给同一级的另一个机关复审。宋朝从中央到地方各级司法机构中都设有两个或两个以上的审判机关，如中央刑部分左、右厅治事，大理寺狱分左、右推。这种左右并列的机构建制的目的之一就是在犯人不服判决申诉称冤时，可以"移司别推"。上级机关的"差官别推"，是指原审机关必须将案子申报到上级机关，由上级机关负责差派与原审机关不相干的另外一个机关重新审理，或者是令差派的官员前往原审机关主审，或者将案子移往其他机关就审，后者适用的更多。

宋朝皇帝经常亲自审理案件，比如太祖、太宗、孝宗都曾亲自录囚，徽宗时更是常依御笔手诏断案。一方面，皇帝亲审确实洗雪冤案。如太宗时，开封府人王元吉因发现继母奸情而被其诬陷为欲毒杀自己，王元吉不堪刑讯而诬服，幸得其妻告御状，获太宗亲审才洗脱罪名。另一方面，御笔断罪也被朝廷权臣利用，成为打击异己的工具。如蔡京就多次利用御笔断案，破坏常法，导致国家法律混乱。

第六节　社会法律思潮

一、朱熹为代表的理学家的法律思想

理学，又称"道学"，起于唐朝的韩愈，中经北宋的周敦颐、程颢、程颐，南宋的朱熹总其成，而明代的王守仁进一步发展，通称宋明理学。理学的形成和发展与宋朝重建专制集权统治、恢复和发展封建伦理纲常秩序的时代需要密

---

[1] 《历代名臣奏议》卷二一七"推司不得与法司议事札子"。

切相关。理学在传统儒学的基础上，提出了理、天理、心、性、人欲等新命题，把儒学从神学中解脱出来，使之哲理化，成为中国封建社会后期君主专制的强有力的理论支撑和官方的统治思想，支配着政治、法律以及文化的发展。

理学家提出"理"是宇宙本源，先事物而存在，创造天地万物；"理"亘古不变，是为"天理"；[1] 社会生活中的三纲五常都源自天理，"父子、君臣，天下之定理，无所逃于天地之间"，[2] 是万事不易之常理。朱熹旗帜鲜明地主张"存天理，灭人欲"。他认为，在人们生存合理的物质需要之外的一切恶念乃是"人欲"，天理是纯粹的善，人欲是绝对的恶。所以，违反三纲五常、君臣父子、仁义道德，就是违背天理，国法不容。同样，男尊女卑、夫为妻纲也是天理，理学家宣扬寡妇"饿死事小、失节事大"[3] 的思想是当时关于妇女立法的主要依据。理学家极力强调用理学加强对民众的教化，从思想本源杜绝为恶之心胜于严刑峻法。

图 14　朱熹像

〔1〕《二程遗书》卷二，卷十八。
〔2〕《二程遗书》卷二，卷十八。
〔3〕《二程遗书》卷二十二下。

面对当时复杂的社会矛盾，朱熹主张，纲常伦理不可变，但法律制度要适应时势的发展变化而有更易，其时必须整肃纲纪，以严为本，以宽济之，甚至可以恢复肉刑，限制赎刑，严惩奸凶。从维护宋王朝长久统治的角度，朱熹和其他理学家关注民生，要求国家推出保障百姓温饱生活的经济政策，把轻徭薄赋作为当世急务之首。朱熹还提出清丈土地，以人口数占田，抑制豪强兼并以及奖励农业生产、建立地方社仓、减轻赋税等一系列恤民措施。

二、南宋时期功利学派的法律思想

南宋时期以陈亮、叶适为代表的功利学派与理学相对立。陈亮、叶适都生活在商品经济比较发达的浙江一带，代表了商业化地主阶层，主张抵御外辱，改变传统的重农抑商，维护工商利益和发展商品经济。功利学派批判理学家空谈仁义道德，对社会危机和民族耻辱麻木不仁，无知无识，却以博学高深自居。理学思想的风行带坏了社会风气。他们提出"各务其实"，讲求实效，"为士者"应该有良好的品行，"为官者"应该能干练地处理政事。陈亮曾经围绕义利与朱熹多次针锋相对展开论争。针对南宋的政治腐败和法制松弛。陈亮主张以法治国，健全法制，"举天下皆繇于规矩准绳之中"，但是南宋的问题在于"法深无善治"，主张简法令、轻刑罚、明赏罚，特别是反对恢复肉刑。

叶适在继续对理学的批判时指出，"圣人"治国平天下的关键就在于处理好各种具体的政治经济事务，而非理学家所宣扬的义理。叶适主张"以利与人"，统治者要实行宽民的经济政策，让百姓在经济中获得实际利益，要减轻赋税徭役，变传统的重农抑商政策为"通商惠工"、本末并举的方针。叶适总结前朝经验，认为君王的绝对权力是国家良治的重要保障，要警惕女宠、宦官、外戚、权臣、奸臣对君王权力的威胁。但宋朝君主的权力过于集中，由此也产生种种弊端。他主张适当地下放权力到地方，以加强地方政府的治安和抵御外敌的职能。

在理学已经成为官方统治思想的南宋，陈亮叶适等思想家公开与理学家展开论争，提出实事求是的功利思想，其历史意义与思想价值不言而喻。功利学派的代表人物虽没有进入统治上层，但其政治法律思想主张还是对当时社会产生一定影响，也对明清之际的启蒙思想产生影响。

第十一章

辽金元法律

辽、金、元均是由北方少数民族建立的统治王朝,三朝法律都经历了由民族习惯法向成文法以及法典化的发展过程。在统治区域内,多民族杂居,民族矛盾复杂,为维护本民族利益,他们在制定法律的过程中,都带有典型的民族倾向,同时,又都表现出汉化的特征。在三朝统治期间,中华各民族进一步融合,汉文化中的伦理精神、法律原则等内容渗入到其法律之中,成为辽、金、元三朝法律不可或缺的一部分。

第一节　辽法律概况

公元916年,北方契丹族耶律阿保机自称皇帝,建元神册,建立军事统治。其时,受中原汉族文化的影响,在辽统治者的积极努力下,从奴隶制迅速向封建制过渡,法律制度既带有奴隶制的痕迹,又有封建化的特征;既有本民族的习惯,又吸收唐宋的某些法律制度,因而独具一格。

一、立法概况与辽圣宗的立法思想

辽最初实行"因俗而治"的分治原则,对居住于游牧地区的契丹民族适用本民族原有的习惯法,对以农业为主的汉族地区则适用《唐律》。公元921年,辽太祖耶律阿保机令臣下"定律令",制定《治契丹及诸夷之法》,揭开辽法制建设的序幕。这次修律实际上是将契丹诸游牧部族的习惯法进行统一编纂、整理,所形成的应是一部契丹文法典,遗憾的是律文篇目及其内容均已佚失。

辽代法制变革和大规模的纂修法典是在辽圣宗和兴宗两朝。辽圣宗(971–1031年)是辽第六代皇帝,在位时积极改革契丹旧俗,推动法律汉化。辽建国前后,允许屠杀战俘,把战俘分赐私人作为奴隶,主人可以役使、惩罚甚至杀害奴隶。辽圣宗在统和二十四年(1006年)诏令:"若奴婢犯罪至死,听送有司，其主无得擅杀。"[1] 自此明确不得将战俘作为奴隶，以法令的形式禁止各级贵族以私刑处决奴婢。另外，辽圣宗针对契丹人用习惯法、汉人用汉法导致的同罪不同罚的现象，提出贵贱同罚的思想，规定契丹人与汉人犯罪"一等科之"，逐渐削弱契丹人的法律特权，特别是契丹人犯十恶重罪也以汉法处罚。圣宗还主张刑罚"重轻适宜"，改重为轻。在司法审判中严格依照犯罪的性质和情节轻重科以刑罚，同时避免重罪轻罚。

辽兴宗重熙五年（1036 年），参照唐代法制，制定颁布《重熙条制》，共五百四十七条，这是当时基本的成文法典。其后道宗年间，曾对《重熙条制》进行删修增补，制定《咸雍条制》七百八十九条，适用于契丹人和汉人。但是，该法仅行用了十九年，便因过于烦琐而被明令废止，重新适用《重熙条制》。辽的几部法典均已失传，后人只能从《辽史》中推知辽法的大致内容。

二、刑事法律

（一）罪名

随着社会经济的发展和汉化程度的深化，辽代的罪名从最初的谋叛、盗窃逐渐增多，主要有：涉及官吏失职的贪污纳贿、泄露公事、奏事失误、诬陷、朋党等；涉及军事违律的临阵退却、军事失备、调发稽误、收容间谍及私藏兵器等；关于经济犯罪的差科赋役违法擅征、贩私盐、与国外贸易走私等；涉及刑事犯罪的斗殴谋杀、贩卖人口、伪造文书、强奸及婚姻违法等。

（二）刑罚

辽代的刑罚保留了比较多原来部族时期的习惯法，圣宗时，正式采用汉族的刑名，"制刑之凡有四：曰死、曰流、曰徒、曰杖"，[2] 建立由死刑、流刑、徒刑和杖刑组成的刑罚体系。这些刑罚与汉族之刑名同，但执行方式有很大的差异。

1. 死刑。辽代死刑法定的方式有"绞、斩、凌迟"。其中，凌迟在唐末已经出现，并在五代时期频繁使用，但至辽代才作为法定的死刑执行方式，适用于谋反、谋叛、恶逆等重罪。此外，辽还有一些特有的死刑执行方法，例如，投崖，用于处置反叛的贵族；生瘗，即活埋；射鬼箭，即用乱箭射死罪犯等。

2. 流刑。流刑分为边城、境外和绝域三等，附加黥面，通常是对犯死罪的贵族的宽减之刑。

3. 徒刑。《辽史·刑法志》载，徒刑分为三等：一是判终身服役，二是判

---

[1] 《辽史·刑法志》。
[2] 《辽史·刑法志》。

服五年役，三是判服一年半役。终身服役者要加判杖击五百，其余依次递减，犯重罪及窃盗者另外再加黥面。

4. 杖刑。辽代法律规定杖刑是自五十至三百，实际执行时，使用的刑具是契丹所特有的沙袋、铁骨朵、木剑、大棒等。沙袋是用熟皮缝制，长方形，内装有沙子，外有一木柄。木剑面平背隆，"大臣犯重罪，欲宽宥则击之"。[1] 铁骨朵是用熟铁打作八片虚合，用三尺长的柳木为柄，击打之数或五或七。除这些刑具外，还有粗杖、细杖、鞭、烙等。

辽代的刑律既受唐宋律的影响，又保留本族的传统习惯。刑罚既残酷又庞杂，如《辽史·刑法志》载："非常用而无定式者不可殚纪"，"辽之世，同罪异论者盖多"。

三、司法机构及审判制度

契丹建国以前，部落中的长老有权处理司法事务。辽太祖时设置专职的司法官"夷离毕"和专门的司法机构"夷离毕院"；汉族地区则由州县官执掌司法事务。圣宗时，辽代按照"蕃汉分治"的原则开始实行司法分治，设北、南两枢密院，分别管理契丹人和汉人的军政事务，同时作为最高的司法机关。公元994年，辽代又仿汉制设大理寺，置设提点大理寺、大理正等官，负责审理重大案件。从圣宗开始，契丹人犯法依汉律定罪，也由汉族官员审问。为防止汉族官员冤枉契丹人，兴宗时曾在上、中、东、西、南五京各设契丹巡警使，专门审理契丹人犯罪。但巡警使主要负责京城的治安，即使审理案件，也是"一以汉法论"。

辽代地方司法审判工作由州县行政长官兼理，州县为初审，诸道为终审或第二审级。州县诸道须将审判经过及判决向枢密院申报复核。

第二节 金法律概况

金是女真人建立的多民族国家。金国建立之初，处于氏族社会末期。氏族贵族首领阿骨打举兵抗辽，在短短的十年间，金即灭辽，1115 年建国，国号大金。随后，金又灭北宋。太祖阿骨打统治期间，金仍沿袭女真人旧制，在辽、宋旧地继续维持原有的政治法律制度。金熙宗时期实行一系列的政治法律制度改革，确立君主专制政体。

一、立法概况与金世宗的立法思想

金在进入中原以前使用本民族的习惯法。金太祖完颜阿骨打建立金国后，

---

[1] 《辽史·刑法志》。

在一段时间内仍然"一如本朝之制"。《金史·刑法志》说："金初，法制简易，无轻重贵贱之别，刑、赎并行。"然而随着统治区域的不断扩展，金取代辽和宋在北方的统治，逐步完成封建化的进程，在法制上出现辽、宋法律与金习惯法并存的局面。自太宗时期起，金开始立法改制，吸收和沿用辽及宋朝的法律，以补本朝法律过于疏漏之不足。熙宗即位后，"以本朝旧制，兼采隋唐之制，参辽宋之法"，采用汉制来统一自己的法律，编纂了金国的第一部成文法典——《皇统制》，共一千余条。金世宗和章宗统治时期是金国加速汉化，乃至于完成汉化的时期，也是最重要的一个立法阶段。章宗明昌元年设置详定所，作为编修法律的专门机构。其后集历代刑律条文和《宋刑统》的疏义于一体，编成《明昌律义》。泰和元年又以《唐律疏议》为蓝本，完成《泰和律义》十二篇。《泰和律义》篇目与唐律相同，并有附注和疏义，但内容有所不同，是金最完备的法典。

金世宗（1123－1189 年）在位时，重视吏治，重用汉族出身的儒者，加强对女真官员的儒学教育，严厉处罚贪赃枉法的官员。对于女真贵族目无国法、滥用特权，圣宗修改"八议"规定，进而维护皇帝的权威和法制的稳定。世宗特别强调赏罚不滥、宽猛相济、与民休息，推动农业生产，使金朝经济、政治与法制得到发展，达到全盛。金世宗因此有"小尧舜"的美誉。

二、法律内容

金的法典均已失传，从《金史》等史料记述中，可见金法律的大致内容：

1. 金以法律手段推动从奴隶制向封建制的转化。从太宗开始，金就颁布实施允许奴婢赎身的法令，甚至允许官府为其赎身，对在赎放中的"隐匿者，以违制论"。[1]

2. 女真族固有习惯中的平等精神，一定程度上限制了相关法律特权。金传统本无轻重贵贱之别，太宗时，皇帝都可受到杖罚，群臣百官稍犯条法，即行杖决，不会因亲贵而享受法律上的特权。金后期，"八议"正式入律，但其适用范围小于唐、宋律。

3. 重视惩治"盗贼"。"金国旧俗"就有"杀人及盗劫者，击其脑杀之，没其家资"的规定。[2] 金长期处于对宋的战争状态，把汉族人民的反抗斗争一概视为"盗贼"；窃盗罪不仅要征以三倍的赔偿，还要处以徒刑、刺字，乃至于死刑。章宗时，金又加强了对"群盗"的缉捕。

4. 在婚姻家庭制度中保留旧的习俗，允许妇女寡居，还允许宗族接续的

〔1〕《金史·世宗纪上》。
〔2〕《金史·刑法志》。

"续婚"等。随着汉化的深入，金也开始接受"亲亲、尊尊"等原则，禁止子孙别籍异财，实行亲亲得相首匿，但等级色彩远远淡于汉族法律，如擅杀妻与凡人同罪。

此外，金的刑罚基本上仿照唐、宋的五刑，只是略有变化而已。其中徒刑分为七等，附加杖刑。五刑允许以铜赎罪，但数量比唐朝增加许多。实际上，除了五刑之外，金还存在大量的法外酷刑，如杖刑时以铁刃置于杖端等。

三、司法机构及审判制度

金代的中央司法机构有刑部、大理寺、御史台，与唐制相同。同时，金代的御史台还下设"登闻鼓院""登闻检院"。刑部为最高司法行政机关，它隶属尚书省，主管立法及刑事案件的覆审，即"掌律令格式，审定刑名"。[1] 大理寺掌审断天下奏案，详谳疑狱，为最高司法审判机关。凡移送到大理寺审理的案件，一般经"审断""参议"及"检断"三步骤：先由卿、少卿、正、丞"详谳疑狱"，进行覆审；然后由司直和评事"参议疑狱，披详法状"，根据案情结合法律详细参阅；最后由知法"检断刑名"，再覆检一次。可见，金代的诉讼制度具有一定的规范性。

金代各级地方行政长官兼管司法，负责审判。有些高级地方官下设专管刑狱的官员。例如，大兴府有知法，掌律令格式、审断刑名。诸京留守可有推官、司狱和知法，诸总管府与诸府亦有推官和知法，诸防御州、刺史州有判官、知法。

第三节　元朝法律

13 世纪初，蒙古族各游牧部落结束内部纷争，在领袖铁木真的领导下实现统一，建立蒙古汗国。铁木真被尊为蒙古大汗——"成吉思汗"。在灭掉西夏后，蒙古人于 1234 年与南宋联合攻灭金朝，随后转攻南宋。1264 年，蒙古人已占据中原的大部分地区，将统治中心由上都（今蒙古多伦附近）南迁至中都燕京（今北京）。1271 年，忽必烈建立元朝；1276 年，宋帝投降，元军进入临安，灭南宋；1279 年，元朝消灭宋朝残余势力，完成统一。1368 年，元末爆发农民大起义，攻占大都，元朝灭亡。

元朝是以蒙古贵族为主体包括汉族地主阶级和其他各族上层共同建立的政权，其文化、制度呈现鲜明的多样性。由于其所统治的是文化先进成熟的汉族地区和人民，统治者不得不参照唐宋旧制，吸收以儒家思想为主导的封建文明

---

〔1〕《金史·百官志》。

成果，积极进行政权与法制建设。但在更多的方面，元沿袭蒙古国某些固有的统治方式，保留奴隶制和早期封建制的落后因素以及民族压迫、军事征服的特点。元朝公开实行民族歧视和民族压迫，将各族人民强制分成四个等级，即蒙古人、色目人、汉人（统治中国以前蒙古统治下的北方汉人、契丹人、女真人等各少数民族）、南人（南方汉人和其他各族人）。其中蒙古人地位最高，汉人，尤其是南方的汉人地位最为低下。

一、立法指导思想

元朝立法指导思想缺乏系统性，但从有关典籍的记载和元朝的法制实践中，能够看到统治者从政权初建之时固守自身传统和文化、排斥汉族先进文化到逐渐把奉行汉法作为统治需要的转变过程。

（一）保存旧制

建元前，为了适应扩土拓疆的需要，成吉思汗在治理征服之地时，十分重视对不同的人使用不同律法风纪的策略，即所谓"尽收诸国，各依风俗"。此外，他还主张遵循祖宗旧制。史载，1206 年，成吉思汗曾对大断事官指示，把一切领民的分配和断了的事都造青册写在上面，写在青册白纸上的（规定），直到子孙万代不得更改，更改的要治罪。[1] 这些思想既有利于对被征服民族的统治，又有利于保留蒙古族特殊的风俗习惯。

（二）附会汉法

世祖忽必烈建元后，面对空前广阔的统治疆域和众多复杂的人口，接受汉儒的建议，明确提出了"附会汉法""参照唐宋之制"[2] 的法制指导思想。在"附会汉法"思想的指导下，元朝统治者参照唐宋法律进行立法，形成独具特色的元代法制。儒生郝经指出，元朝法制是"以国朝之成法（即蒙古旧制），援唐宋之故典，参辽金之遗制，设官分职，立政安民，成一王法"。[3] 值得注意的是，元朝统治者对待汉法的态度是"附会"和"参照"，而不是机械地模仿和全盘地接受。这与历史上北方游牧民族进入中原后建立的北魏、金等政权"一以汉法为政"的做法存在不同。事实上，元代在实行和改造汉法时，保留了许多涉及蒙古贵族统治利益的旧制度旧风俗，"附会汉法"与"祖述变通"的思想并行不悖。推行分封采邑制、设置达鲁花赤、蒙古人为正官、蓄奴制等就是"祖述变通"思想的具体体现。此外，为了保护蒙古人的特权，元代法制还具有浓厚的民族压迫特色。

---

〔1〕　参见《元朝秘史》。
〔2〕　《元史·高智耀传》。
〔3〕　《陵川集·卷三二·立政议》。

二、立法概况

（一）蒙古国时期的立法

蒙古国建立后，成吉思汗曾在蒙古族各种习惯和行为规范"约孙"[1] 的基础上，创立了名为"大札撒"（蒙语"大法令"）的法规。作为初创性的法律规范，既不完备，也不系统，主要内容包括不同身份人之间的关系、行为规范以及蒙古族的许多民族习惯和迷信禁忌等。其后，又下颁《条画五章》，主要内容包括："出军不得妄杀；刑狱惟重罪处死，其余杂犯量情笞决。"[2] 这是蒙古政权第一次"汉化"的立法。元世祖即位之后，吸收金汉化的经验，凡治理北方汉人刑名之事，一体采用金《泰和律》，所谓"断理狱讼，循用金律"。从总体来看，这一时期习惯法还占统治地位，即便有简单的成文法也十分粗陋，而且具有极强的军事性。

（二）元朝统一后的立法

1. 《至元新格》。这是元世祖至元年间颁行的一部诸法合体的综合性法典。至元八年（1271 年）十一月，在建大元国号的同时，元世祖下令禁用金律，并开始制定适应统一国家治理的法律制度。至元二十七年（1290 年），朝廷令中书参知政事何荣祖"以公规、治民、御盗、理财等十事辑为一书，名曰《至元新格》"，[3] 次年颁行。《至元新格》今已不存，仅有近百条收录于《通制条格》与《元典章》中，基本是以当时陆续颁行的各种条格、成例为依据，内容兼有行政法和刑事法律。《至元新格》是元代统一中国后所颁布的第一部较为系统的成文法律。

2. 《风宪宏纲》。《元史·刑法志》称，仁宗时，将"格例条画有关于风纪者，类集成书，号曰《风宪宏纲》"。[4] 这是继《至元新格》之后编纂的一部有关朝廷纲纪和吏治的法规。

3. 《大元通制》。由于《至元新格》比较简单，无法适应司法实践的需要，自从颁行以后就不断有人建议再修一部较为完整的法典，为此，元成宗大德年间（1297－1307 年）开始修纂《大元通制》，经仁宗皇庆、延祐年间反复修订后，最终在英宗朝汇编完成，于至治三年（1323 年）颁布施行。《大元通制》由四部分组成：一诏制，九十四条；二条格，一千一百五十一条；三断例，七百一十七条；四别类，五百七十七条。元代的诏制相当于唐宋的敕条；条格，是元代皇帝亲自发布，或直接由中书省等中央行政机关颁发给下属部门的政令，

---

[1] 蒙语，有道理、规矩、缘故等义，元代通译为体例。

[2] 《新元史·刑法志》。

[3] 《元史·世祖纪十二》。

[4] 《元史·刑法志一》。

相当于唐宋时的令、格、式；断例，既包括"断一事而为一例"的断案事例，又包括用于司法实践中的唐宋旧律。《大元通制》共有二十个篇目：名例、卫禁、职制、祭令、学规、军律、户婚、食货、大恶、奸非、盗贼、诈伪、诉讼、斗殴、杀伤、禁令、杂犯、捕亡、恤刑、平反，共二千五百三十九条。显而易见，《大元通制》的篇目体系和条文内容都沿袭了唐宋法典，可谓"其于古律，暗用而明不用，名废而实不废"。[1]《大元通制》的编成标志着元代法典基本已经定型。

4.《元典章》。这是元代地方官吏自行编制的一部法律汇编，全称《大元圣国朝典章》，是元朝圣旨条画、律令格例以及司法部门所判案例等资料的汇编。《元典章》以纲、目等编排，分《前集》和《新集》。《前集》约刊布于延祐七年（1320年），共六十卷，下设三百七十三目，包括诏令、圣教、朝纲、台纲、吏部、户部、礼部、兵部、刑部、工部等十类。《新集》约刊布于至治三年（1323年），不分卷，列国典、朝纲、吏、户、礼、兵、刑、工八大项，其下亦各分目。这种以六部划分法规的体例，是《大明律》以六部分篇的滥觞。

5.《至正条格》。《大元通制》颁布后，由于朝廷仍续降诏令，加上司法格例繁杂，给官吏留下任意取舍与解释的可乘之机，导致法制的混乱。顺帝至正四年（1338年）下令对旧条格进行整理、删修，二年后，在《大元通制》的基础上，编成《至正条格》颁行天下。《至正条格》原卷数已不可考，现载于《永乐大典》中的有二十三卷，二千九百零五条。

三、刑事法律

元朝刑事法律的基本内容主要沿用唐宋律，但由其经济发展水平及少数民族政权特点所决定，元朝的刑事法律呈现出以下几个特点：

（一）保留蒙古民族的传统习惯，刑罚制度野蛮而残酷

刑名与前朝一样，也以笞、杖、徒、流、死五刑为基础，但和唐宋的五刑制度有所不同。

笞杖刑以"七"为尾数，分为七、十七、二十七、三十七、四十七、五十七，共六等。杖刑分为六十七、七十七、八十七、九十九、一百零七，共五等。之所以如此，是由于元世祖宣称"天饶他一下，地饶他一下，我饶他一下"，[2]意在标榜统治者有"用刑宽恕"之心，而实际上反而增加笞杖刑的执行数目。徒刑附加杖刑，分一年、一年半、两年、两年半、三年共五等，分别附加以杖六十七至一百零七。流刑不分里数，只列辽阳、湖广、迤北；南人犯罪迁于北

---

〔1〕 吴澄：《大元通制条例纲目后序》，见《草庐吴文正公全集》卷一九。
〔2〕 《草木子》。

方辽阳和迤北，北人犯罪迁于南方湖广。

元朝的凌迟是惩治严重危及统治秩序犯罪的常刑。据《元史·刑法志》记载，元朝的死刑分为斩与凌迟两种。"死刑，则有斩而无绞，恶逆之极者，又有凌迟处死之法焉。"凌迟成为常刑，不仅谋反罪的首犯及同情者一律凌迟处死，而且子孙杀死祖父母、父母以及奸妇同奸夫亲手杀死本夫者也都凌迟处死。杀死父母的罪犯，如在行刑前已经死亡，也仍须肢解尸体示众。凌迟适用如此之广，历代并不多见。

五刑之外，在司法实践中，元朝还有黥、劓鼻、割舌、断手足、剥皮、抽筋、俎醢、磔等酷刑。与唐宋相比，元朝的刑罚制度无异是文明的倒退。

（二）刑法具有民族压迫与民族歧视的特点

1. 在元朝，汉人刑事案件由刑部系统管辖，而蒙古、色目之案则由大宗正府管辖；在适用刑罚时同样因人而异。蒙古人乘醉打死汉人者，断罚出征，并征烧埋银；反之，汉人打死蒙古人，要处死刑，还要照付烧埋银（丧葬费）。蒙古人除犯死罪，概不监禁，甚至不执拘，死罪监禁也不准拷掠；但汉人无论犯什么罪，无论罪轻罪重，不仅监禁，还要带沉重的枷锁，受各种残酷的刑罚。

2. 元朝的法律确认蓄养奴婢的合法性。元朝将大量的汉人、南人沦为"罪人"，变为国家奴隶；在刑罚适用上突出主奴、良贱同罪异罚的不平等原则。法律确认奴隶主不仅有权对奴婢任意施行刺面、铁枷、钉头、劓鼻等残酷刑罚，还可以随意奸淫女奴，而不受任何处罚。若良人杀死贱人只罚杖，赔偿烧埋银。

（三）维护宗教僧侣的法律特权

元朝普遍尊崇佛教，国师统领全国的佛教，并掌管藏族地区的政教事务；帝师、国师的诏旨与皇帝的敕令具有同等的法律效力；僧侣可以布功德为名，奏释重囚；僧侣除犯奸盗、诈伪、杀伤人命等重罪案件，一般犯罪不受法律制裁。但法律对一切侵害僧侣人身的行为予以严惩。法律上的特权，致使僧侣们"恣意纵囚，以售其奸宄，俾善良者喑哑而饮恨，识者病之"。[1]

（四）有关礼教的犯罪处罚大大减轻

比较唐宋法律，违反礼教纲常行为在元朝或不构成犯罪或处罚减轻。例如，元代诸父谋反，子异籍不坐；唐律则"子年十六以上皆绞……不限籍之同异"。又如，元代对遭父母丧，忘哀拜灵成婚者，杖八十七，并强制离婚；唐律除强制离婚外，还要判徒刑三年。再如，唐宋律还规定，祖父母、父母在，不得别籍异财；而根据《元典章》则只要父母允许，可以分居析产，法律并不禁止。

---

[1]《元史·刑法志》。

四、民事法律

元朝有关身份和婚姻家庭的法律，具有浓厚的民族特色。

（一）身份

元朝按种族及归属元朝统治的先后将全国所有居民划分为四个社会等级，即蒙古人、色目人、汉人、南人。四等人不仅政治地位不同，法律上的权利义务也有极大的悬殊。蒙古人和色目人是特权阶层，在民事法律上享有免税、免役等各种特权。而汉人、南人的生命和财产都没有法律的保障。

元朝平民的主体是农民。其中无地需佃种地主土地的农民，即佃户，在法律上虽仍作为平民，但实际地位几近奴隶。元律规定，地主不仅享有收二分之一以上地租的权力，对佃户还可以"鞭笞驱使，视为奴仆"，有时甚至可以将佃户连同土地一起出卖、赠与，但佃户不许私自逃走。较之宋代，佃农有一定程度的退佃和迁徙自由的法律规定，元代佃农对地主的人身依附关系更强。

平民中身份较为特殊的有匠户。匠户是蒙古人在征服中掳获的手工业工匠，编为特种户籍。元统治者在大都、涿州、苏、杭等地设置各种管理手工业和官手工业的机构，如诸色匠人总管府，各种院局，其中有毡局、银局、染局、铁局、织造局等。匠户没有脱籍迁徙的自由，所谓"匠不离局"，世袭为匠，连婚配也受官府控制，匠户的工作则属于无偿劳役。这类工匠仅在元代朝廷各机构所属局、院等处役使的就达近百万。

元代社会还存留大量的奴隶，男称"奴"、女称"婢"，总称为"驱口"。奴婢包括家奴、军奴、寺奴、勃兰奚等，他们可以被主人当作会说话的牲畜，随便买卖，奴隶的身价只相当于一头驴的价格。元律规定，主人杀死无罪的奴婢，杖八十七；酒醉而杀，减一等；如因奴婢打骂奴主而杀之者，无罪。良人因斗殴杀死别人奴婢，杖一百七，赔偿奴主烧埋银五十两。但奴无论在任何情况下杀伤奴主，甚或控告奴主，都要处死刑。元代奴婢一般为战争掳获和买卖所得，还有奴婢的子女"家生孩儿"，但元律禁止买良为驱。可以说，元朝奴隶的生命安全在法律上没有任何保证。

（二）婚姻与继承

蒙古族入主中原后，虽然受到儒家思想文化的影响，但仍保持着游牧民族原有的传统，特别是其婚姻与继承制度。

1. 婚书制度。元朝法律规定，婚书即书面婚约是婚姻关系成立的要件。至元六年（1269 年）法律规定："今后但为婚姻，须立婚书，明白该写元议聘财，若招召女婿，指定养老或出舍年限，其主婚、保亲、媒妁人等画字，依理成亲，庶免争讼。"[1] 对于婚书的内容，法律也有明文要求，"凡婚书不得用彝语虚文，须要明写聘财、礼物，婚主并媒人各各画字。女家回书亦写受到聘礼数目，嫁主并媒人亦合画字，仍将两下礼书背面大书'合同'字样，分付各家收执，如有词语朦胧、别无各各画字并'合同'字样，争告到官，即同假伪"[2]。

2. 收继婚。收继婚是未婚男性收娶家中的寡妇为妻，这是蒙古"旧俗"，"父死则妻其从母，兄弟死则收其妻"。蒙古人入主中原后，收继婚仍被允许，但是禁止汉人、南人采用收继婚。

3. 婚姻关系的解除。元朝法律没有唐宋法律"七出""义绝"之规定，相反，法律允许不和睦的双方自由离婚，所谓"夫妇不和睦……合离者，不坐。""写立休书赴官告押执照，即听改嫁"[3]。此外，订婚后，男方五年无故不娶者，皆听改嫁。未婚夫如果是盗及犯流远者，皆听改嫁。但法律规定禁止寡妇带产改嫁，即离婚妇女和寡妇如果再婚，就要丧失原先从父母处继承得到的妆奁和亡夫家中财产。

4. 绝户女儿的继承权。在继承问题上，元朝没有严格遵行宗桃继承的做法。尤其是蒙古人和色目人的继承，各依其本俗法。同时，元代法律规定，母亲、妻子无权继承家庭财产，丈夫亡故，家庭财产归子女继承，无子女可由侄子女继承，无侄子女即为绝户产。关于绝户产，《元典章》和《大元通制条格》明确在室女也可以继承全部遗产："若有身丧户绝别无应继之人（谓子侄弟兄之类），其田宅、浮财、人口、头足尽数拘收入官，召人立租承佃，所获子粒等物，通行明置文簿，报本管上司申部。如抛下男女十岁以下者，付亲属可托者抚养，度其所需季给。虽有母招后夫或携而适人者，其财产亦官知数，如已娶或年十五以上，尽数给还。"[4] 这是元代继承法的一个特色。

五、行政法律

（一）中央行政机构

蒙古国时期，实行军政合一的建制。元世祖建元后，元朝采用行政、军事、监察和宗教分立之制，设置中书省、枢密院、御史台和宣政院等机构各司其职。

1. 中书省。中书省是元朝设在中央的最高行政机关。元初，世祖曾试图继续采取唐宋的三省制，汉族官僚高鸣谏阻道："方今天下大于古，而事益繁，取决一省，犹曰有壅，况三省乎！且多置官者，求免失政也，但使贤俊萃于一堂，连署参决，自免失政，岂必别官异坐，而后无失政乎！故曰：政贵得人，不贵

---

[1] 《通制条格·卷三·户令·婚姻礼制》。
[2] 《元典章》卷十八，《户部》四。
[3] 《通制条格·卷四·户令》。
[4] 《元典章》卷十九，《户部》六。

多官。不如一省便。"[1] 元世祖采纳了这一建议，以中书省一省代替三省。史称："中书政本也，军国之务大小由之。"[2] 元代中书省不仅权重，而且所设官员也比以往大为增加。中书省长官为中书令，中书令以下有左右丞相、平章政事、左右丞、参知政事等官职。为防止中书长官擅权独断，世祖以后不常设置中书令，即便设置也以皇太子兼领。在通常情况下，太子并不到职视事，因此丞相以下各官，实际担负着指挥政务的责任，统称宰相。中书省下设吏、户、礼、兵、刑、工六部，分管国家各种事务。其他从属于六部的行政管理机关基本上沿袭唐制，只略作增减而已。

2. 枢密院。枢密院掌军事，是元朝设在中央的最高军事机关。但与宋不同的是，元朝的枢密院不再与中书省并列为"二府"，其地位低于中书省。蒙古贵族依靠武力建立政权统治，十分重视军事事务的管理。枢密院的长官枢密院使通常由皇太子兼领，其下设枢密副使、同知院事等官。有关布防、兵籍、军队调遣等军事机密，仅由皇帝与两三个亲近的蒙古贵族密议掌握。所谓"虽枢密近臣职专军旅者，惟长官一二人知之。故有国百年，而内外兵数之多寡，人莫有知之者"。[3] 汉人即使在枢密院担任职务，也没有资格参与军机。

3. 御史台。御史台是元朝最高监察机构，于至元五年（1268 年）设置，职掌纠察百官善恶、政治得失，并负责纠劾百官奸邪贪贿、不称职者等贪赃枉法行为。御史台最高长官为御史大夫，副长官御史中丞，属官有侍御史、治书御史等，协助御史大夫治理一切监察事务。

4. 宣政院。宣政院掌理全国佛教及吐蕃（西藏）地区军民政教事务，以国师（兼称帝师）总领，设同知、副使、金院等官职。宣政院权势很大，遇重大军事，则须会同枢密院商定。

（二）地方行政机构

元代的地方行政机构分为行省、路、府、州、县各级以及宣慰司。

1. 行省。全称行中书省，最初只是临时性的中央派出机构，由于它有利于加强中央集权，不久便演变成为常设的地方政府。行中书省设丞相，权力极大，"军国重事无不领之"，[4] 因此，多由蒙古亲王、贵族充当，下置平章政事、左右丞、参知政事等官。行省制的建立，是元朝统治者在行政区划和政治制度上的创新，具有重要的历史价值。它创立以行省为枢纽，以中央集权为主，辅以部分地方分权的新体制，不仅对明清两朝省级政权机构的设立产生明显的影响，

〔1〕《元史·高鸣传》。
〔2〕《元典章》卷二，《圣政一》。
〔3〕《元史·兵志》。
〔4〕《元史·百官志七》。

而且在客观上也促进全国各民族间的政治、经济和文化方面的交流。行省中，行中书省、行枢密院、行御史台是代表元朝中央分治地方的行政、军事、监察三大机关，它们的设置加强了元朝中央政府对地方的控制。元初设行省时，数量较少（六个），后又陆续增设。到文宗至顺元年（1330 年）时，全国除中书省直辖的河北、漠南、山东、山西（史称"腹里"）等地和宣政院直辖的吐蕃外，共分十一个行省。另外，元代还在边疆地区专设四个行省管理少数民族事务。

2. 路、府、州、县。元行省下有路、府、州、县。路设总管府，以总管为长官；府设知府为长官；州设知州为长官；县设县尹为长官。四者分掌路、府、州、县各级行政。自路以下，元照例设蒙古管理官达鲁花赤一员。达鲁花赤与所在地方行政长官的品级相同，掌握印章和实权，实际上为地方政务的最高负责人。

3. 宣慰司。宣慰司是设在边疆少数民族地区负责军民政务的机构，分统若干路、府、州、县，沟通中央与地方的军政关系。

4. 地方基层组织。元代的基层组织实施以自然村落为基础结成的民间乡村组织——村社制，即在县以下建立村社、里甲等基层组织。五十家编为一社，社长通常由汉族地主、乡耆担任。社长的主要任务是管理居民、催收税役等。在社长以上，还有蒙古提点官对各种事务进行监督。为了加强军事监控，元代还派蒙古军队或探马赤军以与民共同编社的名义驻扎在社中。村社以下有里甲，二十家编为一甲，由蒙古人或者色目人担任甲主，甲主对居民有很大的权力，其衣食支出也依靠所属居民供给。

（三）行政监察制度

元朝的行政立法与行政管理制度中，行政监察制度较为发达，也独具特色。这主要是受元朝政权性质与政治体制的影响与制约。正如元世祖忽必烈所说："中书朕左手，枢密朕右手，御史台是朕医两手的。此其重台之旨，历世遵其道不变。"[1]

御史台是元朝中央最高监察机关。元朝将御史台提高到与中书省并列的位置，御史台与中书省地位相同，互不统属，其长官御史大夫的官品，由二品提高到从一品。元朝还对御史台原有的三院制进行改革，御史台只设察院，台院的职权并入察院，殿院降为殿中司，置殿中侍御史二员。察院因台院的并入而一跃为御史台的主要组织。御史台之人多权重为历代罕有。这种三院制向一院制的过渡发展，体现了专制主义中央集权不仅需要行政权的高度统一，也十分

---

[1] 《草木子》。

需要监察权的一体化，以便于皇帝控制。另外，元朝废除唐末以来以审判活动为主要职责的大理寺，扩大刑部的司法权。原大理寺与刑部之间的监督、制衡权归御史台，这在客观上使御史台的司法监察权有较大的扩张。元朝法律规定，监察机关的职权是纠察百官、审理犯罪官吏及平反冤假错案，具体是指考察百官、监督司法、参与司法审判。

元朝将全国分为二十二道监察区，各设肃政廉访司（最初名为提刑按察使司）常驻地方，负责对地方各级官吏进行纠察、监督，以使他们恪尽职守。廉访司设置使、副使、佥使、经历等官员，职责重大而又广泛，据《元典章》记载，共有三十余种，主要是纠察地方官的违法作恶行为、政治过失以及分巡、按覆各路已结的案件。廉访司对所辖各路实行监察，称为"分巡"。"每年八月中分巡，至次年四月中还司。"[1] 凡遇重刑要案，廉访司须当面复审查实，然后移交本路结案，申刑部待报。另外，肃政廉访司有权断决六品以下官吏所犯的轻罪。

由于监察机构任重权大，所以对监察官员的任用、考纠也就成为一项十分重要的工作。元朝御史大夫一职，"非国姓（蒙古贵族）不以授"。[2] 通常情况下，一般汉族官吏连充当地方监察机关的书吏的资格都不具备。除了民族因素外，元朝监察官的选任还特别注重品德和才能。为防止监察官利用特权损害朝政，元朝还对监察官的行为规定严格的规范和奖惩手段。监察官吏一旦犯赃则加等断罪，虽不枉法也要被除名。

六、司法制度

建元之前，蒙古国尚未形成系统的司法制度，实践中既无固定的司法机关，也无稳定的诉讼审判程序。建元后，在民族传统习惯、宗教信仰差异和阶级矛盾的交相作用下，元代形成多元化、复杂化的司法体系。

（一）司法机关

1. 中央司法机关。

（1）大宗正府。大宗正府为元初所置，内设"断事官"称为"达鲁花赤"，为中央审判机关。其职责有二：一是审理诸王、驸马、投下、蒙古人、色目人刑名词讼等；二是对汉人奸盗、诈伪、蛊毒厌魅、诱拐逃驱（奴隶）、轻重罪囚也负有审理职能。其后，其职责屡有变化，至和元年（1328 年）后，宗正府只管两京师（上都与大都）的蒙古人以及集赛（管理喇嘛的事务机关）、军站、色目人与汉人相犯的词讼案件。

---

〔1〕《元典章》卷六，《台纲》二。
〔2〕《元史·太平传》。

（2）刑部。刑部是元朝中央主要司法行政及审判机构。《元史·百官志》称，刑部掌管全国的刑名律令，同时职掌死刑复核、已捕罪犯的覆审、没收财产的账簿、逮捕缉拿罪犯的奖励、冤案疑难案件的审判、拟议律令等。

（3）宣政院。宣政院是全国最高的宗教管理机关与宗教审判机关，主管由西藏上层高僧出任。元时，凡各地涉及僧侣的奸盗、诈伪、人命重案虽由地方官审理，但必须上报宣政院。由此，我国历史上首次形成宗教与世俗权力共存的特殊司法制度。

（4）奥鲁。蒙古语，原称军队出征时安置老小及物资的后方为"奥鲁"。元统治者在驻蒙古军和军户的地方设奥鲁管理军户事务，兼管军民婚姻、负债、斗殴、私奸、杂犯等案件，自成体系。

由上可知，元代中央司法机构交错重叠，既有专职的，又有兼理的，行政机关、军事机关、宗教机构、内宫、王府皆有司法权，从而形成元代所特有的，各机构各领其事、"不相统摄"的司法体系。这种多元的司法体系造成元代司法的混乱，使得法令废弛，官吏作奸，司法黑暗，冤案遍及全国，最终导致元代统治的崩溃。

2. 地方司法机关。元代地方司法权力分散、政出多门的现象十分普遍。元代地方司法机构分为行省、路、府（州）、县各级。

（1）行省。行省为地方最高政务及司法机关，拥有司法审覆权。与之同级的有行枢密院和行御史台，行枢密院负责军人的司法事务；行御史台所设肃政廉访司，有权监督各路司法，断决官吏犯罪，审覆民间称冤案件。

（2）路、府（州）、县。路是一级重要的地方机构，设有总管府，"蒙古人充各路达鲁花赤，汉人充总管，回回人充同知，永为定制。"[1] 达鲁花赤为最高行政长官，既负责司法审判的具体事务，又拥有审判的批准权和上报权。总管府设有推官"专治刑狱"，具体处理审判事务。军人的司法事务则由"奥鲁"官府管领，不受路及府州县的统辖。此外，路一级还有僧录司，负责僧尼词讼。如果地方军民、僧侣间发生重大案件，通常由这些机构共同审理。这样，路一级又出现多重的司法机构。府（州）、县的情况，大体与路相似。

元朝地方司法机关的审判权限是杖罪以下案件，而徒、流、死罪则要由司法监察机关复审后，再申奏刑部作最后裁断。

（二）诉讼审判制度

元朝诉讼制度最明显的特点之一就是诉讼在法典上独立成篇。元以前的法律中，没有"诉讼"专篇；而从《元史·刑法志》《元典章》《事林广记·刑法

---

[1]　《元史·世祖纪》。

类·大元通制》等的记载可以看出，"诉讼"已在元代法律中独立成篇。从内容上看，民事诉讼与刑事诉讼、程序法与实体法已有初步分离的趋势，诉讼制度的规定较为严格。

对于告诉，元代仍分当事人自诉与官府纠举两种方式。对自诉案件，元代仿用唐、宋之制，对诉权作出种种限制。例如，奴婢、雇工除对主人犯恶逆、侵损己身允许告诉外，其余不得控告，违者处杖刑，直至死刑；如告言私事，等于主人自首，而奴婢则要处杖刑。另外，元朝对妻告夫、子告父也严厉禁止。

元朝允许逐级上诉，但不得越诉。例外的是，如果主管官吏"受赂不法"，可径赴宪司控告，而不以越诉论处。为了标榜仁政，元代承袭前代的"直诉"制度，于中书省设立登闻鼓。父母兄弟夫妇为人所杀却无处申冤者以及虽经审理但处理不公者，都可击登闻鼓申诉。元代还有"乘舆诉"的规定，类似于唐代的"邀车驾"。

元朝的司法管辖除一般的地域管辖外，还规定因民族、职业、身份、信仰、户籍等差异而存在的多种专门管辖。如有关僧侣、军人、蒙古人等的案件，一般都由专门机关管辖。当遇到不同户籍、不同民族及僧侣之间发生刑名词讼，就会将有关户籍的直属上司请来共同审理，这就是所谓的"约会"制度。这种制度只适用于轻微的刑名词讼。

由于经济关系的发展和民族间交往的频繁，元朝民事纠纷日渐增多。为适应这种情况，元朝民事诉讼有一些新的发展。

其一，诉讼代理的范围有所扩大。法律规定："凡七十以上，十五以下，笃废疾，法度不合加刑者，可令少壮人代诉。"[1] 另外，"诸致仕得代官，不得已与齐民讼，许其亲属家人代诉，所司毋侵挠之。"[2] 但妇人、典客不得为人代诉。若妇人寡居无依，或者有男子干碍，事须告理者，则属例外。[3] 元朝的代理制度并不限于民事诉讼，但较多地用于田宅、婚姻、继承案件。

其二，对民事诉讼采取不告不理的原则。

其三，广泛地运用调解，调解的方式有司法机关调解和民间调解。民间调解即由县乡以下设置的社长负责对邻里间的民事纠纷"以理谕解"，调解的结果对当事人具有法律效力，当事人一般不得再以同样的事实和理由提起诉讼。

〔1〕 《事林广记·公理类·告状新式》。

〔2〕 《元史·刑法志》。

〔3〕 参见《元典章》卷五十五，《刑部》卷十五。

第十二章
明朝法律

公元 1368 年，朱元璋在南京称帝，开始了明王朝的统治。在法律制度方面，明朝继承唐宋律的基本内容，在法律结构、立法技术等方面又有所发展。

第一节　立法思想与立法活动

一、明太祖朱元璋的立法思想

明太祖朱元璋出身寒微，在取得政权后，十分注意总结前朝治理国家的经验教训。他的立法思想，指导了明初的立法实践。

（一）以重刑治理国家

《周礼·秋官·大司寇》所谓"刑新国用轻典，刑平国用中典，刑乱国用重典"，常常被古代的政治家奉为圭臬。朱元璋总结元朝灭亡的历史教训，认为元败于"纵弛"，因而主张重典治国。建文帝曾说过："《大明律》，皇祖所亲定，命朕细阅，较前代往往加重。盖刑乱国之典，非百世通行之道也。"[1]

与前代相比，明朝法律加重了谋反、谋大逆等罪的处罚，扩大了株连的范围，严厉打击贼盗以及官吏贪赃枉法等罪行，这都是重典治国的体现。《明史·循吏列传》就说："明太祖惩元季吏治纵弛，民生凋敝，重绳贪吏，置之严典。"朱元璋亲定的明《大诰》，尤其体现了重治贪官的思想。

然而，单纯依靠重刑在任何时候都不可能彻底根除犯罪。朱元璋晚年对重典治国政策的局限性是有所认识的，他曾对皇太孙说过这样的话："吾治乱世，刑不得不重。汝治平世，刑自当轻，所谓刑罚世轻世重也。"[2] 到洪武二十八年（公元 1395 年），太祖临奉天门告谕群臣："朕起兵至今四十余年，灼见情伪，惩创奸顽，或法外用刑，本非常典。后嗣止颁《律》与《大诰》，不许用黥

---

〔1〕《明史·刑法志一》。
〔2〕《明史·刑法志一》。

刺、劓、剕、阉割之刑。臣下敢以请者，置重典。"[1] 法外之刑在一定程度上受到禁止。

（二）重视礼法结合

礼法结合、德主刑辅，是中国古代治理国家的信条，即便如朱元璋这样喜用重典的人，也主张明刑弼教。他认为刑罚的手段不过是为了挽救时弊，要达到国家的治理还必须用教化的方法。洪武二十二年（公元 1389 年），朱元璋曾就新修订的《大明律》对太孙说，这部律书首列二刑图，次列八礼图，就是尊崇礼教，太孙于是奏请："明刑所以弼教，凡与五伦相涉者，宜皆屈法以伸情。"[2] 太祖遂下令修改了七十三条律文。到洪武三十年，《大明律》最终完成，朱元璋临午门告谕群臣："朕仿古为治，明礼以导民，定律以绳顽，刊著为令"[3] 所谓"明礼以导民"，是指用礼来教化人民，"定律以绳顽"，是指用刑律惩治奸顽，"仿古为治"，说明礼律结合来源于传统，也是对明朝现实经验的总结。

严格地适用法律，是司法官吏的职责。但有时，依法办事却有违人情，在这种情况下，屈法伸情往往成为司法官吏的选择，强调"明礼以导民"的朱元璋也不例外。据《明史·刑法志》记载，有一位父亲因诬告被捕下狱，他的儿子直接到刑部喊冤，按照法律这是越诉，应该治罪，但太祖说："子诉父枉，出于至情，不可罪。"还有一次，有位儿子犯法，父亲向法官行贿乞求宽免罪行，御史想把这位父亲一起查办，太祖说，"子论死，父救之，情也，但论其子，赦其父。"[4] 礼顺人情，所谓屈法伸情自然是礼法结合思想在司法实践中的产物。

（三）强调法律简洁明确

朱元璋重视法律的作用，同时强调法律应当简洁明了。早在吴元年（公元 1367 年）十月，李善长拟律时，朱元璋就说，"法贵简当，使人易晓。若条绪繁多，或一事两端，可轻可重，吏得因缘为奸，非法意也。夫网密则水无大鱼，法密则国无全民。"[5] 在这种思想指导下，无论拟订《大明令》，还是几次修订《大明律》，都以简当为贵，正如《明史·刑法志》所说的"大抵明律视唐简核"。

法贵简当，目的使人知晓，说明朱元璋重视法律的宣传。《大明令》完成后，朱元璋惟恐小民不能知法，命大理寺卿周桢摘取所定律令，自礼乐、制度、

---

[1] 《明史·太祖本纪三》。
[2] 《明史·刑法志一》。
[3] 《明史·刑法志一》。
[4] 《明史·刑法志一》。
[5] 《明史·刑法志一》。

钱粮、选法以外，凡是民间所行事务，按类编辑，解释其义，颁布到郡县，名为《律令直解》，史称："太祖览其书而喜曰：'吾民可以寡过矣。'"〔1〕在《大诰》颁行后，朱元璋为扩大其宣传与影响，使百姓能够了解遵守，他下令乡里设置塾师教解《大诰》，当时天下有讲读《大诰》师生来朝见者达十九万余人，"并赐钞遣还"。〔2〕到洪武三十年《大明律诰》制成后，明太祖下令"刊布中外，令天下知所遵守"〔3〕《大明律》要求各级官吏务必熟读、通晓律意，做到依法裁决，"若有不能讲解不晓律意者，初犯罚俸钱一月，再犯笞四十附过，三犯于本衙门递降叙用。"〔4〕朱元璋对于官民知法守法的重视程度，由此可见一斑。

二、明朝法律的主要形式

明朝法律的主要形式有律、诰、条例、会典等多种，其中律是最主要的法律渊源。

（一）制定《大明律》

根据《明史·刑法志》的记载，《大明律》的制定颁行，经历四个阶段。即"草创于吴元年，更定于洪武七年，整齐于二十二年，至三十年始颁示天下"。

吴元年冬十月，朱元璋命令左丞相李善长等修定刑律，同年十二月完成，共有令一百四十五条，律二百八十五条〔5〕这部律在内容上承袭唐律，在体例上则承继了《元典章》，即按照行政六部的顺序来编排律文，奠定了《大明律》体例改革的基础。

至洪武六年（公元 1373 年）冬，明太祖诏令刑部尚书刘惟谦详定《大明律》，至洪武七年二月律成，这部《大明律》共有三十卷，共计六百零六条，"篇目一准于唐：曰卫禁，曰职制，曰户婚，曰厩库，曰擅兴，曰贼盗，曰斗讼，曰诈伪，曰杂律，曰捕亡，曰断狱，曰名例"。以后又陆续有所厘定。〔6〕

洪武二十二年（公元 1389 年），朱元璋接受刑部建议，命翰林院同刑部官编类修订《大明律》。当时，宰相与中书省机构均已被废置，六部分掌中书省职权，所以这次修律改变了唐以来沿袭八百年的封建法典编纂体例，以名例律冠于篇首，下按六部官制，分吏、户、礼、兵、刑、工六律，共三十卷，四百六十条。《大明律》在体例、内容等各方面遂基本定型。

---

〔1〕《明史·刑法志一》。
〔2〕《明史·刑法志一》。
〔3〕《明史·刑法志一》。
〔4〕《大明律·吏律·公式》"讲读律令"。
〔5〕《明史·刑法志一》。
〔6〕《明史·刑法志一》。

第十二章

图 15　《大明律》

洪武三十年（公元 1397 年），朱元璋命令刑官摘取大诰重要条目，附于律后，编成《大明律诰》。至此，历时三十年之久，《大明律》最终编纂完成。在制定《大明律》过程中，明太祖朱元璋倾注了心血，如刘惟谦等洪武七年在《进大明律表》中所说，每一篇完成以后缮书上奏，太祖都要亲笔裁定，"陛下圣虑渊深，上稽天理，下揆人情，成此百代之准绳。"〔1〕《大明律》颁行以后，京内外决狱，均以此为依据。

（二）颁行明《大诰》

大诰作为一种文体，源自《尚书·大诰》，后者是周公东征殷遗民时对臣民的训诫。而明《大诰》则是朱元璋重典治国思想的产物。朱元璋鉴于百姓沿袭元代恶习，徇私废公，违法犯罪越来越多，因而"采辑官民过犯"〔2〕的典型案例，自洪武十八年（公元 1385 年）至洪武二十年（公元 1387 年），先后制定《御制大诰》七十四条，《大诰续编》八十七条，《大诰三编》四十三条，《大诰

---

〔1〕《大明律》附"进大明律表"。
〔2〕《明史·刑法志一》。

武臣》三十二条，目的是使臣民"使知趋吉避凶之道"[1]。

明《大诰》规定的刑罚，如族诛、凌迟、枭首、斩、墨面文身、挑筋去指、剁指、断手、刖足、阉割为奴等，多为法外之刑，这是《大诰》的最大特点。《明史·刑法志》称："凡三《诰》所列凌迟、枭示、种诛者，无虑千百，弃市以下万数。"体现了《大诰》的残酷性。

《大诰》的主要内容是惩治贪赃官吏和地方豪强。《大诰》中有案情的共二百零一条，讲官吏犯法的一百五十余条，占总数的百分之七十；讲豪强犯法的三十九条，占总数的百分之十八；而讲百姓犯法的二十余条，不到总数的百分之十，且主要集中在《大诰》制定的后期。

为了保证《大诰》的贯彻执行，朱元璋在颁行《大诰》时曾宣布："一切官民诸色人等，户户有此一本，若犯笞、杖、徒、流罪名，每减一等；无者，每加一等。"[2] 除了用这种方法强制人民了解《大诰》内容外，明太祖还命令塾师讲说《大诰》，乡民集会也要派人宣讲《大诰》。

洪武三十年（公元1397年），朱元璋选择《大诰》中重要条目三十六条附于《大明律》后，称为《大明律诰》。据《明史·刑法志》记载，"自《律诰》出，而《大诰》所载诸峻令未尝轻用。"到明成祖时又下诏"法司问囚，一依《大明律》拟议，毋妄引榜文条例为深文。"[3]《大诰》的行用与废止，说明重刑峻法仅仅是明初特殊历史条件下的权宜之策，在完成它的历史使命以后，它的终止是历史的必然。

（三）删定《问刑条例》

明初就有条例。洪武二十二年（公元1389年），刑部上奏："比年条例增损不一，以致断狱失当。请编类颁行，俾中外知所遵守。"[4] 明太祖于是下令将历年所增条例，按类附入律后。不过，明成祖时规定司法审判必须依据《大明律》，禁止随意引用"榜文条例"。成化元年（公元1465年），明宪宗也曾下诏："令谳囚者一依正律，尽革所有条例。"[5] 可见在明中期以前，虽有条例颁行，但正如明太祖曾以"条例特一时权宜，定律不可改"，否定了刑部"律条与条例不同者宜更定"[6] 的建议，条例既无法比拟正律，也不够稳定。

但在明中叶以后，《大明律》颁行已历百年，社会政治、经济条例与明初相

---

〔1〕《明史·刑法志一》。
〔2〕《御制大诰·颁行大诰》。
〔3〕《明史·刑法志一》。
〔4〕《明史·刑法志一》。
〔5〕《明史·刑法志一》。
〔6〕《明史·刑法志一》。

比已发生了很大变化，定律虽不能轻改，但社会变化必须通过法律体现出来，《问刑条例》的制定适应了这一需要。

孝宗弘治五年（公元1492年），刑部尚书彭韶等因鸿胪少卿李鐩所请，删定《问刑条例》，至弘治十三年刑部尚书白昂奉旨增定《问刑条例》二百九十七条。正德年间，虽有大臣奏请编定新例，但武宗不从，命断狱仍据《大明律》及弘治十三年钦定条例。至嘉靖二十八年（公元1549年），世宗令尚书顾应祥等删定弘治朝定例以来新增例文条款，定《问刑条例》二百四十九条，嘉靖三十四年（公元1555年）续增九条，故嘉靖《问刑条例》共二百五十八条。万历十三年（公元1585年），神宗命刑部尚书舒化等编辑嘉靖三十四年以后诏令及宗藩军政条例、《捕盗条格》。漕运议单等与刑名相关者，以律为正文，以条例为附注，编定《问刑条例》三百八十二条。到崇祯十四年（公元1641年），刑部尚书刘泽深又奏请议定《问刑条例》，皇帝应允，终因时局危急，未及议行。

至于《问刑条例》与《大明律》的关系，如《明史·刑法志》所载："其法外遗奸，列圣因时推广之而有例，例以辅律，非以破律也"，[1] 通过修定《问刑条例》，反映当时的社会问题，对《大明律》作出适当的补充和修正。这样既保持了正律的稳定性，又及时反映社会生活的变化，有利于法律的实施。但在司法实践中，皇权专制条件下以例破律的情况并不少见，这同样也是不容忽视的。

（四）编纂《大明会典》

在制定《大明会典》之前，明代已经颁行了一些单行的行政法规。明英宗时，鉴于各朝行政法规零散重复，前后不一，不便于检索使用，开始编纂具有行政法典性质的《大明会典》。至孝宗弘治十五年（公元1502年），《大明会典》初步编成，但并未颁行。至武宗正德年间，经内阁重新审校，弥补疏漏，正式颁行天下，通称《正德会典》。此后又经世宗嘉靖八年（公元1529年）进行续纂（通称《嘉靖续纂会典》），神宗万历四年（公元1576年）进行重修（通称《万历重修会典》）。

从内容上看，会典取材于明朝官修律、令、礼、式、宪纲和诸司档案书籍，内容广博，是集历朝法令、定一代章程的行政法典。《大明会典》的体例，基本沿袭《唐六典》，是以六部官制为纲，按宗人府、六部、都察院、六科、各寺、府、监、司的次序，分述各行政机关的职掌和事例。与《唐六典》不同的是，《大明会典》是经钦命颁行、天下臣民共同遵守的法典，并非单纯的行政法规的汇编。它为清代五朝会典的制定奠定了基础，体现了明朝立法的重要成就。

---

〔1〕《明史·刑法志》。

三、私家注律的兴起

在立法的同时，明朝政府还很重视法律解释的问题。据《明史·刑法志》记载，在吴元年制律之初，明太祖朱元璋就经常和大臣在一起讨论律义。同年十二月《大明律》完成的时候，为了使百姓理解法律，朱元璋还特意命令大理寺卿周桢编成《律令直解》，颁行天下。这是明代官方解释法律的作品。洪武元年，朱元璋"命儒臣四人，同刑官讲《唐律》，日进二十条。"[1] 到洪武三十年定型的《大明律》取法唐律，又因时制宜有所发展，这和官方重视法律解释是分不开的。

《大明律》定型以后，太祖命令其子孙世世遵守，"群臣有稍议更改，即坐以变乱祖制之罪。"[2] 明中叶以后，为了解决现实问题，陆续制定了大量的条例。律例之间的矛盾所在多有，需要官方进行解释，以利于法律的统一适用。但是由于明中叶以后政治日益腐败，宦官专权，有的皇帝甚至数年不上朝，官方已不可能组织大规模的解释法律的活动，代之而起的是私家注律的兴起。明代私人的律学著作很多，较有代表性的有：彭应弼《刑书据会》、唐枢《法缀》、雷梦麟《读律琐言》、张楷《大明律释义》、王樵《读律私笺》、王肯堂《律例笺释》等等。其中以王肯堂的《律例笺释》最有权威性，被明人奉为解律圭臬。

第二节　行政法律

明朝由于封建君主专制主义中央集权的高度发展，导致行政权力高度集中于皇帝一人之手。权力的高度集中也带来了明朝的政治腐败，尤其到了明朝后期，这种情况愈演愈烈。

一、中央行政管理体制

明初的中央行政体制，仍沿袭元朝旧制，设中书省，统领六部，管理全国一切行政事务；另设有都督府管理军事，御史台职掌监察，统称"三大府"。

（一）废除丞相

明初，"太祖承前制，设中书省，置左、右丞相。"[3] 左右丞相，参与国家要务的决策，有权发号施令，直接指挥六部和其他部门的工作，既是皇帝的助手，又在一定程度上制约着皇权。尽管皇帝与丞相在治理国家与维护统治秩序

---

〔1〕《明史·刑法志一》。
〔2〕《明史·刑法志一》。
〔3〕《明史·职官志一》。

这一根本利益上是一致的，但在一定历史条件下，皇权与相权在权力的行使过程中也会产生摩擦，有时甚至出现矛盾激化。明太祖借胡惟庸案废除丞相制度，就是这种矛盾发展的反映。

洪武初年，李善长与同乡胡惟庸曾分任左右丞相，形成淮西势力集团，特别是胡惟庸，曾独任丞相数年，对大臣生杀予夺，有时甚至不经过皇帝。明太祖深以为患，逐步采取措施削弱相权。如洪武九年（公元 1376 年），朱元璋把行中书省改为承宣布政使司，直接对皇帝负责，中书省已无权直接管理地方事务。接着，又取消中书省内平章政事、参知政事等职官，使中书衙门渐成空壳。洪武十一年（公元 1378 年），明太祖下令六部奏事无需关白中书省。这样，中书省已名存实亡。

洪武十三年（公元 1380 年），朱元璋借口谋反，诛杀左丞相胡惟庸，株连三万余人，并以此为理由，最终废除中书省，丞相制度从此成为历史。同时明太祖下诏："以后嗣君，其毋得议置丞相。臣下有奏请设立者，论以极刑。"[1]

（二）设立内阁

洪武十五年（公元 1382 年），朱元璋仿宋制设华盖殿、武英殿、文渊阁、东阁诸大学士，为正五品，侍奉皇帝左右，充当顾问，这是明代内阁的萌芽。成祖时，特简解缙、胡广等人入值文渊阁，参与机要事务，内阁之制由此开始。但当时入阁者都是编修、检讨、讲读之类的职官，不置官署，不管诸司，诸司奏事，也无需关报内阁。至仁宗时，东宫旧臣杨士奇以礼部侍郎兼华盖殿大学士、杨荣以太常卿兼谨身殿大学士，内阁职位渐崇。英宗景泰年间，内阁设诰敕房和制敕房，由中书舍人负责办理诏敕，阁权更重。世宗嘉靖以后，内阁朝位班次，列于六部之上。

内阁大学士无定员，一般 3－7 人，通常为 5 人。起初阁臣同为辅臣，地位相同，嘉靖时形成首辅与群辅的区分，内阁大事，皆由首辅主持，群辅不敢与之抗衡。内阁的职权包括：就皇帝咨询发表意见，封驳诏旨；以儒家经典、明君的业绩、皇祖"宝训"规劝皇帝；审核内外大臣题奏；"票拟"[2]皇帝批答章奏的意见；起草诏令；议政，等等。

虽然内阁大学士占据中枢要职，但毕竟无宰相的正式名分，其职权也无法与宰相相比。在明代，内阁不掌铨选，内阁大学士的产生也由大臣"廷推"；内阁不得节制诸司，六部直接听命于皇帝，这些都限制了阁臣的权力。内阁虽有

〔1〕《明史·职官志一》。
〔2〕 大学士审核内外章奏后，以皇帝名义作批答草稿，因用墨笔小票写出，贴在章疏上，呈报皇帝，故称"票拟"。参见怀效锋：《明清法制初探》，法律出版社 1998 年版，第 203 页。

"票拟"之权，但"票拟"取决于皇帝朱笔批红。明中叶以后，宦官组织和权力日益扩大，司礼监太监代皇帝行批红之权，逐渐操纵了内阁。内阁首辅除严嵩、张居正等有所作为以外，多碌碌无为之辈。

（三）六部

明代六部职权较前代大大提高。"自洪武十三年罢丞相不设，析中书省之政归六部，以尚书任天下事，侍郎贰之。"[1] 六部以尚书一人为长官；左右侍郎各一人为副长官；以下各设众多属官，分掌部内职责。与唐代六部辖二十四司的体制有所不同，明代的户部与刑部按照浙江、江西、湖广、陕西、广东、山东、福建、河南、山西、四川、广西、贵州、云南地区划分十三清吏司，从而加强了中央六部对地方的集中管理。由于明朝六部并列，各自主管中央一部分行政权力，执行皇帝命令并对皇帝本人负责，防止了中央行政机构专权，保障了封建君主权力的高度集中。

六部之外，还有太常寺、光禄寺、太仆寺、鸿胪寺、尚宝司、国子监、钦天监、翰林院、詹事府等中央机构，皆沿用唐宋旧制。

二、地方行政管理体制

明代地方官署，基本上是省、府（州）、县三级。

（一）总督、巡抚

明代总督起初因事临时设置，名称也不固定，有"总督""经略""总制"等等。总督往往以都御史充任，具有监察、考核地方官吏的职权。后来职权不断扩大，包括一省或数省军政、民政、盐政、漕运、农桑等，所辖地区也由边关扩大到内地。

巡抚之名，始于洪武年间懿文太子巡抚陕西。"永乐十九年，遣尚书蹇义等二十六人巡行天下，安抚军民。以后不拘尚书、侍郎、都御史、少卿等官，事毕复命，即或停遣。"[2] 可见明初巡抚只是临时的官职。明中叶以后，巡抚成为久驻各省的地方官，全国十三省均设定员巡抚。巡抚为各省最高军政长官，设有衙门，抚循地方、考察属吏、提督军务。总督虽然可以节制巡抚，但并非巡抚的上司，二者常常互相牵制。

（二）承宣布政使司、提刑按察使司、都指挥使司

洪武九年（公元 1376 年），朱元璋改行省为承宣布政使司，罢行省平章政事等官，设布政使，掌一省行政。下设参政、参议等官，分守各道。明代的道介于省府之间，参政、参议分守之道，称为分守道。

---

〔1〕《明史·职官志一》。
〔2〕《明史·职官志二》。

提刑按察使司，"掌一省刑名按劾之事"[1]。长官按察使，下设副使、佥事等官，分巡各道。副使、佥事分巡之道，称分巡道。

明初，各行省设行都督府，又设都卫指挥使司。洪武八年（公元1375年），改都卫为都指挥使司，掌一省军事，统率卫所，隶属于都督府，听命于兵部。

布政使司、提刑按察使司和都指挥使司，共同组成省级政权机关，合称"三司"。三司的设立，使地方机关职权趋向专一化，有利于提高行政效率。另外，三司均直接隶属于中央，彼此地位平等，互不统属，又互相牵制，更便于中央对地方进行控制、操纵。

（三）府、县

省下以分为府、县两级。府设知府，掌一府之政，举凡狱讼、赋役、教化、仓库、河防等，均负其责，属官有同知、通判、推官等。县设知县，掌一县刑名钱谷，下设县丞、主簿等属官。

三、职官管理制度

为了保证官僚机构的正常运行，从明太祖朱元璋开始，就注重职官的选拔与管理，使之各司其职，相互协调，充分发挥作用。应该说，明代的职官制度是卓有成效的。明中叶以后，有的皇帝甚至不问朝政达二三十年之久，而国家机构仍能照常运转，这就说明了官僚机构所起的作用。

（一）职官的选任

根据《明史·选举志》的记载，明朝官吏的选举之法主要有学校、科举、荐举，等等。

明代学校有二：国学和府、州、县学。入国学者称监生，国子监学生实行积分制，年内积八分者为及格，给与出身，不及格者肄业。才学优异的，奏请皇帝上裁。明代府、州、县、卫所都建儒学，教官达四千二百余人，学生无数。明代还于各省设提学使，专管学校。

明代科举，考试分为乡试（省试）、会试（京试）、殿试（廷试）。三年大比，生员在各省考试，为乡试，考中者为举人。第二年，举人于京师考试，为会试，考中者，参加由皇帝主持的廷试，或称殿试。殿试分三甲，一甲三名，即状元、榜眼、探花，赐进士及第，二甲若干名赐进士出身，三甲若干名赐同进士出身。至于科举考试内容，明太祖朱元璋采纳刘基的意见，"专取四子书及《易》、《书》、《诗》、《春秋》、《礼记》五经命题试士。"[2] 这样考生只能代圣人立言，按照程、朱等对经义的解释来作答，不能抒发自己的见解。明宪宗时，

〔1〕《明史·职官志四》。
〔2〕《明史·选举志二》。

又创立了"八股"的格式，要求文章在形式上逐段对偶、堆砌雕琢，完全脱离了社会现实。

除科举选官外，明代选官途径还有荐举。荐举主要实行于明太祖时期。洪武元年（公元1368年），征天下贤才到京，授予知府、县令等官。洪武三年（公元1370年），下令有司推访才德兼备之士。洪武六年（公元1373年）罢科举，令有司察举贤才，"以德行为本，而文艺次之。"[1] 送至京师后，不次擢用。洪武十年后明太祖又恢复科举，而荐举之法仍然并行。建文帝及明成祖时期，被举荐者在京内可授翰林、在京外可授布政使之职。杨士奇以处士、陈济以平民身份被举荐后，被授予《太祖实录》总裁官之职。后来科举日重，荐举之法才逐渐被忽视。

（二）职官的考核

明对于官吏的考核分考满与考察两种。考满之法，"论一身所历之俸，其目有三：曰称职，曰平常，曰不称职，为上、中、下三等。"[2] 任职满三年为初考，六年为再考，九年为通考。京官六部五品以下，由本衙门正官考核，四品以上及近侍、御史等官，由皇帝裁决。在外布政使司以下首领官，由按察使考核，布政使司四品以上及按察使等官，由皇帝考核。洪武十八年（公元1385年），吏部考核天下布政使、按察使、知府、知县等官，"凡四千一百一十七人，称职者十之一，平常者十之七，不称职者十之一，而贪污阘茸者亦共得十之一。"[3]

考察分为京察和外察。京察每六年进行一次，京官四品以上由皇帝亲自裁夺，五品以下别致仕、降调、闲住为民等情况，造册奏请皇帝。外察，自弘治朝定京外官三年进行一次。州县官每月上报知府，知府每年上报布政使。到三年的时候巡抚、巡按通核所属状况，造册上报。考察的标准有八项："曰贪、曰酷、曰浮躁、曰不及、曰老、曰病、曰罢、曰不谨。"[4] 重在考察官员有无过犯。明代主管考核官吏的机关是吏部和都察院。

明初考核制度执行得比较认真。但从明朝中叶开始，随着吏治恶化，考课制度逐渐流于形式，而且弊端丛生。

四、行政监察制度

明初沿用唐宋旧制，设御史台为中央监察机关。洪武十五年（公元1382

---

〔1〕《明史·选举志三》。

〔2〕《明史·选举志三》。

〔3〕《明史·选举志三》。

〔4〕《明史·选举志三》。

年），明太祖把御史台更名为都察院，号为"天子耳目风纪之司"[1]，负责弹劾大臣结党乱政、百官败坏风纪，朝觐、考核时会同吏部考察官员升隆，遇大狱会同刑部、大理寺审理案件。都察院长官为左、右都御史，下设立左、右副都御史、左、右佥都御史，下属机构包括经历司、司务厅、照磨所、司狱司，负责具体行政监督事务。

明朝又在地方设置十三道监察御史，负责纠弹内外官违法。在京巡视京营、科举、仓库、皇城，轮值登闻鼓；在外巡按军旅、学校、茶马、漕运、屯田等。巡按号称"代天子巡狩"[2]，至各省、府、县，大事奏报皇帝，小事当时决断。明代御史纠劾，必须写明年月，指明实事，不许捕风捉影。御史出巡后复命，都御史要考核其是否称职，报告给皇帝。御史犯罪加三等，有赃则从重论处。

除都察院系统外，明朝还创设了六科给事中组织，"掌侍从、规谏、补阙、拾遗、稽察六部百司之事。"明初统设给事中，洪武六年（公元1373年）始分六科，给事中共十二人。洪武二十四年（公元1391年）更定科员，六科各设都给事中一人，左右给事中二人，负责监督六部官吏。给事中有封驳制敕的权力，"凡制敕宣行，大事覆奏，小事署而颁之；有失，封还执奏。"对内外大臣奏章，给事中有监督执行的权力。"凡内外所上章疏下，分类抄出，参署付部，驳正其违误。"[3]

为了保证监察权得以实施，发挥它的应有作用，明代还非常注重监察立法工作。如洪武年间的《宪纲总例》《巡抚六察》《巡按六察》，英宗朝的《宪纲条例》以及《大明会典》中有关监察的部分等，这些法规规范了监察活动，使监察制度更加完备和系统。

第三节　刑事法律

《大明律》在内容上大体沿袭唐律，相比较而言，事关礼教风俗教化的罪行，唐律规定的处罚重于明律；而有关贼盗及钱粮等项的犯罪，明律规定的处罚重于唐律。清代薛允升把这种差异归结为："古人先礼教而后刑法，后世则重刑法而轻礼教。"[4]

一、刑罚的种类

明代沿用了唐律的五刑制度，以笞、杖、徒、流、死为法定刑。笞刑五等，

从十杖到五十杖。杖刑五等，从六十杖到一百杖。徒刑五等，从一年到三年，加杖从六十至一百，每半年及十杖加一等。流刑三等，从二千里到三千里，每五百里加一等，每等均加杖一百。死刑二等，绞和斩。

与唐代相比，明代在刑罚实践中出现了一些新变化。如充军刑在明代得到广泛的使用。弃军是强制犯人到边远地区屯种或充实军伍的刑罚，它轻于死刑而重于流刑。明初弃军只是发往边疆进行屯种，后来定制，充军按距离远近分为六等，即极边、烟瘴、边远、边卫、沿海、附近。充军的期限有二种：终身和永远。前者罪犯终生充军，后者不仅自己终生充军，死后还要由子孙接替。《大明律》规定的充军刑有四十六条，而嘉靖《问刑条例》规定的充军刑已达二百一十三条之多。[1] 由于充军人犯需要长途押解，家属要为其提供军装费用，到卫所后又要受到军官勒索，所以《明史·刑法志》评论说："明制充军之律最严，犯者亦最苦。"

凌迟刑虽不在五刑之内，但已正式纳入《大明律》法条之中。《明史·刑法志》称："二死之外，有凌迟，以处大逆不道诸罪者。充军、凌迟，非五刑之正，故图不列。"

在明代，枷号成为一种常用刑。枷号，又称枷示，是将犯人颈套木枷，枷上标明犯人姓名及所犯罪状，令其在监狱外或指定的官衙门口示众、使其备受羞辱的刑罚。根据《明史·刑法志》记载，一般的枷用干木制成，长五尺五寸，头宽一尺五寸，重十五斤到二十五斤。明武宗时宦官刘瑾所创大枷，"枷重至百五十斤，不数日辄死。"

明代广泛使用赎刑，赎法有二种：收赎和纳赎。收赎依《大明律》，执行起来十分严格。纳赎依条例，条例比较灵活，可以弥补《大明律》过于严格的不足。制定纳赎条例始于太祖。洪武三十年（公元1397年）议定赎罪事例，规定内外官员犯罪，应处笞杖刑的记过，应处徒、流、迁移刑的以俸禄赎罪。颁行《大明律》时下令，凡杂犯死罪、徒流、迁徙等刑，一概依赎罪条例处断。自此，纳赎条例与依律收赎相辅而行。明初赎罪用铜，又曾经用马，后来都废弃不用，赎罪其本上纳钞，纳银、纳钱与纳钞并行。明代还可以用力役赎罪：死罪的终身服役，徒流罪按年限，笞杖罪按日月。劳役的内容或修造，或屯田，或煮盐冶铁，期满释放。后来，劳役可折纳工钱。[2]

廷杖是明朝皇帝处罚大臣的一种特殊刑罚，明太祖朱元璋开启先河，武宗后习以为常。据《明史·刑法志》记载，武宗正德时，群臣谏南巡，皇帝一次廷杖一百四十六人，杖死十一人。世宗嘉靖时，群臣争大礼，皇帝廷杖一百三十四人，杖死十六人。

二、刑事犯罪

《大明律》是在明太祖不断加强专制集权的背景下编撰的，体现了重典治世和严于治吏的精神。

（一）加重谋反谋叛等重罪的处罚

"谋反""谋大逆""谋叛"是封建社会最为严重的犯罪，直接危害皇帝的统治，历代政权均予以重惩。依照《大明律》的规定，凡谋反及谋大逆，只要是同谋，不分首犯从犯一律凌迟处死，犯人的祖父、父亲、子孙、兄弟甚至异姓同居之人，以及伯叔父、兄弟之子，不论是否同籍，只要年纪在十六岁以上，不论是否残疾，一律处斩；上述亲属中十五岁以下男子以及母女、妻妾、姐妹，包括儿媳，罚给功臣当奴婢，财产没入官府。知情故纵以及隐藏者处斩。明代鼓励告发谋反叛逆等重要犯罪的行为，如果能捕获谋反大逆人犯，则平民授以官职，士兵授以军职，犯人财产全部充赏；百姓知情而告发，官府因而捕获人犯的，则只给财产作为奖励。如果知情不告，则处杖一百，流放三千里。[1]

关于谋叛罪，明律规定，只要同谋，不分首犯从犯，一律处斩，妻妾子女罚给功臣为奴婢，财产入官，父母、祖孙、兄弟，不论是否同籍，一律流放二千里安置。[2]

（二）严禁臣下结党和内外交结

鉴于历代权臣结党造成皇权削弱，最终导致政治危机的教训，明严禁臣下结党，在《大明律》中增设了前代刑法中所没有的"奸党"罪，罗列了"奸党"罪的种种表现。比如，"凡奸邪进谗言、左使杀人"；"若犯罪律该处死，其大臣小官，巧言谏免、暗邀人心者"；"若在朝官员，交结朋党，紊乱朝政者"，"皆斩。妻子为奴，财产入官"，"若刑部及大小各衙门官吏，不执法律，听从上司主使出入人罪者，罪亦如之。"[3] 甚至大小衙门官吏及普通百姓，上书赞扬宰辅大臣德政，也是奸党，一定要查问清楚，然后处斩，妻儿罚为奴婢，财产没收入官，该宰辅大臣若知情，与奸党同罪。为了防止大臣与宫内太监勾结，明太祖时曾铸铁牌，上写"内臣不得干预政事，犯者斩。"[4]《大明律》设"交结近侍官员"条规定："凡诸衙门官吏，若与内官及近侍人员互相交结，漏泄事

〔1〕 参见《大明律·刑律·贼盗》"谋反大逆"。

〔2〕 参见《大明律·刑律·贼盗》"谋叛"。

〔3〕 《大明律·吏律·职制》"奸党"。

〔4〕 《明史·职官志三》。

情，夤缘作弊，而符同奏启者，皆斩。妻子流二千里安置。"[1] 虽然明代在立法上惩治奸党不遗余力，在实践中大肆杀戮，但明代中后期的党争、宦官弄权，在历史上都可谓空前绝后，这大概是明太祖在制定《大明律》时始料未及的。

（三）严惩官吏职务犯罪

明太祖十分注意整顿吏治，这种思想也影响了明代立法。《大诰》已经向后人展示了当时惩贪法律的严酷性。在定型的《大明律》中，惩治官吏的贪污受贿仍是十分重要的内容。《大明律·刑律》中专列"受赃"一门，规定十一条相关内容：官吏受财、坐赃致罪、事后受财、有事以财请求、在官求索借贷人财物、家人求索、风宪官吏犯赃、因公擅科敛、私受公侯财物、尅留盗赃、官吏听许财物。举凡官员受财的各种情况，几乎无所不包，其周详完备超过历代法典。

从量刑上看，明代对于官吏受赃处刑也重于唐宋。以受财枉法为例，《大明律》对于有禄官员受财枉法，计算其收受的所有贿赂，定刑罚轻重，一贯以下杖七十，一到五贯杖八十，十贯杖九十，至五十贯杖一百，流二千五百里，八十贯则绞。[2] 而唐律规定，官吏受财枉法至十五匹则绞。

对于官吏擅权与渎职行为及相关制裁，在《大明律·吏律》"职制"门和"公式"门中一一胪列。如"大臣专擅选官""滥设官吏""贡举非其人""举用有过官吏""擅离职役""擅勾属官""官员赴任过限""无故不朝参公座""事应奏不奏""出使不复命""漏泄军情大事""漏使印信""漏用钞印"，等等。

（四）打击强盗、窃盗行为

明代对于强盗、窃盗行为，同样加大打击力度。明律规定，只要实行强盗行为，即便不得财，也要杖一百、流三千里，但凡得财，不论首犯从犯，一律处斩。[3] 至万历《问刑条例·刑律》更规定："强盗杀人，放火烧人房屋，奸污人妻女，打劫牢狱、仓库及干系城池衙门，并积至百人以上，不分曾否得财，俱照得财律，处斩。"[4]

关于窃盗，唐代盗窃罪没有死刑，明代则不同。依《大明律》，窃盗不得财笞五十，但得财者，统计所有赃物论罪。即便十人共偷一处，得财四十贯，每人也要按四十贯论罪。依律一贯以下杖六十，十贯以下杖七十，至一百二十贯，杖一百，流三千里。明代犯盗窃罪还要刺字，初犯在右小臂上刺"窃盗"二字，

---

[1]《大明律·吏律·职制》"交结近侍官员"。

[2] 参见《大明律·刑律·受赃》"官吏受财"。

[3] 参见《大明律·刑律·贼盗》"强盗"。

[4]《大明律》附《问刑条例》，怀效峰点校，法律出版社 1999 年版，第 409 页。

再犯在左小臂上刺字，三犯则处绞刑。[1]

（五）轻罚有关礼教风俗的犯罪

《大明律》对于违背礼教风俗的犯罪，处罚确实较唐律为轻。例如唐律把祖父母、父母在世，子孙分家析产视为不孝罪，判处三年徒刑。而《大明律》则改判为杖一百。[2] 唐律规定子女在父母丧期嫁娶，判处三年徒刑。而《大明律》改为杖一百。[3] 另外，明律对强奸处罚重于唐律，而对于通奸处罚则轻于唐律。依唐律，通奸，处徒刑一年半，与有夫妇女通奸，处徒刑二年。强奸则各加一等治罪。《大明律》则规定，通奸，杖责八十，与有夫之妇通奸，杖责九十，强奸则处绞刑，即使强奸未遂，也要杖一百、流三千里。[4]

相比唐律，《大明律》对于刑法适用还作了两条重要调整。一是"化外人有犯"，唐代规定化外人同类之间的犯罪依据其本民族的法律，否则依唐律。明律则规定，"凡化外人犯罪者，并依律拟断。"[5] 二是"断罪依新颁律"，《大明律》规定，该律自颁行之日即发生效力，"若犯在已前者，并依新律拟断。"[6]

第四节 民事经济法律

明朝随着商品经济的发展，私有观念越来越强，与之相关的国家立法和民间习惯的内容比宋元时期更加丰富。

一、民事法律

明代没有专门的民事立法，有关法律散见于律、令、条例、榜文、告示、习惯之中。

（一）关于人的规定

按照明代的法律，百姓到十六岁为成丁，只有到丁年才开始为国家服役，到六十岁免役。

明代依然是个奉行等级身份的社会，良人与奴婢法律地位不同。"凡奴婢殴良人者，加凡人一等。""其良人殴伤他人奴婢者，减凡人一等。"明代还出现雇工人，地位介于奴婢和良人之间，良人殴打缌麻亲属雇工人，"非折伤，勿论。"[7]

---

[1] 参见《大明律·刑律·贼盗》"窃盗"。
[2] 参见《大明律·户律·户役》"别籍异财"。
[3] 参见《大明律·户律·婚姻》"居丧嫁娶"。
[4] 参见《大明律·刑律》"犯奸"。
[5] 《大明律·名例》"化外有人犯"。
[6] 《大明律·名例》"断罪依新颁律"。
[7] 《大明律·刑律·斗殴》"良贱相殴"。

明代实行户籍管理制度，所谓"人户以籍为定"[1]，就是把居民划分为军民、驿灶、医卜、工乐不同种类的户籍，世代相袭。如军户世代承担兵役，民户则承担钱粮差役，匠户世代从事官营手工业等，灶户从事官营盐业的生产。不同户籍之间，不得诈冒脱漏，以便在服役时避重就轻，违者要受到法律的惩罚。

（二）关于财产所有权的规定

根据《明史·食货志》的记载，明代田地有二：官田和民田。官田包括皇庄，诸王、公主勋戚、大臣、内监等赐田，百官职田，军、民、商屯田，等等。其余为民田。洪武二十年（公元1387年），明太祖曾派人丈量天下土地，编制鱼鳞图册。洪武二十六年（公元1393年），核实土地八百五十万七千六百二十三顷。

明代法律保护官私土地的所有权。依《大明律·户律》的规定，凡盗卖、交换、冒认他人田宅者，田一亩、屋一间以下，笞五十，每田五亩屋三间，加一等，罪止杖八十，徒二年。官田各加二等处罚。盗耕他人田地，一亩以下笞三十，罪止杖八十，盗种官田各加二等。

《大明律》对于盗窃罪规定了最高为绞刑的刑事处罚，保护官私财物及马、牛、骡、猪、羊、犬、鸡等畜产的所有权。对于无主物，比如山野柴草木石之类，如果他人已用工力砍伐积聚而擅自据为己有的，计赃以盗窃论。[2]

关于拾得遗失物，明律规定，限五天内送官。如遗失物为官物，则还给官府，如是私物，则招人认领，其中一半可给拾得人充赏，另一半还给失主。如果三十天内无人认领，则拾得人可得全部遗失物。如期限之内不送官府，则官物按坐赃论，私物减二等，遗失财物一半入官，一半还给失主。若在官私土地内，挖得埋藏物，寻常物品可收归己有，但若是古器、钟鼎、符印之类异常物品，则限三十天内送官，违者杖八十，埋藏物没入官府。[3]

（三）关于契约的规定

伴随着商品经济的发展，明代的契约已经相当规范。当时存在的契约包括买卖契约、典当契约、借贷契约等。

典当是业主将田宅、园林、碾磨等物交付典主以取得一定数额钱财的行为，双方约定期限，限满业主可将典当物赎回。如典主托故不肯放赎的，依律笞四十。限满业主无力回赎的，则不拘此律。不论买卖还是典当，双方订立契约后

---

〔1〕《大明律·户律·户役》"人户以籍为定"。

〔2〕参见《大明律·刑律·贼盗》"盗用野谷麦"。

〔3〕参见《大明律·户律·钱债》"得遗失物"。

还要依律税契，并办理过割手续。典、买田宅不税契，依律笞五十，田宅一半价钱没收官府。不过割者，一至五亩笞四十，每五亩加一等，罪止杖一百，田没入官府。[1]

在处理债务纠纷方面，明律既注重维护债权人的合法权益，又限制他们非法占有债务人的财物。依照《大明律·户律·钱债门》规定，欠债违约不还者，五贯以上，违三个月笞十板，每过一月加一等，罪止笞四十，欠至二百五十贯以上，罪止杖六十。并且追还本金与利息给债权人。

对于借贷取利的行为，《大明律》明确限制高利盘剥，规定私人借贷钱物每月取利并不过三分，年月虽多不过也不得一本一利。违者笞四十，余利以坐赃论，罪止杖一百。如果主管官吏于所辖区域内借贷，要杖八十，违法收取利息的，以贪赃不枉法论处。[2]

（四）关于婚姻家庭的规定

在婚姻关系方面，《大明律》规定，男女定婚之初，如果有残疾、庶出等情况，务必要双方明白知道，双方情愿订立婚书，依礼嫁娶。订立婚书后，男女双方反悔的，笞五十板。[3] 明代允许娶妾，但不允许妻妾失序，如果以妻为妾，杖一百，如妻在而以妾为妻的，杖九十，都要强令改正。[4] 关于婚姻，明律还作出了一些限制性规定。比如，在父母丧期内嫁娶的，要杖一百。祖父母、父母因犯死罪被囚禁，子孙嫁娶的，要杖八十。另外，明律禁止同姓为婚、尊卑亲属为婚，禁止府州县官在任内娶所部妇女为妻妾、禁止僧道娶妻、禁止良贱通婚，违者除受杖刑外，还要强制离异。[5] 在离婚方面，《大明律》实行"七出"与"三不去"以及"义绝"等有关规定，基本上沿袭唐律内容。

在家庭关系方面，父为子纲、夫为妻纲的伦理原则在《大明律》中得到体现。在家庭内部，家长对于家庭财产与家庭成员具有绝对的支配权力。按照法律规定，祖父母、父母对子孙有教令权。子孙违反教令，祖父母、父母非理殴杀，也只杖一百，故意杀害也不过杖六十、徒一年，意外及过失杀害则不予追究。[6] 反过来，子孙骂祖父母、父母属于不孝，告发祖父母、父母属于"干名犯义"，[7] 要处以徒刑，殴打祖父母、父母则处斩，杀害祖父母、父母则凌迟

---

[1] 参见《大明律·户律·田宅》"典买田宅"。

[2] 参见《大明律·户律·钱债》"违禁取利"。

[3] 参见《大明律·户律·婚姻》"男女婚姻"。

[4] 参见《大明律·户律·婚姻》"妻妾失序"。

[5] 参见《大明律·户律·婚姻》。

[6] 参见《大明律·刑律·斗殴》"殴祖父母、父母"。

[7] 《大明律·刑律·诉讼》"干名犯义"。

处死。[1]

子孙与祖父母、父母之间的法律地位相差悬殊。在家庭财产方面,《大明律》规定,凡祖父母、父母在,而子孙别立户籍,分异财产者,杖一百,若居父母丧而兄弟别立户籍,分异财产者,杖八十。如果同居卑幼亲属不经尊长同意擅自私用本家财物,二十贯笞二十,每二十贯加一等,罪止杖一百。[2]

此外,在家庭关系上,夫妻之间的不平等同样十分明显。如妻妾殴打丈夫,处刑杖一百,听任丈夫离婚。若殴至折伤,加平常人斗殴三等治罪,殴至笃疾,处以绞刑。如果妻妾故意杀害丈夫,则凌迟处死。而丈夫殴打妻子,不到折伤则不追究责任,折伤以上也要减平常斗殴二等,殴妾则再减二等。[3]

在继承方面,《大明律》注重维护封建宗祧的嫡长子继承制,明确规定,凡立嫡子违法者,杖八十。嫡子,正妻所生之子,若嫡妻年纪在五十以上而且无子,方许立庶长子。本家无子的,可以立同宗辈分相当之子侄为继子。若收养异姓义子,混乱宗族的,依律处刑杖六十。只有三岁以下异姓小儿被遗弃者,方许收养,也要改从父姓。[4]明朝用法律形式确认嫡长子继承宗族权力与封爵的合法性,用以维护封建宗族与封建政权的正统性。至于家庭财产的继承上,依《大明令·户令》的规定,不论妻妾或婢女所生之子,实行按数均分。如果户绝财产,同宗并无应继之人,亲生女儿可以承继,没有女儿的,财产入官。[5]

二、经济法律

明政权建立后,为了巩固统治基础,采取一系列恢复、发展经济的措施,因此,关于手工业、商业的立法比较频繁。

(一) 手工业、商业管理法规

明代对于官营手工业生产的规格、质量、期限等,都作了严格的规定。如果没有如法造作,要笞四十。制成品不合用及应改造的,计所损材料及工钱,严重的以坐赃论处。各地作坊制造兵器、缎匹,如果逾期未能完工的,以十分计算,差一分工匠笞二十,每一分加一等,罪止笞五十。[6]

与唐宋相比,明代盐、茶等产品的专卖制度内容更加充实。太祖起兵之初,即制定盐法。以后在各地陆续设都转运盐使司、盐课提举司,管理盐的生产和运销。灶户专门从事盐的生产,单列户籍。明初政府对灶户待遇较为优厚,免

---

〔1〕 参见《大明律·刑律·斗殴》"殴祖父母、父母"。
〔2〕 参见《大明律·户律·户役》"别籍异财""卑幼私擅用财"。
〔3〕 参见《大明律·刑律·斗殴》"妻妾殴夫"。
〔4〕 参见《大明律·户律·户役》"立嫡子违法"。
〔5〕 参见《大明律》所附《大明令·户令》。
〔6〕 参见《大明律·工律·营造》"造作不如法"条及"造作过限"。

其杂役，发给钱米，即便犯死罪以上，也只处杖刑，然后计日煮盐赎罪。后来由于官吏盘剥，灶户逃亡者逐渐多了起来。

明代卖盐须凭"盐引"，成祖时定大引四百斤，小引二百斤。[1] 商人卖盐，盐引不得离身，违者同贩卖私盐论处。卖完后，十天之内，须缴还盐引，否则答四十。商人买得盐引后，如不亲赴盐场支盐，反将盐引转卖，视为阻坏盐法，买主、卖主各杖八十，盐价没入官府。[2] 据《明史·食货志》记载，明代盐法，以开中法最佳。洪武三年（公元1370年），山西行省因大同粮储路途遥远，费用太高，建议下令商人往大同仓运米一石、太原仓运米一石三斗，给淮盐一小引，商人卖盐后，再将盐引交还给所在衙门，拟以此法解决边境军粮转运问题。明太祖采纳了这个建议，招商运粮，给予盐引，称之为开中。对于贩卖私盐的行为，法律予以严惩：依《大明律》为杖一百，徒三年；若携带兵器者加一等，拒捕者斩。即使买食私盐也处杖刑一百，转卖者杖一百，徒三年。[3] 虽然明代对贩卖私盐处罚很重，但出于盐是日常生活必需品，经营食盐利润可观，官盐供应不足等原因，明朝从始至终私盐犯罪屡禁不止。

明代卖茶也要凭茶引。太祖时规定商人纳钱换取茶引。每引茶百斤，纳钱二百，不足者给予由帖。茶引、由帖是卖茶的凭据，如果没有茶引、由帖及不携带者，别人可告发抓捕。对于违反规定贩私茶者，按贩私盐律治罪。[4] 明代还在过境地区设茶马司，对番夷以茶易马。百姓易上马一匹，给茶一百二十斤，中马七十斤，马驹给五十斤。[5] 由于茶马交易事关军备国防，所以对贩私茶的实际处理更严。根据万历《问刑条例·户律》"私茶条例"所载，在边境贩专私茶，与番夷交易者，不拘斤数，一律发往烟瘴地面充军。[6]

商品生产的发展，促进了市场的繁荣，明代的市场管理法规也有了相应的发展。比如，严格统一度量衡器具。市面上使用的度量衡，均须经官府"较勘""印烙"。如果私造度量衡器，在市场使用，以及在官用度量器具上作弊的，处罚杖六十。明代设"行人"在市场评估物价。如果行人评估物价，贵贱不平，计算增减之差额坐赃论，如据为己有则以窃盗论。明代在各地设有官牙行、埠头，在交易中说合双方、议定价金。牙行、埠头所选用的人户，通常都由有家业者充任，他们持有官府所发的"印信文簿"，上面写明各商人、船户籍贯、姓

---

〔1〕　参见《明史·食货志四》。

〔2〕　参见《大明律·户律·课程》"盐法"及"阻坏盐法"。

〔3〕　参见《大明律·户律·课程》"盐法"。

〔4〕　参见《明史·食货志四》。

〔5〕　参见《明史·食货志四》。

〔6〕　参见《大明律》所附《问刑条例·户律》。

名及字号，交易货物的数目，每月到官府核查。[1] 明代设牙行、埠头加强管理，有利于规范市场，稳定价格，保护交易双方的利益。

(二) 财政金融法规

明代财政收入依然主要来源于赋役收入。明初基本依照唐两税法，每年分夏、秋两季征收田赋，男子十六岁至六十岁都需服役。洪武十四年（公元1381年），太祖下诏编赋役黄册，统计天下户籍，该册由户部、布政使、知府、知县各存一册，上户部者面用黄纸，故名黄册。洪武二十年（公元1387年），太祖命国子监武淳等分行州县，丈量田亩，编定成册，因状如鱼鳞，故名鱼鳞图册。黄册和鱼鳞图册是明代征发赋役的依据。明朝中叶以后，土地兼并严重，赋役不均，百姓流亡，国家财政收入明显减少。明神宗万历初年，张居正进行赋役改革，实行"一条鞭法"，"总括一州县之赋役，量地计丁，丁粮毕输于官。一岁之役，官为佥募"，百姓所需缴纳费用"悉并为一条，皆计亩征银，折办于官，故谓之一条鞭。立法颇为简便。"[2] "一条鞭法"在我国税法史上具有重要地位，它标志着由税人向税物、由实物税向货币税的转化。

明朝货币分钱、钞两种。太祖初设宝源局于应天，发行"大中通宝"钱，即位后发行"洪武通宝"钱。洪武七年（公元1374年），设宝钞提举司，发行大明宝钞。[3]《大明律·户律》中设有"钱法""钞法"两个专条，规定钱由工部宝源局铸造发行，供民间交易使用，若阻挠不用，处杖刑六十。钞与钱并行。对于商品交易中拒收宝钞的行为，处以杖一百。[4] 明律严格禁止私铸铜钱、伪造宝钞。凡私铸铜钱者，处以绞刑，工匠同罪。凡伪造宝钞，不分首从皆斩，财产没入官府。[5]

第五节　司法思想与司法制度

明朝司法制度的特色，体现在基层里老人理讼制度和各种名目的会审制度。而专制集权的发展对于司法制度也产生了深刻的影响，突出表现为宦官和锦衣卫组织对于审判事务的参与和干涉，司法公正荡然无存。

一、司法思想

明朝通过立法，从中央到地方建立了一套完整司法机关体系。一些地方官

---

〔1〕 参见《大明律·户律·市廛》各条。
〔2〕 参见《明史·食货志二》。
〔3〕 参见《明史·食货志五》。
〔4〕 参见《大明律·户律·仓库廛》"钞法""钱法"。
〔5〕 参见《大明律·刑律·诈伪》"伪造宝钞"及"私铸铜钱"。

在司法实践中，注意总结经验，丰富和发展了明朝的司法思想，其中比较有特色的是明代对于基层司法的重视。

（一）王阳明与基层司法

王阳明在江西推行保甲"十家牌法"时，不仅把这种方法当作是平息盗贼的方法，还视之为省讼的手段："每日各家照牌互相劝谕，务令讲信修睦，息讼罢争，日渐开导，如此则小民益知争斗之非，而词讼亦可简矣。"在十家之内，一旦发生争讼，同甲其余各家"即时劝解和释，如有不听劝解，恃强凌弱，及诬告他人者，同甲相率禀官，官府当时量加责治省发，不必收监淹滞。"这种作法，是把保甲作为民间调解机构，发挥其调解息讼的功能，从而减轻官府在受理词讼方面的负担。王阳明认为，一旦"盗贼可息，词讼可简"，必然带来"风俗可淳""礼乐可兴"的效果："因是而修之，警其薄而劝其厚，则风俗可淳；因是而修之，导以德而训以学，则礼乐可兴。"[1]

同样，王阳明在基层推行乡约时也将乡约作为调解处理纠纷的途径。《南赣乡约》规定："今后一应斗殴不平之事，鸣之约长等公论是非；或约长闻之，即与晓谕解释；敢有仍前妄为者，率诸同约呈官诛殄。"在《南赣乡约》描述的乡约举善和纠过环节中，知约首先陈彰善簿，鸣鼓三声后，约赞道："请举善！"众人称："是在约史。"约史汇报："某有某善，某能改某过，请书之，以为同约劝。"约正询问约众："如何？"众人回答："约史举甚当。"行善者出来当众接受表彰。纠过时，则陈纠过簿，鸣鼓三声后，约赞道："请纠过！"众人称："是在约史。"约史汇报："闻某有某过，未敢以为然，姑书之，以俟后图，如何？"约正询问约众："如何？"众人回答："约史举必有见。"[2]接下来有过者要跪受责罚。这种充满仪式性的程序，无疑彰显了乡约组织在处理基层争讼方面的权威性。

（二）吕坤与基层司法

吕坤在巡抚山西时，也把乡约和保甲当作基层治理的重要手段，"守令之政自以乡约保甲为先，乡约实行自无奸凶，犹有奸凶，是乡约之法未行也；保甲实行自无盗贼犹有盗贼是保甲之法未行也。"吕坤试图将乡约、保甲在组织上和职能上整合起来："以百家为率，孤庄村落以一里为率，各立约正一人，约副一人，选公道正直者充之，以统一约之人。约讲一人、约史一人，选善书能劝者充之，以办一约之事。十家内选九家所推者一人为甲长，每一家又以前后左右所居者为四邻，一人有过，四邻劝化，不从则告于甲长，转告于约正，书之纪

---

[1]《王阳明全集·别录九·公移二》"申谕十家牌法"。
[2]《王阳明全集·别录九·公移二》"南赣乡约"。

恶簿；一人有善，四邻查访的实，则告于甲长，转告于约正，书之纪善簿。其轻事、小事许本约和处，以息讼端。"[1]

吕坤还设定了"和处"各种纠纷的条件，如"地土不明，查审文契，中人应退回者退回，应找子粒者找子粒，应补差粮者补差粮，算明，主令改正。若系欺隐诡寄不肯首正者，待告状之日，本约一同呈报"；"骂詈斗殴，主令理屈之人置办礼物，与理直者陪话，若有伤者，审明记日，待告状之日一同呈报"；"买卖货物不公亏损人者，主令改正，不改者纪恶呈报"；"地界、房界不明者，查明改正"，等等。虽然乡约主要负责和处即调解纠纷，但也有一定裁决权，"除徒流以上罪名，本约不得专断外，其笞杖事情，掌印官将词批与原告，执付本约问明，开具手本，以凭处断。"[2] 吕坤注意到基层组织在解决纠纷方法上的变化，明初多使用裁决，后来则多用调解："国初老人里长，俱许笞杖断决，今恐是非连累，只用口说和处。"[3]

乡约在调处纠纷时也非常仪式化。比如，在处断本约事情的时候，需将和事牌移至圣谕前，约正副先在牌前焚香发誓："处事不公，身家被祸"，叩四头后起立；然后证人同当事人也要在牌前发誓："举事不公，身家被祸"，据实陈述后，叩四头，起立。约正、约副问清事实后，斟酌王法、天理、人情与讲史商量处断，处断后讲史向牌前发誓："纪事不公，身家被祸"，[4] 这些以身家性命为赌注的誓言即便不能保障证言的真实与处断的公正，至少也会带来公平可期的感觉。

上述调处过程完成后，约正、约副还要将处断结果记于和簿、纪恶簿之内，有不服者听其告官。如果事情严重及当事人不服处断，则不论当事人在哪个衙门投告，约正、约副都要分清是非，向问官补交呈词，请问官公平审理，同时仍将理屈之人记入恶簿。如果本约处分不公，约正、约副也要承受责罚。[5] 由此可见，在解决基层纠纷方面，吕坤试图在乡约调处与官府裁决之间建立互补关系。乡约负责调处轻微纠纷，对于比较严重的纠纷则应及时呈报官府。但即便是对于轻微纠纷的处理，乡约也要受到官府的监督。

二、司法制度

基层里老人理讼制度和各种名目的会审制度，是明朝司法制度的特色。

---

〔1〕（明）吕坤：《新吾吕先生实政录·乡甲约》卷一。

〔2〕（明）吕坤：《新吾吕先生实政录·乡甲约》卷三。

〔3〕（明）吕坤：《新吾吕先生实政录·乡甲约》卷三。

〔4〕（明）吕坤：《新吾吕先生实政录·乡甲约》卷二《乡甲事宜》"会规"。

〔5〕（明）吕坤：《新吾吕先生实政录·乡甲约》卷三。

（一）司法机关

中央三法司为刑部、都察院、大理寺。"刑部受天下刑名，都察院纠察，大理寺驳正"。[1] 就司法权限而言，刑部复核地方解至刑部的徒流、迁徙、充军及杂犯死罪案件，批回各省执行。死刑案件，由刑部讨论提出判决意见后，还需要送大理寺复核，如称公正，则将人犯收监，等候处决。[2] 都察院负责纠察，但也有司法审判权。在中央，都察院与刑部、大理寺一道会审重案，在地方，监察御史巡视州县，审录罪囚。[3] 大理寺负责驳正，掌平反刑狱。凡刑部、都察院审判的案件，都必须将案卷和人犯移送大理寺详细复核。如果大理寺认为判决公允，则同意将处理意见上奏。如认为判决不当，则驳令改判，甚至纠问审判官，严重的还要请旨下九卿会审，当时称为"圆审"。屡次驳回，仍无法作出正确判决的，则请旨处理，即所谓"制决"[4]。

明代地方行政建制为省、府（州）、县三级。省设有提刑按察使，掌管一省刑名，有权处决笞杖案件，徒以上重案则须报送刑部。府（州）、县二级由长官知府、知县兼掌审判事务。

明朝还于基层乡里设立申明亭，由里长、老人在申明亭受理民事案件和轻微刑事案件，如未经里长、老人处分而直接赴县起诉，视为越诉。明初因"小民多越诉京师，及按其事，往往不实，乃严越诉之禁。命老人理一乡词讼，会里胥决之，事重者始白于官"[5]。明太祖发布的《教民榜文》则规定："民间户婚、田土、斗殴相争一切小事，须要经由本里老人、里甲断决。若系奸、盗、诈伪、人命重事，方许赴官陈告。"[6]

（二）诉讼程序

明代关于审判程序的规定主要在《大明律·刑律》"诉讼""断狱"门中，与唐律相比，变化不大。惟关于刑讯，唐律对刑讯程序、刑杖数额、次数等都作了严格的规定；《大明律》则只是规定，应该八议之人，及年纪在七十以上、十五以下以及废疾者，不应刑讯，应"据众证定罪"[7]。而《大明令》则规定枷、杻、铁索、笞、杖等刑具规格。同时规定，用笞杖刑讯，刑讯部位为腿或

---

〔1〕《明史·刑法志二》。

〔2〕参见《明史·刑法志二》。

〔3〕参见《明史·职官志二》。

〔4〕参见《明史·职官志二》。

〔5〕《明史·刑法志二》。

〔6〕杨一凡、曲英杰、宋国范点校：《中国珍稀法律典籍集成》乙编第一册《洪武法律典籍》，科学出版社 1994 年版，第 639 页。

〔7〕《大明律·刑律·断狱》"老幼不拷讯"。

臀。只有所犯罪行严重,证据明白,而疑犯仍拒不招供者,方许刑讯[1] 而在明代司法实践中,滥施刑讯、滥用刑具的现象远非前代可比。据《明史·刑法志》记载,当时酷吏所用刑讯花样之多,令人瞠目:挺棍、夹棍、脑箍、烙铁及一封书、鼠弹筝、拦马棍、燕儿飞、灌鼻、钉指……在这种情况下,关于刑具规格、刑讯程序的法律限制也只能形同虚设。

经审理后,审判官须作出裁决。《大明律》规定,断罪必须明确援引律令,违者笞三十。皇帝下特旨对于某些案件做出的临时处置,不得作为以后断案的依据。[2]

（三）特殊审判制度

明朝还创设了一些颇有特色的审判制度,如会官审录、圆审、热审、朝审、大审等。

据《明史·刑法志》记载,会官审录之制,定于洪武三十年(公元1397年)。最初,重大案件皇帝亲自审理。洪武十四年(公元1381年),朱元璋下令,重大案件经法司衙门判决后上奏,由翰林院、给事中等官共同讨论,复奏后作出最终裁决。洪武三十年,设政平、讼理二面幡旗,下谕刑部,以后除武官及死罪案件由皇帝亲自审理外,其他案件以罪行上奏,然后派人持讼理幡到承天门外进行审理。参与审理的官员包括五军都督府、六部、都察院、六科、通政司、詹事府及驸马等。经审理,有罪的依法裁决;无罪应释放者,持政平幡慰勉遣送。明成祖永乐时,仍由上述官员在承天门外实行会官审录。仁宗时特令内阁学士会审重犯。以后这种多官会审之制延续了下来。

明太祖时还有所谓圆审,即大理寺对于复审案件,如果认为原审适用法律错误的,可将该案移送其他衙门审理。经二次审理后,当事人仍然不服,则上奏皇帝,请九卿共同审理,即为圆审。以后再不服,则请旨裁决。

明成祖永乐二年(公元1404年)开始实行热审。即因暑热对在狱徒流以下囚犯采取的清理监狱的措施,通常在小满后十余日,由司礼监传旨刑部,刑部会同都察院、锦衣卫请旨进行。经热审后,轻罪犯可获减等,枷号可得放免。明宣宗宣德二年(公元1427年)五、六、七月,经三法司审理,共减等释放囚犯二千八百余人。[3]

明英宗天顺三年(公元1459年)以后,实行所谓朝审,"令每岁霜降后,三法司同公、侯、伯会审重囚,谓之朝审。"[4] 即由三法司会同公、侯、伯等

---

[1] 参见《大明律》附录《大明令·刑令》。
[2] 《大明律·刑律·断狱》"断罪引律令"。
[3] 参见《明史·刑法志二》。
[4] 《明史·刑法志二》。

审理重犯，以后历代遵行。

明宪宗成化十七年（公元 1481 年），实行大审，"命司礼太监一员会同三法司堂上官，于大理寺审录，谓之大审。"〔1〕 即由司礼监太监与三法司长官在大理寺审录罪囚。以后定例，每五年举行一次大审。

（四）厂卫干预司法

厂卫干预司法活动，是明朝司法制度的一个重要特点，也是极端君主专制在司法制度上的表现。

厂，指东、西厂。东厂是明成祖所设。即位之前，明成祖就靠太监打探建文帝情况，即位后更加倚重太监。他在东安门设立东厂，由亲信太监领导，专门侦查谋逆等所谓奸恶言行，其权势匹敌锦衣卫。宪宗时，又设立西厂，由太监汪直领导，前后六年。自京师到天下，都是西厂耳目，连王府也不能幸免，其势力远远超过了锦衣卫，因西厂恶行含冤而死者无数。后经大学士万安请旨废弃。明孝宗时，厂卫一度消沉。至武宗正德时，复设西厂，当时东厂、西厂及锦衣卫首领都是太监刘瑾党羽，厂卫开始合流。刘瑾又设办事厂、内办事厂，京师称之为内行厂，连东西厂也在其监视范围之内，更加为非作歹。后来刘瑾伏诛，西厂、内行厂撤除，只剩下东厂。世宗、神宗时，厂卫尚称安静。到熹宗时，魏忠贤权倾朝野，厂卫再次横行天下。

卫，是锦衣卫。依《明史·职官志》记载，锦衣卫掌侍卫、缉捕、刑狱等事，洪武十五年（公元 1382 年）设，长官指挥使，正三品，下设镇抚司，掌管刑名。明太祖时曾利用锦衣卫狱审理大案，诛杀众多。洪武二十六年（公元 1393 年）禁锦衣卫狱，令所有案件经法司衙门审理。明成祖时恢复锦衣卫狱。不久，增设北镇抚司，专治诏狱。宪宗成化十四年（公元 1478 年）时，铸北镇抚司印信，北镇抚司处理所有刑狱，直接上报皇帝，勿需报告锦衣卫指挥使，因此，北镇抚司职低而权重。明世宗时，屡有大臣奏停锦衣卫理刑狱事，皇帝不从。在明代，东厂和锦衣卫往往相互勾结。东厂势强，则锦衣卫附于东厂之下，东厂势弱，则锦衣卫凌驾东厂之上。魏宗贤势焰熏天之时，锦衣卫甘愿为之隶卒。名臣杨涟、左光斗皆因得罪权阉，惨死于锦衣卫狱。《明史·刑法志》称："刑法有创之自明，不衷古制者，廷杖、东西厂、锦衣卫、镇抚司狱是已。是数者，杀人至惨，而不丽于法。踵而行之，至末造而极。举朝野命，一听武夫、宦竖之手，良可叹也。"

〔1〕《明史·刑法志二》。

第六节　社会法律思潮

一、丘濬的法律思想

丘濬（1421－1495 年），广东琼山人，字仲深，明代中期著名的思想家，被明孝宗御赐为"理学名臣"。他的《大学衍义补》是对汉代以来封建正统法律思想的一次全面总结。

（一）关于德礼刑政

在《大学衍义补》中，丘濬引用孔子所云"道之以政，齐之以刑，民免而无耻。道之以德，齐之以礼，有耻且格"，以及朱熹关于"政者为治之具，刑者辅治之法，德礼则所以出治之本，而德又礼之本也。此其相为终始"这段论述，认为经书所言治道，不外乎德礼政刑四者，至于四者关系，丘濬称："有政刑而无德礼，是谓徒法；有德礼而无政刑，是谓徒善。为政之道于斯四者，诚不可以缺一者也。"[1]

他仍然强调刑罚对教化的辅助作用，"礼乐者，刑政之本。刑政者，礼乐之辅。古之帝王，所以同民心，出治道，使天下如一家、中国如一人者，不过举此四者措之而已。是则所谓修道之教，王者之道，治天下之大经、大法者也"，"行此礼乐之道，则有法制禁令，防此礼乐之失，则有刑罚、宪度。"[2] 作为治理国家的手段，礼乐刑政虽有主次之分，但其目的是相同的，都是为了约束百姓，从而建构一种统治秩序："礼乐刑政，其致一也。必有礼乐以为刑政之本，则政事之行，刑罚之施，皆本乎自然之理，以立为当然之制，使民知所避而不敢违。是以民生日用之间，心志有所主，耳目有所加，举动云为有所制，是以不犯于有司。"[3]

（二）关于立法

在评价汉和帝时陈宠修定律令方面，丘濬非常认可汉代"论事往往主于经义，而言刑者必与礼并"，他认为陈宠修定律令时以经义为标准的做法，应该成为后世立法的根本："其所平定惟取其应经合义者，则百世定律之至言要道也。"[4] 关于明代法律，丘濬认为律名"虽沿于唐，而实皆因时以定制、缘情以制刑，上稽天理，中顺时宜，下合人情，立百世之准绳，为百王之宪度，自有法律以来所未有也。"即便如此，还是要讲究因时定制，毕竟法久则弊，"盖前日之要策，乃今日之刍狗，此必然之势，亦自然之理也。"

---

〔1〕《大学衍义补》卷一《总论朝廷之政》。
〔2〕《大学衍义补》卷一《总论朝廷之政》。
〔3〕《大学衍义补》卷一〇一《总论刑制之义》（下）。
〔4〕《大学衍义补》卷一〇三《定律令之制》（下）。

丘濬还谈到了修改法律和程序："请下明诏，会官计议，本之经典，酌诸事情，揆之时宜，凡律文于今有窒碍者明白详着于本文之下。若本无窒碍，而所司偶因一事有所规避，遂为故事者，则改正之。仍敕法司，自时厥后，内外法司断狱一遵夫成宪，若事有窒碍，明白具奏集议，不许辄引前比，违者治以专擅之罪。如此，则法令画一，情罪相当而民志不惑矣。"[1] 丘濬认为，虽然明朝法律仅四百六十条，在律之外也没有像唐宋朝那样编纂格敕，[2] 但其实早在洪武六年，刑部尚书刘惟谦等修律时，便"又有《洪武礼制》《诸司职掌》之作，与夫《大诰》三编及《大诰武臣》等书。凡唐宋所谓律、令、格、式与其编敕，皆在是也，但不用唐宋之旧名尔。"[3] 至于明代中后期条例存在的理由及其与律的关系，丘濬认为："法者，祖宗所制，百世之典，例者，臣僚所建，一时之宜。法所不载而后用例，可也。既有法矣，何用例为？若夫其间世异势殊，人情所宜，土俗所异，因时救弊，不得不然。"如果律例之间相互冲突，如何适用则由皇帝决定，"有不得尽如法者，则引法与例，取裁于上可也。"[4]

（三）关于刑法

关于刑法的作用，丘濬还是强调"刑以弼教，论罪者必当以教为主。"[5] 他认为以刑弼教，正是古代圣人制刑的本意，"盖恐世之人不能循夫五伦之教，故制刑以辅弼之。使其为子皆孝，为臣皆忠，为兄弟皆友。居上者则必慈，与人者则必信。夫必守义，妇必守礼。有一不然，则入于法而刑辟之所必加也。"[6] 丘濬认为刑法应该宽严适中，"帝王之道，莫大于中。中也者，在心则不偏不倚，在事则无过不及。帝王传授心法，以此为传道之要。"[7] 丘濬引用《吕刑》"民之乱罔不中"的句子，指出："治民之道无有过于中者也，是故先王立法制刑，莫不用中。中则无过，无不及，可以常用而无弊。"[8] 立法要宽严适中，执法也要不偏不倚，"盖民不幸犯于有司，所以罪之者，皆彼所自取也。吾固无容心于其间，不偏于此，亦不倚于彼，一惟其情实焉。既得其情，则权其罪之轻重，而施以其刑。其刑上下，不惟无太过，且无不及焉，夫是之谓中，夫是之谓祥刑。"[9]

丘濬反对酷刑，甚至把酷刑问题与王朝兴亡联系起来："人君之酷刑，皆足

---

〔1〕《大学衍义补》卷一〇三《定律令之制》（下）。
〔2〕《大学衍义补》卷一〇三《定律令之制》（下）。
〔3〕《大学衍义补》卷一〇三《定律令之制》（下）。
〔4〕《大学衍义补》卷一〇三《定律令之制》（下）。
〔5〕《大学衍义补》卷一〇八《谨详谳之议》。
〔6〕《大学衍义补》卷一〇〇《总论刑制之义》（上）。
〔7〕《大学衍义补》卷一〇一《总论刑制之义》（下）。
〔8〕《大学衍义补》卷一一三《戒滥纵之失》。
〔9〕《大学衍义补》卷一〇一《总论刑制之义》（下）。

以失人心而亡国。"[1] 对于宋代实行刺配，丘濬非常不以为然，认为这种恢复肉刑的做法，结果只能适得其反，"宋人于今五刑之外，又为刺配之法，岂非所谓六刑乎？聚罪废无聊之人于牢城之中，使之合群以构怨，其愤愤不平之心无所于泄心中之意。虽欲自新，而面上之文已不可去。其亡去为盗、梃起为乱，又何怪哉？宋江以三十六人横行河朔，迄不能制之，是皆刺配之徒，在在而有以为之耳目也。"[2]

丘濬还反对赎刑，"夫罪入五刑而可疑者，使富而有金者，出金以赎其罪可矣。若夫无立锥之民而犯大辟之罪，何从而得金千锾乎？如是，则罪之疑者，富者得生，贫者坐死，是岂圣人之刑哉？"他认为赎刑虽是帝王之法，但也只是用于学校，用以培养士大夫廉耻之心，后世把它变为常法，用于纳粟实边、财政征收尚可称不得已而为之，但若把它定为常制，就是借百姓犯法为国图利了。这样做如果说为国尚可，但地方官却借此为自己图利，甚至到了恬不知耻的地步。因此丘濬请求"乞敕法司申明旧比，再有犯者坐以枉法，终身不齿，庶几奸弊少息乎。"[3]

关于复仇引发的犯罪行为，丘濬在道义上给予肯定："复仇之义，乃生民秉彝之道，天地自然之理。"一旦自己所亲所爱为他人所杀，自己不去报仇只能被人蔑视，正因如此，三代之时，"明报复之义以垂训，使人人知杀人之亲交者必死，杀己之亲交者必报"，但是自秦汉以来，"此义不明，一切以法律持世，惟知上之有法，而不知下之有义"。由此可见，丘濬是反对对复仇者一概绳之以法的，但他也担心因为复仇而又陷入冤冤相报的循环，而置国法于无用之地，因此建议朝廷立法，规定如果至亲亲属为人所杀，子孙及凡应报复之人，即赴官告诉，如果官司不予受理或拖延审理，"其报复之人奋气报杀所仇者，所在即以上闻，特敕理官鞫审。若其被杀者委有冤状，而所司不拘其人，不具其狱，即根究经由官司，坐以赃罪除名，而报仇者不与焉。""若不告官，不出是日而报杀者，官司鞫审，杀当其罪者不坐。若出是日之外，不告官而擅杀者，即坐其亲属邻保以知情故纵之罪。而其报复之人，所杀之仇果系可杀，则谳以情有可矜，坐其罪而免其死。"[4] 可见，对于复仇问题，丘濬试图在肯定复仇之义的基础上，把复仇行为纳入到正常的法律轨道，既在程序上保证复仇目的的实现，也在程序上保证真正的复仇者得到法律的宽宥。

（四）关于司法

丘濬非常重视司法官员的素养，认为司法官员为"民命所系、天讨所寓"，

---

[1]《大学衍义补》卷一一三《戒滥纵之失》。
[2]《大学衍义补》卷一〇五《明流赎之意》。
[3]《大学衍义补》卷一〇五《明流赎之意》。
[4]《大学衍义补》卷一一〇《明复仇之义》。

所以"非明义理、备道德、通经学者不可以居之。"[1] 一方面，司法官吏必须做到奉公守法，因为"刑狱之事，实关于天，典刑者惟一循天理之公，而不徇乎人欲之私，权势不能移，财利不能动"，只有这样才能做到"用刑者无愧于心，受刑者允当其罪"。另一方面，司法官吏要知法也要通经，"夫吏胥之不通经，固不可以掌律令。"丘濬批判明代将司法事务交给武夫嬖幸的作法，认为这失去了刑以弼教的本义："后世乃至以狱事付之武夫嬖幸，则并法比之不知焉。则是设为刑狱以立威制人，非以弼教辅治也。固非圣人制刑之意，亦岂天讨有罪之公哉？"[2]

丘濬认为，民间争讼，是祸乱的根源，"是以为治者必择牧民之官、典狱之吏，非独以清刑狱之具，亦所以遏争斗之源，而防祸乱之生也。"[3] 至于听讼，丘濬强调利用证据断案，"非有所质证稽考，未易以平断之也。"当时出现最为频繁的土地诉讼，"推原其故，皆由疆界不明，质约不真之故。"[4] 丘濬认为只要官员府严格土地图册的编造管理，使百姓占地皆有凭由，就可以平息土地诉讼。

二、王阳明的法律思想

王阳明（1472－1529 年），浙江余姚人，幼名云，字伯安，别号阳明，明代著名的思想家、哲学家、教育家。

图 16　王阳明像

---

〔1〕《大学衍义补》卷一一一《简典狱之官》。
〔2〕《大学衍义补》卷一一一《简典狱之官》。
〔3〕《大学衍义补》卷一〇六《详听断之法》。
〔4〕《大学衍义补》卷一〇六《详听断之法》。

（一）教化为先

王阳明继承和发展了南宋陆九渊的"心学"，把人心作为世界的本体，主张："人者，天地万物之心也；心者，天地万物之主也。心即天，言心则天地万物皆举之矣。"[1] 万事万物乃至道德礼义都是心所衍生，所谓："心外无物，心外无事，心外无理，心外无义，心外无善。"[2]

心是世界的本体，而良知则是心的本体，"知是心之本体，心自然会知。见父自然知孝，见兄自然知悌，见孺子入井自然知恻隐，此便是良知不假外求。"[3] "致良知"是天下君子的使命，"世之君子惟务致其良知，则自能公是非，同好恶，视人如己，视国犹家，而以天地万物为一体，求天下无治，不可得矣。"[4]

正是因为人人都有良知，"天下无不可化之人也"[5]，王阳明非常重视教化的作用，认为只要政府认真实行教化，就可"变盗贼强梁之区为礼义冠裳之地"[6]。不过，导人向善并非易事，所谓"破山中贼易，破心中贼难"[7]，因此，王阳明提出，礼义教化优于刑罚，统治国家必须以教化为先，而不能专恃刑罚。在《申谕十家牌法》中，他下令各县官"推选年高有德，众所信服之人"至乡间巡访劝谕，"教其不能，督其不率，面命耳提，多方化导"，如巡访劝谕卓有成效，县官重加奖励，"如此，庶几教化兴行，风俗可美。后之守令，不知教化为先，徒恃刑驱势迫，由其无爱民之实心。若使果然视民如己子，亦安忍不施教诲劝勉，而辄加棰楚鞭挞？孟子云：'善政不如善教之得民也。'况非善政乎！"[8]

（二）申明赏罚

王阳明非常重视赏罚对于国家治理的作用，"赏罚，国之大典。"[9] 他认为如果能恰当地运用赏罚，就能够实现长治久安，"夫刑赏之用当，而后善有所劝，恶有所惩；劝惩之道明，而后政得其安"。赏罚的目的是使"善者益知所劝，则助恶者日衰；恶者益知所惩，则向善者益多"[10]。

---

〔1〕《王阳明全集》卷六《文录三》"答季明德书"。
〔2〕《王阳明全集》卷四《文录一》"与王纯甫书"。
〔3〕《王阳明全集》卷一《语录一·传习录上》。
〔4〕《王阳明全集》卷二《语录二·传习录中》"答聂文蔚"。
〔5〕《王阳明全集》卷二二《外集四·书》"象祠记"。
〔6〕《王阳明全集》卷一〇《别录二·奏疏二》"立崇义县治疏"。
〔7〕《王阳明全集》卷四《文录一》"与杨仕德、薛尚谦书"。
〔8〕《王阳明全集》卷三一《续编六》"申行十家牌法"。
〔9〕《王阳明全集》卷二一《外集三·书》"答潘直卿"。
〔10〕《王阳明全集》卷一八《别录十·公移三》"绥柔流贼"。

他结合南赣地区用兵情况分析申明赏罚的重要性："吴起有云：'法令不明，赏罚不信，虽有百万，何益于用？凡兵之情，畏我则不畏敌，畏敌则不畏我。'今南、赣之兵，皆'畏敌而不畏我'，欲求其用，安可得乎？故曰'兵力之不足，由于赏罚之不行'者，此也。"[1]

在《陈言边务疏》中，王阳明批评当时赏罚不明导致的军务废弛的局面，"朝丧师于东阡陲，暮调守于西鄙，罚无所加，兵因纵弛"，他建议皇帝下令"提督等官，发令之日，即以先所丧师者斩于辕门，以正军法。而所谓头目之属，悉皆禁令发回，毋使渎扰侵冒，以挠将权，则士卒奋励，军威振肃。克知制胜，皆原于此。不然，虽有百万之众，徒以虚国劳民，而亦无所用也。"[2]

（三）基层治理

在基层治理方面，王阳明创立"十家牌法"，以"止息盗贼"，其办法是每十家为一牌，每户门前置一小牌，上面写明该户籍贯及人丁情况。每日轮换一家，沿门按牌纠察，有违法犯罪随时报官。如有隐匿者，十家连坐。具体规定如下："凡置十家牌，须先将各家门面小牌挨审的实，如人丁若干，必查某丁为某官吏，或生员，或当差役，习某技艺，作某生理，或过某房出赘，或有某残疾，及户籍田粮等项，俱要逐一查审的实。十家编排既定，照式造册一本留县，以备查考。及遇勾摄及差调等项，按册处分，更无躲闪脱漏，一县之事，如视诸掌。每十家各令挨报甲内平日习为偷窃，及喇啳教唆等项不良之人；同具不致隐漏重甘结状，官府为置舍旧图新簿，记其姓名；姑勿追论旧恶，令其自今改行迁善；果能改化者，为除其名；境内或有盗窃，即令此辈自相挨缉；若系甲内漏报，仍并治同甲之罪。"[3] 这种办法，实质上是继承了秦代的什伍连坐制度。

在利用"十家牌法"维护治安的同时，王阳明还注意发挥乡约的教化功能。他在南赣推行乡约组织，每个乡约，推"年高有德为众所敬服者"为约长，二人为约副，再推举"公直果断者"四人为约正，"通达明察者"四人为约史，"精健廉干者"四人为知约，"礼仪习熟者"二人为约赞。每约设三簿，一簿记"同约姓名及日逐出入所为"；一簿"彰善"，以表彰好人好事；一簿"纠过"，以批评坏人坏事。通过赏善纠恶，以砥砺风俗，在《南赣乡约》中，王阳明称："自今凡尔同约之民，皆宜孝尔父母，敬尔兄长，教训尔子孙，和顺尔乡里，死丧相助，患难相恤，善相劝勉，恶相告诫，息讼罢争，讲信修睦，务为良善之民，共成仁厚之俗。"[4]

---

〔1〕《王阳明全集》卷九《别录一·奏疏一》"申明赏罚以励人心疏"。
〔2〕《王阳明全集》卷九《别录一·奏疏一》"陈言边务疏"。
〔3〕《王阳明全集》卷一七《别录九·公移二》"申谕十家牌法"。
〔4〕《王阳明全集》卷一七《别录九·公移二》"南赣乡约"。

第十二章

第十三章

清朝法律（上）

明朝晚期，宦官专权，朝臣党争，政治衰败，内忧外患，天灾人祸，接踵而至。1644 年，原居关外的满洲定鼎北京，建立了清王朝。这是继蒙元王朝之后少数民族所建立的又一个统一王朝。到 1912 年清帝逊位，民国创建，清王朝历经十代帝王，享祚 268 年。经天聪、崇德和顺治朝的酝酿，自康熙朝开始，清王朝进入长达 100 多年的"康雍乾盛世"。降及道光年间，西方列强东来，清王朝被迫大开海禁，社会开始巨变，历史进入了近代转型期。本章的主要内容为道光朝之前的清朝法律。

第一节　立法思想与立法活动

清王朝立足于满汉一体的立国方针，在此基础上形成了其立法指导思想，进行了大量的立法活动。

一、立法思想

在立法方面，清朝作为少数民族入主中原的统一王朝，为维护满族利益，赋予旗人以法律特权；与此相关，为了更好地统治人数和文化远过于己的汉人，清廷极力推崇程朱理学，强化三纲五常对法律的指导。

（一）赋予旗人以法律特权

清朝在政治方面极力保障满人参政议政的优先权，推行满汉复员制，中央部院的正副长官（堂官），分为满汉两班，共同管事；时有亲王或军机大臣管部，位在该部堂官之上。各省督抚，在清代中叶以前，多为满人担任；汉人出任封疆大吏，仅为少数。驻防要地的"将军"，例由满人担任，非但汉人不能担任，就是汉军旗人都不行。尚不止此，位于清朝廷权力中心的辅政大臣，不论是早期的内阁，抑或雍正以后的军机处，一般都由亲王负责。

清代的行政区划奉行双轨制。关内十八行省主要是汉人居住区，沿袭传统官制予以治理。关外地方为"龙兴之地"，遍地是皇室亲贵、旗下人员的庄园，由主人委派庄头经管。关外不对汉人开放，仅留少数地方作为汉人罪犯的流放地。到清代晚期，因日、俄两个列强对关外的觊觎和争夺，清王朝才放开禁令，正式允许关内民众移民东北，从而在很大程度上改变了东北的人口格局。总之，在清代，由将军、都统管理的关外广大地区，成为封闭的国中之国。

尽管清代的皇帝都以天下共主自居，但始终改变不了满洲入主中原之事实。清朝一直采取种族主义的法律政策，赋予旗人以法律特权。旗人包括满洲八旗、蒙古八旗和汉军八旗，是清廷统治的基础。

如在刑罚方面，《大清律例》虽同样适用于满人与汉人，但为优待旗人，专列"犯罪免发遣"条，规定"凡旗人犯罪，笞杖照数鞭责，军流徒免发遣，分别枷号。徒一年者枷号二十日，每等递加五日；总徒准徒，亦递加五日。流二千里者枷号五十日，每等亦递加五日；充军附近者枷号七十日，近边者七十五日，边远沿海边外者八十日，极边烟瘴者九十日"。满人几十天的枷号，比起汉人犯同样罪所实际予以的徒、流、充军刑罚，其轻重悬殊显而易见。除此之外，甚至满人杂犯死罪者也可以枷号代替。这种"易刑"之规定，使旗人可免于服苦役、离乡流放发遣。又如旗人有"消除旗籍"的处罚，即将旗人降为汉民。这是旗人特有的处罚方式，旗汉民众之间的不平等更清晰可见。

这种法律面前民族不平等的思想一直延续下来，直到沈家本于晚清主持变法修律，才开始大刀阔斧改革，力图统一满汉法律。可以说，满汉法律面前的不平等基本贯彻清王朝始终。

（二）更加强调伦理纲常对法律的指导性作用

为了稳固统治，从康熙开始，清廷重新确立程朱理学为官学，"今之论学者无他，亦宗朱子而已。宗朱子者，为正学；不宗朱子者，即非正学"[1]。儒家伦理纲常，尤其是三纲，对清代法律影响尤其大。以"君为臣纲"为例，满臣对皇帝自称奴才，汉臣连称奴才的资格都没有。到雍正朝后，推行密折制度，加强皇帝对群臣的操控，皇帝集权登峰造极。反映在法律领域，是扩大谋反、谋大逆的适用范围，文字狱即为典型。尽管在《大清律例》中找不到任何直接有关文字狱的法律条文，但皇帝或亲自审理，或对审理官员做出直接、间接的指示，大都比照谋反、谋大逆来处理，罪犯及其家属被处以凌迟、枭首、戮尸、发遣等严刑。

二、立法活动

清代的主要法律形式是律和例，其立法沿袭明代的成分较多，亦有一些自己的创造，最主要体现在它提升了例的地位。

---

〔1〕　唐鉴：《国朝学案小识》卷一，上海中华书局四部备要本1936年版，第13页。

（一）《大清律例》的撰修

顺治二年（公元 1645 年），清廷设立常设立法机构——律例馆，开始修律工作。次年，修律工作完成，定名为《大清律集解附例》。这是清代第一部完整系统的成文法典。该律共三十卷，四百五十九条。"集解附例"，是将律和与其相关的例、注解予以合编。从编排体例到内容，这部法典沿袭明代后期立法的色彩很浓。

《大清律集解附例》编撰当时，立国未稳，天下尚未平定，修律太过仓促。到康熙年间，曾做过一些修正工作，但没能系统撰修。到雍正时期，则将《大清律集解附例》和康熙朝修成的《现行则例》予以系统编辑，于雍正六年（公元 1728 年）颁行。值得一提的是，为了给司法官定罪科刑提供便利，当时附编了《大清律总类》，即以笞、杖、徒、流、死这五种刑名为分类标准，将各种罪行分别归入其下，司法官对各种罪行如何量刑，一目了然。这种编排方法，为乾隆朝所沿袭。

随着清王朝统治逐渐稳固，社会情势的变化，使得清初制定律例中的某些条文已不适用；一些已施行的新例也没能进入法典之中。雍正朝未能全面有效地解决此问题，到乾隆时期，全面系统地撰修一部新法典被提上日程。乾隆元年（公元 1736 年），朝廷即以大学士徐本、礼部尚书三泰主持撰修新律事宜。他们对《大清律集解》重新加以考订，删除了总注，逐条详校，保留了清代君臣关于《大清律》的谕旨和奏疏。此次撰修成果，即乾隆五年（公元 1740 年）颁行的《钦定大清律例》。通称的《大清律例》即指这部法典。

该法典在体例上沿袭明律，分为名例、吏、户、礼、兵、刑、工等七篇，四十七卷三十门，其内容包括律文四百三十六条、例文一千四百零九条、比引律条三十条。律首沿袭明律，载有六赃图、五刑图、狱具图、丧服图，另外增加了赎刑图、纳赎诸例图、过失杀伤收赎图、徒限内老疾收赎图、诬轻为重收赎图，以表达清廷对刑犯的"矜恤"。这部法典是清代最为系统同时也是最有代表性的成文法典。郑秦、田涛两位先生点校的《中华传世法典·大清律例》即是以该版本作为点校基础。

《钦定大清律例》继承了汉、唐以来形成的中华法系法典编纂传统，成为中国历代传世成文法典宝库中的重要一部。在编撰新例时，撰修者废除了明朝及清初以时间为序的分类方法，而改为按具体条例的内容与性质分类附入律条，对传统法典编纂方式有所创新，最终完成了律例合体的法典编纂模式，即将同样性质的条例，分别编在相应律条的后面。这种编排方式，在律例体系下，既方便司法者运用，又有助于解决法律施行过程中律例相抵牾的问题。

《钦定大清律例》颁行后，清廷多次重申其稳定性，严厉斥责要求改律的条

图17　《大清律例》（法律出版社出版）

奏，将这部《大清律例》的律文定为不可变动的祖制。为了适当解决法律与社会的适应性问题，规定每隔一段时间可以删修条例，按照《大清会典》的说法，即条例五年一小修，十年一大修。[1]

（二）律例关系

作为一种法律形式，例可以溯源到秦汉的廷行事和决事比以及魏晋时期的故事；在魏晋至唐、五代时期，例由法律用语演变为一种法律形式；宋代有编例这种立法活动。明代注重制例、编例，于律典之外，形成了以条例、则例、事例、榜例为主要内容的完整例体系。例的法律地位得到提升，不仅刑例进一步完善，又制定了吏、户、礼、兵、工诸例。清代在沿袭明制的基础上多有新创，特别是在则例制定方面成绩斐然。清代的例，在广义上主要包括条例、则例和事例；狭义上专指条例。

"条例"一词出现于汉代，最早被用于经学研究。南北朝时期，条例开始作为法律用语，首先被运用于礼制领域，作为律条的代称。到明代，作为法律形

---

〔1〕《大清律例》"点校说明"，田涛、郑秦点校，法律出版社1999年版。

式的条例主要是指经精心修订、内容由多个条款或事项组成的规范性文件。除《问刑条例》外，国家行政、军政、教育管理方面的重大立法通常是以条例形式制定的。清代沿袭明制，又有所变革，其条例主要用以表示刑事法规，当时人们把《大清律例》中的附例和续纂的刑例称为条例。

"则例"之名起于唐、五代时期，"则"是法则、准则或规则之意，"例"是指先例、成例或定例。明代以前，则例不是主要的法律形式。明代时，则例作为国家各项事务管理中与钱物和财政收入、支给、运作相关的法律实施细则，被广泛适用于行政、经济、军政管理等领域。当时朝廷颁行的则例种类甚多，有赋役则例、商税则例、捐纳则例、赎罪则例、宗藩则例、军政则例、官吏考核则例及钱法、钞法、漕运、救荒等方面的则例。到清代，则例的适用范围更为广泛，其法律地位更有所提高，成为国家机关运行和重大事务管理的规则，不仅有六部则例、各部院则例，中央机构各司制定的各类细则也多以则例为名，成为规范清代中央各衙门活动规则的主要法律形式。[1]

"事例"作为法律用语，其确切起源尚不明确。到明代，在例的体系中，以事例制定最多、变革最繁，围绕着事例的立法和执法活动也最为活跃。事例是经皇帝裁定、颁布的，作为有司行事规范的某一具体事项或单个的案例，条例即是在事例的基础上编纂的。事例的产生和颁布都有严格的程序：刑事事例多通过司法审判活动产生，其他涉及广泛社会生活的事例则是经官府的治理活动生成；所有事例，无论是通过朝臣奏请方式提出，还是由中央衙门议定，都必须经皇帝批准。清代在事例的制定方面，基本沿袭了明代的做法。

大体而言，作为重要的法律形式，清代例的存在形态有四种。定例是第一种形态，立法中最初制定的事例或因一时急需制定的单个则例、条例，一般是分条而未必成册，是例的原生形态。定例汇编是第二种形态，由中央机构或者地方官府纂辑成册，但编纂体例尚不统一。会典事例是第三种形态，其在例的编选方面有所取舍，自成体系，但对于不同时期形成的定例内容未加修改。第四种形态是经朝廷精心修订的则例、大清律纂修条例，它们是经整理和删改定例而成的，编纂体例比较严谨，内容更为规范。[2]

关于律例关系，学界大致有两个观点：一是在清代，实际上是以例破律，有例不用律；另一种观点是例以辅律，补律之不足不备。明代永乐初至弘治年间，曾围绕律例关系问题进行了长达近百年的争论，最后形成了一套有时代特

〔1〕　参考杨一凡：《重新认识中国法律史》，社会科学文献出版社 2013 年版，第 297 - 346 页；王旭：《则例沿革稽考》，中国民主法制出版社 2016 年版，第 37 - 304 页。

〔2〕　参考杨一凡：《历代例考》，社会科学文献出版社 2012 年版，第 182 - 185 页、第 300 页。

色的律例关系理论。它的基本观点是：既重律，又重例，律例并行，"例以辅律，非以破律也"。[1] 清王朝继承和发展了明代的律例关系理论，并把其作为立法和司法的指导思想。清代制例的基本要求是"立例以辅律，贵依律以定例"，[2] 例一方面当与律义相合，另一方面应可补律所不备。清末薛允升把清代律例关系概括为："律为一定不易之成法，例为因时制宜之良规。故凡律所不备，必藉有例，以权其小大轻重之衡。使之纤悉比附，归于至当。"[3]

律例关系之理论虽为如此，但跟律相比，例的规定与社会生活更为接近，所以在司法审判中，出现了"有例不用律，律既多成虚文"[4] 的现象。比如律文禁止娶姑舅两姨姊妹，例却规定"听民自便"；律文规定祖父母、父母在，禁止子孙别籍异财，而例云："其父母许令分析者，听。"[5] 但是，例的增多，有时甚至达到泛滥的地步，前后抵触、相互矛盾的情况屡见不鲜，使得司法人员有上下其手的空间，从而破坏了法制的统一性和公平性。

（三）《大清会典》

清代继承了明代编纂会典的做法，康熙、雍正、乾隆、嘉庆、光绪五朝都有会典之编纂和续修。其中，康熙、雍正两朝会典，在体例上基本沿袭了《大明会典》，典、例合一，两者未分开，即将有关制度的具体事例附于该制度之后。到乾隆朝修会典时，认为应区别"纲"和"目"：会典正文是纲，记述基本制度；会典的例是目，按年编排，以考察该制度的递嬗沿革。乾隆朝所编成的会典，其中乾隆《大清会典》一百卷，乾隆《大事会典则例》一百八十卷。嘉庆时期编纂会典，将"则例"改成"事例"，有《会典事例》九百二十卷。光绪朝会典有《会典事例》一千二百二十卷。这些卷帙浩繁的事例，主要来自皇帝的谕旨、中央各衙门和督抚所上条陈以及历年成例。关于会典之性质，学术界有不同看法。其中主流的观点认为它是典制体史书，或者说是系统的行政法典。最近，有学者将之视为朝廷治国理政的"大经大法"。[6]

清代还有作为地方法规的省例。"省例"一词作为法律用语始于清代。在乾隆时期的法律文书中，已有"省例"的称谓出现。一般而言，"省例"指的是清代行省一级官府制定的以地方性事务为规范对象的成文法规汇编，其中也包含

〔1〕　舒化："重修问刑条例题稿"，转引自沈家本撰：《历代刑法考》（第二册），邓经元等点校，中华书局 1985 年版，第 1137 页。

〔2〕　沈家本：《历代刑法考》（第四册），邓经元等点校，中华书局 1985 年版，第 2263 页。

〔3〕　薛允升：《读例存疑重刊本》（第一册），黄静嘉编校，成文出版社 1970 年版，第 68 页。

〔4〕　赵尔巽等：《清史稿·刑法志一》。

〔5〕　《大清律例》，郑秦、田涛点校，法律出版社 1998 年版，第 209、187 页。

〔6〕　参见杨一凡主编：《中国法制史概要》，中国社会科学出版社 2014 年版，第 105 - 109 页。

了少量朝廷颁布的地区性特别法规。今天保存下来的《省例》，较著名者如《湖南省例》《江苏省例》《广东省例》等。

第二节　基本法律制度

清朝的基本法律制度沿袭前代者极多，学界通常称之为"清承明制"，其要者如维护纲常伦理、为保证君主集权而严格治吏等，但它亦有其特色，本节重点即在介绍这些特色之处。

一、刑法制度

清朝的刑法制度，继承了前代刑法严惩侵犯君父、重典打击盗贼、准服制罪、严以治吏等方面的成果，采纳了历代已逐渐发展成熟的累犯加重、自首减刑、区分首从、从新兼从轻等技术原则，同时又有自己的一些特点，主要包括：

（一）维护满人法律特权

清王朝的满汉一家建立在满人优先的基础之上，凡是旗人，皆有法律上的特权。这种特权所涉及的范围很广。凡旗人犯罪，在刑罚上皆有优待：笞杖改为鞭责，流刑充军予以期限不等的枷号即可免予发遣；杂犯死罪，亦可折枷；真犯死罪当斩立决者亦可减为斩监候；罪当刺字者，只刺臂而不刺面。旗人犯罪案件由特定司法机关审理，具体而言，京师旗人案件由步军统领衙门、内务府慎刑司审理；地方旗人案件，由专管旗人事务的理事厅审理，州县官可以会审，但不能独审。这种单独司法管辖特权，到咸丰朝以后才逐步取消。对旗人的法律特权保护，最著者莫过于清初推行的弊政圈地和逃人法以及随后的《督捕则例》。

清军入关定鼎之后，大量的满蒙亲贵、八旗将士、官吏、随军家属以及包衣（奴仆）等涌入北京，朝廷亟待解决其生计问题。以摄政王多尔衮为首的清廷决定圈占京郊的土地，于顺治元年（公元 1644 年）下令将近京各州县的"无主荒田"尽行分给东来诸王、勋臣、兵丁人等，称为"圈地"。不久又将圈地之范围扩大到直隶境内七府七十多个州县，圈占了数量庞大的土地。名义上圈占的是"无主荒田"，实际上是强行圈占民田，造成了大批农民失去土地。被圈占土地的农民，不仅失去了土地，还没有了人身自由。如不甘心投充到八旗牛录下为奴，或已为奴但不堪忍受虐待，就只有流亡一途。这些流亡者就成为"逃人"。"逃人"数量大了，自然严重影响到旗人生计，进而威胁到清廷统治。为严惩此种逃亡行为，清廷制定了严苛的逃人法。

早在关外时期，满洲政权即有逃人法之制定。入关之后，清廷即将此进一步系统化。顺治十年（公元 1653 年），清廷设立了兵部督捕衙门，置督捕侍郎满汉各一人，下设左右理事官等以及专门的刑狱。摄政王多尔衮和顺治皇帝先后发布了十余次诏令，以修订、扩充严惩逃人的法令。这些法令总称为逃人法。

兵部督捕衙门设立后，对零散的逃人法进行整理编纂，其结果则是《督捕则例》的出台。《督捕则例》主要内容包括：①严厉惩办窝主。窝主即是窝藏逃人者。"逃人之多，因有窝逃之人，故立法不得不严。"凡隐匿逃人者，庶民"正法，家产入官"，文武官员"将本官并妻、子流徙，家产入官"，生员、僧道皆不能免。对窝主的惩罚严厉程度，与谋反、谋逆无殊。当时即有一些高官因窝逃而被处死，如广西巡抚郭肇基等，甚至平南王尚可喜、靖南王耿仲明亦被议削王爵和罚银，耿仲明更是畏罪自杀。②惩罚逃亡者。包衣逃走一次者，鞭一百，交还原主；二次者处罚依旧；三次者，正法。凡被拿获的逃人均在脸上刺字。很离奇的是，窝主所得惩罚较之逃人本犯还重。③奖励告奸。拿获逃人者，赏银二两；告发窝逃者，将窝主家产三分之一赏给告发者。④奖惩有关官员。拿获逃人者奖赏，隐匿、贻误者重罚。

逃人法制定以后，雷厉风行，缉拿追捕，株连牵引，逃人饥民辗转沟壑，无人敢收留，地方官惧怕逃人法而不得自保，地痞无赖则大兴告奸，借举报逃人讹诈，中原大地笼罩在恐怖之中。许多汉官抵制逃人法，但清廷为立威巩固政权，推行起来反而变本加厉，成为清初一大弊政。直到康雍乾时期，朝廷对《督捕则例》多次更改重修，施行才不如当初之严格。康熙三十八年（公元1699年），督捕衙门由兵部改隶刑部，成为刑部督捕司。即便如此，《督捕则例》一直保留到清末。

（二）刑种变更

清律中的刑种为笞、杖、徒、流、死五刑：笞刑五等，从十到五十；杖刑五等，从六十到一百；徒刑五等，以半年为差，刑期从一年至三年；流刑三等，以五百里为差，从二千里到三千里；死刑分斩、绞二等，有立决、监候之别。立决即"决不待时"，只要皇帝核准，即可执行；监候即将罪犯暂行关押，等到秋审之后再定是否执行死刑。

除了律文所规定的五刑这一常刑外，还有一些派生刑和附加刑。主要有：①死刑类的凌迟、枭首和戮尸。凌迟即通常所谓的"千刀万剐"，为死刑最重者，一般用于谋反、谋大逆等；枭首是悬挂头颅于城门或街市以示众警戒，多用于强盗罪；戮尸是脔割罪犯的尸体以示众，多用于恶逆、强盗应枭首而先身故者。②流刑类的充军和发遣。清代的充军刑乃沿袭明代的弊政，初为发配边疆戍所充军役，后并不真正入军营服役，与流刑无异。充军分为附近、近边、边远、极边和烟瘴五等，乾隆时制定的《五军道里表》详细规定了各类充军的远近处所。发遣即"发给批甲人为奴"，常见的有发遣到尚阳堡、宁古塔和乌拉等地。③附加刑类的枷号和刺字。枷号是罪犯戴枷在衙门口或城门口示众，多为盗匪奸淫罪犯的附加刑，期限有一日数日、一月二月、半年一年，甚至有永远枷号的。刺字即附加墨刑，初犯刺臂，惯犯刺面，多用于盗贼。

清代对于罪犯的处罚所用的刑制，还因其所犯之罪为"真犯"和"杂犯"而有别。真犯即实犯，一般是"有心故犯"；杂犯是过误或牵连致罪者。具体而言，"真犯死罪"，一般是指十恶、故杀人、反逆缘坐、监守自盗、略人略卖人、受财枉法等严重且为法定死刑的犯罪；"杂犯死罪"则是过失杀人、误杀人、斗殴杀人及某些职务罪等虽法有死刑，但恶性不太严重的犯罪。流刑亦有真犯、杂犯之别。"真犯流罪"指的是谋反、谋叛、谋大逆等犯罪者的亲属应流，及不道、杀人、会赦，犹流者；"杂犯流罪"则指因过失杀人、误杀人及某些职务罪而处流刑或因牵连而处流刑者。真犯一般处以实刑，杂犯一般用折易替代执行。比如，杂犯死罪一般不执行死刑，照例减等为五年徒刑，即"杂犯死罪准徒五年"；杂犯流罪一般折为徒刑，即"杂犯流罪总徒四年"。

（三）特定罪名

清廷为维护社会秩序，重点打击盗贼，制定了一些前代所未有的条例，予以严惩。明律规定一般强盗罪最重处流刑三千里，清律则加重处罚，规定强盗已行虽不得财，处杖一百流三千里；只要得了事主财产，不分首从皆斩。康熙年间，刑部参酌明末《问刑条例》，议复安徽巡抚题准定例，规定："凡响马强盗，执有弓矢军器，白日邀劫道路，赃证明白者，俱不分人数多寡，曾否伤人，依律处决，于行劫处枭首示众。其江洋行劫大盗，俱照此例立斩枭示。"到咸丰年间，更有对强盗就地正法之规定。为对付"恐吓取财"的凶恶棍徒，清代还有两则条例，一为"徒棍生事扰害例"，另一为"光棍设法索诈官民例"。其内容分别为"凡凶恶棍徒，屡次生事行凶，无故扰害良人，人所共知，确有实据者，发极边足四千里者安置。如并无凶恶实迹，偶然挟诈逞凶，及屡次藉端索借，赃数无多，尚非实在凶恶者，仍照所犯之罪，各依本律本例定拟，不得滥引此例。""凡恶棍设法索诈官民，或张帖或捏告各衙门，或勒写借约，吓诈取财，或因斗殴，纠众系颈，谎言欠债，逼写文券，或因诈财不遂，竟行殴毙，此等情罪重大实在光棍，事发者，不分曾否得财，为首者，斩立决；为从者，俱绞监候。其犯人家主父兄，各笞五十；系官，交该部议处。如家主父兄首者免罪，犯人仍照例治罪。"[1] 虽然明代《问刑条例》亦有光棍字样，但处罚未及于死。这种严刑峻罚的效果如何，薛允升有段评述值得玩味：

〔1〕 薛允升著述、黄静嘉编校：《读例存疑重刊本》（第四册），台北成文出版有限公司1970年版，第709–712页。

强盗律系不分首从皆斩。康熙、雍正年间，始分别法所难宥及情有可原，乾隆五年纂为定例，盖百数十年矣。咸丰年间仍不分首从，一概拟斩。此又刑典中一大关键也。平情而论，律文未免太严，改为分别首从，尚属得平，亦可见尔时盗案不似后此之多。夫盗风之炽，必有所由，徒事刑法，窃恐未能止息。自严定新例以来，每年正法之犯，总不下数百起，而愈办愈多，其成效亦可睹矣。言事者，但知非严刑峻法，不足以遏止盗风，而于教化吏治，置之不论。舍本而言末，其谓之何？世之治也，犯法者少。刑虽重，而不轻用。迨其后，法不足以胜奸，而遂立重辟，乃法愈重，而犯者逾多，亦何益乎？且从前盗犯，各省必题准后，方行处决。近数十年以来，先行就地正法后始奏闻者，比比皆是，且有并不奏闻者，而盗风仍未止息。重法之不能禁盗，其显然者也。兴言至此，可胜叹哉！[1]

因南明残部据东南海疆抗清，清廷遂以严刑禁阻沿海外贸。清初曾颁行《禁海令》，规定沿海居民"寸板不得下海"；旋即颁布《迁海令》，强制沿海居民内迁五十里，越界者斩。海外贸易遂被完全阻绝。平台一统之后，海禁依然，仅留广州一口通商。《大清律例》中有不少关于严惩违禁下海的条文。乾隆五年的《钦定大清律例》有"私出外境及违禁下海"律条，规定："若将人口军器出境及下海者，绞监候，因而走泄事情者，斩监候。"其后有多条例文予以具体规定且加重处罚。如"私造海船"条例有云："凡沿海地方，奸豪势要及军民人等，私造海船，将带违禁货物下海，前往番国买卖，潜通海贼，同谋结聚，及为向导劫掠良民者，正犯比照谋叛已行律，处斩枭示。其父兄、伯叔与弟知情分赃，杖一百、流三千里。如不知情之父兄，仍照不能禁约子弟为盗例，杖一百。"[2] 此种情况，直至鸦片战争后才被外力强制改变。

二、民事法律概要

清代的民事法源大致包括三个方面，一是《大清律例》中的户律部分，习称"户婚田土"条文；一是各种则例，尤以《户部则例》最为集中；再有就是《大清通礼》中所包含的以礼义为指导的民事规范。

清代在民事法制方面多承继前代，也有一些新变化，简言之如下：

（一）永佃制

宋代以后，朝廷将土地管理的重心由分配上的均田转向税负上的均平，因

────────────────

〔1〕 薛允升著述、黄静嘉编校：《读例存疑重刊本》（第三册），台北成文出版有限公司1970年版，第621－622页。

〔2〕 薛允升著述、黄静嘉编校：《读例存疑重刊本》（第三册），台北成文出版有限公司1970年版，第506页。

土地兼并而导致的所有权集中也就更加明显。没有自己小块土地的农民越来越多，只能转而租种地主的土地，佃农的数量由此大幅增加。故从宋代开始，出现了永佃制。到清代，永佃制更为发达和普及。

永佃制的出现，须满足下述条件之一：①开垦荒地，投入工本；②改良农田，提高土地收益；③交纳押租钱；④抵价典卖土地，而保留耕作权；⑤长期"守耕"，地主认定；⑥通过"霸耕"等斗争形式。其内容大致包括：①佃户负有按约定交租的义务；②在履行义务的前提下，佃户能够"永远耕作"，地主则不能"增租夺佃"；③地主的变动不影响佃户地位，即所谓"换东不换佃""倒东不倒佃"；④佃户可以随时退佃，但不得自行转佃。清代各地都实行过永佃制，只是普及程度有别。大体说来，东南和华南较为盛行。

在永佃制盛行的地方，还出现了"一田两主"习惯。在永佃制中，佃户私相转佃、转卖、转典，至后来地主亦予承认，即产生了该习惯。把一块田地分为上下两层，上地（称田皮、田面等）与底地（称为田根、田骨等）分属不同人所有，这种习惯上的权利关系就是"一田两主"。"底地所有人的权利，是每年可以从享有土地使用收益权的上地所有人那里收租（固定的得利），但是欠租一般不成为解约原因。而且，上地底地的所有人，各自处分其土地时，互相间没有任何牵制，这是通例。也就是说，即使对上地转让出租，也可以任意作为，底地所有人的同意不是转让出租的要件。从而上地底地所有人的异同变化，不会引起其他一方权益的任何消长。"[1] 永佃制及与之相关的"一田两主"习惯，具有两项重要的功能：一是此种土地产权的分化，使得地权分配趋向平均，从而在一定程度了抑制了土地兼并的危害，多少弥补了朝廷将土地管理的重心从侧重均分土地转向税务均平的缺失；二是促进了农民对土地的开发和利用。因为田皮的买卖不需要跟官府和地主直接打交道，所以其交易市场比普通土地交易市场更加灵活，交易手续更为简便。佃户一般自行耕种买来的田面，故有动力对田地进行整合。[2]

（二）典与卖

清代承袭前代制度，民间土地转让，一般会签订书面的契据文书。根据契据文书的内容，大致可将土地转让方式分为"典"和"卖"。典大致相当于活卖，可回赎。卖一般指绝卖，不能回赎，立契据文书时标题用"杜""绝"

---

〔1〕 ［日］仁井田陞："明清时代的一田两主习惯及其成立"，刘俊文主编：《日本学者研究中国史论著选译》（第八卷），中华书局1992年版，第411页；寺田浩明："田面田底惯例的法律性——以概念性的分析为主"，载杨一凡、寺田浩明主编：《日本学者中国法制史论著选·明清卷》，中华书局2016年版，第349页。

〔2〕 参考赵冈："永佃制的经济功能"，载《中国经济史研究》，2006年第3期。

"断"等字，契内书有"永无找赎""永断葛藤""听凭买主永远管业"等，所谓"一卖千休，寸土不留"。[1] 典是古代中国长期存在的一种普遍又独具特色的土地转让方式。随着人口增加，土地成为稀缺资源且价值较为昂贵，而中国人家族观念甚强，土地一般为祖遗，不会绝卖予人以不肖子孙之讥，故到万不得已之时，便创设出一种可随时或定期赎回土地的制度，这就是"典"。典是出典人将土地出典于人，收取一定的典价，在约定期限内赎回，属于一种活卖。一般而言，在典契或活卖契中附有时间，时间届满方能回赎；如无时间规定，则出典人或卖方随时可以回赎，而典人或买主不得阻挠。出典人过期不赎，承典人则向出典人一次性支付"找贴"（土地时价与典价的差额），之后便可获得土地的完全所有权。

由于之前的土地交易契约中，一般没有"绝卖"或"活卖""典卖"等字样，典、卖之间的界限难免模糊不清，易发生找价回赎上的争议。雍正八年（公元 1730 年）定例："卖产立有绝卖文契，并未注有'找贴'字样者，概不准贴赎。如约未载'绝卖'字样，或注定年限回赎者，并听回赎。若卖主无力回赎，许凭中公估找贴一次，另立绝卖契纸。若买主不愿找贴，听其别卖，归还原价。倘已经卖绝，契载确凿，复行告找告赎及执产，动归原先尽亲邻之说，借端掯勒，希图短价，并典限未满而业主强赎者，俱照不应重律治罪。"尽管有此规定，典契超期未赎而业主索要找贴纠纷仍旧不断。乾隆十八年（公元 1753 年），朝廷再行定例予以规范："嗣后民间置买产业，如系典契，务于契内注明'回赎'字样；如系卖契，亦于契内注明'绝卖永不回赎'字样，其自乾隆十八年定例以前，典卖契载不明之产，如在三十年以内，契无'绝卖'字样者，听其照例分别找赎；若远在三十年以外，契内虽无'绝卖'字样，但未注明'回赎'者，即以绝产论，概不许找赎。如有混行争告者，均照不应重律治罪。"[2]

（三）家长、族长之权责

清廷将程朱理学视为意识形态之正统，特别强调"齐家"对"治国平天下"的重要性，大力倡导民间敦睦宗族，以维护社会秩序的安定。既然要让宗族在维护秩序中发挥更大的作用，那就势必要赋予宗族尊长更大的事权。《大清律例》沿袭历代传世法典之做法，承认家长、族长对家族、宗族的领导权，且更正式地承认家长、族长有一定的司法审判权限。雍正七年（公元 1729 年）在

---

[1] 应槚：《大明律释义》卷五"典卖田宅"："以田宅质人而取其财曰典，以田宅与人而易其财曰卖。典可赎，卖不可赎也。"

[2] 薛允升著述、黄静嘉编校：《读例存疑重刊本》（第二册），台北成文出版有限公司 1970 年版，第281－283 页。

"编排保甲"条下定例:"地方有堡子村庄,聚族满百人以上,保甲不能编查,选族中有品望者,立为族正。若有匪类,令其举报。倘徇情容隐,照保甲一体治罪。"[1] 族正也就是族长,在家族聚居之地,获得了与保甲长类似的权责。在清代,律例和谕旨实际上认可了家长、族长主持家族祭祀、劝谕教化族人、受官府委托调处家族内的纠纷、惩处家族内轻微犯罪、维护家族内部秩序、将家族内严重犯罪报官并扭送罪犯、主持立嗣、监督保管族产制止盗卖、防止家族间的械斗等权责。

(四)兼祧制度

清代承袭前代做法,将家族视为一个永恒相续的实体。"承继"是家族内部的身份和财产在家族成员内部之间的变更,是以男性家庭为中心的家族香火之传递,于家族本身并不发生若干变化。承继之目的,是往下传递具体家族成员对家族以及家族对社会的责任,是一种"无所逃于天地间"的永恒义务。因此,承继法制主要是一种身份承继,财产继承则居于辅助地位,它是因身份承继而生的一种家庭财产分割,俗称"分家析产"或"分析家产"。身份承继的核心是宗祧承继,以嫡长承继为原则。"祧"是远祖之宗庙,"宗祧"即宗庙之谓。与身份承继不同,财产承继是在父亲诸子之间展开的,一般习俗为按照房份,由诸子均分。

由于为人后者有身份承继义务,故对于户绝之支、房,有强制立后(即"继嗣")之规定,即某男子因无直系卑属子孙,而致无承继人之时,他得于生前立同宗昭穆相当之侄子为继子;如其生前未能立继子,死后其寡妻、父母、族长等要为其立嗣。这种强制立嗣的做法,尤其是该人死后由别人为其立嗣,因立嗣行为牵涉到财产之分配,极易引发纠纷。即使无子孙可立继,亦不得收养异姓为义子以承继,这即是"异姓乱宗"之禁。当同姓昭穆相当之子孙是独子时,为了立之为继而又不使其绝后,清代创立了"兼祧"制度。所谓"兼祧",即一子可以同时身份承继两个不同房份的变通办法。乾隆四十年(公元1775年)朝廷定例,"可继之人亦系独子,而情属同父周亲,两相情愿者,取具阖族甘结,亦准其承继两房宗祧。"[2] 兼祧之独子对两房均可以娶妻生子以传香火于后。

---

[1] 薛允升著述、黄静嘉编校:《读例存疑重刊本》(第四册),台北成文出版有限公司1970年版,第757页。

[2] 薛允升著述、黄静嘉编校:《读例存疑重刊本》(第二册),台北成文出版有限公司1970年版,第248页。

第三节　司法思想与司法制度

一、司法思想

清代在司法领域的核心价值观念大体沿袭了历代的做法，但亦发展出自己的特色，主要体现为保留民族特色、强化君主的最高司法权以及强调天人合一观念对司法的影响。

（一）保留民族特色

不同于汉王朝建立的全国性统一政权，清王朝的立国基础是以满族为主体的旗人。尽管清代帝王们都郑重宣誓"满汉一家"，以证明他们同之前的正统王朝统治者一样是"天下共主"，"满汉一家"仍是建立在满人优先的基础之上。早在努尔哈赤建立后金国时，即编立八旗，各旗由主旗贝勒握有司法审判权，司法审判适用部族习惯法。皇太极改国号为清之后，尽管为强化皇帝集权削弱了主旗贝勒之权力，主旗贝勒仍然保留了较大的司法审判权。入关后，清廷的司法审判制度虽多承明制，但也有所酌量变通，因革损益。为保留满蒙旗人的司法特权，清廷赋予八旗衙门、理藩院、内务府、步军统领衙门等部司法审判权，掌理满蒙藏等族人的司法审判事务，形成清代司法审判的多民族特征。

就八旗衙门而言，入关后的顺治、康熙两朝，对于纯粹旗人间的案件，八旗都统拥有完全的司法审判权。雍正元年（公元 1723 年），建立八旗都统衙门，为适应皇权集中的趋势，其司法审判权能有所减弱，司法职掌限于审理旗人之间的户婚田土案件和笞杖徒流案件，命盗重案需要会同刑部审理。到雍正十三年（公元 1735 年），朝廷更定例，八旗徒流罪以上案件俱由刑部审理，剥夺了八旗都统对这类重案的审判权。

理藩院这个机构是清朝所特有的，于顺治元年（公元 1644 年）设立，职司外藩事务。理藩院"尚书掌内外藩蒙古、回部及诸番部，制爵禄，定朝会，正刑罚，控驭抚绥，以固邦翰。"[1] 其司法权责主要是"正刑罚"，即负责审理蒙古案件，会同复核蒙古秋审案件。

内务府于顺治初设立，系管理宫廷事务的机构，其管理对象包括上三旗包衣和太监。其下设有慎刑司，负责司法审判事务。其司法职掌大致有：审理上三旗包衣笞杖罪、旗民交涉、太监案件，初步审讯上三旗包衣徒罪以上案件，有时还奉旨审判重大案件。

步军统领俗称九门提督，统率八旗兵中的步军营、巡捕营等，职司京师治

---

〔1〕　赵尔巽等：《清史稿》卷一一五"职官二"。

安、缉捕盗贼，位高权重。步军统领衙门拥有较广泛的司法权，包括审理京师笞杖罪案件之权，对京师徒罪以上案件有初步审讯之权；京师旗人犯奸，朝廷认为属于寡廉鲜耻事情，特定此类案件由步军统领衙门审理。另外，关于民人京控案件，步军统领衙门亦得收受呈词。步军统领虽非九卿，但地位崇隆，职司紧要，皇帝经常指派其参与审判重大案件。

这些衙门都享有范围各异的司法权，实际上赋予了旗人、蒙人特殊的法律地位，是民族特色司法理念的集中体现。

（二）强化君主的最高司法权

清代君主集权在明朝的基础上更加强化，朝廷特别强调，国家重大政务均须由君主裁决，司法权当然也包括在内。内阁大学士和军机大臣都是皇帝之幕僚或者秘书，其职权仅限于协助皇帝处理包括司法审判在内的所有重大政务。清代各省死刑案件，督抚审理完结后，须经刑部或三法司审理后奏闻皇帝裁决。京师死罪案件，刑部或三法司处理完结后，亦需奏闻皇帝裁决。斩、绞立决案件，只有奉旨依议之后，始可执行死刑；斩、绞监候案件奉旨依议后，尚要经秋审或朝审复核；即便在秋审或朝审复核后，仍需奏闻皇帝裁决。清代皇帝特别注重对臣民生杀予夺的权力，并牢牢将其掌握在自己手中，跟臣民生命直接有关的司法审判大权绝不轻易授予臣下。

皇帝因为时间和精力有限，不得不将重大司法权力事实上交给臣僚行使时，一方面通过最后的核准与否来行使最高司法审判权，另一方面通过设立各种会审制度，如秋审、朝审等，让更多的机构或臣僚参与到司法审判过程中来，互相牵制，以免一个机构或一位大臣坐大，以此来充分确保皇帝的最高审判权不致旁落于人。

（三）强调天人合一观念

天人合一是古代中国的重要思想观念，是政治、法律的合理性依据之一。俗语云："人命关天"，即是此种天人合一思想在司法领域的重要体现。清代君主多以此训诲臣下重视刑狱，以免招致上天责罚。比如雍正曾告诫臣下："刑名为国家之要务，上关天和，下系民命。若刑狱未能清理，即为天时亢旱之由。"[1]《礼记·月令》即有对于"秋冬行刑"的记载，董仲舒在他的"春秋大一统"的框架中对此做了更体系化的论证："天有四时，王有四政，庆赏刑罚与春夏秋冬以类相应"，故圣王应春夏行赏，秋冬行刑。如刑赏失时，则会招致灾祸，受到上天惩罚。"秋冬行刑"的思想影响到制度建设，在清代就出现了秋审制度。

---

〔1〕《世宗宪皇帝圣训》卷二十四，雍正二年甲辰二月壬申。

清代的秋审借鉴了明代的朝审。朝审是朝廷最高级别的官员会审已被判秋后处决的死囚犯的制度。到清代，将死刑犯人分为立决和监候两种。立决就是立即执行（重罪立即处决的有凌迟、斩立决、绞立决），监候则为缓决（罪行较轻或案情可疑的判为斩监候、绞监候），等待当年秋审再决定是否执行死刑。晚清律学大家吉同钧即讲："古律无秋审之名，唐宋元明律中言斩绞死罪者，均系立决，并无监候、秋后处决之制。然考之《月令》，孟秋之月，审决断，始用戮。唐律亦有立春、秋分前不决死刑之条，可见古者行刑必于秋冬，所以顺天地肃杀之气也。"〔1〕可见，秋审制度是极度慎重民命理念在天人合一思想影响下的制度设计。

二、司法制度

（一）司法机构

在清代，由于皇帝集权登峰造极，皇帝则习惯于将包括刑名在内的重大日常政务交给多个衙署多个官员共同行使，以收相互牵制之效，故从理论上说，中央各部院皆有一定的司法权；但司法审判毕竟具有高度的专业性，也就有了较为专门的司法机构，即通常所谓的"三法司"，下面分别予以介绍。

清代中央各部院皆有一定的司法权，可称为兼理司法审判机关，大致包括议政衙门、内阁、军机处、吏部、户部、礼部、兵部、工部、理藩院、通政使司、八旗都统衙门、步军统领衙门、五城察院、宗人府、内务府等。这里重点谈一下对中央司法审判有重大影响的内阁和军机处。

内阁，始于顺治初年，初沿袭明制，设置殿阁大学士组成内阁，大学士掌"钧国政、赞诏命、厘宪典、议大礼、大政，裁决可否入告"。〔2〕清初顺、康、雍三朝，在军机处设立之前，内阁地位崇隆，国家重大政务俱出于内阁。内阁掌理"议天下之政"，自然也包括司法审判大权。在通常情况下，内阁并不直接进行司法审判，而是通过票拟，参与司法审判，审核法司所定拟之判决是否允当或合法；此外，内阁大学士经常以个人身份，也可说是国家重臣身份奉旨审判重大案件、参与秋审和朝审。这里需要解释一下内阁之票拟权。清代公文书主要有两种，一为题本（或称本章），一为奏折。清初顺、康、雍三朝以题本为主，康熙初年以后，开始使用奏折。康熙、雍正年间，奏折系君臣间的秘密文书，不能公开使用。乾隆初年以后，奏折逐渐化暗为明，成为正式公文书。因其使用及处理较为便捷，其使用范围日渐扩大，逐渐取代题本，成为公文书的主要形式。光绪二十七年（公元 1901 年），清廷废除题本，完全以奏折取代之。

〔1〕 吉同钧：《秋审条款讲义序》，《乐素堂文集》，闫晓君整理，法律出版社 2014 年版，第 88 页。
〔2〕 赵尔巽等：《清史稿》卷一一四"职官一"。

清代前期，朝廷政务多系以题本方式处理。内阁的主要职掌是帮助皇帝处理题本，所有关于司法审判的题本均由内阁处理，内阁因此直接参与到司法审判中来。内阁对题本的票拟权即是内阁写出所定拟之处理意见。就司法审判而言，对三法司的题本，内阁可依照其实际情形拟出不同处理意见，或拟准，或拟驳，或以其他方式处理。内阁关于司法题本的票拟权实际上也就是内阁所正式拥有的司法权。

军机处，全称为"办理军机处"，设于雍正年间。《清史稿·军机大臣年表一》曾这样评述其职掌："军机处名不师古，而丝纶出纳，职居密勿。初只秉庙谟商戎略而已，厥后军国大计，罔不总揽。自雍、乾后百八十年，威命所寄，不于内阁而于军机处，盖隐然执政之府矣。"清代公文书，题本由内阁处理，奏折则由军机处办理。所有关于司法审判之奏折，均由军机处办理，故得参与司法审判。法司所上奏折奉朱批"另有旨"或"即有旨"及未奉朱批者，军机处须拟写谕旨。谕旨分为两类：一为明发上谕，一为寄信上谕。前者简称"明发"，后者称为"廷寄"。这种谕旨常就司法审判事项加以裁示。除了拟写谕旨外，军机处还有奏折的处理建议权。皇帝将奏折发交军机大臣后，军机大臣须共同研议处理意见，奏闻皇帝；有时皇帝更召见军机大臣独对，征询其处理意见。军机大臣对奏折的处理建议权实际上就类似于内阁的票拟权。通过奏折处理建议权和拟写谕旨，军机处遂得以深度参与重大的司法审判事务。

中央的专门司法机构为三法司。清代三法司多沿袭明代，为刑部、都察院和大理寺。刑部于顺治元年（公元 1644 年）设立，为天下"刑名总汇"，司法审判权，在三法司中为最重。《清史稿·刑法三》中有这样的评论："外省刑案，统由刑部核复。不会法者，院寺无由过问；应会法者，亦由刑部主稿。在京讼狱，无论奏咨，俱由刑部审理，而部权特重。"刑部司法审判之职掌，大致包括：①复核各省徒罪以上案件；②审理京师徒罪以上案件；③会同复核各省秋审案件；④会同复核京师朝审案件。刑部所属机构十八司，以秋审处和律例馆最为重要。秋审处顾名思义，专门核办秋审事宜。律例馆提调满汉各四人，任稽核律例之事，凡刑部各清吏司所办理之案件有应驳或应更正者，由刑部堂官交律例馆稽核。该馆还掌修条例，五年汇辑，十年重编。

都察院在清入关前即设立，入关后参照明朝制度，予以改制。跟明代相比，都察院这一机构有两个较大的变化：一是都察院的实际长官为左都御史和左副都御史，右都御史和右副都御史都为地方总督和巡抚的兼任职衔。二是科道合一。清初仿明制设立六科，为独立机关，分别监察六部。都察院设十五道，侧重监察地方各衙门；到雍正元年（公元 1723 年），以六科隶属都察院，从此科道合一。都察院职司风宪，号称风宪衙门，其主要职掌在监察，兼有司法审判方面的职能。关于其监察权，兹不赘述。其审判权大致包括：①会同复核各省死罪案件；②会同审理京师死罪案件；③会同复核各省秋审和京师朝审案件。

大理寺乃清廷入关后沿袭明代官制所设。设卿、少卿满汉各一人，乃纯粹的慎刑机关，其司法审判职掌大致与都察院相同，即会同复核各省死罪案件、会同审理京师死罪案件、会同复核各省秋审和京师朝审案件。相比较而言，都察院在职官犯罪方面有更大的发言权；大理寺多属闲曹，彰显朝廷慎刑之至意。

清代地方司法、行政合一，特别强调地方主官对于司法的独任权责，在逐级自动审转制度下，各级地方衙门都要承担司法审判事务。大致有下述层级：①县（还包括厅和散州）。负责审理辖区内所有的案件；其中有权审决自理词讼（包括处罪犯以笞杖刑的轻微刑事案件和关于户婚田土等类似于今天的民事案件），对徒刑以上的重大刑案须完成勘验、审理、初步判决，写作供上司阅看的"看语"等司法事务，然后将相关案卷和人犯移交给上级官府。②府（直隶州）。主要负责审转，即复审州县报上来的徒罪以上刑案。认为审理有问题，即发回州县重审或指定其他州县再审；如认为没问题，即加上自己的看语予以上报。③省按察司。主要是对府报来的刑案予以复审。如无异议，则加上自己的看语上报督抚；如有异议则驳回重审或改发别的州县再审。④督抚。其主要司法职掌包括：对按察司复核无异的徒刑案件批准执行；复核充军流刑案件，如同意按察司意见则转咨刑部；对死刑罪案则当堂亲审，确认无异后具题向皇帝上报，将副本咨送都察院和大理寺（给皇帝的题本会奉旨送达刑部）；如有异议则驳回重审或改发其他衙门再审。

（二）司法人员

清代各级地方主官专门负责司法案件的审理工作，不得将之推给佐贰属员。清廷严禁"佐杂擅理词讼"，坚持"官非正印者，不得受民词"[1]。州县官被称为亲民官，地位尤其重要。清代名幕汪辉祖指出，"国家布治者，职孔庶矣，然亲民之治，实惟州县。州县而上，皆以整饬州县之治为治而已。"[2] 辖区里的一切政务，无论大小种类，皆归知州知县负责。仅就司法职责而言，大致包括：查勘检验、缉捕人犯、管押或监禁人犯、审理词讼和执行判决。州县官多致力儒家经典之研读体悟而不太熟悉国家律令，但坐堂问案事关考成，直接影响着州县官的升迁黜陟。所以，个别出类拔萃的州县官有动力在上任后系统阅读相关书籍，主动获取司法知识；对一般州县官而言，聘请精通刑名钱粮的幕友以

---

〔1〕　参考文孚纂修：《钦定六部处分则例》，沈云龙主编：《近代中国史料丛刊》第三十四辑；嘉庆《大清会典》卷五十二。

〔2〕　汪辉祖：《学治臆说·序》，载杨一凡编：《古代折狱要览》（第九册），社会科学文献出版社2015年版，第417页。

帮助本人更好地履行相关职责就是顺理成章的选择。

清代幕友的渊源可追溯到古代将军出征，聘请谋士到其幕中助其出谋划策。清代幕友主要不在军中，而是在各级地方衙门中，应主官之聘请，作为主官的私人顾问，帮其处理公务。这种聘请幕友的做法，在清代特别盛行，一个地方官上任，必聘请幕友，少则三五人，多则十多人，督抚之幕府往往聘请数十人。幕友又称师爷。师爷大多来自于浙江绍兴，俗称"绍兴师爷"，民间有"无绍不成衙"之说。幕友既是受聘，当然需要主官付给其薪水。幕友是主官的宾客，与主官共进退。既然与主官为友，当然合则留，不合则去。

在清代，学幕作幕友是一种职业。他们必须经过专门的学习，具备他人所没有的律学专长。因幕友的律学教育并无专门机构和制度，大多由现任幕友在其任所随时指点学徒，在条件成熟之后，将自己办理的业务交给学徒实习。故一个人要想拜师学幕，完全取决于个人之际遇。如有父兄等亲戚或乡里前辈为现任幕友，当然就有更多的机会。一般而言，学幕起点以在州县幕府为佳。州县乃基层官府，综理一地庶政，刑名案件都在此初步处理，是通盘学习幕学各种业务的起点。有了州县衙门学幕的经验之后，再到上级官府进一步学习，当然就更理想。学徒在拜师仪式后即迁入官府中的幕斋，跟随师傅起居作息。师傅除了教授幕学知识，辅导实务练习外，还照顾学徒的生活起居，约束其言行。在学期间，学徒的衣食等开销全由师傅提供，故师徒关系超乎密切。

学幕的学习主要包括研读书籍和实习办拟各类司法文稿。幕友阅读的书籍，大致包括：①法规：大清会典及其事例、各部院则例、律例、地方法规；②整理诠释律例之书以及帮助记忆律例要点的作品；③判决文书及其汇编；④与地方政府刑钱事务有关之书；⑤幕友记述处理刑钱事务的经验和心得之作；⑥传世经史之作。学幕的实习主要是承办师傅交代下来的具体业务，包括批阅案卷、拟批呈词、试核房科拟稿、起草通常文件、拟办命盗勘词、办理上行司法判词。这些都需要师傅的耐心指导。按照此一次第，用功学习三四年，虽不能精通，但一般工作似能胜任。

清代幕友的教育，最大缺点就是师徒薪火相传，培育的人数有限，难以适应社会变革对专业人才的大量需求，故到晚清新政，即有专业的法律、法政学堂之设。其优点也很明显，那就是在专业学习之前及之中，都非常重视经史之学的研习和道德砥砺，避免成为流于刻薄的刀笔吏。[1]

除了专业的律学知识外，幕友还需具备其他一些知识或阅历：久居官府，

---

[1] 参见张伟仁：《清代的法学教育》，载《魔镜——法学教育论文集》，清华大学出版社2012年版，第1-93页。

熟谙官场规矩；来自民间，洞察人情世故；机灵善变，老谋深算；对复杂的事务性工作得心应手，游刃有余。

幕友不是国家官吏，没有品秩俸禄，但因为主官之聘请礼遇，得自由出入衙门，襄助主官办理地方公务。地方事务以钱谷、刑名为重，幕友亦以钱谷师爷和刑名师爷为尊。尤其是刑名师爷，办理刑案，其所作为关系人命，故位置最重要。

刑幕虽然名义上只是地方官刑名方面的参谋或助理，但因地方官一般没有充足的时间精力，可能也无精深的专业律学知识，故辖区内发生较重大刑案，不得不格外倚重刑幕，利用其所学专业律学知识，帮助地方官准确行使司法权，他们常常以主官的名义写作批语和判词。从保存下来的巴县档案、顺天府档案来看，案卷上的判牍批词，多为幕友代拟，主官在上面画个"行"字即予以签发。

因此，幕友的道德操守和专业素养就直接影响到清代司法之良善与否。总体来说，清代幕友品质和律学知识不一，仗义执言、将主官之事当作自己的事来办者有之；与上下幕友勾结，把持公事，从中获利，甚至挟持主官者，亦有之，难以一概而论。幕友制度最大的问题就是权责分离、名实不符。幕友实际行使司法权，但在制度上不用承担责任；主官仅在名义上行使司法权，完全承担制度上的后果。在整个社会风气良好的情况下，幕友可能较有操守；反之，幕友则会败坏司法。

（三）重大案件的会审制度

清代会审制度名目较多，最要者有三法司会审、秋审、朝审等，下面分别言之。

1. 三法司会审。各省的死刑案件，须督抚专门用题本具奏皇帝，皇帝一般会有"三法司核拟具奏"的旨意。奏折成为主要的公文书程式之后，各省死刑案件亦由督抚专折具奏。奏折到达皇帝后，多奉旨"刑部议奏"或"三法司核拟具奏"。如奉旨"三法司核拟具奏"，案件即进入三法司会审程序。

三法司会审，一般情形如下：①刑部主稿。刑部先由各司定拟判决，呈交刑部堂官核定后，将谳语（刑部之判决）分送都察院和大理寺。②都察院会核。各省死罪案件，先有副本到都察院，各道御史即开始案件的审判工作。及至收到刑部谳语，都察院如认为刑部谳语稿内有酌议改易之处，限五日内，将应酌议改易之处，用印文声明缘由，送回刑部查核定拟。刑部仍用印文，将应否改易之处，再送都察院，直到取得一致意见。③大理寺之会核。各省死罪案件，也先有副本送到大理寺。大理寺在收到刑部谳语后，如认为刑部谳语有酌议改易之处，限五日内，将应酌议改易之处，用印文声明缘由，送回刑部查核定拟。

刑部仍用印文，将应否改易之处，再送回来，以期获得一致意见。关于三法司画题合议之期限，雍正年间限十日，道光年间缩短至八日。

各省死罪案件题本（或奏折）奉旨三法司核拟具奏后，绝大多数案件判决都是按照刑部主稿的意见上奏的。也就是说，刑部定拟判决后，都察院和大理寺如无不同意见，即可画题上奏，刑部所拟之判决即为三法司会审后的判决。三法司即以题本或奏折的方式奏闻于皇帝，恭请皇帝裁决。如都察院和大理寺认为刑部所拟判决有不妥之处需要改易，刑部可参酌其意见，再行定拟判决，然后以三法司的名义上奏。还有一种很少见的情况，即三法司经协商，仍不能就判决意见最终达成一致，即应"两议"奏闻，让皇帝最终裁决。"清代之三法司合议审判系数司法机关之合议审判，中国传统司法审判制度采行三法司合议审判，一则为避免司法审判大权集中于一衙门，使其权力过大；二则期望三法司相互制衡，防止营私舞弊。"[1]

2. 秋审。清代将死刑犯人分为立决和监候两种。立决就是立即执行（重罪立即处决的有凌迟、斩立决、绞立决）；监候则为缓决（罪行较轻或案情可疑的判为斩监候、绞监候），等待当年秋审再决定是否执行死刑。明初，死罪尚无监候、立决之别，孝宗弘治十年（公元 1497 年）始有此区别，到《大清律》正式有此规定。所有死刑案件，经三法司复核，内阁票拟或军机大臣会商拟办后，皇帝须加以裁决。皇帝对题本或奏折的裁决主要有以下几种：依法司定拟判决之裁决、依督抚所拟判决完结之裁决、法司再行复核之裁决、九卿会议之裁决和另行处置的裁决。经皇帝决定为监候的案件，即进入秋审程序。

秋审是针对已判处斩、绞监候的案件，由三法司每年一度对斩、绞监候案犯，在全国范围内进行复核，主要程序包括：①初审：对各省奏报的秋审题本，先由刑部审录，摘叙案件原由，写出具体结论。②会审与题报：由大学士、九卿、詹事、科道等在京三品以上官员齐集一起，进行会审，然后由刑部领衔分情实、缓决、可矜、留养承祀四本向皇帝题报。秋审仪式一般持续三天，审理男犯是在北京金水桥外搭棚子，审理女犯是在午门外搭棚子。③皇帝批示：奉旨缓决、可矜、留养承祀案犯的秋审程序即告结束，奉旨情实者，仍要复奏。④复奏和勾决：死刑执行前复审官员向皇帝复奏，以示慎重。复奏本上，由皇帝用朱笔在应立决案犯名上打勾，称为"勾决"，意思是"一旦勾到，即行处决"。勾决仪式由皇帝亲自主持，以示"生杀予夺之权操之自上"。

秋审最主要的工作就是把在押监候死囚分为实、缓、矜、留四项："情实"，情真罪当，可执行死刑；"缓决"，罪行较轻，继续监候，留待下年秋审再行复

---

〔1〕　那思陆：《清代中央司法审判制度》，北京大学出版社 2004 年版，第 220 页。

核；"可矜"，罪行属实，但情有可原者，可减等免死发落；"留养承祀"，斩绞重囚法无可贷者，因独子而父母老疾无人奉养，可特恩免死。在实际审判中，矜、留两类情况较少。自理论方面言，缓决案犯本年不执行死刑，仍然监押，等待明年再次秋审决定命运，如再次缓决就监押至来年秋审，直至减等改判或改情实，最终处罚才确定下来；而实际上已形成惯例，经三次缓决的案犯可得减等发落。但也有例外，如官犯、贪赃等，经三次缓决亦不能获减。

清代皇帝非常重视秋审。在勾决之时，皇帝和百官皆素服，事先皇帝还要斋戒，一般是在名字旁划一个类似于繁体中文引号那样的符号，最后还要在题本头几页上用红笔把勾决的名字抄录一遍，以免误勾，昭示慎重。勾决之前，先由钦天监决定具体时间。乾隆曾于十四年（公元 1749 年）发布上谕："秋审为要囚重典，轻重出入，生死攸关。直省督抚，皆应详慎推勘，酌情准法，务协乎天理之至公，方能无枉无纵，各得其平。朕于情实招册，皆反复审览，再三究极情状，毫不存从宽从严之成见。所勾者必其情之不可恕，所原者必其情之有可原。惟以一理为权衡，而于其人初无爱憎好恶之见者存也。"[1] 乾隆所说，难免有溢美夸张之处，各个皇帝对秋审的尽心程度也未必相同，但清代对死刑的执行更为慎重，则为事实。

因之前的各级审理多严格按照法律规定进行，故秋审就不再是一种简单的法律审查，主要是根据特定的时势，注重政策的调整，力争在综合天理、国法和人情的基础上作出最妥当的判决。秋审制度使死刑复核被纳入了前所未有的严格法律程序中，保证了皇帝对死刑的控制权，在全国范围内最大可能地做到了司法的统一，限制了地方各自为政和擅杀滥杀。据统计，大致有四分之三的死刑监候犯人，在经历一次或若干次秋审后，被免于死刑处罚。[2]

秋审为清代重要司法制度，经顺治、康熙和雍正三朝的渐次发展，到乾隆朝以后乃成定制。《大清律》中并无有关秋审的律文，关于秋审的规定附于《大清律》第 411 条"有司决囚等第"律下的例文中。随着就地正法的不可遏止，经晚清变法修律，秋审受到严重冲击。及至中华民国建立，皇帝不再存在，在三权分立制度框架下，秋审失去了根据而被废除。然而。这一制度所体现出来的天人合一理念与对执行死刑的慎重，自有其价值。

3. 朝审。朝审是就京师斩绞监候案件加以特别复核的制度，大致可分两个步骤：先在刑部复核，然后由九卿会审。京师死刑案件经三法司会审具题上奏，皇帝裁决斩绞监候秋后处决后，即进入朝审这一复核程序。刑部应就京师朝审

---

〔1〕　《钦定大清会典》（第二十册）。

〔2〕　孙家红：《视野放宽：对于清代秋审结果的新考察》，载《清史研究》2007 年第 3 期。

案件先行定拟看语。因为该等案件曾经由刑部审理，为避免刑部固执己见，皇帝又特派大臣复核。刑部看语经该大臣复核过后，即由"（刑部）摘叙紧要情节，刊刷招册，送九卿、詹事、科道各一册"。案件复核即进入朝审的第二步，九卿会审程序。"九卿"包括六部尚书、大理寺卿、都察院左都御史、通政司通政使等九个重要的官员。九卿会审程序与秋审类似，即于每年八月初间，在金水桥西，会同详审。审理结束后，由刑部领衔会同全体参与朝审的官员以实、缓、矜、留四项具题，请旨裁夺。

第四节　社会法律思潮

一、晚明清初的启蒙思潮

"虽然传统上，我们都将明清帝国五个多世纪的专制统治，当成一个同质性甚高而又延续性不断的历史时期，其实，两代之间的法文化，仍各自有其不同的风貌。"[1] 所谓延续性高，就是我们通常所说的"清承明制"；而为什么仍有不同，其主要思想根源是清统治者以高压政策斩断了晚明逐渐发展起来的启蒙思潮，使得君主专制更加强化。

先来看"清承明制"。历史上新旧政权嬗替之际，为保证国家机器迅速恢复运转、发挥其统治效力，新王朝往往继承或沿袭前一朝代的政法体制，并根据需要逐渐对其进行改革和完善，像清朝的许多制度就基本沿袭了明朝的制度，这被称为"清承明制"。

但如果侧重从社会政法思潮层面上来观察，可能情况就有所差别。从明代中期王阳明悟道讲学开始，思想界出现了新发展。这种新发展对社会影响尤大者，一是士农工商四民之间的界限进一步模糊，所谓"古者四民异业而同道"，在原先地位悬殊的士商之间表现得更明显；一是有些士大夫带着对皇权专制的失望将改造社会的希望由寄托于庙堂转向民间。随着阳明学说的风行，此种观念的影响与日俱增，王艮、李贽、黄宗羲为其代表[2]。黄宗羲对皇权专制政体进行了体系性的反思和深刻批判，主张君应为天下谋利益，否则不成其为君；臣是辅助君主为天下谋利之人，而非一姓一人之家奴；法也是要为天下兴利制暴，否则是非法之法，不成其为法；要求公是非于天下，学校书院应有议论朝政得失促使朝廷实行之权。这就是我们通常所说的晚明启蒙思潮，若是任其发

〔1〕　黄源盛：《中国法史导论》，元照出版有限公司 2013 年版，第 299 页。

〔2〕　参考余英时：《儒家伦理与商人精神》，《余英时文集》（第三卷），广西师范大学出版社 2004 年版，第 155－212 页。

展下去，有可能会成为制度变革的契机。

二、清初的科场案与文字狱

清军入关，迅即在北方稳固了统治，而在江南人文经济发达之地，却受到了顽强的反抗。清军入江南之时，于顺治二年（公元 1645 年）颁布了剃发改服命令，因受到激烈抵抗，遂有扬州十日、嘉定三屠、江阴八十三日抵抗等惨剧。及至统治稳定，黎民百姓生活虽已稍微安定，可民间反清复明的心理和情绪仍在。反清起事多以"朱三太子"为号召，吕留良弟子曾静曾游说岳钟琪以岳飞后代身份为兴复之举。民间还传播诸多关于清皇室的流言，比如孝庄下嫁、顺治与董小宛的恋情、顺治出家、雍正得位不正、吕四娘刺杀雍正、乾隆为汉人陈氏之子等等。这些故事扑朔迷离、真伪难知，一定程度上反映了汉人对清廷统治之讥讽。清廷震惊于江南士气民风对其统治之威胁，采取了严厉的措施，用科场案和文字狱等手段，重新确立程朱理学的正统地位，使政统道统合二为一。

顺治十四年（公元 1657 年）发生丁酉江南科场案，是中国自有科举以来最严厉的作弊处罚事件。受到处罚的文人甚多，如吴兆骞、方拱乾等被流放到宁古塔，处境凄苦。孟森先生即一针见血指出："至清代乃兴科场大案，草菅人命，甚至弟兄叔侄，连坐而同科，罪有甚于大逆，无非重加其罔民之力，束缚而驰骤之。"[1] 顺治还曾下令禁止文人士子会盟结社聚众讲学，可只有禁令仍不足以钳制言论，打击反清排满思想，于是大兴文字狱。清朝的文字狱，主要集中在所谓盛世的康雍乾三朝，前后百多年，大小案件一百多起，两百多人被判处死刑，受到株连的更不可胜数。其数量之多，规模之大，在历史上都是空前的。朝廷之政策是揭发有功，隐匿不报或办理不力者有罪，告密诬陷之风因而大盛。有人牵强附会，断章取义，从而告密邀功；有人挟嫌诬陷，凭空捏造，以图报复。文网密布，冤狱迭起，文人士子人人自危，惟恐一不小心陷入文网，或是受到株连，祸从天降。[2] 刘师培对比明清两朝之学术，有这样的论断："清代之学迥与明殊，明儒之学用以应事，清儒之学用以保身；明儒直而愚，清儒智而谲；明儒尊而乔，清儒弃而湿。盖士之朴者，惟知诵习帖括以期弋获，才智之士惮于文网、迫于饥寒，全身畏害之不暇，而用世之念泪于无形，加以廉耻道丧，清议荡然，流俗沈昏，无复崇儒重道，以爵位之尊卑，判己身之荣辱，由是儒之名目贱，而所治之学亦异。"[3]

---

〔1〕　孟森：《心史丛刊一集》，中华书局 2006 年版，第 24 页。
〔2〕　参考孔立：《清代文字狱》，中华书局 1980 年版，第 2－5 页。
〔3〕　刘师培：《刘师培史学论著选集》，上海古籍出版社 2006 年版，第 417－418 页。

　　立法力求"法令省略"，司法企望"几于刑措"，是帝制中国历代王朝的理想。每当王朝初建，统治者颁布新法令，以荡除繁苛。但之后法网日密，讼狱繁多。《清史稿·刑法志》讲："嘉庆以降，按期开馆，沿道光、咸丰以迄同治，条例乃增至一千八百九十有二。盖清代定例，一如宋时之编敕，有例不用律，律既多成虚文，而例遂愈滋繁碎。其间前后抵触，或律外加重，或因例破律，或一事设一例，或一省一地方专一例，甚且因此例而生彼例，不惟与他部则例参差，即一例分载各门者，亦不无歧异。辗转纠纷，易滋高下。"由于成文法条繁密芜杂，弊端丛生，清朝法制几乎没有良性革新的可能。及至海禁大开，面对社会巨变，清朝法律开始步入近代转型新阶段。

第十三章

第十四章

清朝法律（下）

鸦片战争后，中国受到列强直接的、巨大的冲击，开始了艰难的近代化历程。近代化最开始在军事、国防、经济等领域发生，到戊戌维新前后，其重心开始转移到政法领域；自庚子国变后到清朝灭亡这十年间，清朝廷进行了法制改革。这次法制改革是中国传统法制向近代转型所迈出的关键一步，具有承前启后、继往开来之地位。

第一节　清末社会与法律变革的动因

法律是制度的重要组成部分，与社会发展密切相关。社会变动一经发生，法律当然会随之或早或迟发生变动。帝制中国两千年，基本结构未发生根本性改变，故其法律成型之后，其间只有微调，而无改弦更张。降及十九世纪，时处王朝周期盛世已过的衰世，清王朝遭遇了富于活力且具有强烈侵略性的西方，内政不修更引起外敌觊觎，外力重压引发了内部变革。随着变革逐渐由表及里、从海疆一隅到内陆腹地，整个社会已慢慢转型，法制亦不能不随之而转。清末最主要的特点就是"大变"、"剧变"，重要当局者李鸿章体认尤深，称之为"三千余年一大变局"。[1]

此种变化的外因是遭遇"西洋"。这是经过资本主义经济活动洗礼和启蒙思潮激励的"西洋"。一系列社会革新实践已在欧美发生，其标志性事件为英国光荣革命、美国独立建国和法国大革命。此后，主权国家、权力分立与制衡、市场经济等制度设施及民主、自由等价值观念基本确立。进而，他们开始在全球范围内建立殖民地，力图把这一套在当时是最新、最先进的制度和价值理念强制传播开来。变化的内因是中国自身处境。作为异族入主中原建立的清王朝，

---

〔1〕《李鸿章全集》（第五册），安徽教育出版社 2008 年版，第 107 页。

满汉矛盾根深蒂固。鉴于此，"清代的统治策略，一切以集权、防范、压制为尚"。[1] 即便如此，经几代君主励精图治，清朝开创了百多年的康雍乾盛世，声威之隆，直比汉唐。但月盈则亏，盛极而衰。到十九世纪，中国与西洋直接接触开始之际，清廷已步入王朝衰落期，主要表现为：皇权专制登峰造极而吏治却极度腐败、人口大幅度增加引起社会贫困程度加剧、因严密的思想控制而导致思想学术陷入繁琐考据几无关乎国计民生。

与此相应，清末法制变革亦有其内因和外因，下面分别予以说明。

一、清末法制变革的内因

（一）家族制度的深层危机

近代中国社会结构的变化引发了家族制度的深层危机。随着清廷在对外战争中的失败，中国被迫由闭关锁国政策改为门户开放，固有的经济结构难以为继。其著者，如以男耕女织为主要内容的小农经济受到严重冲击，很多人不得不离开祖祖辈辈居住的家园，到外面去寻找新的生计以养家糊口；又如，外国铁路设施大大破坏了传统的运输体系，两条老的南北干线——大运河和从汉口到北京的陆路——在与铁路的竞争中失败，成千上万的船夫、车夫、客栈店主和商人失业。这种传统经济各方面受挫的窘境，给固有的家族制度所带来的冲击后果难以估量：整个社会的贫苦使得宗族的力量有限，不能再为那些需要帮助的家族成员提供必要的帮助；生计困难的宗族成员离开家乡进城谋生，自然摆脱了家族和家庭对他们的控制。他们即便能在新地方开始新生活，无力抑或无心回馈家族。家族成员与家族之间的关系日渐疏离，家族制度的危机已然出现。

与此同时，外国法政学说进入中国，新式学者开始宣传这样一些基本观念：家长的权利逻辑上隶属于国家，个人拥有不可剥夺的、不受家长控制的权利；男女作为国家的基本分子，是平等的。这些观点，动摇着家庭关系的根基，并在年轻人中广为流行。而且，在世纪之交，近代学校的开办实际上表明政府已经取代家庭承担起教育的责任。因此，当国家干涉家族内部关系时，家族制度的政治支撑面临土崩瓦解。[2] 家族制度的经济基础和政治支撑不再，家族制度已是穷途末路。建立在家族制度基础上的帝制中国的法制当然已与社会严重脱节，不能规范发生巨变的社会，从而不得不进行根本性变革。

（二）近代中国社会结构所发生的巨变

帝制中国宏观上是"一人肆于民上"的君——民结构：君位世袭；民则主

---

〔1〕　郭廷以：《近代中国史纲》，香港中文大学出版社 1979 年版，第 10－11 页。

〔2〕　参考徐中约：《中国近代史》（上册），计秋枫、朱庆葆译，香港中文大学 2002 年版，第 432－433 页。

要由士、农、工、商四个阶层组成，俗称四民社会；由民之中的佼佼者出任各级官僚，辅佐君主治理天下。社会步入近代后，一方面"四民"之外，出现了买办和军阀这两个非常有力量的新兴阶层，对固有的四民社会结构形成了致命的冲击。西人来华，原以经商获取利润为主要目的。随着通商口岸和租界的建立，越来越多的外商进入中国。中西之间毕竟有语言、风俗乃至文化上的巨大差异，外商需要中国商人帮助他们沟通中国市场，这类商人就是买办。在民穷财尽的近代中国，这个新兴的买办阶层拥有巨大的影响力。清中叶以后，捐纳制度盛行，商人能够花钱买到功名，但无论如何，由科举正途出身的士绅并不会公开出来经商。面对西方商业势力对中国经济的压榨和剥夺，朝野开始重视商业，商人势力不断发展。1903 年清朝廷在商人的呼吁请求下设立了商部，各地商会组织纷纷成立，说明商人已成为重要的社会力量。

中国自宋以后实行以文驭武国策，在王朝的和平时期，军人的地位较低。到清末，不论是镇压内乱还是抵御外辱，军人总是格外重要，地位因此迅速提高。曾国藩领导的湘军和李鸿章统率的淮军在晚清政治舞台上所获得的举足轻重地位，即是显例。甲午中日战争之后，北洋海军和淮军几乎全军覆没，袁世凯受命在小站编练新军，缔造了北洋军队。自晚清湘淮军到北洋军，一个新的军阀阶层崛起了。与以往粗鄙无文的军人形象不同，近代军人都受过一些近代的军事教育和训练。这一时期，有学者将之定性为"军绅政权"，[1] "军"在"绅"前，足见统领军人之军阀的巨大势力。

综上，士绅阶层在新兴的买办和军阀面前，渐渐丧失了"四民之首"的地位，他们及其子弟要么从商、要么从军。二十世纪初，朝廷宣布废除科举制度，意味着士绅在整个社会的优越地位走向尽头。由此引起的连锁反应是耕读传家的纽带彻底断裂，自然殃及农民；更致命的是，在国内外商业大潮的冲击下，农民的处境糟糕，传统的"工"受到的冲击更加直接。以四民社会为表征的传统中国社会结构，因为买办和军阀两大新兴力量的兴起而逐渐解体。社会结构和相应的社会阶层变了，法制又岂可不变而安于抱残守缺呢？

（三）近代经济结构的变迁

帝制中国为农业国家，经济上大致可以自给自足，勤俭节约是中国上下相尚的古训和美德，理论上不贵奇巧难得之货。轻商观念影响甚大，外贸只是怀柔羁縻藩属的手段之一，或者说是天朝予以藩属的一种恩惠，其有无多寡取决于藩属国的表现。而当时与清廷交涉的英国，已在很多方面执世界牛耳，具有强烈的拓展全球市场欲望，曾两次派遣使臣靓见清朝皇帝，希望攫取重大商业

---

〔1〕　参见陈志让：《军绅政权——近代中国的军阀时期》，广西师范大学出版社 2008 年版。

利益，皆无满意结果，遂于 1840 年以鸦片问题为导火索发动鸦片战争，凭借其船坚炮利打开了中国国门。国门开放，列强商品涌进中国市场，对中国传统小农经济和家庭手工业构成了致命打击，民族工商业发展严重受挫，中国近代经济雪上加霜。

在清末，列强之所以不论如何都要进入中国，主要是为了开拓市场、获取经济利润。随着中国的节节败退，列强势力逐渐沿江河铁路等交通干线深入腹地，中国人为保有或夺回利权而极力奋起抗争。在这个过程中，中国经济结构产生了巨大的变化，固有的农工商业受到严重冲击，在工商领域出现了许多以前见所未见的新事物，如银行、公司、铁路、电报、轮船航运、采矿和相关制造业等。面对变局，固有的法制或因规范滞后于时，或因完全没有相应规范，必定会进行根本性变革。

（四）女性地位的提升

帝制中国法制的重要基石之一就是以"夫为妻纲"为核心的男尊女卑，主要表现在妇女在法律规范所及的各个方面，与男子相比较，几乎都遭受不平等对待。不平则自有人鸣，国门大开之前，已有士大夫开始对之进行批判，其著者如袁枚、戴震、俞正燮、龚自珍、李汝珍等。随着西方势力的进入，传教士进入中国传教，设立女学、反对妇女缠足是其开展的重要活动。这种外来刺激，加以本国固有批评男女不平等思想观念的影响，维新人物闻风而起，也努力提倡妇女地位的改善。二十世纪初，留学日本蔚为风尚，很多女子前往留学。在此前后，倡导女权的刊物纷纷出现。这些刊物所要求的妇女权利，已从日常生活中的具体现象深入到纲常伦理这一深层价值层面和救国图存这一时代要求上来了。早期为妇女争取地位改善的基本都是男子，现在已是妇女自己出来主动要求权利。到清末，妇女已经成为一股重要的社会力量，她们先在少数榜样的带动下，走出家庭，接受了新式教育，投入社会的各行各业，甚至逐渐参与到革命、立宪等重大政治活动中去。以夫为妻纲为核心内容的男尊女卑支撑起的帝制中国法制，在此种变动的社会情势中，已经越来越不合时事之宜，对之进行根本性的改弦更张，将是一水到渠成之事。

（五）从朝贡体制到弱国外交

帝制中国是一个天下国家，不存在近代意义上平等国家间的外交关系。帝制中国以儒家思想为指导，逐渐形成了独具特色的朝贡体制，来处理对外事务。"朝贡体制"系建立于"天下国家"这一理念基础上。该理念认为，中原王朝是世界和人类的中心，因接受了圣人之道而文明程度最高，四周是随着与中原王朝距离远近之差异则为文明程度逐次降低的蛮夷。凡人迹所至、日月所临，无不属于"天下国家"之范围。相应地"朝贡体制"就是处理中原王朝与四周夷狄关系之制度设施。它具有下述特征：中原超越四周夷狄是因以儒家为核心内容的礼乐文明及其所体现的生活方式，绝对不是靠武力让其臣服；夷狄臣服于中原"天朝"，是要接受礼乐文明的教化，天朝的"天子"是全人类及其至高无上礼乐文明的代表，夷狄必须倾心向化，参加按期举行的朝贡仪式，证明他们绝对承认"天子"的至高无上权威。在"朝贡体制"下，中国从朝贡国的朝贡行为中获得"万国来朝"、"天下共主"的荣誉，提升其作为"天朝"的威望；同时中国也可用朝贡国作屏障，实行"天子守在四夷"之战略。朝贡国一则可从天朝获得权力正当性的支持；二则在遇到别国侵略时，可获得天朝的军事保护和援助；三则可在朝贡贸易中获得实际利益。

鸦片战争之后，清廷在与西洋列强的交往中很不情愿地放弃了固有的朝贡体制，被迫纳入条约体制。清末中外条约，几乎都是列强挟武力之威强迫清廷所订立，其内容皆不同程度损害了中国主权。故晚清条约体制是西方列强对外扩张的产物，是中国蒙受屈辱的标记。不平等条约对国家主权损害严重，极大刺激了朝野寻找变革之路。作为近代外交格局中的弱国，清廷一些开明官员开始认识到国际法的重要性，力图从中获得有利于自己的知识根据，拿它来跟列强"讲道理"。既然要用到国际法，国内法必定也受影响，长期不变，势必凿枘不投。

虽然国族危机空前，但否极泰来，伴随着每一次中外战争，中西文化冲突愈演愈烈，相应地中国开放程度一步步加深，中国人对西方文化的认识不断加深，中国开始了学习西方、寻找自身出路的近代化历程。中国人渐渐发展出民族（凡不是中国人都没有权来管中国的事）和民主（凡是中国人都有权来管中国的事）之精神。[1]

总之，清王朝在其极盛而衰之际不幸遭遇西方列强，历史进入千年未有之变局——作为社会根基的家族制度受到严重冲击；社会结构、经济结构都发生了巨变；女性地位获得提升；对外交往中，朝贡体制下的天朝上国沦为国际关系中的弱者。在这个"历史三峡"之中，穷则思变，一变百变，一转百转，法制亦要随之转型。

二、清末法制改革的外因

领事裁判权指的是外国人进入他国，无论是发生民事还是刑事案件，都不受所在国的司法裁判，而由其本国驻所在国领事审判。该外国所获得的这种司法特权，被称为领事裁判权。1843 年，清廷与英国签订《议定五口通商章程》，其中第十三款为"英人华民交涉词讼"，规定了英国人在华享有领事裁判权。后

---

〔1〕　梁启超：《饮冰室文集》（第五册），吴松等点校，云南教育出版社 2001 年版，第 3249－3250 页。

来在清廷与列强订立的不平等条约中，关于领事裁判权的规定范围有所扩大，内容也更为具体。列强纷纷援引"最惠国待遇"条款，在华享有领事裁判权的国家最终达十九国。随着列强在华领事裁判权的扩大，他们还要求清廷在上海公共租界设立会审公廨。该公廨从法律上看是中国官厅，但因领事的会审或观审，中国主审官员难以正常行使审判权力。

　　领事裁判权确立之初，清廷并不了解它对中国司法主权损失之大，反而认为有许多便利，中外人民各按本国法律管理，不失为一公道办法，只要列强不庇护汉奸即可让他们非常满意。及至中外交往日繁，教案层出不穷，因租界和领事裁判权的存在，清廷不能将那些反朝廷的案犯绳之以法，才感觉事态严重，深刻认识到领事裁判权妨碍其处理教案和镇压反对派，迫切希望收回司法主权。清廷曾于1900年试图利用民众力量以武力收回领事裁判权，惨败之后只得寄希望于和平谈判一途。领事裁判权明显不符合国家主权平等、互惠等国际法准则，但列强认为清朝的法律和司法太过野蛮，不合其文明标准，故继续坚持领事裁判权有其必要，除非清朝按其要求改革法制和司法。如此一来，清廷不得不徇列强之要求，舍己从人来变法改制。

　　1899年，日本政府经过将近三十年的努力，终于以和平方式成功地收回了领事裁判权。值此前后，英国政府首先向中国表达了鼓励改良法律和司法的意见。1902年9月，清廷与英国签订《中英续订通商航海条约》，第十二款规定："中国深欲整顿本国律例，以期与各西国律例改同一律。英国允愿尽力协助，以成此举。一俟查悉中国律例情形及其审断办法及一切相关事宜皆臻妥善，英国即允弃其治外法权。"[1] 不久，美国和日本在与清政府的续订商约中都有类似条款。希望废除领事裁判权，收回司法主权，构成了晚清法制变革的外因。

　　及至庚子国变，清廷遭遇空前重创，慈禧在逃难西安期间，即以光绪名义下达关于"变法"的谕旨，规定除三纲五常之外，其他具体制度皆可兴革，其目标是要取外国之长，补中国之短。据此，两江总督刘坤一和湖广总督张之洞联衔上《江楚会奏变法三折》，提出整顿中法、采用西法之举措。清末法制改革正式展开。

第二节　清末法律改革

一、预备立宪

　　近代中国政法领域的核心问题是如何实行立宪。它发轫于晚清君主预备立

---

[1]　王铁崖编：《中外旧约章汇编》（第二册），三联书店1957年版，第109页。

宪，清廷灭亡后进入共和立宪阶段。清末法律改革，最重要者即是预备立宪。

近代社会开端之际，即有思想家开始向国人介绍西方宪法学说。戊戌以前，宪法思想虽为朝野部分士大夫所留意，但尚未成为主流。到戊戌变法时期，受甲午战败和列强瓜分狂潮之刺激，君主立宪运动已从"坐而言"发展到"起而行"，正式登上政治前台。戊戌维新短短百日即以失败告终，但它广泛传播了君主立宪思想，只是现今民智未开，防止操之过急，才未在变法中实施，君主立宪终归是中国改革之目标。戊戌政变后，以康、梁为首的维新人士流亡海外，开阔了视野，丰富了知识，对宪法的认识突飞猛进，为清末预备立宪储备了知识和人才。

庚子国变，清廷创巨深痛，决意推行新政。"新政"之初，尽管有《江楚会奏变法三折》作为改革蓝图，但政治改革究应走向何方，是在传统体制内进行修补维护还是彻底改弦更张，朝野尚无明朗共识。1904－1905年爆发了日俄战争，时人对战争胜负关系的解读提供了君主立宪方案，"于是反对变法立宪的人也没得话说了。俄国的人民也暴动起来了，俄国的政府也有立宪的表示了，中国还可独居为专制国么？"[1] 1905年，朝廷派了五大臣出洋考察立宪。考察归来，载泽上《奏请宣布立宪密折》，盛赞君主立宪，认为抽象而言"宪法之行，利于国，利于民，而最不利于官"，对于当前局势来说，其好处大致有三，即皇位永固、外患渐轻、内乱可弭，且还能平满汉畛域，须宣布立宪；鉴于人民程度不足，建议朝廷先预备立宪。1906年9月1日，清廷宣布今后将切实预备立宪。1908年8月27日，《钦定逐年筹备事宜清单》颁布，规定预备立宪期为九年。为推动预备立宪之进行，清廷设立了直属军机处的"宪政编查馆"，专门负责立宪预备的编制、调查和审查。

在筹备期内，先要改革官制。官制改革分中央和地方两块。1906年11月6日清廷发布上谕，确认中央官制改革的结果：内阁、军机处照旧，各部尚书均充参预政务大臣；外务部、吏部仍旧，巡警部改为民政部，户部改为度支部，太常、光禄和鸿胪三寺并入礼部，学部仍旧，兵部改为陆军部，以练兵处、太仆寺并入；应行设立海军部和军谘府，未设之前暂归陆军部办理；刑部改为法部，任司法行政；大理寺改为大理院，掌司法审判；工部并入商部，为农工商部；新设邮传部，负责轮船、铁路、电线和邮政；理藩院改为理藩部；都察院照旧；新设资政院和审计院。1907年6月，清廷公布了地方官制改革方案，规定：陆军部直接委派督练公所军事参议官，以收回督抚之军权；度支部派出清理财政监督官，以收回督抚的财权；改各省按察使为提法使，负责地方司法行

---

〔1〕 李剑农：《中国近百年政治史》，复旦大学出版社2002年版，第208页。

政；在各省城商埠设立各级审判厅，负责司法审判；裁撤分守道和分巡道，增设巡警道和劝业道。清廷官制改革扩大和完善了国家职能，是预备立宪的前提。但与此同时，官制改革也强化了满洲亲贵的中央集权，使督抚对清廷的离心力加大，满汉矛盾趋于尖锐，从而加速了清廷灭亡。

清廷既宣布预备立宪，就要着手筹建作为预备国会的资政院。1907 年 10 月，朝廷下令设立资政院，任命溥伦和孙家鼐为总裁，要求他们会同军机大臣一起拟定《资政院院章》。1909 年，《资政院院章》得到批准颁布，它确定资政院由钦选和民选议员各一百人组成，由三十岁以上的男性选充。钦选议员包括宗室王公世爵、满汉世爵、外藩王公世爵、宗室觉罗、各部院衙门官、硕学通儒和纳税多额者等七类，民选议员由各省谘议局议员互选产生。资政院应行议决事件有：国家岁出入预决算事件、税法及公债事件、新定法典及修改事件（宪法除外）和其他奉特旨交议事件。从文字规定来看，资政院只是一个博采舆论的咨询机构，与立宪国家的国会职能相距甚远。1910 年 9 月，资政院正式召集议员，10 月初，举行了隆重的开院典礼，随后正式召开了为期一百天的第一次常年会。次年，资政院又召开了第二次常年会，此时武昌起义已经爆发，因政局混乱，会议受到很大冲击，撑持到 1912 年 1 月即宣布自我解散。就这样，资政院随着清廷的覆亡和君主预备立宪的失败退出了历史舞台。

资政院是立宪派极力推动君主预备立宪的最高峰，对中国近代社会从专制到立宪的政治转型，有诸多开创性贡献：它是我国第一个具有国会性质的机构；它有占议员总数一半的民选议员，开民意代表参与中央政治之先河；资政院第一次常年会发动的弹劾军机案，是民意机关首次弹劾政府要求政府负责任的行动；资政院议决的宣统三年预算案，是民意机关对整个国家财政收支主动进行监督和审核，在我国历史上乃首次；资政院议决的新刑律"总则"部分，是民意代表参与议决的第一部基本法典；资政院的会议程序，采取公开平等辩论、一人一票和多数决的方式，第一次正面冲击了我国数千年来少数人、甚至一个人决策的专制传统，为我国以民主方式制定法律和决定国家大政之滥觞；资政院所议决的《十九信条》，是民意机关通过的第一部宪法性文件；资政院选举袁世凯为内阁总理，催生了我国第一个合法责任内阁。尽管如此，资政院在开会时也暴露出一些问题，如有议员自信真理在握，超越规则行事，凸显了立法人员欠缺守法精神这一面。

朝廷对预备立宪，尤其是开设资政院，本就有极严重的疑惧心理：因立宪必注重民权，与传统政治强调君权神圣不同，君权与民权本质上是此消彼长的矛盾关系；在晚清满汉矛盾有激化趋势，要维持满族特权必赖君权，而不能寄望于民权。资政院未开院之前，迫于国内外舆论压力，朝廷为了体面，还有尝试的勇气和信心。及至开院之后，很多议员，终于找到了一合法舞台，以国民代表自任，大力推进君宪。资政院第一次常年会因弹劾军机、要求朝廷速开国会、废除党禁等行为，导致朝廷和军机大臣对资政院极端不信任甚至很是厌恶。朝廷坚信，只有将政权掌握在自己人手里才可靠，于是有皇族内阁的出台。朝廷以这种深恐大权旁落而集权于皇族亲贵的做法来搞君宪，自然使议员们大失所望，反证了革命派主张（朝廷不可能真正预备立宪）具有先见之明，一些激进立宪派人士转而同情甚至加入革命阵营，与革命派合力促成了中华民国之创建。

在清廷的预备立宪方案中，除了资政院之外，还要设立各省谘议局，共同构成将来议会政治之基础。谘议局是预备立宪期间，各省在省会设立采择舆论、筹划地方治安的专门机构。1908 年 7 月，朝廷批准《谘议局章程》，并要求各省督抚在一年内将谘议局筹设完毕。到 1909 年，全国二十二行省除新疆暂缓办理外，共设置了 21 个谘议局。各省谘议局议员人数，大致根据各省在原先科举制下省学学额的 5% 这一标准确定，人数少的在 30 人左右，人数多的在 100 人上下。按照《谘议局章程》之规定，谘议局是为督抚提供相关意见的舆论机构，督抚可否决其意见，没有如现代地方议会的立法权。实际上，谘议局议员们一般都是地方领袖，在获取这身份后，更积极参与地方政事。因其多为士绅，督抚一般会重视其意见，朝廷后来亦认可谘议局的影响力。在谘议局成立之前，立宪派人士虽有各种自发性支持立宪的组织，如预备立宪公会等，但组织较松散，甚至常被查禁。谘议局成立后，立宪派有了合法行动机构，资政院也有了稳固的地方支持。谘议局议员不仅对晚清立宪运动产生了很大的推动作用，随着他们对清廷预备立宪的失望，其中很多人还转而支持革命。在四川保路运动和随后的辛亥革命中，各省谘议局成为重要助力，在民国初年促进了地方议会的成立。

立宪必有宪法，清廷既已宣布预备立宪，理应有个宪法纲要，向臣民公示立宪预备之准则，到将来正式君主立宪之时，再颁布宪法。1908 年 8 月 27 日，宪政编查馆与资政院会奏《宪法大纲》，经朝廷批准颁布，史称《钦定宪法大纲》。它由正文"君上大权" 14 条和附录"臣民权利义务" 9 条两部分组成。"君上大权"部分首先规定："皇帝统治大清帝国，万世一系，永永尊戴。君上神圣尊严，不可侵犯"。本着这一精神，赋予了皇帝颁布法律、发交议案、召集或解散议院、设官制禄、黜陟百司、统率军队、宣战议和、订立条约、派遣使臣、宣布紧急戒严、爵赏恩赦以及司法审判等大权。"臣民权利义务"部分规定臣民得为文武官吏及议员；于法律范围内有言论、著作、出版、集会与结社等自由；非照法律所定，不加以逮捕、监禁、处罚；可请法官审判其呈诉之案件；

第十四章

应专受审判衙门之审判；财产及居住受保护；按法律所定，有纳税、当兵和遵守国家法律的义务。《钦定宪法大纲》基本上以 1889 年《大日本帝国宪法》第一章"天皇"和第二章"臣民权利义务"为蓝本。但后者是正式宪法，还有国会、内阁、司法和会计等章节，对天皇权力有所约束。尽管条文看似差不多，前者因为是大纲，没能规定其他方面，故大清皇帝的权力比日本天皇还要大。该大纲一公布，即在朝野引发不满，打击了立宪派的积极性。但它确认臣民有其权利，皇权不再无限，这在中国历史上是破天荒的；它肯定君主也要遵守宪法，标志着宪法至上地位的确立，一反以前王在法上的君主专制理论。从这个意义上来说，《钦定宪法大纲》的颁布，是中国法制史上一个具有划时代意义的大事件。

1910 年，立宪派组织了规模浩大的"速开国会"请愿运动，清廷迫于内外压力，将预备立宪期由九年缩短为五年，但这仍不能满足朝野对立宪的强烈热望。武昌起义爆发，星火燎原。面对巨大压力，清廷令正在召开第二次常年会的资政院迅速草拟宪法。资政院在危局下仓促制定了《宪法重大信条十九条》（简称《十九信条》），朝廷于 1911 年 11 月 3 日将之正式颁布。《十九信条》不再是宪法大纲，而是临时宪法。它采行虚君共和的君主立宪体制，规定皇帝权力限于宪法所规定；宪法由资政院起草议决，皇帝颁布；宪法改正提案权属于国会；总理大臣由国会公举、皇帝任命，其他国务大臣由总理大臣推、皇帝任命，皇族不得为总理大臣及其他国务大臣并各省行政长官；内阁对国会负责；军队对内使用时应依国会议决之特别条件；不得以命令代法律；预决算由国会审核批准等。根据《十九信条》，资政院代行国会权力，于 11 月 8 日选举袁世凯为内阁总理大臣。尽管从内容上看，《十九信条》已完全达到君主立宪的要求，但它是清廷在兵临城下、摇摇欲坠之际被迫承认以收揽民心的法案，因此不可能单凭这一纸文书而挽救清廷命运。随着南北议和顺利进行，1912 年 2 月 12 日，隆裕太后被迫发布逊位诏书，宣布清帝退位，近代中国的君主预备立宪也就此告终，从而步入"民主共和"阶段。

二、刑事法律变革

清末法制变革在刑事法领域取得了重大的成绩，主要表现在两部法律的出台，即《大清现行刑律》和《钦定大清刑律》（通称《大清新刑律》）。

先来看《大清现行刑律》。降及清末，《大清律例》年久失修，很多条文已不适应当时社会。沈家本主持清末变法修律，有鉴于此，集中精力对《大清律例》进行修改、修并、续纂和删除等工作，其成果就是《大清现行刑律》。

沈家本等修律人员根据"总目宜删除"、"刑名宜厘正"、"新章宜节取"和"例文宜简易"的原则进行修订。修订完成后的《大清现行刑律》，与原有的

《大清律例》相比，在体例上删除了六部总目；在刑制上将原先的笞、杖、徒、流、死五刑以及发遣、充军等刑名，改为罚金、徒刑、流刑、遣刑和死刑五种，死刑简化为斩绞两种，废除凌迟、枭首、戮尸、刺字、缘坐等酷刑；在体系上区分民事和刑事，把《大清律例》中有关继承、分家析产、婚姻、典卖田宅、钱债等纯属民事的法律单独析出，不再科刑；在内容上删除与新政不符或已解禁的条例，如禁止民间出海、禁止民间开矿等，同时根据新情况，增设若干新罪名，如毁坏铁路、电线杆等。《大清现行刑律》于1910年公布，分30编414条，附有条例1066条。卷首除奏疏外，有律目、服制图、服制，正文后附有《禁烟条例》12条和《秋审条例》165条。作为正式立宪时推行新律之基础，《大清现行刑律》在预备立宪这个过渡期适用，也即是说，它是清末实际有效的刑事法典。

为了在刑法方面模范列强以收回领事裁判权，适应未来正式立宪的需要，沈家本主持的修订法律馆自成立以后不久即开始制定新的刑律草案。1906年秋，聘日本人冈田朝太郎起草新刑律，1907年8月完稿，由修订法律馆上奏。自此，围绕新刑律草案，朝野展开了长达六七年之久的激烈争论，成为礼法之争的主要内容。1911年1月，清廷上谕裁可公布，是为新刑律之定本，被称为《钦定大清刑律》。

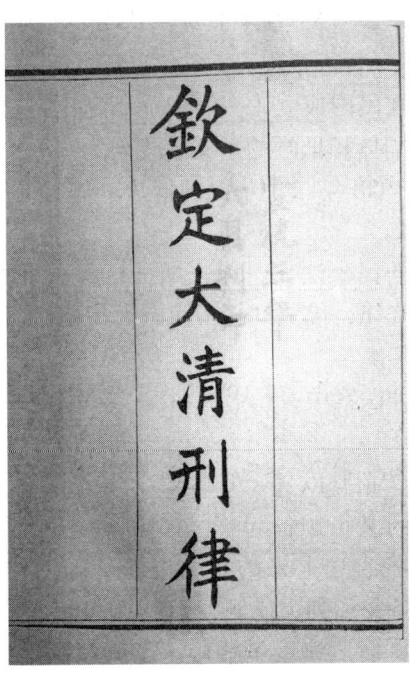

图18 《钦定大清刑律》

该刑律在体例上摒弃诸法合体传统，采用西方各法分立而专注重于刑事，分总则、分则两部分，总则为全编之纲领，分则为各项之事例。该律综合中西之异同、考较新旧之短长，有下述重大特点：①更定刑名。改传统笞、杖、徒、流、死五刑为死刑、徒刑（有期、无期）、拘留、罚金。②酌减死罪。《大清律例》死刑条目在中国历代中偏多，比之列强尤多，但实际上，死刑案件经过会审、秋审之后，真正执行的并不多，很多死刑条款都属虚拟死罪。与其因死刑条款多而背重刑残酷之恶名，不如循名责实，参照唐律和各国通例，酌减死罪条目。③死刑惟一。旧律死刑分斩、绞，斩因身首分离，较之绞为重。刑罚至死而极，不宜再有轻重之别，故改死刑一律用绞，于特定场所秘密执行。④删除比附，引进罪刑法定制度。"比附援引"指的是当律无正条，由审判官斟酌选择与本案最相近似的法条予以定罪科刑。在传统法体系中，该制度对缓解律法的过度确定性、防止司法官滥用裁量权发挥了作用，但从西方刑法的视角看来，无异于立法的延长，是类推在刑法领域的适用，与罪刑法定原则直接冲突。修律者着眼于近代刑法的保障功能，坚决主张删除比附援引制度，确立新的罪刑法定原则。⑤惩治教育。罪责与行为人的年龄密切相关，刑罚为最后之制裁，不到刑事责任年龄的少年行为人是教育主体而非刑罚主体。《钦定大清刑律》第11条规定："未满十二岁人之行为不为罪，但因其情节，得施以感化教育。"

《钦定大清刑律》分2编53章411条，其中"总则"编17章88条，"分则"编36章323条，附《暂行章程》5条。清廷本计划在正式立宪后施行该律，故至清亡终未生效。降及民国成立，一时未能制定出自己的刑法典，《钦定大清刑法》在删除了与民国国体相抵触的条文后改名为《暂行新刑律》，作为民国时期的刑事基本法，直到1928年《中华民国刑法》施行才失效。

三、民商事法律变革

传统中国没有专门的民事法典，因长期推行重农抑商政策，商事法律制度亦多所欠缺。晚清变法修律，模范列强，而有大规模民商事法制之创建。

（一）《大清民律》草案

在清末所拟定的各种法案中，《大清民律》草案特别重要，是我国历史上第一部民法草案。

1907年，修订法律馆招聘欧美、日本留学生入馆参与法律修订工作。随后聘请日本大审院判事松冈义正预备起草民律草案，并选派馆员分赴各省调查民俗习惯。在调查资料和各省送上来的相关报告基础上，修订法律馆参照德国、瑞士和日本等国的立法条文和判决成例，于1910年冬，撰写出草案。1911年10月，由修律大臣俞廉三将前三编奏呈清廷。亲属和继承后两编，因其内容与礼教关系密切，在礼法之争的压力之下，朝廷曾多次谕令修订法律馆会同礼学馆订立。但因内阁改制，礼学馆不久即不复存在，故后两编大致还是修订法律馆原案。

《大清民律》草案遵循了四个原则：①注重世界最普通之法则；②原本后出最精之法理；③求最适于中国民情之法则；④期于改进上最有利益之法则。该草案借鉴了日本明治民法典，分总则、债权、物权、亲属和继承五编，共1569 条。

《大清民律》草案直接采用了欧陆法的立法模式，分五编，其中总则、债权和物权这前三编主要是规范人们最基本的财产关系，故被合称为财产法；亲属和继承编则主要规范身份关系，被称为身份法。

在财产法部分，以继受德、日、瑞士民法为多，大多采用当时通行的制度或各国新制度。前者如买卖、时效、利率等，后者如法人、公同共有、土地债务等。虽然这对中国民法与国际接轨，也就是民法的近代化有极大帮助，但美中不足的是，照章抄录外国条文的做法导致这些条文与中国社会实际情形不完全适应，难以规范中国人的生活世界。比如，它规定了不动产质权，却没有留意中国固有且广泛存在的典权；又如，尽管它有法人和公同共有等新制度，但像祭田义庄那样的家族财产到底是法人财产还是共同共有物，实在不易确定。

在身份法部分，不像财产法那样多以西方民法为依据，虽采用新的立法体系，但也充分考虑中国固有的礼教民情风俗。立法时，或本诸经义或参照道德，希望能维持天理民彝。比如亲属法的亲属范围以宗亲为核心、外及妻亲和旁亲，这就与中国固有的宗法相吻合；家长制度规定家长为一家中最尊长者为之，家政统于家长；亲等制度采寺院计算法而非盛行的罗马计算法，这样就与原有的服制图亲等计算更接近。综合来看，身份法的固有法色彩极为浓厚。

可见，清末民事立法在大方向上模仿西方，具体而言，则实际上采纳了财产法与身份法侧重不同的民事法律变革双轨制。民事立法的起草者，在财产法方面，更"注重世界最普通之法则，原本后出最精之法理"；在身份法领域，重点在"求最适于中国民情之法则，期于改进上最有利益之法则"。

该草案在清末都未能修订完善，也就没能提交到资政院议决，更没有颁布实施。进入民国后，临时大总统袁世凯提请参议院将清末各项法律草案暂时加以援用，但参议院没有通过援用《大清民律》草案的决议。故《大清民律》草案始终停留在草案层面，没有生效施行过，但其对中华民国的民事立法产生了重要的学术影响。

（二）商事法规

清末因应国家内外情势，制定了大量的商事法规，按照起草机关的不同，可分两大块：

一是 1903 － 1907 年间，由商部负责起草制定的，基本属于应急的商事法规。主要包括：1903 年奏准颁行的《钦定大清商律》（分《商人通例》9 条和《公司律》131 条这两种）、1904 年的《公司注册试办章程》和《商标注册试办章程》。商部还起草了《破产律》，脱稿后送给修订法律馆，与沈家本、伍廷芳等人共同商讨定稿，于 1906 年奏准颁行，共 69 条。

从 1908 年直至清亡，修订法律馆负责起草主要法典，单行法由各有关行政部院起草。1908 年，修订法律馆即聘请日本法学博士志田钾太郎起草《商律》。自 1909 年之后各篇陆续完成。这就是《大清商律草案》，分总则、商行为、公司律、票据法和海船律五编，共 1008 条。由于该草案依照宪政编查馆拟定之计划要到 1913 年颁布，1915 年才施行；而当时施行的《钦定大清商律》又太过简略，无法规范当时日趋活跃和复杂的工商业活动，于是农工商部于 1910 年提出《改定商律草案》，以取代《钦定大清商律》，作为过渡期间的商律。但还未议决，清廷即覆亡，因而被废弃。

四、司法制度与领事裁判权

（一）诉讼立法

沈家本等晚清修律者非常重视诉讼立法，因列强废除领事裁判权之约，有"查悉中国审断办法"之约束，朝廷修律谕旨亦有"按照交涉情形，参酌各国法律"之命令。1905 年，沈家本、伍廷芳上《议复江督等会奏恤刑狱折》，赞同有保留地废除刑讯。御史刘彭年上折反驳，认为外国之所以不用刑讯，是因其裁判、诉讼、警察等法制完备，而中国则各种规制不备，因此中国要禁止刑讯，必须等到裁判诉讼各法修订完成后。沈、伍撰文驳斥，认为废除刑讯不是完全采用西法，更是中国传统，且保留刑讯并不一定能起到提高诉讼效率之作用，同时建议清廷变更诉讼制度，使全国各级官府断案时有法可据，从而有助于收回领事裁判权，这就有了《大清刑事民事诉讼法》草案。在阐述该草案起草缘由时，他们认为："法律一道，因时制宜，大致以刑法为体，以诉讼法为用，体不全，无以标立法之宗旨；用不备，无以收行法之实功。二者相因，不容偏废。"[1]

该草案主要由伍廷芳执笔，分总纲、刑事规则、民事规则、刑事民事通用规则和中外交涉案件等五章，共二百六十条，附颁行例三条，于 1906 年完稿。伍廷芳是英国法学者，且曾为香港法官，故该法采英美法系传统，特别强调律师制、陪审制、公开审判制等英美审判制度。

草案上奏后，清廷将之发给部院督抚大臣签注。以湖广总督张之洞为首的

〔1〕《大清法规大全·法律部》卷一一。

部院督抚大臣认为该草案违背中国法律本旨，奏请废止。朝廷采纳了该建议，这一草案遂被搁置。《大清刑事民事诉讼法》草案是打破传统诸法合体立法例、按部门法分类的法典草案。至此，各种规范混同的法律编纂方式才发生根本性变革，开始尝试实体法和程序法分别立法。

清末关于诉讼立法的努力并未因此而终止。1907 年 12 月，沈家本奏呈《修订法律馆办事章程》，第 2 条规定，该馆分两科，其中第二科负责刑事诉讼律、民事诉讼律的调查起草工作。[1] 可见，此时已形成刑事诉讼律与民事诉讼律分别起草的新方针。

1909 年，《大清刑事诉讼律草案》起草完成，共分六编十四章五十五条，条文后还附有立法理由。同年底即奏呈朝廷，奏疏首先阐明刑事诉讼律的重要性，指出："诸律中，以刑事诉讼律尤为切要。西人有言曰：'刑律不善，不足以害良民；刑事诉讼律不备，即良民亦罹其害。'盖刑律为体，而刑诉为用，二者相为维系，固不容偏废也。"[2] 该草案采用各国通例，主要参考借鉴了日本 1890 年的《刑事诉讼法》，在八个方面弥补了传统中国法律之不足：①诉讼用告劾式而放弃原来的纠问式；②检察官提起公诉；③以自由心证、直接审理和言辞辩论三原则来摘发真实；④坚持原、被两方待遇平等；⑤审判公开；⑥当事人无处分权；⑦用干涉主义；⑧推行三审制度。按照 1910 年 12 月宪政编查馆修订的预备立宪事宜清单，刑事诉讼律应在宣统三年颁布，但资政院还来不及议决，朝廷还没能颁行，即因清亡而终止。到民国时期，大理院将其中的部分内容多以"诉讼法理"予以援引，对中国之后刑事诉讼法的制定提供了一些知识来源。

《大清民事诉讼律草案》由修律顾问松冈义正主持起草，历时三年编纂完成，亦于 1909 年底上奏清廷。该草案主要参考了 1890 年日本的《民事诉讼法》，分 4 编 21 章 800 条。该草案的最后命运与《大清刑事诉讼律草案》一样。尽管如此，它作为中国历史上第一部法典化的民事诉讼法草案，不仅改变了诉讼法附属于实体法的传统法律编纂体例，还改变了民事诉讼律附属于刑事诉讼律的格局，标志中国法典编纂逐步走向近代。

（二）司法机构改革

清末司法机构变革大致可分司法行政和司法审判两部分。因晚清已宣布预备立宪，既要预备立宪，则不能不按三权分立模式来改革相关机构。首席军机大臣庆亲王奕劻等在议定官制的奏折中讲："立宪国官制，不外立法、行政、司

---

〔1〕　《大清法规大全·吏政部》内官制二。
〔2〕　《大清刑事诉讼律草案》"卷前奏疏"，修订法律馆 1910 年铅印本。

法三权并峙，各有专属，相辅而行"，属"意美法良"。反之，若权限分划不清楚，则危害甚大："以行政官而兼有立法权，则必有藉行政之名义，创为不平之法律，而未协舆情。以行政官而兼有司法权，则必有循平时之爱憎，变更一定之法律，以意为出入。以司法官而兼有立法权，则必有谋听断之便利，制为严峻之法律，以肆行武健，举人民之生命权利，遂妨害于无穷。"[1]

本此原则，在清末改革中央官制时，清廷改刑部为法部，负责司法行政；改大理寺为大理院，为最高司法审判机关。在地方官制改革中，将各省提刑按察使司（臬司）改为提法司，负责一省司法行政；设立各级审判厅，负责各该辖区内司法审判事宜。下面重点介绍一下负责司法审判的大理院与各级审判厅。

1906 年 10 月，清廷发布中央官制改革谕旨，下令将大理寺改为大理院，专掌审判，以沈家本、刘若曾分任大理院正卿和少卿。同年 11 月，沈家本主持制定了《大理院审判编制法》并得到清廷认可。该法为筹设大理院提供了纲领性的法律规定，分总纲、大理院、京师高等审判厅、城内外地方审判厅和城谳局等 5 节 45 条。它明确了大理院作为最高审判机构的性质，肯定了司法独立原则，建立了四级三审制度。[2] 1909 年底，清廷还正式颁布了《法院编制法》16 章 164 条，正式确立了包括大理院、高等审判厅、地方审判厅和初级审判厅在内的四级三审制、审判独立、公开审判、检察官公诉、合议制等审判制度和原则。[3] 大理院作为中国历史上最早的最高法院，自成立到清亡解散，实际运作了 4 年左右的时间，期间面临与法部的权限争执，可用资源十分有限，环境非常不利，但大理院还是较出色完成了其最高审判职能，值得称道。

要与大理院配套，完成整个独立司法体系的设置，全国应遍设各级审判厅。因限于人力和财力，清廷决定分步骤设立。1906 年，袁世凯在天津府县试办各级审判厅。总结其经验，1907 年 12 月，清廷颁行了法部制定的《各级审判厅试办章程》5 章 120 条。它将案件明确分为刑事案件和民事案件，因诉讼而定罪之有无者为刑事案件，因诉讼而定理之曲直者为民事案件，各有其不同的审理程序；还详细规定了检察官制度。[4] 按照清廷预备立宪筹备清单，1910 年应完成设立各省省城商埠各级审判厅的工作，直省府厅州县城治各级审判厅限 1912 年底初具规模，故截止清亡，清廷在各省省城商埠基本设立了高等审判厅、地方审判厅和初级审判厅 170 多所，并进行了相应的案件审理工作。

新式审判机构的成立及其顺利运行离不开高素质的法官队伍。1906 年，在

---

〔1〕　故宫博物院明清档案部编：《清末筹备立宪档案史料》（上册），中华书局 1979 年版，第 463 页。
〔2〕　该法全文见《大清法规大全·法律部》卷一一。
〔3〕　该法全文见《大清法规大全·法律部》卷四。
〔4〕　该法全文见《大清法规大全·法律部》卷七。

沈家本等人的努力下，京师法律学堂开学；随后几年，京师和绝大多数省份都成立了法政学堂，培养了数量不菲的法政学生。因当时科举已废，国外的法官考试制度很契合中国国情，故清末确立了法官考试制度。1910 年，法部举办了第一次全国性的法官考试，共有 560 多人通过。由于当时需才孔亟，这些考试合格人员经过几个月的实习即可正式充任法官、检察官。他们中很多人后来成为民国法界之翘楚，推进了中国法制的近代化。

第三节　沈家本的法律思想和礼法之争

在清末，于法律上承先启后、媒介中西法律从而为中国法律的近代化奠定基础者，当首推法律改革的主持者沈家本。在制定新律的过程中爆发了礼法之争。

一、沈家本的法律思想

沈家本（1840－1913 年），字子惇，又作子敦，号寄簃。浙江归安人，清末著名的律学家和法学专家。同治三年（1864 年）进入刑部为官，次年考中举人，光绪九年（1883 年）进士，长期留任刑部。历充刑部直隶司主稿、陕西司

图 19　沈家本

主稿、奉天司主稿兼秋审处坐办、律例馆帮办提调、协理提调、管理提调等。光绪十九年（1893年）出任天津知府，后调任保定。因董福祥甘军过境捣毁保定北关外法国教堂，引起交涉，为此而被八国联军拘留四个多月，并险遭不测。1901至1911年，他历任清王朝刑部侍郎、修订法律大臣、大理院正卿、法部侍郎、管理京师法律学堂事务大臣、资政院副总裁、袁世凯内阁司法大臣等职，并担任北京法学会会长。在此期间，他主持变法修律，为中国法律近代化做了奠基性工作。

（一）治国强国的法律救国论

沈家本在法律改革中，对旧律进行了大刀阔斧的改造，同时又引进大量的西方法律，支配他行动的思想基础是"法律救国"论。

抵御、反抗外来侵略，救亡图存，是近代中国社会的主旋律。社会历史以及自身条件所赋予沈家本的是通过对旧法制的改造，使之适应变化了的新的世局，国家由此从弱变强，消除国耻，与世界先进国家齐头并进。沈家本是一个忧国忧民，具有民族自尊心和爱国心的传统开明官僚。神州陆沉的民族灾难，经常使他寝食不安。1860年，他刚二十岁，就在北京目睹英法联军火烧圆明园的暴行。他亲笔记录了侵略者的罪恶，并激起投笔从戎、请缨杀敌之念。四十年后，北京再次遭受侵略军的洗劫。其时他任保定知府，痛彻心骨。在侵略军占领保定以后，不但府署被抄，府库被劫，最后自身也未能幸免，被侵略者拘押，身陷囹圄数月并险遭不测。国家破亡的惨景、囚徒的耻辱都使他悲愤欲绝。

沈家本从青年时期即入刑部学律治律，对于律例的内容与实施，具有深厚渊博的知识。清朝同光之际，刑部治狱有声者并不乏人，特别是薛允升、赵舒翘这样的法律学家，旧律功底与沈家本一样深厚，他们之间的交谊亦非一般朋友可比。但沈家本早在任职刑部司员期间即注意、留心对外交涉。现存的沈家本《刑案汇览三编》，最后部分《中外交涉刑案》，是迄今所见19世纪绝无仅有的中外交涉案件汇编。这说明，沈家本比同时期的法学家更重视对中外交涉案件进行总结。这样做的目的是为以后的司法、立法积累资料，提供经验。他在治律中，比同时代法学家的视野要宽，考虑的问题要深。在研读旧律的同时，早就究心对外的法律问题。他的"法律救国"思想即种根于此。

奉命修律以后，这种思想就更明显了。沈家本非常称誉春秋时期郑国子产铸刑书"救世"之苦心，"国小邻强交有道，此人端为救时来"[1]。他效法子产，在"国弱邻强"的时代，负起修律救时之重任。由于沈家本的"法律救国"，以采用西法改造旧法为归依，故这时大量奏疏、论说、序跋等等，处处强

〔1〕　沈家本：《枕碧楼偶存稿》卷十一。

调取人之长，补己之短，采西法之善，去中法之弊，不厌其烦地反复阐述治理国家，必须使法律随乎世运递迁而损益变化的道理。西方通过革新法典，得以改革其政治，保安其人民而日益强盛；中国介于列强之间，迫于交通之势，更是万难守旧，不能不改。沈家本直至老病侵夺、卧床不起的弥留之际，仍念念不忘毕生之志，撰文祝愿"中国法学昌明，政治之改革，人民之治安，胥赖于是，必不让东西各国竞诩文明"[1] 字字句句，都渗透了这位法学先驱的报国之情和以法治国、以法强国的理想。沈家本一生不以利禄为念，为了中国的兴盛而致力于法律之学。为了救国治国，沈家本把一生精力和全部才智都倾注在融合中西法律之中。

（二）儒家仁政与人道主义思想

沈家本一生治律，兼治经史，融经史于律。其思想核心就是儒家的仁政和西方的人道主义。

"仁政"是儒家文化的重要政治内涵。孔子纳"仁"入"礼"，秦汉以后，历代统治者又一步步"纳礼入律"，传统法中的一系列宽刑、轻刑、省刑措施和思想家中的"德化"、"教化"等等，就是这种"仁政"学说的具体表现。沈家本对历代法制和皇权统治的裁定，莫不从"仁"字着墨，以"仁"为衡。法之善恶，人之仁暴，皆以"仁"为准"汉文除肉刑，千古之仁政也。"[2] "用法者得其人，法即严厉亦能施其仁于法之中；用法者失其人，法即宽平亦能逞其暴于法之外。"[3] 这种见解，既是他阅读经史的心得，也是他生平治狱的经验总结。

用儒家"仁政"评判历代法制、君主和执法者，并不是沈家本的目的，而是一种手段。他的目的是通过这种评判，论证必须以"仁"为标准，对旧律进行全面的审查，把"仁"作为改造旧律、制定新律的标准。

沈家本在继承儒家"仁政"思想以评判历代法制和指导修律的同时，已在一定程度上接受西方的"人道主义"思想，并同样以之评判历代法制和指导修律。在表达这种思想时，他没有直接运用"人道主义"一词，而是用西人批评中法之"不仁"这种曲折的方法，间接表达他的这种思想。如《删除律例内重法折》说："中国之重法，西人每訾为不仁。"这种出自外人之口的"仁"、"不仁"等，显然已非纯粹的儒家之"仁"，其实质乃是西方近代的"人道主义"。在废除奴婢制度问题上，他大声疾呼："现在欧美各国，均无买卖人口之事，系

---

〔1〕《沈寄簃先生遗书·寄簃文存八卷·法学会杂志序》，下引此书只注篇名。
〔2〕《汉律撫遗》卷一。
〔3〕《历代刑法考·刑制总考》卷四。

用尊重人格之主义，其法实可采取。"从这种立场出发，他痛恨把人当非人看待，反对把人比作畜产或禽兽，"奴亦人也，岂容任意残害？生命固应重，人格尤宜尊。正未可因仍故习，等人类于畜产也。"[1] 人就是人，把人当作禽兽，正是西方人道主义所极力反对的兽道主义。

权利观念，是近代西方人道主义的法律用语。在沈家本的著述中，阐述西法权利观念的文字并不多，而且还没有专门的文章。但是，只要对他主持制定的新律稍做分析，即可发现里面到处体现着这种观念。在他看来，新律，特别是民商各律，其意即在"区别凡人之权利义务而尽纳于轨物之中"。因此，从制定《刑事民事诉讼律》采用"律师制"、"陪审制"、"公开审判制"，到制定《大清民事诉讼律草案》以"保护私权"作为司法要义，举凡西方法中有关保护个人权利的内容，大都被他所引进。

（三）酌古准今，融会中西

沈家本辗转清朝官场近半个世纪，虽然早年即"以律鸣于时"，但是他一生最大的业绩、最为世人所称道者，实为晚年担任清王朝的修订法律大臣，主持法律改革的最后十年。"百熙管学务，家本修法律，并邀时誉"[2]，在中西学说互为水火的 20 世纪初年，法律能与学务并列而独邀时誉，显然与主持修律者个人的识见，能较好地处理中西制度的矛盾和冲突，使新旧双方都能大体上接受新制度有着密切的关系。

对新学、旧学（或西学中学），沈家本有一个总体认识，即新旧各有其是，学者不应用新旧之名而立门户。他反对新旧互相倾轧，并认定在挽救国家危亡的总目标下，新旧界线必将自行融化。"旧有旧之是，新有新之是，究其真是，何旧何新？守旧者思以学济天下之变，非得真是，变安能济也？图新者思以学定天下之局，非得真是，局莫可定也。世运推演，真是必出。"[3] 在法学领域里，他虽赞誉西方法律法治，但也反对无视中华法系全部抛弃传统的主张。"今者法治之说，洋溢乎四表，方兴未艾……夫吾国旧学，自成法系，精微之处，仁至义尽，新学要旨，已在包涵之内，乌可弁髦等视，不复研求。新学往往从旧学推演而出，事变愈多，法理愈密，然大要总不外情理二字。无论旧学新学，不能舍情理而别为法也……正未可持门户之见也。"[4] 通过考订研求，比较对照中西法律，沈家本得出结论说：中西法律，"同异参半"[5]。但是，旧律毕竟

〔1〕《寄簃文存》卷一"删除奴婢律例议"。
〔2〕《清史稿》卷四四三。百熙指张百熙，时为学务大臣。
〔3〕《枕碧楼偶存稿》卷五"浙江留京同学录序"。
〔4〕《寄簃文存》卷六"法学名著序"。
〔5〕《寄簃文存》卷六"大清律例讲义序"。

适应不了新的时局，沈家本在强调继承传统的同时，把目光转向西方，研读西方法律和法学著作，深明西法优于中法之处，更力主博采西法以补中法，使新法适应时局发展之需要。

沈家本称誉西法西学，经常溢于言表："近今泰西政事，纯以法治，三权分立，互相维持。其学说之嬗衍，推明法理，专而能精。流风余韵，东渐三岛，何其盛也。"[1] 论西法刑民诉讼之优则曰："泰西各国诉讼之法，均系另辑专书，复析为民事、刑事二项……以故断弊之制秩序井然，平理之功如执符契。"[2] 西方国家强盛，与其法制先进息息相关。由于推誉西法西学，他便十分热心地向国人推荐西方译作，并为不少译作撰写序言，冀期广为流传。另一方面，为使新修法律能真正采用西方的良规新说，他对西法西学的翻译极为重视。正由于他对西法西学有极深的见识，他对西法的评价往往一语中的。如论先秦法治与西方法治的异同云："申韩之学，以刻核为宗旨，恃威相劫，实专制之尤。泰西之学，以保护治安为宗旨，人人有自由之便利，仍人人不得稍越法律之范围。二者相衡，判然各别。"[3] 其见解之精到，显非那些亦步亦趋，借谈西法以炫世取禄者可企及。

但是，沈家本毕竟是传统官僚，他采取西法的目的是为了寻求新的"治道"，再加上自身的旧学根底使他无法完全摆脱传统法文化对他的影响和束缚，精博的中西法律知识以及守旧官僚的阻挠、朝廷的压力，种种内外因素，决定了他在修律中要经常采用近代思想家曾经使用过的"托古改制"方法。他不会也不可能使中国法律全部西化，只能是新旧兼收，中西并蓄，为我所用。会通中西，是旧法不适用，西法又不能全部取代旧法的必然结果。通过会通中西，使中国法律走出传统窠臼。

（四）中西法律的融会点——法理

如何融会中西，他把中西两种异质法律的融会点选在"法理"上。"法理"一词，大约在我国古代东汉即已出现，基本上与"法律"同义。近代意义上的"法理"随西学东渐进入中国。早在刑部司员任内，沈家本即提出适用法律必须精思其"理"的论断。他在为重刻《唐律疏议》而作的序中，开篇就提出，法律"根极于天理民彝，称量于人情世故，非穷理无以察情伪之端，非清心无以袪意见之妄"，"是今之君子，所当深求其源，而精思其理矣"。这里所说的"理"，虽然还不是近代西方法学意义上的"法理"，但显然也不是与法律同义的

〔1〕《寄簃文存》卷六"法学名著序"。
〔2〕《寄簃文存》卷六"进呈诉讼法拟请先行试办折"。
〔3〕《寄簃文存》卷六"法学名著序"。

古代"法理"。这个"理"当指中国古代法律所含的原理，包括天理民彝，也包括人情世故。

"法理"一词，较早见于《刑案汇览三编》序中，他针对戊戌变法前后出现的新旧学说之争，发出如下议论："顾或者曰：今日法理之学，日有新发明，穷变通久，气运将至，此编虽详备，陈迹耳，故纸耳。余谓：理固有日新之机，然新理者，学士之论说也。若人之情伪，五洲攸殊，有非学士之所能尽发其覆者。故就前人之成说而推阐之，就旧日之案情而比附之，大可与新学说互相发明。"在这里，他不但使用了"法理"概念，而且还对新旧（或中西）学说的相互关系、各自的长短做了初步论说。沈家本认为，中西法律法学都有各自的法理。双方法理尽管不完全相同，但总逃不出"情理"二字。用"情理"概括法理，并由此入手，贯通中西法学，则是他的独到之处。《论杀死奸夫》是沈家本在修律过程中与礼教派相互辩难之作，他运用"法理"，就本夫有无权利杀死奸夫奸妇的问题进行了系统的论证。

在沈家本的思想中，中外法律虽然各有自己的法理，但是，法理之大要——"情理"是相通的。融会贯通中外法学，就是要取中外法律中合于"情理"者，而舍其悖于"情理"者。合于"情理"者为善法、良法，悖于"情理"者为恶法、非法之法。

二、礼法之争

在清末法制变革过程中，爆发了激烈的礼法之争。"礼"指礼教，"法"指法理。传统法律中的礼教，是法典化了的纲常名教；法理是西方法学的用语（中国古代法学中，这个词基本与"法律"同义），清末输入中国，即被中国法律学者所采用，意为"法律之原理"。[1] 当时有人称礼教派为家族主义派、国情派，称法理派为国家主义派、反国情派。又因法派首领为沈家本，故又有沈派和反沈派之说。

以时间及争论的内容、方式划分，礼法之争可分四阶段。

第一阶段：光绪三十二年（1906年），修订法律大臣沈家本、伍廷芳等主张"模范列强"，学习西方，制定《刑事民事诉讼律》草案。因采用了西方的律师制度和陪审制度，故该草案遭到以湖广总督张之洞为首的礼教派的反对。清廷接受了张之洞等人的意见，《刑事民事诉讼法》草案被废止。

第二阶段：沈家本等分别于1907年9月和1908年1月先后奏上《大清刑律草案》及其案语。其修订宗旨是"折衷各国大同之良规，兼采近世最新之学

第十四章

_____

〔1〕　沈家本：《历代刑法考》（第四册），邓经元等点校，中华书局1985年版，第2085页。

说"，也注意使之"不戾乎我国历世相沿之礼教民情"，〔1〕就是说，是以西方法律的原理原则为主制定新的刑律。这种指导思想遭到礼教派反对。清廷据学部及各大臣的意见，于1909年2月发布了关于修订刑律的上谕，指出："刑法之源，本乎礼教，中外各国礼教不同，故刑法亦因之而异。中国素重纲常……实为数千年相传之国粹，立国之大本。今寰海大通，国际每多交涉，固不宜墨守故常，致失通变宜民之意，但只可采彼所长，益我所短。凡我旧律义关伦常诸条，不可率行变革，庶以维天理民彝于不敝。"〔2〕

清廷随即将学部及部院督抚大臣的签注，连同《新刑律草案》发交修订法律馆和法部进行修改。修订法律馆按照谕旨的要求，对于有关伦纪各条皆加重一等，修改后送交法部。法部尚书廷杰坚持为维护纲纪，必须永远尊奉名教，遂在正文后加上《附则》五条，明确规定：《大清律》中的十恶、亲属容隐、干名犯义、存留养亲以及亲属相奸、亲属相盗、亲属相殴并发塚、犯奸各条，均有关于伦纪礼教，中国人犯以上各罪，仍照旧律办法惩处。危害乘舆、内乱、外患及对于尊亲属有犯应处死刑者，仍用斩刑；卑幼对尊亲属不能使用正当防卫之法。该附则实际上大部否定了正文的条款。这次修改案，定名为《修正刑律草案》，1909年由廷杰、沈家本联名上奏。

第三阶段：清廷于1910年将《修正刑律草案》交宪政编查馆核订，宪政编查馆参议劳乃宣以草案正文背弃礼教、《附则》规定旧律礼教条文另辑单行法适用中国人乃本末倒置为由，向宪政编查馆上《修正刑律草案说帖》，并将该说帖广泛散布，要求把旧律有关伦纪礼教各条，直接修入刑律正文。〔3〕沈家本、协助修律的冈田朝太郎、松冈义正及宪政编查馆、修订法律馆诸人则予以反驳。礼法双方就刑律的具体条文，以文字互相辩难。最后，宪政编查馆基本未采纳以劳乃宣为首的礼派意见，仅做了一些调和。《修正刑律草案》经核订，成为《大清新刑律》，《附则》改为《暂行章程》。上奏后，交资政院议决。

第四阶段：资政院作为预备国会，有权议决所有基本法律。宪政编查馆特派员杨度到资政院议场说明新刑律的国家主义立法宗旨，批评传统旧律的家族主义原则，引发了议员们关于中国立法以国家主义还是家族主义为指导思想的激烈讨论。劳乃宣的意见在宪政编查馆被否决，作为资政院议员，他广邀同道，一起向资政院提交《新刑律修正案》。该修正案在资政院法典股审查时，又被否定。在资政院议场逐条议决新刑律时，关于子孙对尊长的侵害是否适用正当防

〔1〕 怀效锋主编：《清末法制变革史料》（下册），中国政法大学出版社2010年版，第100页。
〔2〕 故宫博物院明清档案部编：《清末筹备立宪档案史料》（下册），中华书局1979年版，第858页。
〔3〕 劳乃宣：《桐乡劳先生遗稿·新刑律修正案汇录》"修正刑律草案说帖"。

卫以及无夫和奸是否定罪这两条，爆发了大争论。议场的辩论，因新旧冲突秩序大乱。最后，因观点无法调和，只好用投票法表决。因资政院第一次常年会临近闭幕，新刑律在议场没能全部议完，仅将"总则"上奏。不久新刑律由清王朝上谕裁可颁布，但礼法之争仍在继续。礼派对法派提出弹劾，沈家本不安于位，被迫于 1911 年 3 月辞去修订法律大臣和资政院副总裁之职。

在整个争论过程中，礼法双方并不绝对地主张礼教或法理。礼教派并不完全排斥西方法理，法理派虽要求用西方法律的原理和原则制定新律，但亦未彻底脱离礼教。如起草《大清新刑律》的日本法学博士冈田朝太郎，在《法学会杂志》发表了《论大清新刑律重视礼教》一文以为辩护。礼法双方争论的核心是：鉴于当时中国的国情，应以西方法律的原理原则为主要指导思想，还是应以传统礼教为主要指导思想制定新法？新法的精神应该是国家主义还是家族主义？《大清律例》中的"干名犯义"、"犯罪存留养亲"、"亲属相奸"、"故杀子孙"、"杀有服卑幼"、"妻殴夫夫殴妻"、"犯奸"、"子孙违犯教令"等维护传统礼教的法律条文，要不要全部列入新律？要列入的又如何列入？是入法典正文还是附在《暂行章程》？这场争论在中国近代法律史上耐人寻味。在这思想争议中，杨度的国家主义和劳乃宣的家族主义立法思想颇具代表性。

（一）杨度的国家主义立法理论

国家主义是与家族主义相对立的法理派的法律思想。资政院议场议决新刑律时，杨度提出该理论。他认为，旧律与新刑律在"精神上、主义上"有着根本性的区别，前者依据家族主义，后者依据国家主义。立法要以维护国家利益而不是维护家族利益为出发点。因为他所指的"国家"是君主立宪的国家，所以，换句话说就是：要以西方法制的原理原则而不是以传统礼教原则立法。

在他看来，所谓家族主义，就是以家族为本位的国家制度。国家"以家族为本位，对于家族的犯罪，就是对于国家的犯罪。国家须维持家族的制度，才能有所凭籍，以维持社会"。家族制度的特点是严定家族内部的尊卑等级，"一人犯罪，诛及父母，连坐族长"。由此而产生家族责任，"国家为维持家族制度，即不能不使家长对朝廷负责任。其诛九族夷三族就是使他对于朝廷负责任的意思"。家长既然要对朝廷负责任，"在法律上就不能不与之特别之权。并将立法权司法权均付其家族，以使其责任益为完全，所以有家法之说。所谓家法者，即家长所立之法，此即国家与家长以立法之权"。

所谓国家主义，则正好与家族主义相反。它是以个人为本位的国家制度，"国家对于人民有教之之法，有养之之法。即人民对于国家亦不能不负责任。其对于外，则当举国皆兵以御外侮，对于内则保全安宁之秩序。必使人人生计发达，能力发达，然后国家日臻发达，而社会也相安于无事"。人民对国家负担义务，国家保证人民有法律内的自由权利。"法律对于人民有成年不成年之别"，在没有成年以前，他对国家的一切权利义务，全部交给家长代替行使；但到成年后，家长就要把这些权利义务还给他本人，由他本人行使，不能代替。

根据进化论，杨度认为，一切国家都有家族制度的阶段。历史上所有国家的政治法律都经历过家族主义支配的时代。区别仅在于，有的国家制度发达较早，很快由家族主义进至国家主义；有的则发达很迟，到现在还是家族主义。中国就是国家主义发达很迟的国家。历史发展到现在，国家与国际的概念大明，列强的弱肉强食，严重威胁中国的存亡。家族主义造成了中国的贫穷落后，变家族主义而为国家主义，是中国由弱转强的迫切需要。

他论证说：号称四亿人口的中国，为什么不能和外国相抗？原因就在于这四亿人口"只能称四万万人，不能称四万万国民"。他们"都是对于家族负责任，并非对于国家负责任"。四亿人分两种：家长和家人。家长对家人负有特别的权利义务。家人"不仅对于国家不负责任，即对于家庭亦不负责任"。家庭义务全由家长一人负担，所以，人口虽有四亿，但是"自国家观之，所与国家直接者亦不过是少数之家长而已。其余家人概与国家无关系也"。这少数家长，不管是做工还是经商，都有家庭负累。他们更多的是尽家庭的义务，负养活妻和子的责任，而不是尽国家的义务，负国家兴亡的责任。

总之，因为中国大多数人对于国家没有直接的权利义务关系，对国家兴亡不负责任；少数家长虽有责任，但又力所不及，为官作吏的家长，虽为贪官污吏，但又是慈父孝子贤兄悌弟，所以中国虽号称四亿人口，也不能与外国相抗而屡败。世界的发展，都由家族主义进至国家主义。中国只有行国家主义保护人权，才能使人民"群策群力"，使国家"渐图恢复，不致受灭亡之灾祸"。因此，从国家的前途出发，必须将国家主义作为改定法制的宗旨，减少家族制度的条文。[1]

（二）劳乃宣的家族主义立法理论

作为礼派代表，劳乃宣主张家族主义立法理论。为了论证家族主义适合于中国，劳乃宣首先提出法律的起源问题："法律何自生乎？生于政体。政体何自生乎？生于礼教。礼教何自生乎？生于风俗。风俗何自生乎？生于生计。"农桑、猎牧、工商三种经济类型，产生三种类型的风俗礼教政体，从而产生出家法、军法、商法三种类型的法律。

农桑之国的人民，有固定的土地，固定的住所，全家人都"听命于父兄"

---

〔1〕　杨度的论述，见《资政院议场会议速记录》第23号。

的安排，礼教政体都从家法中产生出来，君臣关系等于父子关系，"其分严而其情亲，一切法律皆以维持家法为重，家家之家治而一国之国治矣"。在这种法律下，"人人亲其亲，长其长"，天下由此而太平。猎牧之国的人民，没有固定的住所，必须有兵法约束才能谋生存，"一切法律皆与兵法相表里"，约束严格却简单易行，合于用兵之道。工商之国，人人服从于商法之下，其礼教政体都由商法而生，君臣关系是一种雇佣关系，君主形式的国家就像独家商业公司，民主形式的国家就像合资商业公司。中国是农桑之国，风俗礼教政体都从家法中产生出来，所以政治必须"从家法"，而不能用朔方的军法和欧美的商法；刑律必须维护家法，而不能维护军法和商法。

针对杨度使民爱国必须破坏家法之说，劳乃宣认为，中国人但知爱家不知爱国，根源不在家族主义而在秦以后的专制政体。秦以前的"春秋之世，正家法政治极盛之时也，而列国之民无不知爱其国者……国人莫不毁家以卫其国"，只是到了秦代，行专制政体，"一国政权悉操诸官吏之手，而人民不得预闻"。久而久之，才使今日之民不知爱国。故"以欧美尚平等、重权利之道"取代家法政治，是大误特误。

再以西方而论，"欧美之民何尝不爱其家哉！"所不同者在于西方家庭和中国家庭的范围不同而已。因此，他认为西方人爱国是由于没有家庭观念的观点不能成立。西方人爱国，在于人人"深明家国一体之理，知非保国无以保家"。为什么他们能明白这一道理呢？原因在于他们"行立宪政体，人人得预闻国事，是以人人与国家休戚相关"。中国现在已行预备立宪，只要"假以岁月，加以提撕，家国一体之理渐明于天下，天下之人皆知保国正所以保家，则推知其爱家之心，而爱国之心将油然而生，不欺（期）然而然者"。最后，他得出结论："至今日而谈变法将何适之从哉？曰：本乎我国固有之家族主义，修而明之，扩而充之，以期渐进于国民主义，事半功倍，莫逾乎是。"[1]

礼法之争看起来是清廷内部对如何修订刑事法制所展开的争论，由于刑法在法律体系中的重要位置，无可避免会牵涉到整个变法修律原则的大辩论，进而形成中西法律文化的一次大冲突。在清末，礼法之争没能分出胜负。进入民国之后，社会形势一直在朝着有利于法派的方向演进，包括刑事法制在内的整个法制亦是如此。尽管如此，礼派坚持国族主体性的主张亦自有其合理性。诚如有学者所言："传统中国政治法律文化中最欠缺者，莫过于对于异己的不能容忍，以至于倾轧排斥，无所不用其极。如仅就《大清新刑律》制定过程中，资政院议场秩序而论，议会的喧哗或无秩序，并不足为奇。甚至，因议员争持不

---

[1]　以上均见劳乃宣：《桐乡劳先生遗稿·新刑律修正案汇录》"新刑律修正案汇录序"。

下而大打出手的火爆场面，在当今民主法治国家的议会殿堂中，也时有所见，我们不能因此而否定当时礼教派与法理派对'礼法原则'的各自坚持，否则，即有失平允。"[1] 礼法两派的存在本身，与其围绕法律修订问题所展开的争议，对近代中国刑事法制，乃至整个法制的近代转型都有着独到贡献。

第十四章

---

〔1〕　黄源盛：《中国法史导论》，元照出版公司 2012 年版，第 408 页。

第十五章
中华民国南京临时政府时期的法律

　　1911 年 10 月，武昌起义爆发，全国先后有十五个省相继宣布独立。1912 年 1 月 1 日，中华民国南京临时政府成立，孙中山就任南京临时政府临时大总统。该政府虽仅存三个多月，却掀开了中国资产阶级民主法制的新篇章，它制定了宪法性文件，如《临时政府组织大纲》《中华民国临时约法》等，还颁行了一些革命性的法令，这些法规法令为南京临时政府的法制体系构筑了基本的框架。

第一节　立法思想与立法活动

一、立法思想

　　南京临时政府的成立是资产阶级革命的成果，同时也意味着延续千年的帝制统治在中国的终结。南京临时政府制定的法律法规既体现出中国的资产阶级革命反对帝制的特点，也体现出资产阶级革命派的价值理想及其追求。

　　孙中山在 1894 年创建兴中会时提出"驱除鞑虏，恢复中国，创立合众政府"的宗旨和目标。1905 年，孙中山与黄兴等人成立中国同盟会，以"驱除鞑虏，恢复中华，创立民国，平均地权"作为革命纲领，进一步发展和完善了兴中会时期提出的革命宗旨。之后，孙中山提出的"三民主义"及相关思想主张成为之后资产阶级革命和政治实践的纲领，特别是其中的民权主义和人人平等的思想，成为南京临时政府时期法律的重要指导思想。

　　（一）民权主义

　　民权主义是孙中山三民主义的核心，也是孙中山法律思想的立论基础。在《伦敦蒙难记》中，孙中山就对清政府进行了谴责："无论为朝廷之事，为国民之事，甚至为地方之事，百姓均无发言或与闻之权。其身为官吏者，操有审判之全权，人民身受冤抑，无所吁诉……国家之法律，非平民所能与闻"[1]。在

---

[1]　《孙中山全集》（第一卷），中华书局 1981 年版，第 50 - 51 页。

1894 年兴中会成立时，孙中山将"创立合众政府"写入秘密誓词中，他认为中国只能实行民权主义、民主共和，而不是其他政体，他说："余之从事革命，以为中国非民主不可。其理由有三：既知民为邦本，则一国以内人人平等，君主何复有存在之余地，此自学理言之者也。满洲之人入据中国，使中国民族处于被征服之地位，……故君主立宪法在他国君民无甚深之恶感者，独或可暂安于一时，在中国则必不能行，此自历史事实而言之者也。中国历史上之革命，其混乱时间所以延长者，皆由人各欲帝制自为，遂相争相夺而不已。行民主之制，则争端自绝，此自将来建设而言之者也。有此三者，故余之民权主义，第一决定者为民主。"[1]

通过革命建立的国家必须实行主权在民，"革命是以造成一个真正的中华民国为目的，就是人民都享幸福，国家政治的主权在人民，政府要听人民的话，这才叫中华民国"[2]。在孙中山看来，"主权在民，民国之通义"，只有贯彻人民主权原则，才是真正的"民国"[3]。在这样的国度里，"国家为人民之公产，凡人民之事，人民公理之"[4]。1912 年 3 月在孙中山主持下制定的《中华民国临时约法》以根本法的形式巩固了辛亥革命所取得的成果，确认了民主共和的国家制度，规定了人民的民主权利，最重要的是通过约法的形式把人民主权的思想固定了下来。

（二）人人平等

孙中山根据中国的历史民情和西方"天赋人权"的理论，提出"天赋人权，胥属平等"的民权思想，他在《大总统通令开放蛋户惰民等许其一体享有公权私权文》中指出："前清沿数千年专制之秕政，变本加厉，抑又甚焉。若闽粤之蛋户、浙之惰民，豫之丐户，及所谓发功臣暨披甲家为奴，即俗所称义民者，又若剃发者并优倡隶卒等，均有特别限制，使不得与平民齿。一人蒙垢，辱及子孙，蹂躏人权，莫此为甚，当兹共和告成，人道彰明之际，岂容此等苛令久存，为民国玷。为此特申令示，凡以上所述各种人民，对于国家社会之一切权利，公权若选举、参政等，私权若居住、言论、出版、集会、信教之自由等，均许一体享有，毋稍有歧异，以重人权而彰公理。"[5] 孙中山还认为妇女应该享有和男人平等的权利，他说："天赋人权，男女并非悬殊，平等大公，心同此理"，"女界多才，其入同盟会奔走国事百折不回者，已与各省志士媲美"，"扫

第十五章

〔1〕　《孙中山全集》（第七卷），中华书局 1981 年版，第 60 – 61 页。
〔2〕　陈旭麓编：《孙中山集外集》，上海人民出版社 1990 年版，第 284 页。
〔3〕　《孙中山全集》（第三卷），中华书局 1981 年版，第 319 页。
〔4〕　《孙中山全集》（第一卷），中华书局 1981 年版，第 318 页。
〔5〕　中国科学院近代史研究所史料编译组：《辛亥革命资料》，中华书局 1961 年版，第 302 页、第 216 页。

平索虏，女界亦与有功焉"。他强调，共和国成立以后，女子参政是"事所必至"[1]。为了革除损害肢体的缠足陋习，他下令通饬各省，劝禁缠足，并把这一点提到"以培国本"的高度，如果"故违令者，予其家属以相当之罚"。[2]孙中山还提出民族平等、共享自由的理念，辛亥革命后不久，他在致喀尔沁亲王的电文中明确宣布："实欲合全国人民，无分汉满蒙回藏，相与共享人类之自由。"[3]

二、立法活动

武昌起义爆发后，湖北革命党人组织成立中华民国鄂州军政府，并颁布《鄂州临时约法》。在武昌起义的推动下，南方各省纷纷宣布独立。为统一革命力量，自 1911 年 11 月 15 日，独立各省代表先后在上海、汉口、南京集会，商议成立统一革命政府事宜。各省代表联合会推选雷奋、马君武、王正廷，起草《中华民国临时政府组织大纲》（以下简称《临时政府组织大纲》）。12 月 3 日，各省代表议决通过了《临时政府组织大纲》，经过修改后，这部宪法性文件为中华民国南京临时政府的成立奠定了法律基础。

清政府在武昌起义爆发后重新起用袁世凯，授权其组织内阁，并负责统兵镇压起义。在重掌大权后，袁世凯认识到清政府已大厦将倾，因此他一方面发动军事进攻，向南京革命政府施加压力；另一方面派出代表与南方革命政府进行秘密谈判，最终双方达成协议，在袁世凯服从共和、逼清帝退位的条件下，革命政府当推举他为临时大总统。清朝皇帝溥仪于 1912 年 2 月 12 日下诏"逊位"。次日，临时大总统孙中山向参议院提出辞职。为防止袁世凯独裁，孙中山向参议院提出了袁世凯继任临时大总统的先决条件：①临时政府设在南京；②临时大总统必须到南京就职；③临时大总统必须遵守即将公布的《中华民国临时约法》（以下简称《临时约法》）。2 月 15 日，参议院根据上述提议，议决：①推举袁世凯为第二任临时大总统；②袁世凯必须来南京任职，在袁世凯未到任之前，仍由孙中山执行临时大总统职务。不过，袁世凯以维持北方局势为由，拒赴南京就任临时大总统。在此情况下，《临时约法》就成为革命党人保证民主共同的唯一一道防线。

《临时约法》的起草始于 1912 年 1 月初。当时各省都督府代表会议行使立法权，该会议推选景耀月、张一鹏、吕志伊、王有兰、马君武五人为起草委员，负责起草《临时约法》。1 月 28 日，临时参议院成立以后，由参议院审议通过

第十五章

《中华民国临时约法草案》。3月8日，临时参议院完成对《临时约法》的三读程序，并交临时大总统孙中山公布施行。袁世凯于3月10日在北京就任临时大总统之后，南京的参议院还制定《参议院法》，对参议院的组织、参议员的资格等方面作了较为详细的规定。

南京临时政府建立后，孙中山制定颁布了一系列关于保障民权和人民财产、改革旧制、革除陋习、改革司法制度以及关于经济和社会发展等方面的法令，对于促进当时的社会进步和法律发展具有重要意义。

第二节　南京临时政府宪法性文件

辛亥革命后，革命派为巩固革命成果、组建临时政府，制定了一些宪法性文件，其中具有代表性者为《临时政府组织大纲》和《临时约法》。

一、《中华民国临时政府组织大纲》

《临时政府组织大纲》是临时政府组织法，共分为4章，共21条。第一章"临时大总统、副总统（修正案增入"副总统"）"，规定中华民国临时政府大总统和副总统由各省都督府代表选举产生，规定了临时大总统的各项职权（缺位时由副总统代行职权）。第二章"参议院"，规定参议院的组成以及职权、表决办法。第三章"行政各部"规定，临时政府设立外交、内务、财务、军务、交通六个行政部门。第四章"附则"规定《临时政府组织大纲》的施行期限至中华民国宪法成立。

作为一个宪法性文件，《临时政府组织大纲》具有以下特点：第一，采纳西方三权分立原则组织临时政府，总统为最高行政机构，下辖行政各部；参议院为最高立法机关；以"临时中央裁判所"为最高司法机关。第二，为了实现全国统一，该组织大纲仿效美国1787年宪法模式，实行总统制。第三，因为清政府仍然占据着北方各省，南北处于战争状态，临时政府无法进行民主选举，所以临时政府立法机关仿效美国独立战争时期的大陆会议，设立一院制的参议院。在参议院成立前，由各省都督府代表会代行其职权。第四，组织大纲还不是一部完整的宪法，对国体问题、人民基本权利义务并未加以规定。

尽管《临时政府组织大纲》在内容上并不完备，但它还是反映了武昌起义后革命发展的需要，为建立统一的资产阶级政府奠定了法制的基础。1911年12月29日，孙中山依据《临时政府组织大纲》当选为临时大总统，并依据该法组织成立了中国近代第一个资产阶级共和政府——南京临时政府。

二、《中华民国临时约法》

《临时约法》共56条，分为7章：总纲，人民，参议员，临时大总统、副总统，国务员，法院，附则。其主要内容包括：

（一）明确宣示中华民国为统一的共和国

在"总纲"部分，《临时约法》明确宣示，"中华民国由中华人民组织之"；"中华民国之主权，属于国民全体"。鉴于清末以来列强的侵凌、瓜分，中国边疆危机不断，《临时约法》明确规定"中华民国领土，为二十二行省、内外蒙古、西藏、青海"，以维护中国之统一。

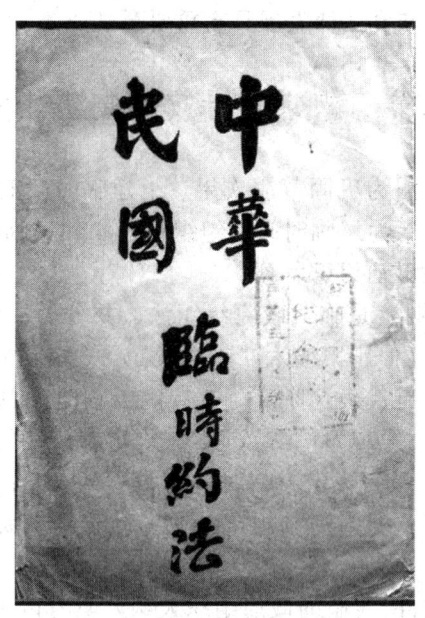

图20　中华民国临时约法

（二）规定人民享有的权利及应尽的义务

《临时约法》第二章"人民"，规定人民依法享有的权利和应尽的义务。第5条规定：中华民国人民，一律平等，无种族、阶级、宗教之区别；第6条规定人民的7项自由权：人身自由，家宅安全，保有财产及营业自由，言论、著作、刊行及集会结社之自由，书信秘密之自由，居住迁徙之自由，信教之自由。除上述自由与权利之外，《临时约法》第7条至第12条还规定了人民的其他权利：请愿于议会之权；陈诉于行政官署之权；诉讼于法院，受其审判之权；对于官吏违法损害权利之行为，陈诉于平政院之权，等等。同时，《临时约法》还规定，人民有依法律纳税和服兵役的义务。

（三）采取三权分立的政府组织原则

《临时约法》在"总纲"部分概括规定："中华民国以参议院、临时大总统、国务员、法院，行使其统治权"。在其他各章分别规定立法机关、行政机

关、司法机关的权责，其中第三章"参议院"规定，"中华民国之立法权，以参
议院行之"，同时规定了参议院的选举组成、职权、议事规则等；第四章"临时
大总统、副总统"、第五章"国务员"，规定"临时大总统代表临时政府，总揽
政务，公布法律"，以总理为首的国务员，"辅佐临时大总统，负起责任"，并于
临时大总统行使行政权力时副署之；第六章"法院"规定"法院依法律审判民
事诉讼及刑事诉讼"，"法官独立审判"。

（四）规定严格的修改程序

《临时约法》第七章"附则"规定，在宪法未施行以前，本约法之效力与宪
法同；约法由三分之二以上参议院议员或临时大总统之提议，经五分之四以上
参议员出席，出席议员四分之三之可决，得增修之。

《临时约法》是中国近代第一部资产阶级共和国性质的宪法文件。它确立了
主权在民的原则，维护国家的统一，建立了三权分立的政权体制，全面树立了
民主共和的法制标准，成为人民反对专制、保护民主共和的法律武器。但是，
《临时约法》也存在着因人立法的缺陷。中华民国创立之初，需要重新整合各派
力量、树立统一的政治权威，采取权力相对集中的总统制比较符合客观形势的
需要。但是革命党人担心袁世凯利用北洋系的军事实力实现个人独裁，出于限
制袁世凯的需要，立法者因人立法，将南京临时政府实行的总统制改为责任内
阁制，以政府总理总揽行政事务；加强参议院的立法权力，以削弱和限制行政
机关的权力；以极其严格的修改程序，阻止临时大总统修订临时约法。这样一
来，反而在体制设计上造成权力畸轻畸重，使三权分立的组织原则徒有其表。

第三节　南京临时政府的其他法令

南京临时政府在 1912 年 1 月到 4 月初，颁行了一系列旨在保障民权、革除
陋习、改革司法制度的法令。

一、保护民权的法令

孙中山任临时大总统期间，先后发布《大总统令内务部禁止买卖人口文》
《大总统令广东都督严行禁止贩卖猪仔文》《大总统通令开放蛋户惰民许其一律
享有公权私权文》等，禁止买卖人口，废除各种贱民身份。

为保障人民的财产权，孙中山督责临时政府内务部发布《保护人民财产令》
5 条，以保护人民财产为急务。该令规定，凡在民国范围内之人民，所有一切私
产，均应归人民享有，非经正式裁判宣告，不得擅自充公或查封；前为清政府
官产，现在民国势力范围内者，应归国民政府所有；前为清政府官吏者，其私
产区别对待，如无反对民国之行为者，民国承认并保护其私产，如有反对民国、

虐杀人民之行为者，其私产应一律查抄，归民国所有。

二、革除陋习的法令

孙中山曾经指出，社会风俗亦关系到人民健康与民族存亡，"若于旧染痼疾，不克拔涤净尽，虽有良法美制，岂能自存。"[1] 因此，南京临时政府十分重视移易风俗，涤荡国民旧染陋习。在各种陋习之中，以吸食鸦片危害最深，"小足以破业殒身，大足以亡国灭种。"[2] 为使国民戒除吸食鸦片的痼疾，临时大总统孙中山两次颁布戒烟令。

孙中山还颁布了其他一些移易风俗的法令，如《命内务部晓示人民一律剪辫令》《令内务部通饬各省劝禁缠足文》等；临时政府内务部还曾颁布《内务部报告禁赌呈》《内务部令江宁府知事示禁各乡演戏赛会文》等，以禁止赌博及其他有害博戏。

此外，为革除封建繁杂礼仪，临时政府发布了《大总统令内务部通知各官署革除前清官厅称呼文》《内务部咨各省革除前清官厅称呼文》，决定改变称呼和废止跪拜，改行鞠躬，此后鞠躬广泛推行，跪拜礼逐渐灭迹。

三、司法改革措施

刑讯逼供是中国古代官吏断案的重要手段，为革除此弊政，孙中山发布《大总统令内务司法两部通饬所属禁止刑讯文》，严令："不论行政、司法官署及何种案件，一概不准刑讯；鞠狱当视其证据充实与否，不当偏重口供；其从前不法刑具，悉令焚毁。"司法部根据临时大总统的训令，公布了《司法部咨各省都督禁止刑讯文》，电促各省都督，责令下级官署废除刑讯制度。

为实现法律制裁手段的文明化，孙中山发布了《大总统令内务司法两部通饬所属禁止体罚文》，明令："司法、行政各官署审理及判决刑民案件，不准再用笞、杖、枷号及他项不法刑具，其罪当笞、杖、枷号者，悉改科罚金、拘留。"

南京临时政府存在时间短暂，于司法审判制度方面未及建构，但在审判实践中，已仿效欧美司法原则，实行公开审判制度和陪审制度，以保障司法公正。《临时约法》第50条明确规定："法院之审判，须公开之；但有认为妨害安宁秩序者，得秘密之。"

1911年11月，南社成员周实、阮式被山阴县司法处长姚荣泽杀害。1912年2月底，沪军都督陈其美将已被抓获的姚荣泽押解至上海，决定委任沪军都督府军法总长蔡寅为临时审判庭长，日本法律学士金泯澜等二人为民国代表，在南

---

〔1〕《孙中山全集》（第一卷），中华书局1981年版，第155页。
〔2〕《孙中山全集》（第一卷），中华书局1981年版，第183页。

市市政厅开庭审判。此前司法总长伍廷芳在致孙中山的一份电文中，表达了自己的看法。他说："廷以为民国方新，对于一切诉讼，应采取文明办法。况此案情节重大，尤须审慎周详，以示尊重法律之意。拟由廷特派精通中外法律之员承审，另选通达事理、公正和平、名望素著者三人为陪审员，并准两造聘请辩护士到堂辩护，审讯时，任人旁听。如此，则大公无私，庶无失出失人之弊。"[1] 在看到陈其美单方面发布的决定后，伍廷芳先后致电致函陈其美，要求组织裁决所，聘用外国律师进行公开审判，双方发生争论。由于伍廷芳获得了临时大总统孙中山的支持，姚荣泽案最终还是按照伍廷芳拟定的审判方案进行审理、设置法庭、安排裁判官，并以西方法律程序进行了审理。3 月 23 日下午，"中华民国第一案"在上海开庭，陈贻范任临时裁判所所长，丁榕、蔡寅为承审官。法庭经过三次的审判，最后判定姚荣泽死刑。不过，袁世凯刚上任不久，即发布一纸大赦令，免除了姚荣泽的死刑。

第四节　社会法律思潮

南京临时政府时期，民主共和政体初步确立，诸多在清末变法修律过程中做出重要贡献的人物及对当时社会具有重要影响的法律思潮也对民国初年的社会法律思潮产生重要影响。

宋教仁（1882－1913 年）对西方资产阶级的政治和法律制度有着较为深入的了解，其关于政治理论、代议制等方面的思想在民国初年具有重要影响，并且通过其政治实践体现在民国的相关法律规定之中。宋教仁主张政党政治，坚持责任内阁制，认为责任内阁制在当时的中国是可行的。为限制袁世凯的权力，《临时约法》规定了责任内阁制，扩大参议院的权力。但是宋教仁身体力行、努力付诸实施的责任内阁制在当时的中国并没有实现，在他被暗杀后，民国政治更是失去了实行责任内阁制的可能。

伍廷芳（1842－1922 年）是清末民初重要的外交家、法学家，是中国近代第一个法学博士。他在清末修律时先后主持起草了《大清商律》《大清印刷物件专律》《各级审判厅试办章程》以及《刑事民事诉讼法草案》等法律。辛亥革命爆发后，他任中华民国军政府外交总长，主持南北议和，在南京临时政府成立后出任司法总长。伍廷芳在清末修律时主张应在比较各国法律的基础上实现融汇贯通："各国法律之得失，既当研厥精微，互相比较。而于本国法制沿革以及风俗习惯，尤当融会贯通，心知其意。"[1] 他主张将西方近现代的刑法思想以及罪刑法定、罪刑相当、刑罚人道主义等原则融入修律之中。伍廷芳同时也认识到诉讼法的重要性，其司法思想典型地体现在他主持起草的《刑事民事诉讼法草案》等法律之中。《刑事民事诉讼法草案》借鉴了英国的陪审团制度，还规定了回避制度、公开审判制度、律师制度等内容。虽然《刑事民事诉讼法草案》因朝廷大臣的反对而被搁置，但伍廷芳在担任南京临时政府司法总长期间，通过姚荣泽案的审判部分地实践了司法独立、陪审制、律师制度等方面的内容。

第
十
五
章

---

[1]　《伍廷芳集》，中华书局1993年版，第272页。

第十六章
中华民国北京政府时期的法律

　　1912 年 2 月 15 日，南京临时政府参议院选举袁世凯为中华民国第二任临时大总统。3 月 10 日，袁世凯正式在北京就职。4 月 1 日，临时政府由南京迁往北京。由此，中华民国北京政府时期正式开启。至 1927 年南京国民政府建立为止，民国北京政府存续了十五年时间。在这个政局动荡、军阀混战的时期，北京政府延续了自清朝末年开始的法律近代化进程，建立起以制定法和司法解释为中心的近代法律体系，并在司法审判实践中获取了有益的经验，是中国法律近代化发展进程中的重要环节。

第一节　立法思想与立法活动

一、立法思想

　　民国北京政府在不同时期由不同的政治势力把控，在立法指导思想上呈现出不同的诉求。总体上看，较为一致的立法思想主要体现为三个方面：一是收回"治外法权"与法律体系的发展密切相关；二是在国家根本制度的构建模式上，存在广泛的争鸣；三是对传统法律治理模式有一定程度的继承，隆礼和重法是历届政府的共同主张。

　　收回"治外法权"是民国北京政府完善近代法律体系的一大动力。民国北京政府下设的法律起草机构制定并提出了一系列法律草案，以期完成清末法制改革未完成的立法任务，实现法权的统一。在第一次世界大战后召开的巴黎和会和华盛顿会议上，北京政府都明确要求废除列强在华的治外法权。为因应列强组成的"中国法权调查委员会"的考察，各届北京政府进行了包括修宪在内的各项法律（草案）的制定，较重要的有 1915 年《民律亲属编草案》的编纂、民商事习惯调查的开展、1919 年《暂行新刑律》的第二次修订，以及 1925 年完成编纂的民法总则、债、物权三编和 1926 年亲属、继承两编的再次编纂。虽然最终未能实现法权的收回，但对这一时期法律修订的指导原则以及相关条文的取舍都有很大的影响。。

以制定国家根本法为核心，完成中国国家根本制度的构建，是这一时期思想领域的热点。民初各政治势力围绕着联邦制还是单一制、总统制还是议会制展开了研究和争论。与清末预备立宪的仓促相比较，民国北京政府对根本法、根本制度有更多的设计和实践，社会各界对西方民主共和体制的认识在逐渐深化。在汲取了经验教训的基础上，民国北京政府对英美体系、法德体系以及苏俄等国家的宪法制度从盲目崇拜，发展到有针对性的借鉴、吸收。

以维护纲常名教秩序为宗旨的传统法律制度在此时期被有选择的加以继承，礼法精神在各项制度的构建中也有所体现。袁世凯政府在 1912 年 9 月 20 日颁布的《通令国民尊崇伦常文》中，申明民国要以"孝悌忠义礼义廉耻为人道之大经"，要求国民"恪守礼法，共济时艰"。其后，孔教运动兴起，尊孔读经一度重新成为学校教育的一部分。传统宗法制度在"民律二草"的文本中也有所体现。此外，在刑事法律的指导方针上，民国北京政府一改清末新刑律制定时的人道主义、轻刑主义，北京政府相继颁行刑事特别法，加大刑事制裁的力度，如在《惩治盗匪法施行法》中，不仅将所谓的盗匪犯罪处以唯一死刑，还广泛适用了"就地正法"制度。

二、立法活动

民国北京政府时期的立法活动，是在继承了清末变法修律的大量法律遗产的基础上进行的。相比清末以修律为中心的法律改革，北京政府还进行了大量的司法实践，对法条的适用进行了创造性的转化。

这一时期修订的法律主要由两部分组成，第一部分是制定法，包括援用的前清法律、新颁行的大量单行法令，以及制定的各项法律草案。这一时期最主要的立法成果，在宪法领域有《中华民国宪法草案》（1913 年）、《中华民国约法》（1914 年）、《中华民国宪法》（1923 年）；在刑法领域有《中华民国暂行新刑律》（1912 年）、《惩治盗匪法施行法》（1914 年）；在民商法领域有《中华民国民律草案》（1925 年）；程序法领域有 1922 年颁行的《刑事诉讼条例》和《民事诉讼条例》。受政局动荡，政治纷争和军阀专制的影响，民国北京政府时期修订的法律草案大多未能完成立法程序而未予颁布实施。

第二部分则是司法解释。民国北京政府大理院通过创制判例和解释例，对成文法的适用进行司法解释。鉴于法律体系不完备，多项新、旧法律、法令多有冲突的情况，担负最高审判职能的大理院行使终审权，以判例和解释例来协调司法审判依据的统一和完整。大理院将不少未能颁行的法律草案以法理的形式加以利用，弥补了诸如民法适用上的大量漏洞，又对司法实践中遇到的大量中国传统民间习惯、习俗给予近代学理上的解释，使大理院判例和解释例成为这一时期法律体系中的重要组成部分。

第二节　从"天坛宪草"到 1923 年《中华民国宪法》

民国北京政府时期，进行过多次宪法草案的制定，比较重要的宪法性文件有三部，分别是 1913 年的《中华民国宪法草案》（"天坛宪草"）、1914 年的《中华民国约法》（"袁记约法"）和 1923 年的《中华民国宪法》（"贿选宪法"）。代议制的蜕变与宪法性文件的产生有着密切关系。

一、1913 年《中华民国宪法草案》

1912 年 8 月 10 日，袁世凯以临时大总统的名义，将临时参议院议定的《国会组织法》《众议院议员选举法》和《参议院议员选举法》予以颁布，在全国范围内开始了近代中国第一次国会议员的选举。1913 年 4 月 8 日，民国北京政府第一届国会正式成立。在这届国会中，国民党议员占据多数。国民党认为《临时约法》过于简单，没有详列国会权力，对可能发生的总统专权未加有效限制，因而主张制定一部正式的宪法。袁世凯则认为《临时约法》对总统权力束缚过多，也希望制定一部能够扩大总统权力的宪法。

1913 年 7 月 12 日，国会参、众两院共六十名议员组成宪法起草委员会，负责宪法的起草。10 月 31 日，宪法起草委员会对宪法草案完成三读，定名为《中华民国宪法草案》。11 月 1 日，草案提交国会参、众两院审议。因该宪法草案的起草工作主要是在天坛祈年殿进行的，故也称作"天坛宪草"。在此期间，袁世凯派代表陈述了对宪法草案的意见，但为宪法起草委员会拒绝。于是，袁世凯授意其下属的地方军政长官发出有关宪法问题的通电，对宪法草案的内容大加攻击、诘难，称草案"为暴民专制之宪法"，还要求解散国会，另定"中华民国万世不易之宪法"。在孙中山、黄兴等人发起的"二次革命"失败后，袁世凯宣布国民党为乱党，下令解散国民党，取消国会中国民党籍议员的资格，这导致国会因无法满足法定的参会人数而无法召开，宪法草案的审议无法进行。1914 年 1 月，袁世凯下令解散国会，"天坛宪草"遂未能完成立法程序成为正式宪法。

"天坛宪草"以《临时约法》为基础，在权力分立与制衡的关系上，延续了以议会为中心的政治机制，并力求进一步扩大议会权力，对大总统的权力形成更有力的制约。围绕着宪法草案的起草，国会中的国民党议员有鉴于宋教仁被刺事件和"二次革命"的失败，企图以国会来制衡袁世凯的独裁，以宪法草案中的制度设计来实现"法律倒袁"。因此，"天坛宪草"采议会中心制和责任内阁制，虚化大总统的地位，以此捍卫辛亥革命的成果。

第十六章

　　"天坛宪草"共一百一十三条，分为十一章：国体、国土、国民、国会、国会委员会、大总统、国务院、法院、法律、会计和宪法之修正及解释。"天坛宪草"的主要内容体现在以下四个方面：

　　第一，为防止总统利用紧急处分权实行独裁，宪法草案设立了国会委员会，作为国会常设机构，在国会闭会期间行使国会的部分权力，以便限制总统滥用紧急处分权。草案第六十五条规定："大总统为维持公共治安，或防御非常灾患，时机紧急，不能召集国会时，经国会委员会之议决，得以国务员连带责任，发布与法律有同等效力之教令。"

　　第二，确立责任内阁制，将总统置于虚位，强化国会对内阁的控制。草案规定，国务总理的任命须经众议院同意、国务院对众议院负责，而不是对总统负责。总理和各部部长行使主要的行政权力，总统仅为名义上的国家元首。

　　第三，限定了总统任期。草案第五十八条规定："大总统任期五年，如再被选，得连任一次。大总统任满前三个月，国会议员须自行集会，组织总统选举会，行次任大总统之选举。"

　　第四，设立了独立于行政机构之外的审计院。草案规定，审计院负责审核国家财政收入、支出的决算；核准财政支出的支付令。审计长、审计员由国会选举产生，总统无权任免。

　　"天坛宪草"是中华民国建立后制定的第一部宪法草案，是一部较为完备的体现资产阶级共和国性质的宪法草案。它是在以国民党占多数的国会与袁世凯争夺国家政治权力日益激烈的背景下制定的，虽然最终未能成为正式宪法，但渗透着民主精神的"天坛宪草"成为以后北京历届政府制宪的基本依据。

　　二、1914 年《中华民国约法》

　　袁世凯解散国会后，北京政府彻底为袁世凯势力所控制。他不仅终止了"天坛宪草"的立法进程，也不打算继续接受《临时约法》中的制度规定。1913年 11 月 26 日，袁世凯下令由各省选派代表组成"政治会议"，专题讨论"民国建设的政治问题"，修改《临时约法》是其中的重要议题。政治会议建议特设约法会议，"以改造民国国家之根本法"。1914 年 1 月 10 日，袁世凯依据政治会议决议，颁布解散国会令。1 月 26 日，袁世凯发布《组织约法会议组织令》，公布政治会议制定的《约法会议组织条例》，责令内务部组织约法会议议员的选举，建立自己的御用机构。3 月 20 日，袁世凯提交《增修临时约法大纲》七条，称"实行约法是国家开创时代的事情，而宪法是国家守成时代的事情。只有等到各项制度趋于完善、政治趋于稳定之后，才可以实行宪法"，意图中断共和进程，实现总统独裁的合法化。4 月 29 日，"约法会议"议决以《中华民国约法》取代《中华民国临时约法》，5 月 1 日，体现袁世凯个人意志的《中华民国约法》

公布，也被称为"袁记约法"。

《中华民国约法》共十章六十八条，分为国家、人民、大总统、立法、行政、司法、参政院、会计、制定宪法程序和附则。在内容上，《中华民国约法》虽然形式上维系了中华民国的共和政体，保留了"主权在民"等条款，规定了与《临时约法》相同的人民的权利和义务，也确立了三权分立体制，但它仍然是对民主共和政治的背叛。这表现在它极大地扩大了总统的权力，使之凌驾于三权之上：大总统为国家之元首，总揽统治权；大总统为海陆军大元帅；大总统接受外国大使、公使；大总统缔结条约；大总统直接领导行政各部长官；大总统制定官规官制；大总统任命法官，组织法院，行使司法权。在立法权属的设计上，《中华民国约法》虽然设立了立法院，但增加了诸多限制，并规定在立法院成立之前，由参政院代行职权，而参政院只是一个"应大总统之咨询，审议重要政务"的咨询机关而已。大总统实际上集行政权和立法权于一身。1914年12月公布了《修正大总统选举法》，"大总统任期十年，得连任"，并可以推荐总统继承人。这使政治体制向独裁者终身制和世袭制的方向发展，大总统形同古代的帝王。

迷恋权力的袁世凯没有就此止步，他在复辟帝制的歧路上越走越远。1915年12月，在所谓的"国民代表"一致推戴下，袁世凯下令改共和国体为帝国，定次年为洪宪元年。1916年元旦，袁世凯改总统府为新华宫，正式恢复帝制。袁世凯的复辟行为遭到全国人民的反对，云南率先发兵讨伐，掀起了席卷全国的护国运动。至1916年3月，众叛亲离的袁世凯不得不下令撤销帝制，仍任大总统。同年6月，袁世凯在内外交困、众叛亲离中死去。

三、1923年《中华民国宪法》

袁世凯死后，副总统黎元洪继任大总统。他宣布遵行《临时约法》，重新召集1914年被袁世凯解散的国会，任命段祺瑞为总理，组织责任内阁。1916年8月，第一届国会复会。被迫中断的制宪工作再次启动。1917年，在国会组建的宪法会议对"天坛宪草"完成二读后，北京政府爆发了黎元洪与段祺瑞之间的"府院之争"，张勋以调停的名义率"辫子军"进京解散了国会，制宪进程第二次被中断。之后，清廷复辟、召集第二届国会、护法战争、南北对峙等等政治乱局纷至沓来。直到1922年，以曹锟、吴佩孚为首的直系军阀在直皖、直奉战争中取胜，北京政府的混乱才告一段落。此时，各地实权军阀鼓吹联省自治，孙中山在广州组建军政府坚持护法运动。在此形势下，为谋求统治的稳固和担任大总统，曹锟等人打出了"恢复法统"的旗号。

所谓"恢复法统"，就是恢复《临时约法》和1913年的第一届国会，以黎元洪重新担任大总统。其目的在于消除地方割据势力的口实，谋求以第一国会的合法地位为直系军阀统治做政治背书。

1922年8月1日，历经磨难的第一届国会又一次复会。围绕立宪和选举总统，国会内部各政治势力冲突不断。先是宪法会议因不足法定人数而无法召开，国会为此修改规则，以是否出席宪法会议为标准来核发、扣发议员岁费，然后是直系军阀以黎元洪擅自划拨经费为由将其驱逐。在国会议员纷纷离京南下、国会议事不足法定人数的局面下，曹锟以制宪为条件，换取国会中宪制派议员的支持，并增加了议员的出席费用：凡参加总统选举的议员，每人奉送五千元支票。到1923年10月5日，参、众两院议员五百九十三人召开了总统选举会，曹锟以四百八十票当选为总统。在选举总统仅仅三天后，宪法会议在"天坛宪草"的基础上，修订完成了《中华民国宪法草案》，完成二读和三读程序。10月10日，在辛亥革命十二周年之际，曹锟正式就任大总统，宪法会议同日公布《中华民国宪法》。由于立宪进程和曹锟贿选总统交织在一起，因此，《中华民国宪法》又被称为"贿选宪法"。

1923年《中华民国宪法》是中国近代史上的第一部宪法。该宪法共十三章一百四十一条，分别为国体，主权，国土，国民，国权，国会，大总统，国务院，法院，法律，会计，地方制度，宪法之修正解释及其效力。虽然继承了"天坛宪草"的基本制度框架，但也有其自身的特色：

第一，从形式上看，它是民国北京政府立宪进程中最民主、立法技术最成熟的一部宪法。在国体方面，宪法明确宣布将统一国家、民主原则作为最根本的国家制度，要求保证国体的连续性。宪法第一条规定：中华民国永远为统一民主国。第二条规定，中华民国主权属于国民全体。第一百三十八条规定：国体不得为修正之议题。宪法还赋予地方捍卫国体的权力和责任，第三十七条规定：国体发生变动或宪法上根本组织被破坏时，省应联合维持宪法上规定之组织至原状回复为止。

第二，限制总统权力。宪法规定总统仍然需要国会选举产生，在政体上采以国会为中心的责任内阁制，总统在行使行政权力时受到内阁的牵制。第九十五条规定，国务员赞襄大总统对于众议院负责任。总统所发命令及其他关系国务之文书，非经国务员之副署不生效力。但任免国务总理不在此限。此外，宪法还规定司法独立，从体制上形成了司法权对行政权的制衡。

第三，设置"地方制度"，赋予名义上的地方自治权。宪法在第五章"国权"一章中，将国家权力分为"国家事项"和"地方事项"，实行中央与地方的分权体制。在第十二章"地方制度"中，更详尽地规定，省、县可以设议会，省可以自行制定省自治法，但不得与宪法及国家法律相抵触。需要说明的是，该宪法曾被称为"联省自治宪法"，实际上只是为了迎合当时各地军阀割据的现

第十六章

实而作出的妥协之举。宪法在各方面规定国家权力高于各省权力，国家立法高于各省自治法规，实行单一制而非联邦制。

1924年第二次直奉战争结束后，奉系军阀控制了北京政府，推举段祺瑞执政。1925年2月，在北京召开所谓善后会议，通过《国民代表会议条例》，寻求重新制定宪法草案。同年4月，段祺瑞执政府宣布"民国法统，已成陈迹"，下令撤销曹锟的"贿选宪法"，同时宣告1912年的《临时约法》已经失效，彻底废弃法统。此后，经各省推选代表组成的国宪起草委员会负责新一轮的宪法草案起草工作。到1925年12月完成宪法草案的三读程序，是为"段记宪草"。但因负责议决宪法草案的国民代表会议于战乱中没有能够正式召开，该宪草无从提交议决，无法成为正式宪法。随着北伐战争的开始和北伐军的节节胜利，民国北京政府于1927年正式覆灭，这一时期的制宪活动伴随着经验和教训，成为中国近代立宪史的重要组成部分。

第三节 刑事法律

民国北京政府时期，所适用的刑事法律主要是《中华民国暂定新刑律》（以下简称《暂行新刑律》），它是将清末颁布的《钦定大清刑律》略加修订后，以大总统令的形式颁布实施。在1915年和1919年，北京政府曾分别两次完成刑法修正案，但均未正式颁行。此外，北京政府还颁行了以《惩治盗匪法》为代表的刑事特别法，以修正、弥补《暂行新刑律》的不足。大量适用刑事特别法，是这一时期刑事法律的主要特点。

一、《暂行新刑律》及其补充条例

（一）《暂行新刑律》

1912年3月，北京政府公布《临时大总统宣告暂行援用前清法律及〈暂行新刑律〉令文》，该总统令宣布："现在民国法律未经议定颁布，所有从前施行之法律及新刑律，除与民国国体抵触各条应失效力外，余均暂行援用，以资遵守。"此处所指"新刑律"，即清末修律公布的《钦定大清刑律》，这一刑律本来按照计划是要在光绪三十九年（1913年）才施行。据此命令，北京政府法部随即拟定《删修新刑律与国体抵触各章条等并删除暂行章程文》，并附列删除各章条目，经呈袁世凯批准，并通令各司法衙门遵行，是为《暂行新刑律》。

《暂行新刑律》分总则和分则，共五十二章三百九十二条。相比《钦定大清刑律》，其变化主要体现在：

第一，删除与民国国体抵触的相关章条。《暂行新刑律》删除了《钦定大清刑律·分则》的第一章"侵犯皇室罪"十二条以及与君主制度相关的伪造制书、乘舆车驾定义、玉玺、御物等条款。将《钦定大清刑律》使用的"臣民"改为"人民"、"帝国"改为"中华民国"、"覆奏"改为"覆准"、"恩赦"改为"赦免",删除"玉玺"等字样。

第二,删除《暂行章程》五条、位于律首的服制图和总则中的服制。这些修改既是对旧刑律维护纲常名教的否定,也消除了刑法中的矛盾,使体系结构趋于完善。

这些修改反映了刑事法律从帝制政体向民主政体的转变,有着非常积极的意义。如《暂行新刑律》删除了"侵犯皇室罪",但没有增加"侵犯大总统罪"。这体现了将大总统视为普通公民,实现平等保护的立法精神。而在袁世凯专制独裁期间草拟的1915年《修正刑法草案》中,就增设了"侵犯大总统罪"。删除《暂行章程》和服制图、服制,更是具有积极的时代意义。其中所涉及的如无夫奸处刑、尊亲属有犯不得适用正当防卫、强盗、发冢等条款的适用,是清末礼、法之争的延续,也具有积极意义。正因为如此,孙中山在广州建立的护法军政府在南北对峙期间,也宣布适用《暂行新刑律》。

(二)《暂行新刑律补充条例》

1914年袁世凯阴谋复辟帝制,倡导"隆礼""重刑",颁布《暂行新刑律补充条例》十五条。该条例与《暂行章程》维护传统纲常礼教的精神是一致的。它一方面严明尊卑长幼的等级秩序,如规定对尊亲属犯罪不适用正当防卫,无夫奸入罪,规定父母可以请求法院惩戒其子;另一方面是对所谓内乱、外患等重大犯罪予以严厉处罚。该补充条例虽然是刑事基本法的一部分,但只在民国北京政府实际管辖的地区施行。

二、两次刑法修正案

民国北京政府在1915年和1919年先后拟定了两次刑法修正草案,但均未颁行。这两部刑法修正案代表了这一时期中国近代刑事法律的发展,特别是第二次刑法修正案,大量吸收了新近出现的西方刑事立法例,修正了《暂行新刑律》中一些不合时宜的规定,体现了刑事立法技术水平的进步,成为1928年南京国民政府制定刑法的基础。

(一)1915年《修正刑法草案》

1912年颁行《暂行新刑律》之后,北京政府考虑到该法的过渡性,遂于1914年成立法律编查馆,着手对其进行修订。至1915年2月,刑法修正案完成,共五十五章,四百三十二条,除开修正诸条外,还将《暂行新刑律补充条例》的内容正式纳入刑法草案正文。这一刑法草案以"立法自必依乎礼俗""立法自必依乎政体"和"立法必视乎吏民之程度"为修订原则,与《暂行新刑律》相比,存在明显的保守、复旧趋向。后因袁世凯政府迅速垮台,未正式颁布。

1915 年《修正刑法草案》在内容上的重要修改体现在三个方面：

第一，加强对纲常礼教秩序的维护。其在总则中增加"亲族加重"一章，"对于直系尊亲属犯罪者，加重本刑二等，对于旁系尊亲属犯罪者，加重本刑一等"，直至加至死刑。复设无夫奸治罪、卑幼不得对尊亲属实行正当防卫两条。

第二，对大总统予以特别保护。《修正刑法草案》在分则首次增设"侵犯大总统罪"一章，该章规定对大总统加危害甚至只是将加危害的，都要处以死刑。

第三，为保障国家收入，将《私盐治罪法》的内容并入刑法修正案，增加"私盐罪"一章。

（二）1919 年《刑法第二次修正案》

段祺瑞政府在 1918 年 7 月设立法律修订馆，延揽董康、王宠惠为总裁，再次修订刑律。在刑法草案修订完毕后，政府将其发往各省法院征求签注意见，于 1919 年最后定稿。1919 年《刑法第二次修正案》仍分为总则、分则两编，共四十九章、三百九十三条。虽然名为修正案，但实际上较《暂行新刑律》和 1915 年《修正刑法草案》变化明显，被认为是"兼顾国情及融合刑法新潮流"的较为完备的刑法典。

相比较以往的刑律及修正案，这部修正案有几项重要改进：

第一，在体例结构上的调整。总则部分以"刑事责任及刑之减免"一章合并《暂行新刑律》中的"不为罪""宥减"和"自首"三章，修正了原刑律立法上的缺陷。

第二，明确规定故意与过失的范围。鉴于《暂行新刑律》对此所做的定义制造了很多争议，修正案仿效各国立法例，分别详定了故意与过失的含义和适用范围，并按国际刑法学会决议的要求，规定犯人只承担其能够预见之结果的刑事责任。

第三，将刑事责任年龄明定为十四岁。以前的《暂行新刑律》将刑事责任年龄定为十二岁，此次修正案修改为十四岁，对十四岁至十六岁之间采减轻刑罚的适用原则，并设立监护人保证金制度。

第四，调和传统纲常礼教原则的刑法适用。总则中删除了 1915 年《修正刑法草案》中的"亲属加重"一章，没有采用服制图，但在具体犯罪条款中规定了侵犯尊亲属的加重之刑，所采用的民事亲等计算法和服制图也大致相合。就此前饱受争议的"无夫奸"入罪与否，则将其纳入"妨碍伤化罪"一章中，但以未满二十岁之良家妇女为限。修正案对卑幼与尊长享有的正当防卫权予以承认。

此外，修正案在分则部分对罪名的增删、修正、章节条文或分拆或整合也

第
十
六
章

做了大量调整。

三、刑事特别法

民国北京政府时期，在以《暂行新刑律》为刑事基本法之外，还制定了一系列有明确指向性的刑事特别法，以突破、修正、弥补刑事基本法的不足，实现对政治、社会、经济秩序的控制。其中，有针对人身财产侵害的《惩治盗匪条例》（1914年）、《惩治盗匪法》（1914年）；有针对烟毒吸食和贩卖的《吗啡治罪法》（1914年）；有针对经济犯罪的《私盐治罪法》（1914年）；有针对官员职务犯罪的《官吏犯赃治罪条例》（1914年）、《官员犯赃治罪条例》（1921年）以及军事特别法，如1915年颁行的《陆军刑事条例》《海军刑事条例》等。

《惩罚盗匪法》是刑事特别法最有代表性的一部。1914年7月，它先经袁世凯以教令的形式予以颁布，后又经参政院审议、修改，于11月27日以《惩治盗匪法》公布。其后，又以《惩治盗匪法施行法》和《盗匪案件适用法律划一办法》细化实施办法。这部特别法在刑事基本法并无"盗匪罪"的情况下，创设了对所谓"盗匪"的惩治，加重对相关犯罪的处罚力度，实际上改变了刑事基本法的制度设计。在程序上则简化审判程序和死刑复核程序，尤其是赋予地方军政长官对"盗匪"就地枪决的权力。《惩治盗匪法》原定施行五年，但在1919年施行期满后又被延期了三年。到1922年本应废止时，因各省军政长官的强烈要求，又继续施行，直至北京政府统治终结。

第四节　民事法律

民国北京政府时期虽然进行了《中华民国民律草案》的编修，草拟了新的《亲属编》，并在后期对亲属、继承两编做了再次修订，但正式的民法典始终未能颁布、实施。在民法法源上，北京政府主要援用具有浓厚宗法色彩的前清"现行律民事有效部分"作为民事实体法，辅之以近代民法学理认可的"习惯""条理"。这一时期，作为最高审判机关的北京大理院以颁行解释例和判例等方式指导民事审判，形成了大量的具有普遍拘束力的民事法律规范，成为近代中国民法发展上的一大特点。

一、"现行律民事有效部分"

"现行律民事有效部分"是对前清《大清现行刑律》中的民事部分条文加以援用，是1912年至1929年期间的主要民事实体法。

1912年3月，时任民国司法部总长的伍廷芳向南京临时政府提交咨文，"本部现拟就前清制定之民律草案……由民国政府声明继续有效，以为临时适用法律，俾司法者有所依据"，要求援用《大清民律草案》。在南京临时政府为北京政府取代后，北京政府于 4 月作出议决："民律草案，前清时并未宣布，无从援用。嗣后凡关民事案件，应仍照前清现行律中规定各条办理"[1]，即以前清民法草案未完成立法程序为由，否决了援用请求。但同时又决定以光绪三十四年（1908 年）制定、宣统二年（1910 年）予以颁行的《大清现行刑律》中的"民事有效部分"为规范民事生活的法律规则。

"现行律民事有效部分"一共只有一百余条，没有独立的原则体系和系统的规范体例，不足以规范日渐纷繁复杂的民事法律关系。因此，其"有效部分"在司法适用过程中做了一定的扩张，如北京大理院在其判决中将前清时期的《钦定户部则例》中有关户口、田赋等条文纳入到"民事有效部分"中。"现行律民事有效部分"主要包括服制图、服制、名例、户役、田宅、婚姻、犯奸、斗殴和钱债等律例，在规范普通民事行为的同时也维护尊卑、长幼、嫡庶、男女等差等宗法制度，是中国固有民事主体、民事行为规范的集中体现，相当一部分条文并不适合民国社会发展的实际情况。例如，在服制关系中体现的不平等身份制度就违反了民国初期"约法"中的人人平等原则；民事规则多禁止性规定，少权利设定，不利于债权关系的调整和物权的保护；维护家长的财产处分权，限制了民事经济交往的便利等。民国北京政府通过司法审判、司法解释对之作了选择性的适用，这虽使"现行律民事有效部分"的权威性受到削弱，但并不妨碍其民事基本法的地位。

此外，北京政府还公布了一些民事单行法令以解决社会生活中的实际问题，如 1914 年 1 月公布的《验契条例》、1915 年 10 月公布的《管理寺庙条例》、1917 年 10 月公布实施的《清理不动产典当办法》、1922 年 5 月公布实施的《不动产登记条例》等。

二、大理院民事判例

民国北京政府时期，大理院判决以司法解释的形式成为规范民事审判的重要规则、弥补了民事规范的不足。大理院是民国北京政府的最高审判机关，该院分设民事科和刑事科。民国六年（1917 年）以前，大理院民事科分为两个审判庭。在民法典付阙的情况下，大理院所刊著之民事判例成为具有普遍拘束力的民事法律渊源。

民国北京政府时期遵行三权分立之宪法原则，立法、行政、司法三权相互独立、相互制衡。《中华民国临时约法》第 49、51 条规定：法院依法律审判民事诉讼刑事诉讼；法官独立审判，不受上级官厅之干涉。1914 年的《中华民国约法》与 1923 年的《中华民国宪法》，都有相近之规定。依照分权制衡的宪法

第
十
六
章

---

[1]《暂行援用前清法律令》，载《临时公报》，中华民国北京政府印行 1912 年 3 月 11 日。

原则，大理院作为最高审判机关不具有创制民事基本法的权力，亦不能发布创制法律规则之命令，只能行使司法审判权。但《法院编制法》第35条规定：大理院院长有统一解释法律、必应处置之权；第37条规定：大理院各庭审理上告案件，如解释法令之意见，与本庭或他庭成案有异，由大理院院长依法令之义类，开民事科或刑事科或民刑两科之总会审判之。由此，大理院通过行使最高审判权，解决具体案件中的法律适用，以此统一解释法律，进而创制出具有普遍约束力的民事法律规则。

在民国初期的民法发展过程中，作为实体法的"现行律民事有效部分"条文稀少，规范对象和规范范围狭窄。而民事"习惯""条理"等法律渊源，需要司法判决才能将确认其规范功能。因此，北京大理院通过民事审判中的判决理由和法律解释，逐渐发展和完善了民事规范体系。自1912年大理院改制，至1928年闭院，大理院民事各庭共审断民事案件两万余件。其中，有一千七百余则判决或解释了某一现行律民事有效部分中的条文内容，或援引习惯、条理，创制新的民事法律规则。

大理院民事判例，不但对本案当事人有拘束力，而且对同类法律关系有普遍的规范效力。其中，大理院从民事判例中提取的判例要旨，以其简便明了、易于适用的特点，成为官方和民间在民事司法审判和民事社会生活中实际适用的准则。民间法律人士为了诉讼便利，将大理院民事判例要旨进行了系统汇编，仿照"民律草案"的体系，分"总则"性规范和"分则"性规范，以条为单位，依编、章、节的结构编排，形成了内容较为完备、具有法典结构的规范体系。

三、民事习惯的司法适用

中国社会存在的大量民事习惯通过大理院民事判决的司法适用，成为这一时期重要的民事法律渊源。对民事习惯法的司法适用的说明出现在1913年第3号民事判例中，规定："凡习惯法成立之要件由四：①要有内部要素，即人人有法之确信心。②要有外部要素，即于一定期间内就同一事项反复为同一之行为。③要系法令所未规定之事项。④要无悖于公共秩序、利益"[1]同年，大理院又在上字64号判例中确认："判断民事案件应先依法律所规定；法律无明文者，依习惯法；无习惯法者，依条理"。1915年的上字2354号判例再次明确："当事人若主张习惯法则，并经审判衙门调查习惯属实，而可认为有合法之效力者，自应援用作为判决之准据，不能仍凭条理处断"。1915年北洋司法部发布《审理民事案件应注意习惯饬》，要求："各司法衙门审理民事案件，遇有法规无

〔1〕　郭卫编：《大理院判决例全书》，吴宏耀等点校，中国政法大学出版社2013年版，第210页。

可依据、而案情纠葛不易解决者，务宜注意于习惯"。由此，在民事案件审理中，习惯法作为重要的法律渊源，具有仅次于制定法的效力。

并非所有的民事习惯都被承认为习惯法，民国司法机关对民事习惯进行了选择性的适用。如对传统宗法家庭关系，1919 年大理院上字 219 号规定："现行律例，无子立嗣，不得紊乱昭穆伦序，原为保护公益而设，应属强行法规，其与此项法规相反之习惯，当然不能有法之效力"，同年的上字 234 号规定："独子出继，法律既有禁止明文，自不得援引惯例"，对地方不符合宗法原则的习惯作了否定。在 1915 年上字 282 号判例中，对出卖物业先尽亲邻的习惯，则以妨碍经济流通、地方发展为由给予了否定。

为更好地理解全国各地的民事习惯，准备将来的民商事法典的编纂，民国北京政府延续了清末的做法，进行了民商事习惯调查活动。对民商事习惯的调查先由奉天省于 1917 年开始，后于 1918 年在全国范围内展开，至 1921 年止，北京政府法律修订馆陆续收集到各省呈交的民商事习惯调查报告，并进行了整理，在 1927 年公开出版了两期《民商事习惯报告录》。民间也有施沛生、鲍荫轩等编纂的《中国民事习惯大全》于 1923 年面世。这些记录详实、细致入微的民事习惯记录，对后世了解清代、民初中国民商事社会提供了丰富的资料，并对南京国民政府时期的民法典编订做出了贡献。

四、第二次民律草案

1914 年，北京政府开始进行民法典的编修工作。1915 年，法律编查会对《大清民律草案》中最欠妥当的亲属编进行了修订，编纂完成了《民律亲属编草案》，共七章一百四十一条。此时，因袁世凯企图恢复帝制，政局动荡，《民律亲属编草案》未能付诸立法机构审议。1918 年，北京政府将法律编查会更名为法律修订馆。为收回治外法权，应对列强派出的调查中国法律状况的治外法权调查委员会，北京政府要求法律修订馆在 1925 年法权调查会议召开前完成新民律的起草工作。法律修订馆除开进行民商事习惯调查活动外，还汇集国内著名民法学家，着手编订民法典草案。大理院院长余棨昌负责民法总则的起草，法律修订馆副总裁应时、总纂梁敬錞负责起草债编，北京大学教授黄右昌负责起草物权编，总纂高种负责起草亲属和继承两编。至 1925 年，完成了总则、债、物权三编的编纂，1926 年完成了亲属和继承两编。整个民法典草案被称为《民律草案》（"民律二草"），为区别于《大清民律草案》，学界多将此次起草工作称为"第二次民律草案"。此次草案未正式颁行，但经司法部通令，以条例的名义在各级法院进行民事审判时援用。

民国《民律草案》分为总则、债、物权、亲属、继承五编，共一千二百二十二条，基本以《大清民律草案》为蓝本，在亲属、继承两编中加入"现行律

民事有效部分"及历年大理院判例。相比《大清民律草案》,它的变化主要体现在:

1. 草案在立法价值上摒弃个人主义,采取社会本位,限制绝对的个人权利。如草案引入诚实信用原则,以此作为限制契约自由的一般条款,虽然承认体现个人主义原则的契约自由,但强调签订契约和履行契约时必须无悖于诚实信用,维护社会公益。草案第二编以"债"取代"债权",以此强调兼顾债权人和债务人两方的利益。第三编的"物权"也强调所有权的行使须受制于社会公共利益,行使所有权不得损害第三人的合法权益。由于民事有效部分的直接引入,亲属编中的家族制度的规定更加完密。在继承编中则加入了宗祧继承一项。

2. 草案注意吸收本国固有法和司法经验。草案将具有中国传统特色并且在民事生活中广泛存在的典当纳入物权编中,专设"典权"一章。在亲属和继承两编中,则大量吸纳了"现行律民事有效部分"的条文和大理院判例、解释例。亲属编二百四十三条、继承编二百二十五条,较《大清民律草案》两编各增加了一百多条。

3. 更为成熟的民法编订技术。《大清民律草案》一味模仿日本民法,对当时正在发生的以德国民法修订为中心的民法发展动向未予关注,法典条文、概念中的错漏,难以符合实际民事生活的需要。《民律草案》修订时,编纂人员充分吸纳了学界的意见和法界的实践,使草案在结构和内容上都显示出完善的编修技术。如债编中删去了清末民律草案中属于商法的条文,物权编中植入主物和从物的区分,亲属编中加入夫妻权利义务和夫妻财产制,以体现对妇女权益的维护。

民国《民律草案》在近代中国民法发展史上具有进步意义,是中国第二次系统编订的民法典。在借鉴西方民法的同时,注意吸收固有民事习惯,丰富了民事立法的经验。

第五节　司法思想与司法制度

一、司法思想

（一）收回治外法权

民国北京政府积极寻求收回列强在华的治外法权,以实现统一的司法主权。借助"一战"战胜国的地位,北京政府向德国、奥匈和沙俄政府提出废除各项在华特权,其后以签订新约形式结束了上述国家在华领事裁判制度。在战后召开的巴黎和会上,民国代表正式提出废除列强在华的领事裁判权,但此要求未被正式讨论。之后,在 1921 年专门解决中国问题召集的华盛顿九国会议上,中国代表团再次重申撤销领事裁判权。负责交涉的中国代表、大理院院长王宠惠指出："领事裁判权制度伤害中国主权，中国人民视为国耻。"[1] 同年，民国北京政府单方面废除了1918年在中瑞条约附件中给予瑞士的领事裁判权。为达成全面的法权自治，民国北京政府一方面在外交上争取各种机会修改旧约，另一方面则以收回法权为号召，积极进行立法和司法体系的改革，使之成为完善司法机制的一大动力。

（二）追求司法独立

在民国北京政府构建近代司法体制的各项计划和宣示中，追求司法独立是鲜明的主流思想。相较于传统司法审判的体制，建立一个独立的专业司法审判系统是体现"三权分立"中独立司法审判权的重要标识。民国初年，第二任司法部部长许世英发表"司法计划书"，开篇即言明："司法独立为立宪国之要素，亦即法治国之精神。"[2] 1913年，当时的司法总长梁启超也声明："然法治国曷由能成，非守法之观念，普及于社会焉不可也。守法观念如何而始能普及，必人人知法律之可恃，油然生信仰之心，则自懔然而莫之犯也。故立宪国必以司法独立为第一要件，职此之由。"[3] 为促进司法独立，民国北京政府一方面进行了司法官的考试选任，以谋求专业化、专职化的司法官队伍，另一方面，则积极呼吁完善基层司法机构的建设。在人力、财力均匮乏的情况下，最大限度的以专门的司法人员专职从事司法审判为底线，寻求从点到面的审判系统发展。为此，民国北京政府以培养司法人才为突破口，从制度上完善司法官的培养和选拔。1915年9月，民国北京政府公布《司法官考试令》，10月公布《司法官惩戒法》。在审检厅无力满足司法人员实习考核的情况下，又以司法讲习所、司法储才馆等形式满足司法人才的储备，以更为严格的考试和惩治制度，实现近代中国初步的司法专才培训。

二、司法制度

（一）司法机关

民国北京政府时期，以大理院为首的各级审检厅和行政兼理司法机关构成了普通审判机关，司法部负责全国的司法行政事务。在北京设立的平政院负责行政诉讼案件。另有军事审判机关依据特别法负责军法案件及盗匪等特别案件的审理。

1. 普通审判机关。民国北京政府以清末制定的《法院编制法》为蓝本，稍

〔1〕 "华盛顿会议太平洋远东问题委员会关于1921年11月25日在全美联合公开第六次会议记录"，参见《法律评论》1925年第4期。

〔2〕 许世英："许总长司法计划书"，载《司法公报》1912年第3期。

〔3〕 《梁启超全集》（第四册），北京出版社1999年版，第2648页。

加修改，于 1912 年颁布《中华民国暂行法院编制法》（以下简称《暂行法院编制法》），设立以大理院为最高法院，以各省高等审判厅、地方审判厅和初级审判厅为主体的四级三审裁判体系。同时，分别设立与审判厅同级的检察厅。1914 年 4 月，袁世凯决定裁撤全部初级审判、检察厅和近三分之二的地方审判、检察厅。此后，基层地方的普通审判机构就再未能完全恢复，审级体系实际上由三级机构组成。

2. 平政院。清末预备立宪时，曾仿效欧陆国家，在普通审判外单独设立行政审判机构，并颁布了《行政审判法》，预期设立"行政审判院"。民国北京政府延续了这一构想，在 1914 年 3 月，颁布《平政院编制令》，在北京设立平政院，专门管辖行政诉讼。由此，形成了平政院与普通法院系统分立、行政诉讼与一般民刑诉讼分立的二院司法体制。

3. 兼理司法机关。民国政府曾设想在全国范围内设立一万余所审判厅、检察厅，管辖各级民事、刑事案件。但拮据的司法经费和匮乏的专门司法人才，无力支撑起基层地方审判机构的运转。为此，民国北京政府尝试了多种兼理司法机构，以简化的人员配置和诉讼流程，承担民事、刑事案件的初审。

鉴于为期五年的司法规划中所需要的司法专业人员数量巨大，且考选流程严格，北京政府无力于短期内在县级地方设立独立的审判机关。为此，审检所作为一种过渡形态的审判机关先行设立。从 1913 年 3 月开始，民国北京政府在县级地方设立审检所，配置具有一定法律知识的人员担任帮审员，负责初级民事、刑事案件的审理，县知事以兼任检察官身份在刑事案件中提起公诉。后因司法规划被撤销，审检所也没有存在的必要，在 1914 年被县知事兼理司法制度取代。1914 年，民国北京政府决定压缩已有的地方审判、检察厅规模。在条件较好的县，设立地方审判分厅、分庭或地方刑事简易庭。在其他各县，则由县知事兼理司法，并颁行了《县知事兼理司法事务暂行条例》，县知事兼理司法实际上成为县级地方的主要司法模式。[1] 截至 1926 年，只完成了六十六所地方审判厅以及二十三所审判分厅的设立，而以县知事兼理司法的则多达一千八百所。为改变县知事兼理司法浓厚的行政、司法合一的色彩，民国北京政府在 1917 年 5 月公布《县司法公署组织章程》，要求在未设立审检厅的各县设立司法公署独立行使审判权。县司法公署由考选出来的司法专业人员担任审判员，以县知事负责检举犯罪、缉捕罪犯并执行刑事判决。章程第三条明确"设司法公署地方所有民、刑事案件，不问事务轻微、重大，概归司法公署管辖。"司法公署制度赋予审判员较为独立的审判权，在体制上具有一定的司法独立的性质。但由于

---

〔1〕　参见朱勇主编：《中国法制通史》（第九卷），法律出版社 1999 年版，第 524 页。

其剥夺了地方官吏的司法权，地方对这一机构的设置持消极态度。到 1926 年年底，全国在近十年时间内仅设立了四十六所司法公署，绝大多数的县级地方依然以县知事兼理司法审判。

4. 军事审判机关。民国北京政府分别设立有陆军和海军军事审判机关，根据 1915 年颁行的《陆军刑事条例》《海军刑事条例》，受理以军人为被告或与军事有关的案件。《惩治盗匪条例》《惩治盗匪法》《吗啡治罪法》等系列刑事特别法颁布后，赋予了地方军政长官对"盗匪"就地枪决的权力。在宣布戒严的地方，普通案件也归军事审判机关管辖。而在此期间，军阀混战，大部分地区常年处于戒严状态，因而军事审判机关拥有较大的审判权。

（二）诉讼审判制度

1. 形式上独立行使审判权。民国北京政府在一定范围内建立了独立行使司法审判权的机制，配置了经过法学专业学习并经过法律职业考试选拔出来的司法专才担任推事。

按照《暂行法院编制法》的相关规定，推事（即法官）必须具备一定的法学专科教育经历，并通过国家司法考试，才能在审检厅担任实习推事、检事。完成实习后，再进行考试方能担任初任推事和检事。按照《文官高等考试令》的规定，司法官考试每三年举行一次，还可以进行临时考试。1913 年至 1926 年，北京政府共进行了一次甄拔试和五次法官考试，共录取法官近八百人。

这一时期的法官独立行使审判权有一定制度上的保障。如《临时约法》第 52 条规定："法官在任中不得减俸或转职，非依法律受刑罚宣告或应免职之惩戒处分，不得解职。"《暂行法院编制法》对法官的职位、薪俸、调任、停职、免官等有更为详尽的规定，例如法官即便在受惩戒或刑事控告期间，其薪俸依然要得到供给。法律同时规定法官不得参加各种政治团体、不得被选举为议员，不得经营商业或担任有兼职性报酬的职位，以此保证法官的独立职业。

在上述专业保障和职业保障的基础上，法律明确法官独立行使审判权，保障其绝对的裁判权。《临时约法》第五十一条规定："法官独立审判不受上级官厅之干涉"，《暂行法院编制法》规定，大理院院长也"不得指挥审判官所掌理各案件之审判"。案件以合议庭形式裁定的，"判决之议决，以过半数意见定之。"

民国北京政府在人力、物力的双重制约下，在一定范围内艰难地实践了司法权独立原则，构建了相应的机制，为近代中国诉讼机制的转型做了有益的尝试。但由于政局纷乱和军阀势力独大，司法权独立在很大程度上还只是形式上的。

2. 审检分立制度。北京政府实行审判权与检察权分立制度，虽然同等级别的检察厅设置于同级审判厅内，但检察厅独立行使检察权。各级检察厅由检察

第十六章

官若干人组成，以一人为首席检察官。初级检察厅只设检察官一至二人。各级检察官的职权包括：对于刑事案件，依法行使搜查处分、提起公诉、实行公诉、监督执行等职权；对于民事案件及其他案件，依法充当当事人或公益代表人。检察机关在理论上独立行使检察权，只对上级检察机关负责，不受行政长官和审判机关的干预。

3. 行政诉讼的实践。依据《平政院编制令》，设在北京的平政院直接隶属于大总统，专门负责行政诉讼。平政院设立初期，效仿古代监察机关，下设肃政厅，肃政厅长官为都肃政史，并设肃政史十六人，肃政史既可依据《行政诉讼法》向平政院提起行政公诉，也可依据《纠弹法》纠弹官吏。肃政厅于1917年被撤销。平政院受理对中央或地方最高行政机关所作行政处分不服而提起的行政诉讼，或对中央或地方非最高行政机关所作的行政处分不服，经诉至最高行政机关而对其决定仍不服而提起的行政诉讼。平政院可作出取消原行政行为的决定，也可以予以变更原行政处分。平政院的设立使行政诉讼第一次出现在中国诉讼体系中，虽然其规模不足以满足全国的需要，也不便于民众行使行政诉权，但仍然是一项创举。

4. 诉讼立法混乱。民国北京政府时期没有颁行系统有效的诉讼法规。由于清末编订的《刑事诉讼律草案》和《民事诉讼律草案》均未颁行，因此，民国参议院未将其纳入援用前清法律的范围。大理院将前清的《刑事诉讼律草案》部分内容以"诉讼法理"的形式予以援引，为刑事诉讼提供了一些制度保障。1912年，北京政府司法部将清末的《民事诉讼律草案》第一编管辖各章呈请，以大总统令形式予以援用，1919年又将回避拒却引避章援用，其余涉及民事诉讼的规则，以援用前清的《各级审判厅试办章程》和《暂行法院编制法》中相关条文，以及司法部发布的法庭规则为主。

1921年，先是由宣布独立的广州军政府将晚清的《民事诉讼律草案》和《刑事诉讼律草案》中所有抵触约法及现行法令的条文分别删修后，予以正式公布实施，成为《民事诉讼律》和《刑事诉讼律》。有鉴于此，北京政府也于同年7月由法律修订馆在前清诉讼律草案基础上删修，以大总统教令的形式颁布了《民事诉讼条例》和《刑事诉讼条例》。两套诉讼法律相比较，北京政府的诉讼条例在继承的同时又借鉴了诉讼法学界的新发展，故内容上更为进步。

第六节　社会法律思潮

一、传统礼教的维护与废弃

近代中国对西方列强的看法从船坚炮利转变到清末时的制度优势，到民国北京政府这一时期，又开始向文化优势转化。传统礼教与西方法理之间的争论从清末延续到了民国初期，是否要尊奉孔教为规范民众精神生活的国教、是否要将孔教载于宪法之中，是这时期双方争论的焦点话题。但由于维护传统礼教的一方企图借助以袁世凯为首的政治势力来实现他们的诉求，后者也企图以纲常礼教来维系统治秩序，使得这场争论随着袁世凯走向独裁、复辟而笼罩上了反动与进步的色彩。1915 年开始的新文化运动先是将反孔教和反复辟视为中心活动，进而将中国传统文化与西方文化作为保守与进步的一组对立物，这引发了更为广泛的东、西方文化为主体的论战，成为 20 世纪中国思想文化史的核心议题之一。

民国南京临时政府建立后，在文化教育领域倡导自由平等和民主共和等理念，对传统礼法教育十分排斥。临时政府教育部发布的《普通教育暂行办法》，将"小学读经科，一律废止"。出任临时政府教育总长的蔡元培主张"忠君与共和政体不合、尊孔与信仰自由相违"，废除了清末学部制定的"忠君、尊孔、尚公、尚武、尚实"的教育方针。但是，相比较政治上的激烈变革，近代中国的社会经济在基本运行方式上并未发生根本改变，传统礼教依存的社会结构仍然十分稳固，这就使得以尊孔为核心的维护礼教势力颇具社会基础，他们提出的立孔教为国教，在民初社会法律思潮中占有重要地位。

所谓孔教运动，就是设立孔教会，入会即入教，以扩张政治势力。1912 年10 月 7 日，孔教会成立，康有为担任会长，打着"昌明孔教，救济社会"的旗号。其核心政治运动，是推动孔教为国教，将孔教写入宪法。1913 年 8 月，孔教会代表梁启超、陈焕章、严复、夏曾佑和王式通等人联名上书参众两院，请求定孔教为国教。康有为等人主张的设孔教为国教，其实质目的是将已经式微的保皇势力与民初的政党政治结合在一起，继续保有其政治话语权。袁世凯并不愿意将孔教确立为限制自己权力的国教，但他期望借助以礼教为核心的传统法律力量，来达到恢复帝制的目的。因此，他先后颁布《准孔教会批》《祀云典礼告令》和《祭圣告令》，要求全国学校恢复祭奠孔子的仪式，他本人也先后进行了祭天和祭拜孔庙的活动。袁世凯死后的民国北京政府继续将儒家文化与教育相结合，但不再将其上升到国教的地位。在其后的张勋复辟失败之后，立孔教为国教这一思潮与保皇势力一起被批判，影响力迅速衰微，最终销声匿迹。

在这一思潮中，共和主义者坚决认为尊孔与共和政体不合。1914 年，孙中山在"第二次讨袁檄文"中揭露袁世凯"祭天""祀孔"是"司马昭之心，路人皆见"。[1] 尤其是袁世凯企图复辟帝制前后，新文化运动在反思复辟的氛围

---

[1]　《孙中山全集》（第三卷），中华书局 1984 年版，第 130 页。

中兴起,将尊孔视为复辟的文化基础和社会基础,呼吁"打倒孔家店",建立作为新政治的新文化和新道德。新文化运动领袖之一的陈独秀说:"孔教之精华曰孔教,为吾国伦理政治之根本。其存废为吾国早当解决之问题,应在国体宪法问题解决之先。"[1] 在新文化运动者看来,共和政治要树立新的伦理道德,这一伦理道德的具体内容多有不同,但在一点上是共同的,那就是把孔教视为变革的对象。新文化运动的另一位领袖李大钊也指出:"看那二千余年来支配中国人精神的孔门伦理——所谓纲常,所谓名教,所谓道德,所谓礼义,哪一样不是损卑下以奉尊长?哪一样不是牺牲被治者的个性以事治者?哪一样不是本着大家族制度下弟子对于亲长的精神?"[2]

复古尊孔也渗入到了这一时期的宪法制定活动中,维护礼教的势力企图影响以《中华民国宪法草案》("天坛宪草")为蓝本的宪法草案的修订工作。在1913年起草宪法过程中,宪法起草委员会委员陈铭鉴提出"以孔教为国教"之动议,并得到了委员会中进步党议员汪荣宝的积极附和,但在委员会内部讨论中,该提议遭到了国民党人张耀增的激烈反对。宪法起草委员会就"宪法是否规定孔教为国教"以及类似提议进行表决,均没有获得通过。孔教派转而提出删除宪法草案第十一条"中华民国有信仰宗教自由,非依法律不受制限"的提议,也没有获得成功。最后经过双方妥协,宪法起草委员会在宪草第十九条后增加一项"国民教育以孔子之道为修身之大本"。袁世凯死后,北京政府重新召开了国会。1916年9月,康有为致电大总统黎元洪与总理段祺瑞,要求"以孔子为大教,编入宪法"[3] 段祺瑞政府在修订宪法草案时,经过初读、二读程序的多次辩论,将"国民教育以孔子之道为修身之大本"一项从宪草第十九条中删除,而代之"中华民国人民有尊崇孔子及信仰宗教之自由,非依法律不受限制"。1923年《中华民国宪法》也将此条内容纳入文本之中。

二、联省自治与省宪运动

民国北京政府从一开始就面临着地方实力派的挑战,在袁世凯死后,中央权力式微和地方军阀势力做大变得越加明显。此时,联邦制伴随着西方政治法律思潮广泛传播,地方自治成为转型中的中国政治的重要诉求。在这一时期,出现了联省自治和制定省宪的风潮。二者名称不同,但本质上是一致的,其要旨在于,各省按照省宪组织省议会、处理地方事务。然后由各省选派代表组织联省会议,制定联省宪法,以联邦制改变民初以来的单一制国家模式。

---

[1]　陈独秀:"宪法与孔教",载《新青年》1916年第2卷第3号。
[2]　《李大钊文集》(下册),人民出版社1984年版,第178页。
[3]　《康有为全集》(第十集),中国人民大学出版社2007年版,第317页。

联邦制在十九世纪中叶传入中国，魏源最先在《海国图志》中讲述美国的联邦制时说："各部落自立小首领一人，竹领部落之事。"[1] 随着近代民族危机的不断加深和西方宪法理论的不断输入，以联邦制拯救中国这一设想开始由革命派和维新派相继提出。孙中山在 1894 年建立兴中会时，其政治纲领就有"建立合众政府"一项。戊戌变法后，梁启超东渡日本，在此期间系统地研究了西方政治法律制度。1902 年在《新民丛报》发表"民约论巨子卢梭之学说"一文，在讲到联邦民主制时，梁启超指出："据联邦之制以实行民主之政，则其国势之强弱，人民之自由，必有可以震古轹今而永为后世万国法者"，认为中国"民间自治之风最盛焉，诚能博采文明各国地方之制，省省、府府、州州、县县、乡乡、市市各为体，因其地宜以立法律，从其民欲以施政令，则成就一卢梭心目中所想望之国家，其路为最近而其事为最易焉。"[2] 而从中央与地方关系的基本制度架构来看，省自治在清末预备立宪时，就有相对积极的评价。当时的宪政编查馆认为，"（各省）咨议局为地方自治与中央集权之枢纽，必使下足裒集一省之舆论，上仍无妨国家统一之大权。"[3]

联邦制以联省自治的名义成为法律思潮则是在袁世凯统治时期。袁世凯在 1914 年颁布新省制，其基本特点是取消省议会，实行虚省三级地方制，即虚化省一级政府，设听命于中央的巡按使，削弱地方势力。这种做法引发思想界的强烈忧虑，联邦论由此兴起。1914 年，戴季陶在《民国杂志》发表《中华民国与联邦组织》一文，第一次系统地阐述联邦制的学理思考，主张"中华民国非组织为联邦不可。"[4] 学者章士钊 1915 年发表《学理上之联邦论》，认为中国各省可以以"邦"的形式"联"在一起[5] 联邦制的支持者认识到，民国政府的共和政治在短期内是无法实现的，相较于中央政府缺乏实现共和的民意基础和合法性，地方实力派则是显见的政治势力。为避免国家陷入军阀割据、混战，联邦制是一个合适的选择。

1920 年以后，联省自治和制定省宪成为国家根本制度设计方案中的主流理论之一。此时的北京中央政府既无法完成以宪法为中心的国家根本制度的构建，也无法以武力统一全国。南北政府对立，军阀割据，百姓生灵涂炭。通过联邦

〔1〕 魏源：《海国图志》（卷六〇）；《外大西洋美利坚总记》（中）。
〔2〕 李华兴、吴嘉勋：《梁启超选集》，上海人民出版社 1984 年版，第 715－717 页。该文载于《新民丛报》，1902 年 6 月，第 11、12 号。
〔3〕 赵尔巽等：《清史稿·选举八》。
〔4〕 戴季陶："中国民国与联邦组织"，转自章开沅：《戴季陶集》，华中师范大学出版社 1990 年版。
〔5〕 章士钊："学理上之联邦论"，载《甲寅杂志存稿》，商务印书馆 1925 年版。

制实现国家真正的统一，成为联省自治[1]思潮的现实政治主张。而地方军阀则积极利用联省自治实现军事割据的合法化，一方面以省自治对抗中央政府的武力统一，另一方面还是防范外省军阀侵犯的自卫手段。在地方军阀的支持下，湖南最先开始了制定省宪的运动。1920年，谭延闿以湘军总司令名义发布通电，宣布湖南自治。1921年11月，湖南省宪法草案经过宪法审查委员会审查后进行了全省投票，该草案以1800余万票的支持而获得通过，于1922年1月1日正式公布。1922年12月下旬，依照省宪法，湖南选举出了省政府。此后浙江、广东纷纷制定省宪，江苏、四川、云南、广西、贵州、陕西、江西、湖北和福建等省，或由省议会公布宪法会议组织法，或由行政当局宣布制宪自治，或由专门人士起草宪法。尽管联省自治、制定省宪是否意味着中国的国家组织体制就将成为联邦制并不明确，但这一思潮及其实践依然是联邦制学说在近代中国政治环境下的一次尝试。

但反对联邦制的声音也一样强大。张君劢在《大中华杂志》发表《联邦十不可论》[2]，指出联邦制不仅是州一级的自治，更重要的在于城、镇、乡的全面自治，而中国并没有地方自治的传统。陈独秀认为"所谓联治，不过联省自治其名，联督割据其实，不啻明目张胆提倡武人割据，替武人割据的现状加上一层宪法保障。"[3] 反对联省自治一方的理由主要是，中国没有地方自治的传统，国民也缺乏相应的素质，而所谓的省自治无非是清末地方自治的一种延续，是孕育地方军阀的温床，为他们在法律上赋权毫无道理。

在联省自治和制定省宪的思潮影响下，直系军阀曹锟掌控的北京政府在1923年制定《中华民国宪法》时，将省制入宪，并规定了地方分权。但要看到，在中国历史上，单一制的中央与地方关系有着长期的传统，联省自治思潮希图以和平手段结束军阀割据，实现国家的真正统一，不失为一种政治理想。但在外有列强环伺、内有军阀混战的情况下，近代中国更需要一个强有力的中央政府来构建国家的组织能力和建设能力。

第十六章

---

〔1〕 一般认为，张继在1920年正式提出了"联省自治"这一概念。见徐矛："中国资产阶级探索联邦制理论五十年"，载《复旦学报》1989年第2期。

〔2〕 张君劢："联邦十不可论"，载《大中华》第2卷第9期，1916年9月20日。

〔3〕 陈独秀："对于现在中国政治问题之我见"，载《东方杂志》1922年第15期。

第十七章
中华民国南京国民政府时期的法律

1927 年 4 月 18 日，国民党在南京成立国民政府，史称"南京国民政府"。1928 年 12 月 29 日，张学良宣布东北"易帜"，服从南京国民政府。至此，在经过十几年军阀混战后，南京国民政府在形式上统一了全国。南京国民政府延续了自清末以来的法律改革进程，建构了中国第一个完整的近代法律体系——"六法体系"，形式上完成了法律的近代化。但形式上的近代法律体系并不能掩盖南京国民政府浓厚的党治、军治色彩，部分移植自西方的法律制度也脱离了中国的现实，不具备实施的社会条件。1949 年 2 月，中国共产党中央委员会发表《关于废除国民党的六法全书与确定解放区的司法原则的指示》，"六法体系"被废弃，中国法律进入新的发展阶段。

第一节　立法思想与立法活动

一、立法思想

南京国民政府建立后，标榜以孙中山"遗教"为根本立法原则，以孙中山三民主义为立法指导思想。但在实际运用过程中，孙中山提出的"以党治国""权能分治""建国三时期"等学说，被断章取义地加以运用，变成国民党一党专政和蒋介石个人独裁的工具。

（一）社会本位的立法理论

结合当时国际、国内时势，以胡汉民为代表的南京国民政府立法者们继承了孙中山注重国家社会利益的思想，提出了"社会本位"的立法理论。胡汉民等认为，近代中国所面临的最主要问题，是民族生存和国家地位问题。中国要改变近代以来受人欺凌、任人宰割的屈辱历史，首先要实现民族强盛和国家富强。为了实现民族强盛，就需要在立法活动中确立社会本位、国家至上的原则。此外，在胡汉民看来，与个人本位相对应的社会本位的立法理论，也是比较东西方文化传统的优劣得失后确立的最佳选择。在他看来，虽然近代欧美国家确立了以保障个人权利为基点的近代法律体系，然而，这种个人本位的法律制度在 20 世纪初暴露出越来越多的弊病：西方国家过分强调个人利益和个人权利，直接导致贫富两级分化，导致人与人之间关系的紧张，并引起社会的无序。他认为，与西方个人本位的法律制度相比，传统中国的家族本位法律制度已具有进步性，而三民主义的社会本位法律制度则更加完美。

（二）权能分治理论和五权宪法

孙中山提出，权力分作"政权"与"治权"两种。政权是管理政府的权力，由人民行使。政府在人民的控制之下，依民意而行使其职能。人民拥有选举权、罢免权、创制权、复决权。人民通过这四项权力，实现对政权的掌握，对政府的控制。治权是政府自身的权力，包括行政、立法、司法、考试、监察五项权力。政府在人民的控制之下，通过五个各自独立的机构分别行使各项权力，相互制约，相互配合。对于人民权力的保护及对政府权力的限制，最终都依赖于宪法的力量，以"五权宪法"保障"五权体制"的确立和运作。

根据权能分治理论，五权宪法下的政府组织方案，首先是由人民选举国民代表，组成最高国家政权机关的国民大会，代表人民行使选举、罢免、创制和复决四项权力，组成并监督政府。而政府则由行政、立法、司法、考试和监察五院组成，分别依据不同的法律行使治权。五权宪法的核心特点是国民大会制约政府，而政府依照人民的意志治理各项事务，形成政权决定治权，治权服从政权的宪法体制。

（三）建国三时期与训政保姆论

基于三民主义的立法学说，结合新政权实际的统治需要，南京政府立法者们又提出建国三时期和"训政保姆论"作为其立法的指导原则。根据孙中山的设计，出于对民众智力和素质水平的考虑，他认为，未来宪法体制的最终确立，需经历一个渐进的过程。这个过程分作三个阶段：军政时期、训政时期、宪政时期，即"建国三时期"。三个阶段内分别实行军法之治、约法之治、宪法之治三种不同的统治方式。

而"训政保姆论"就是要在"约法之治"时期，由国民党主持政权，掌握国家政治、经济、军事等各项统治权。同时，国民党以"政治保姆"的身份担负教育国民，训练其行使政权的职责。1928 年 6 月，胡汉民、孙科向南京国民政府提出"《训政大纲》案"及《训政大纲提案说明书》，主张"以党统一、以党训政，培植宪政深厚之基"，提出以国民党作为民众"政权之保姆"，训练国民，使其掌握"管理政府之能力"。1929 年 3 月 21 日，国民党第三次全国代表大会通过《确定训政时期党、政府、人民行使政权、治权之分际及方略案》，将"训政保姆"理论进一步具体化："中国国民党独负全责，领导国民，扶植中华民国之政权、治权，而使之发展，以入宪政之域"；"中华民国人民，在政治的知识与经验之幼稚上，实等于初生之婴儿；中国国民党者，即产生此婴儿之母"。由此，中国国民党以人民保姆自居，在训政时期，不成立国民大会，以国民党全国代表大会代替，而五院政府也是受国民党中央委员会直接监督。

（四）立法思想的本质

从清末至民国北京政府时期的政治发展进程看，近代中国普通民众政治素质偏低、民主共和观念向社会渗透的力度不够，是民主共和政治屡试屡败的重要原因。就此而言，孙中山先生的三民主义思想强调适当集权的必要性，主张国民党在军政、训政时期担负训练国民行使政治权力的理论是有其合理性。但在以后的实践中，南京国民政府完全忽略孙中山上述理论的历史过渡性特点，将三民主义本末倒置，以国民党一党专政的"党治"原则，作为训政时期乃至"宪政"时期国民政府的基本方针，将其贯穿于政治、经济、军事等社会生活各个方面，也贯穿于其间的各项立法活动。因此，在整个南京国民政府统治时期，其立法、司法等活动具有极为浓厚的"党治""军治"色彩，不仅政权、政府由国民党把持，甚至重要法律也都由国民党主持修正、解释。

二、立法活动

南京国民政府的立法活动以"六法体系"的构建为核心，逐步形成了以宪法、民法、刑法、民事诉讼法、刑事诉讼法和行政法为主的六大类法律体系。"六法体系"以成文法典为主体内容，在继承清末、民国北京政府立法成果的同时，也积极吸收和继受欧陆法系最新的立法成果与经验，因应理论上的变化和社会实际的需要。其立法活动主要可以分为三个阶段。

（一）第一阶段：民国六法体系初建阶段（1927 – 1931）

南京国民政府延续清末以来仿效大陆法系的做法，构建以法典为核心的部门法体系。法国是世界上最先完成法律体系法典化的国家，自 1804 年制定《民法典》之后，相继制定《民事诉讼法典》《商法典》《刑事诉讼法典》《刑法典》等四部法典，因而有"五法典"体系之称。再加上不断变化、修改的法国宪法，构成了最初的六个相对独立的法典体系。日本明治维新时，进行法制改革，引进大陆法系，将其制定的法律法规称为"六法"体系，编纂了《六法全书》。最先的"六法"是指宪法、民法、商法、刑法、民事诉讼法和刑事诉讼法，其后民法学界主张民商一体，商法不再作为独立的部门法，因而由行政法取而代之。

南京国民政府在 1927 年至 1937 年之间，相继公布实施了包括根本法（《训政纲领》）、民法、刑法、民事诉讼法、刑事诉讼法和行政法在内的六个门类的法典及关系法规（如条例、细则、办法等），合编为《六法全书》。

1. 宪法类。1928 年 10 月 3 日，经国民党中央常务委员会议决，通过具有宪法性质的《训政纲领》，其后为国民党第三次全国代表大会追认。1931 年 5 月 5 日召开国民会议，通过《训政时期约法》，作为训政时期的根本法，具有最高法律地位。

2. 民法类。民法典的制定，采取了分编起草、分别通过、汇编成典的方式。自 1928 年至 1930 年，先后通过了民法总则、债、物权、亲属、继承五编，形成《中华民国民法》。南京国民政府采用了民商合一的体制，没有单独制定商法典，而是陆续颁行了诸如《公司法》（1929 年）、《票据法》（1929 年）、《海商法》（1929 年）、《保险法》（1929 年）、《船舶法》（1930 年）等一系列单行商事法规，在法律汇编时附于民法分则之后。

3. 刑法类。南京国民政府以民国北京政府 1919 年的《刑法第二次修正案》为基础，于 1928 年公布、施行了《中华民国刑法》（即"二八刑法"）。除此之外，国民政府于这一时期还制定、通过了一些刑法类单行法规，如《惩治盗匪暂行条例》（1927 年）、《暂行反革命治罪法》（1928 年）、《惩治绑匪条例》（1928 年）、《陆海空军刑法》（1929 年）、《陆海空军惩罚法》（1930 年）、《危害民国紧急治罪法》（1931 年）等。

4. 民事诉讼法类。民事诉讼法的制定、通过，也采取分阶段方式。1928 年 7 月，以北京政府《民事诉讼条例》为基础，拟定了《中华民国民事诉讼法》草案。经立法院议定，首先通过了该草案的第一编至第四编，及第五编的前三章，于 1930 年 12 月公布。不久，又由立法院议定、通过该草案的第五编第四章，并于 1931 年 2 月公布。至此，国民政府的第一部《民事诉讼法》即告完成。

5. 刑事诉讼法类。1928 年，以北京政府的《刑事诉讼条例》为基础，拟定了《中华民国刑事诉讼法》草案，经国民党中央政治会议讨论通过，于 1928 年 7 月 28 日公布，此即南京国民政府的第一部《刑事诉讼法》。此外，国民政府在这一时期还颁行了几个涉及刑事诉讼的单行法规，包括《共产党人自首法》（1928 年）、《反革命案件陪审暂行法》（1929 年）。

6. 行政法类。为从整体上强化政权统治，规范政府的各项行政行为，提高行政效率，南京国民政府在 1928 年至 1931 年这一阶段，制定、公布了大量的行政法规，主要包括组织、内政、教育、军政、财政、经济、人事、专门职业和行政救济九大类。其中很多法规直接吸收清末法制改革、南京临时政府及北京政府的立法成果。

在通过编制法典初建法律体系的同时，南京国民政府还继承了北京政府时期司法判例、解释例的传统，确定了以判例补充成文法的体制，并逐渐形成了有关判例的设立、变更、适用等制度。

（二）第二阶段：民国六法体系修订、完善阶段（1932－1945）

南京国民政府在这一时期首先是着手宪法的起草，以宪政取代训政。1932年12月国民党召开四届三中全会，决议起草宪法草案。其后，于1933年1月组成宪法起草委员会，开始起草工作。1934年3月，《中华民国宪法草案初稿》正式公布，并送立法院进入立法审查程序，经全体会议三读通过，完成了立法院审查程序。该宪法草案经国民党中央常委会审查完毕后，于1936年5月5日向社会公布，此即《五五宪草》。因国民党在立宪问题上缺乏诚意，又由于日寇侵华，抗日战争全面爆发，导致应审议并通过宪法的国民大会在此阶段始终无法召开，《中华民国宪法草案》依然处于草案状态。

在部门法体系的完善上，鉴于部分法典、法规直接采用北京政府时期的法典、法规草案，其部分内容不再适应社会关系新的变化，南京国民政府开始重新修订法典、法规，重点是刑法和诉讼法。第二阶段的立法重点主要是诉讼法和行政法两大类。在刑法方面，参酌最新立法例和刑法理论，立法院于1931年12月成立刑法起草委员会，主持新的刑法典的起草工作。1935年1月1日，国民政府正式公布新的《中华民国刑法》，并于同年7月1日施行。这就是南京国民政府制定、生效的第二部刑法典，又称"三五刑法"。在诉讼法方面，自1933年开始，司法行政部分别拟具新的《中华民国刑事诉讼法》和《中华民国民事诉讼法》草案。经立法院审议、通过，分别于1935年同时公布、生效。

在这一阶段，为了抗日战争的需要，国民政府还颁布了一系列特别法，如为惩治投敌叛国，相继公布了《汉奸治罪条例》（1937年）、《惩治汉奸条例》（1938年）；为维护战时经济秩序，强化社会治安，公布了《非常时期评定物价及取缔投机操纵办法》（1939年）、《非常时期维持治安紧急办法》（1940年）、《非常时期取缔日用重要物品囤积居奇办法》（1941年）；为了集中人力、物力投入抗战，公布了《国家总动员法》（1942年）、《妨害国家总动员惩罚暂行条例》（1942年）。

作为世界反法西斯战争的重要组成，中国军民浴血抗战，付出了巨大的牺牲。这一付出和努力得到了同盟国的肯定，有鉴于中国在世界反法西斯战场中举足轻重的地位，美、英两国于1943年1月与国民政府签订新约，同意放弃在华领事裁判权，其他国家在华享有的领事裁判权也相继被撤废。

（三）第三阶段：六法体系被废除阶段（1946－1949.2）

抗战结束后，由共产党、国民党、民盟等政治党派就召开国民大会、制定宪法等问题达成了协议。但1946年国民党政府单方面撕毁协议，径自召集由国民党完全控制的国民大会。1946年11月28日，《中华民国宪法草案》经过国民大会审议通过，由国民政府于1947年1月1日公布，并于1947年12月25日正式施行。在这一阶段，还制定了宪法类特别法：《勘乱总动员令》《动员勘乱完成宪政实施纲要》《动员勘乱时期临时条款》等。在行政法、刑法、诉讼法等方面，也制定了一些单行法规，主要有：《货物税条例》《标准法》《国家标准制定办法》《电业法》《专科学校法》《勘乱时期邮政抽查条例》《维持社会秩序暂行办法》《勘乱时期危害国家紧急治罪条例》《惩治走私条例》《羁押法》《监狱行刑法》等。

至 1949 年，国民党军队全线战败；南京国民政府的统治基础和统治机构面临着全面瓦解和崩溃。共产党领导的解放区政府不断扩大解放区的范围，并逐步建立具有广泛代表性和统治基础的新政权。1949 年 2 月，中国共产党中央委员会发表《关于废除国民党的六法全书与确定解放区的司法原则的指示》，全面废除南京国民政府确立的六法体系，而代之以"在无产阶级领导的工农联盟为主体的人民民主专政的政权下"的新的法律制度。

第二节 宪法与政权体制

一、《训政纲领》与五院政府的成立

1928 年 8 月，国民党召开二届五中全会，宣布结束军政，即将进入训政时期。10 月，国民党中央常务委员会通过了具有宪法性质的《中国国民党训政纲领》。1929 年 3 月召开了国民党第三次全国代表大会，宣布训政时期正式开始。

《训政纲领》全文 6 条，主要任务是"训练国民使用政权"，为实行建国第三阶段的宪政、宪法之治做准备。其主要内容包括：训政时期，由国民党全国代表大会代行全国国民大会的"政权"，国民党全国代表大会闭会期间，由国民党中央执行委员会代行；训政时期的行政、立法、司法、考试、监察五项"治权""付托给国民政府总揽而执行之"；在党、政的关系方面，国民党中央执行委员会指导、监督国民政府重大国务之施行。《训政纲领》充分贯彻了"训政保姆论"所强调的"党治"原则，国民党中央政治会议不仅掌握着诸如确立建国纲领、立法原则、施政方针等大政的决定权，还负责国民政府委员、院长、部长以及地方省、市长官，以及驻外使节、代表的任免。

以《训政纲领》为基本依据，1928 年 10 月，国民党中央执行委员会通过了《中华民国国民政府组织法》。该法共七章四十八条，分为国民政府、行政院、立法院、司法院、考试院、监察院、附则。该法确立委员制与五院制相结合的组织原则，规定国民政府及五院的具体职权。就国民政府的组织体系而言，以国民政府主席作为国家元首，并兼任中华民国陆、海、空军总司令。国民政府委员组成国务会议，处理国家事务，国务会议主席由国民政府主席担任。

就五院体制而言，行政院是国民政府的最高行政机关，立法院是最高立法机关，司法院是最高司法机关，考试院是最高考试机关，监察院是最高监察机关。1928 年 10 月至 12 月，行政院、司法院、立法院先后成立。1929 年 12 月，考试院成立。1931 年 2 月，监察院成立。至此，国民政府五院全部成立。

二、《训政时期约法》

国民政府最初的派系斗争中，训政时期是否应制定具有宪法性质的"约法"是权力之争的焦点。掌握军事实力的蒋介石主张制定"约法"，而国民党元老胡汉民认为应以总理遗教为训政时期根本大法。1930 年，冯玉祥、阎锡山、李宗仁与蒋介石的中原大战爆发，蒋介石为抵制反对派的政治影响，以《训政纲领》法律化为号召，争取了国民党内多数支持。1931 年 2 月，蒋介石软禁胡汉民，以武力形式镇压了这场政治论争，"约法"的制定开始付诸实施。

1931 年 3 月，国民党中央常务会议通过了蒋介石的提案，决定召开国民会议，制定"约法"。同年 5 月，国民会议通过了《中华民国训政时期约法》，并于 6 月公布施行。《中华民国训政时期约法》全文共八章八十九条，分为：总纲、人民之权利义务、训政纲要、国民生计、国民教育、中央与地方之权限、政府之组织、附则。

其前言称："国民政府本革命之三民主义、五权宪法，以建设中华民国。既由军政时期入于训政时期，允宜公布约法，共同遵守，以期促成宪政，授政于民选之政府……"各章主要内容如下：第一章"总纲"除领土、国旗、国都等内容外，仍有"中华民国之主权属于国民全体""中华民国永为统一共和国"的规定。第二章"人民之权利义务"规定了人民的各项民主自由权利。约法对于人民权利、自由的规定，除宗教信仰外，采取间接保障原则：一方面，对于各项权利、自由的实际保障，尚有赖其他具体法律；而另一方面，则是对于此类权利、自由，政府亦可以法律形式加以限制。第三章"训政纲要"吸收了《训政纲领》的主要内容，将"以党治国"原则上升为国民必须遵守的法律，使国民党一党专政和蒋介石个人独裁地位进一步合法化。第四章、第五章分别为"国民生计"，"国民教育"。"国民生计"章主要规定为增强国力、改善人民生活而确立的各项制度，包括对于发展农业、工业、矿业、交通、金融业的保护，建立劳动保险制度，平抑物价，限制高利贷，等等。"国民教育"章确定"三民主义为中华民国教育之根本原则"，并规定：男女教育机会平等，对儿童实施义务教育，对未受义务教育的成年人实施补习教育，奖励、保护学术研究和技术进步等。但在当时政治、经济、文化发展极不平衡的动荡局势下，这些法律规定都缺乏物质保障，在实践中往往流于形式。第六章"中央和地方之权限"形式上实行均权主义，但同时规定地方所制定的法规不得与中央法规相抵触，地方税收的征收不得妨碍中央收入之来源，工商专利和专卖权属于中央，实际上是限制了地方的发展自由。第七章"政府之组织"分为"中央制度"和"地方制度"两节内容。第一节规定了五院制的政府组织形式。政府设国民政府主席一人，为国家最高元首，由国民党中央执行委员会选任。五院院长、部会长都直接或间接地由国民党中央执行委员会选任，五院共同听命于国民党中央执行委员会。第二节主要规定了省、县地方政府及县自治筹备会等组织制度，也均听命于国民党地方各级组织监督指导。第八章"附则"规定了约法的法律效力及其制定、公布和施行的相关情况，以及未来宪法的制定程序等内容。明确规定约法的解释权属于国民党中央执行委员会，表明国民党中央执行委员会政治会议才是真正的最高立法机关。

《中华民国训政时期约法》在立法原则与立法技术等方面，存在诸多问题。其一，没有在约法中明定训政终止的时间，使得以后宪法草案的起草和宪法的实施产生多种障碍和多重歧义。其二，国民党的"党治"原则使约法本身沦为国民党党内政治斗争的工具，丧失了根本法的严肃性。例如，约法规定了国民政府主席作为国家元首的地位。但在国民政府主席蒋介石因政争"引退"后，作为下位法的《国民政府组织法》于1931年12月匆匆做出修正，规定国民政府主席"不负实际政治责任"，五院院长、副院长也不再由国民政府主席提名，而改由国民党中央执行委员会选任。这些自相矛盾乃至违法的做法都是对约法尊严的破坏，使其失去了应有的地位和效力。

三、"五五宪草"

在1931年"九一八"事变后，全国人民反对国民党"一党专政"和要求实行民主宪法的呼声不断高涨。1931年12月，蒋介石被迫"引退"，辞去国民政府主席、行政院长、陆海空军总司令等职务。重新组建的政府由林森任国民政府主席，孙科任行政院长。但新政府难以实际行使权力。1932年1月25日，孙科及行政院各部会官员辞职，再次迎回蒋介石，由其担任新成立的军事委员会委员长，汪精卫任行政院院长。国内反对日本侵略、要求政府实施民主政治、积极抗战的呼声日渐高涨，国民党内反对蒋介石的势力也打出了提前结束训政、尽快制定宪法的旗号。于是，国民党中央在1932年12月召开四届三中全会，同意开始起草宪法草案，并具体筹备宪法的实施。

此次宪法草案的起草，经历了较为严格的程序。第一步，1933年1月，立法院成立由40名立法委员组成的宪法起草委员会，立法院院长孙科任起草委员会委员长，张知本、吴经熊任副委员长。宪法草案于1933年6月在报纸上公开发表，供全社会讨论，征求意见。宪法起草委员会参考各项草案稿及社会各界所提出的意见，正式确定《中华民国宪法草案初稿》，并于1934年3月正式公布，提交立法院审查。第二步，立法院成立由傅秉常任召集人，由 36 名立法委员组成的"宪法草案初稿审查委员会"，对宪法草案初稿进行研究和审查，形成了《中华民国宪法草案初稿审查修正案》，并再次向全社会公布。1934 年 9 月至 10 月，立法院全体会议经三读后，完成了立法院的审查程序。第三步，《中华民国宪法草案初稿》交由国民党中央审查，国民党先后召开了四次中央会议进行审查，于 1936 年初将审议完毕的草案发回立法院。1936 年 5 月 1 日，立法院通过宪法草案，完成立法程序。1936 年 5 月 5 日，《中华民国宪法草案》公布，此即"五五宪草"。之后，由于全国进入全面抗战阶段，行使国会职能审议并通过宪法的国民大会未能召开，"五五宪草"未能付诸议决。

"五五宪草"分八章共一百四十七条（第一百四十六条后被删除），分为总纲，人民之权利义务，国民大会，中央政府，地方制度，国民经济，教育，宪法之施行及修正。"五五宪草"第一章"总纲"规定国体、主权、领土、民族、国旗、国都。第 1 条规定，"中华民国为三民主义共和国"，把国民党所信奉的理论写入根本法。第二章"人民之权利义务"规定了人民的各项权利，在延续了《中华民国训政时期约法》间接保障主义的同时，也明确"凡限制人民自由或权利之法律"，必须"以保障国家安全、避免紧急危难、维持社会秩序或增进公共利益所必要者为限"，对限权的法律在内容上做了具体规定。第三章"国民大会"规定国民大会执掌中央政权，规定了组织机构、职权和代表组成。第四章"中央政府"赋予总统较大权力。一方面，总统作为国家元首，对外代表中华民国，统率全国陆海空军，依法公布法律、发布命令，并有宣战媾和、缔结条约、戒严解严、大赦特赦、减刑复权等权力；另一方面，总统作为行政首脑，有权任免行政院长及文武官员，任命司法、考试两院院长，召集五院院长会商解决关于两院以上事项及总统咨询事项。五院之中，掌管重要行政权力的行政院院长由总统任免，并对总统负责；其他四院院长虽在名义上向国民大会负责，但在其权力的实际行使上，仍多受总统制约，其中司法、考试两院院长还由总统任命。第五章规定的"地方制度"分为省、县、市三级，规定省一级不设议会，只设参议会；省长不实行民选，由中央政府任免，强化了中央集权制度；以县为自治单位，规定了地方自治的权限。第六章"国民经济"、第七章"教育"规定了经济、教育等事项。第八章"宪法之施行及修正"，规定了宪法的解释、修改等事项。

四、《中华民国宪法》

抗日战争结束后，全国民主力量呼吁结束训政、制定宪法。在中国共产党等民主力量的促进以及其他多种因素的共同作用下，1946 年 1 月，政治协商会议于重庆召开，通过了修改"五五宪草"的十二条原则。同年 6 月，国民党背信弃义，发动全面内战，粗暴地撕毁了政协会议的各项协定。内战初期，国民党军队处于优势。为配合军事进攻，1946 年 11 月，蒋介石下令召开所谓"国民大会"，通过了《中华民国宪法（草案）》，于 1947 年 1 月 1 日公布，同年 12 月 25 日实施。这部宪法成为中国历史上第二部《中华民国宪法》。

图 21　《中华民国宪法》

《中华民国宪法》分十四章共一百七十五条，分为总纲，人民之权利与义务，国民大会，总统，行政，立法，司法，考试，监察，中央与地方之权限，地方制度，选举、罢免、创制、复决，基本国策，宪法之施行与修改。其主要内容包括以下几个方面：

（一）以三民主义、五权宪法为国体与政体

《中华民国宪法》第一章"总纲"第 1 条就国体性质规定"中华民国基于三民主义，为民有、民治、民享之民主共和国"，淡化了"五五宪草"党国一体的性质。在宪法第五、六、七、八、九章分别规定了"行政""立法""司法""考试""监察"，以五权宪法作为国家的组织结构。

（二）规定了较为广泛的人民权利及必要的宪法义务

宪法第二章"人民之权利义务"规定了人民享有的各项权利，包括平等权、人身自由、不受军事审判之自由、生存权、工作权、请愿权、参政权等，明确人民之自由及权利，只要不妨害社会秩序和公共利益，均受宪法之保障。宪法更改了"五五宪草"以法律限制人民权利的条款，在第 23 条规定："除为防止妨碍他人自由，避免紧急危难，维持社会秩序，或增进公共利益所必要者外，不得以法律限制之。"在人民义务的规定上较为简略，仅以"纳税之义务""服兵役之义务"和"受国民教育之权利与义务"三个条文予以设定。

（三）规定"国民大会"为全国最高政权机关，但对其职权加以限制

依据孙中山的"权能分治"理论，国民大会的权能包括选举、罢免、创制、复决四项，在理论上，总统及五院院长皆在它的监督范围之内。但宪法中的相关条款却对之有意加以限制。宪法第 27 条规定，国民大会在行使创制、复决权时，除修改宪法和复决宪法修正案外，必须"俟全国有半数之县市曾经行使创制、复决两项政权时，由国民大会制定办法并行使之"。由此，国民政府的五院院长当时皆不在国民大会直接监督之列。

（四）确定了严格限制的总统制

《中华民国宪法》放弃了"五五宪草"的总统制，而兼采总统制和责任内阁制的制度。在限制总统权力方面，宪法第 37 条规定"总统依法公布法律，发布命令，须经行政院院长之副署，或行政院院长及有关部会首长之副署"；第 43 条规定，国家遇有重大变故，总统可发布紧急命令，为必要之处置，"但须于发布命令后一个月内提交立法院追认。如立法院不同意时，该紧急命令立即失效"；第 100 条规定监察院对总统有弹劾权。但在另一方面，宪法又规定总统作为国家元首，对外代表中华民国，并统率陆、海、空军；总统依法行使缔结条约、宣战、媾和、大赦、特赦、减刑、复权、任免文武官员等项权力；当行政院与立法院发生意见冲突时，行政院要经过总统的"核可"方能做出反应，使行政院受到总统牵制。

（五）以民生主义确定经济制度，规定"平均地权，节制资本"

《中华民国宪法》规定："国民经济应以民生主义为基本原则，实施平均地权，节制资本，以谋国计民生之均足"；国家保护私营经济，但在规模上加以适当限制，以防止其"妨害国计民生之平衡发展"；在土地分配方面，"以扶植自耕农及自行使用土地人为原则，并规定其适当经营之面积"；对于"公用事业及其他有独占性之企业，以公营为原则"。但实际上，国民党政府并未进行以平均地权为中心的土地改革，也没有对官僚资本予以有效节制。

仅就法律条文的字面规定而言，《中华民国宪法》的一些条款，可称较为科学、进步。但从该宪法制定的动机、时机、及实际过程而言，该宪法在本质上是国民党维系一党专政、蒋介石实施个人独裁的工具。该宪法是在没有共产党及民主同盟等主要民主党派的参与的情况下制定的，其出台完全是为了国民党

第十七章

政府提高自身号召力，企图使其非法建立的政权获得合法性。随着国民党军队在由其自己发动的内战中节节败退，国民党政府也撕下了民主的遮羞布，迅速颁布《动员戡乱时期临时条款》，以"戡乱"为由，赋予总统进行紧急处分和宣告戒严的权力。在"戡乱"期间，所有的宪法权利均受到限制乃至禁止，而何时结束"戡乱"，则完全由总统宣告。至此，国民党政府进行的这次立宪，其真实目的暴露无遗，而这部宪法也未能挽救国民党的失败命运。

五、行政法律

南京国民政府重视行政法制建设，其行政立法主要有两个特点：一是体系完整，内容详备。南京国民政府几乎所有行政机关都有相关的行政法律法规加以规范和约束，行政法律的数量占据六法体系的一半。二是没有编纂统一的行政法典。南京国民政府将数量众多的行政法规按内容性质加以汇编，分为内政、教育、军政、地政、财政、经济、人事、专门职业、行政救济九大门类，构成了一个独立的行政法律部门。实际上，行政法律体系的建立，并未能将南京国民政府纳入依法行政的轨道。在国民党一党专政的行政体制下，那些保障人民权利、制约行政权力的法律规定并未得到真正的实施，而那些强化国民党干预行政或以党代政、肆意扩大政府职能或行政权力、加紧控制民众的法律规定却大行其道，行政法实际成为保障国民党及其国民政府专制独裁统治的法律工具。

第三节　刑事法律

南京国民政府的刑事法律在"六法体系"中占有重要地位，它主要由 1928 年和 1935 年颁行的两部《中华民国刑法》和一些刑事特别法组成。

一、1928 年《中华民国刑法》

南京国民政府建立后，继续沿用了北京政府《暂行新刑律》及部分刑事特别法。时任司法院院长的王宠惠认为北京政府时期修订而未施行的"第二次刑法修正案"相比《暂行新刑律》更为妥善，会同国务委员伍朝枢、最高法院院长徐元诰在其基础上略予增删，编成了《刑法草案》，提交国民政府和国民党中央常务委员会审查。南京国民政府在 1928 年 3 月 10 日正式颁布《中华民国刑法》，9 月 1 日开始施行。这部刑法又被称为"旧刑法""二八刑法"。该法典结构基本与 1919 年"第二次刑法修正案"相同，共计两编四十八章三百八十七条，其中总则编十四章、分则编三十四章。在内容方面，主要是删除了原来分则编中的"侵犯大总统罪"一章。此外，还删除了无夫奸的罪刑规定，废除罢工罪，设妨碍农工商业罪为专章等。

二、1935 年《中华民国刑法》

"旧刑法"在刑法理论上没有反映国际刑法学在学理和立法上的新成果，也没有将南京国民政府的政治法律原则贯彻其中，难以体现国民政府以"三民主义"原则构建法律体系的总体设想。此外，不断颁行的刑事特别法令又直接导致新旧刑事法律规范互相冲突，刑事立法理论难以互相调和。在此情形下，国民政府决定修订刑法。1931 年 12 月，立法院成立了刑法起草委员会，历时三年完成，于 1935 年 1 月 1 日公布，7 月 1 日开始实施，俗称"新刑法""三五刑法"。《民国刑法》仍分为"总则"与"分则"两编，共四十七章三百五十七条。其中，"总则"计九十九条，分十二章：法例，刑事责任，未遂犯，共犯，刑，累犯，数罪并罚，刑之酌科及加减，缓刑，假释，时效，保安处分；"分则"共二百五十八条，分三十五章。

图 22　《中华民国刑法》

（一）罪名与刑罚

刑法共规定了三十五类罪名，分别是内乱罪，外患罪，妨害国交罪，渎职罪，妨害公务罪，妨害投票罪，妨害秩序罪，脱逃罪，藏匿人犯及湮灭证据罪，伪证及诬告罪，公共危险罪，伪造货币罪，伪造有价证券罪，伪造度量衡罪，伪造文书印文罪，妨害风化罪，妨害婚姻及家庭罪，亵渎祀典及侵害坟墓尸体罪，妨害农工商罪，鸦片罪，赌博罪，杀人罪，伤害罪，堕胎罪，遗弃罪，妨害自由罪，妨害名誉及信用罪，妨害秘密罪，窃盗罪，抢夺强盗及海盗罪，侵占罪，诈欺背信及重利罪，恐吓及掳人勒赎罪，赃物罪，毁弃损坏罪。罪名的设立，既有适应社会进步、经济发展的因素，也有一些基于固有法律传统的考虑。另外，在陆续颁布的刑事特别法中，还增加了一些新的罪名。

在刑罚方面，分别规定了主刑和从刑。主刑五种：死刑，无期徒刑，有期徒刑，拘役，罚金；从刑两种：褫夺公权，没收。其中，有期徒刑为 2 个月以上，15 年以下；高可加至 20 年，低可减至 2 个月未满。作为对刑罚的补充，还设立了刑罚易科制度，包括易科罚金，易服劳役，易以训诫。

（二）《民国刑法》的主要特点

这部刑法在最新刑事立法理论和国民党政府立法指导思想的双重影响下，其内容主要有以下特点：

1. 吸收西方刑法原则，保留中国传统伦理观念。《民国刑法》采纳西方新的立法成果，吸收了罪刑法定主义、主观人格主义、社会防卫主义、刑罚人道主义等刑法原则。如第一章第 1 条规定："行为之处罚，以行为时之法律有明文规定者为限。"将罪刑法定主义列为刑法基本原则，体现了法律的进步。《民国刑法》对于一些中国传统的伦理关系也予以保护，如对直系尊亲属实施伤害、诬告、遗弃等犯罪行为者，比侵犯常人加重刑罚二分之一；配偶、五亲等内之血亲或三亲等内之姻亲，纵放、藏匿依法应逮捕、拘禁之人，或湮灭刑事证据，顶替、隐蔽犯人罪行，减轻或免除刑罚。这些规定与"服制定罪""亲属容隐"等传统法律原则基本一致，体现出对中国传统伦理观念的重视。另外，在南京国民政府一党专政的政治背景下，诸项纸面上的刑法原则在司法实践中大打折扣，并未得到严格执行。例如，《民国刑法》中虽然规定了罪刑法定主义，但刑事司法实践中则是罪刑擅断主义大行其道，尤其是国民党特务机关横行不法，诸多政治案件往往不经司法机关审判，不依刑法规范处刑，刑法实际上无法起到保障人身权利及生命安全的作用。

2. 采纳社会防卫理论，设置保安处分。19 世纪末至 20 世纪初，西方各国为进一步防止犯罪，稳定社会秩序，探讨以刑罚以外的方法协助加强对社会的控制，保安处分制度应运而生。1893 年的瑞士刑法草案首先确定保安处分作为刑事制裁的一种。20 世纪初三大刑法草案（分别为"1908 年瑞士刑法草案"，"1909 年奥地利刑法改正草案"及"德国刑法改正草案"）均采纳保安处分。保安处分制度的目的在于维持社会安定，预防犯罪。南京国民政府于新刑法中增设"保安处分"专章，加强对于特定犯罪和犯罪之人的特别预防。其保安处分的种类有七种：感化教育处分、监护处分、禁戒处分、强制工作处分、强制治疗处分、保护管束和驱逐出境处分。保安处分既不是正式的刑事处罚，也不是一般意义上的行政处分，它是由法院对于特定的人或特定的犯罪所作的一种司法处分。就其功能而言，保安处分重在对于某些具有特定情形的犯罪和罪犯给予特别处理，以弥补普通刑罚所不能达到的保护社会、预防犯罪的功能，有其积极意义。但国民党政府对于实行保安处分制度所需的各项配套措施多未能及时建立，尤其是为了维护统治，将这种制度法西斯化，对共产党人和爱国人士实行保安处分。南京国民政府还为此专门设有反省院，用以拘禁共产党人和爱国民主人士等。如在《共产党人自首法》中规定，共产党人即使自首，"受免除其刑或缓刑之宣告，或免执行其刑之全部者，法院得许保释或移送反省院；受减轻其刑之宣告者，得移送反省院以代执行"，限制其人身自由，将其与社会隔离，以达到打击共产党人与爱国民主人士的政治目的。

3. 刑事特别法与刑法典有机结合，使刑法体系趋于统一。从民国北京政府开始，刑事特别法，特别是涉及社会秩序稳定的盗匪治罪、毒品治罪等单行法令层出不穷，且实施效力高于刑法，造成了刑法体系的混乱。为此，南京国民政府在1932年提出《划一刑法案》和《划一刑法补充办法案》，主张将刑事特别法纳入到刑法典之中。在刑法起草过程中，诸如《危害民国紧急治罪法》《军用枪炮取缔法》《惩治盗匪暂行条例》和《禁烟法》等刑事特别法被归入到内乱、外患、妨害秩序、公共危险、强盗、掳人勒赎和鸦片各章中，部分刑事特别法因相关内容已被所涉条款涵盖而被废除，使得刑法体系趋于划一。

三、刑事特别法

在刑法典之外，大量的刑事特别法因应社会形势的变化和统治策略的变更而不断被制定颁行。这些刑事特别法除补充刑法典之外，还起到了维护统治和当时社会治安的作用。其一，维护国民党专制统治，惩治政治犯。如1928年3月公布的《暂行反革命治罪法》规定，凡是意图颠覆中国国民党及国民政府或破坏三民主义者，宣传与三民主义不相容之主义及不利于国民革命之主张者，均构成反革命罪。对反革命罪的处罚，重者死刑或无期徒刑，轻者有期徒刑并附加褫夺公权。随着国民党统治危机的加重，这类刑事特别法的数量越来越多。其二，强化社会治安，重惩盗匪。1927年12月公布施行的《惩治盗匪暂行条例》列出十六种盗匪行为，触犯者都处以唯一死刑。未遂犯或情有可原者减刑一等或二等。此条例在1934年被延展继续适用。1944年4月，国民政府颁布《惩治盗匪条例》，在沿用了《惩治盗匪暂行条例》主要内容的基础上，又补充规定"凡犯本条例规定之罪者，均依《特种刑事案件诉讼条例》规定之简便程序审理"。这一条例的有效期限不断被延续，直至国民党统治被推翻依然未被废止。其三，便于特别机关施行。触犯刑事特别法的犯罪，多由军事机关、军法机关或特种刑事法庭审理。例如,《修正危害民国紧急治罪法》规定,犯本法所定各罪者,由该区域最高军事机关审判之;《妨害国家总动员惩罚暂行条例》规定,犯本条例之罪者,由有军法审判权之机关审判,呈于中央最高军事机关核准执行;《戡乱时期危害国家紧急治罪条例》规定,犯本条例之罪者,除军人由军法机关审判外,非军人由特种刑事法庭审判。

第四节　民事法律

南京国民政府成立初期,沿用民国北京政府时期的民事法律制度和民事审判方式,没有统一适用的民法。1929 年立法院成立后,民法的起草提上议事日程,其立法步骤主要是立法院提出各编立法原则草案,然后由国民党中央政治会议议决各编立法原则,再由立法院设立的各编起草委员会组织专家起草。草案完成后交由立法院审议,最后由南京国民政府正式公布、施行。从 1929 年审议、起草《民法·总则编》开始,至 1931 年《亲属编》《继承编》正式施行,历经三年时间,完成了中国历史上第一部民法典的制订和颁行,代表了中国近代民事立法的最高成就。

一、《中华民国民法》

自清末法制改革开始,民事立法就严重滞后,清末的民律草案和民国北京政府编订的“民律二草”均未能成为正式民法典。1929 年,南京国民政府立法院成立后,编制民法典成为一项重要工作。时任立法院院长的胡汉民倡议采取民商合体的方法,制定民商统一法典,不再制定独立的商法典。这一提议经国民党中央政治会议讨论被接受。立法院拟定“《民法总则编》立法原则草案”十九条,提请中央政治会议议决并得到通过。1929 年 1 月 20 日,立法院成立以傅秉常、焦易堂、史尚宽、林彬、郑毓秀为起草委员的民法起草委员会,并聘请司法院院长王宠惠、考试院院长戴传贤和法国学者宝道为顾问。民法起草委员会根据国民党中央政治会议议决的立法原则开始《民法·总则编》草案的起草。该草案于同年 4 月 20 日在立法院第二十次会议上三读通过,随后由国民政府于 5 月 23 日公布,10 月 10 日施行。《民法·总则编》共一百五十二条,分七章:法例,人,物,法律行为,期日及期间,消灭时效,权利之行使。

民法起草委员会根据国民党中央政治会议议决的“《民法·债编》立法原则”及“编定民商法统一法典议决案”,起草了《民法·债编》草案。1929 年 11 月 5 日,经立法院通过。同年 11 月 23 日由国民政府公布,1930 年 5 月 5 日施行。《民法·债编》共六百零四条,分二编:通则,各种之债。

此后,民法起草委员会根据国民党中央政治会议议决的“《民法·物权编》

立法原则"十四条，起草《民法·物权编》。1929 年 11 月 19 日经立法院通过，同年 11 月 30 日由国民政府公布，1930 年 5 月 5 日施行，《民法·物权编》共二百二十一条，分十章：通则，所有权，地上权，永佃权，地役权，抵押权，质权，典权，留置权，占有。

民法起草委员会根据国民党中央政治会议第 236 次会议议决的"《民法》亲属、继承两编立法原则"，开始起草《民法·亲属编》和《民法·继承编》。1930 年 12 月 3 日经立法院通过后，同年 12 月 26 日由国民政府一并公布，1931 年 5 月 5 日同日施行。《民法·亲属编》共一百七十一条，分七章：通则，婚姻，父母子女，监护，扶养，家，亲属会议。《民法·继承编》共八十八条，分三章：遗产继承人，遗产之继承，遗嘱。

《中华民国民法》共五编一千二百二十五条，以大陆法系各国民法为主要参考，尤其是参照德国民法、瑞士民法中的多项制度和条文，同时，也参考了法国、日本及苏联的民法规定。《中华民国民法》是中国历史上第一部正式颁行的民法典，总体上反映了清末至民国时期民法法典化的最高成就。

《中华民国民法》具有自己的特色，其主要特点如下：

（一）采"民商合一"的立法体例

在近代民商法编纂体例上，主要有两种形式。其一是"民商分立"，即民法典之外，制定独立的商法典。其二是"民商合一"，不制定独立的商法典，而将商事方面的规定合并于民法典之中，或者制定一些单行商事法规作为民法的补充。清末法制改革时，仿照德、法、日等国法典编纂体例，采取"民商分立"的形式。1929 年 5 月，在起草《民法·债编》时，立法院院长胡汉民和副院长林森以"民商分立"的立法形式不符合中国国情和民族传统为由，提议采取"民商合一"的编纂体例："查民商分编，始于法皇拿破仑法典，维时阶级区分，迹象未泯，商人有特殊地位，势不得不另定法典，另设法庭以适应之。吾国商人本无特殊地位，强予划分，无有是处。此次订立法典，允宜社会实际之状况，从现代立法之潮流，订为民商统一法典。"[1] 立法院采纳他们的建议，决定以民商合一体例编订民法典，将通常属于商法总则之经理人及代办商、商行为之交互结算、行纪、仓库、运送营业及承揽运送等内容一并编入债编。其他不宜合并的内容，分别制定单行商事法规。

（二）以社会本位为立法原则

西方在创立近代民法体系时，以天赋人权、自由、平等及私有财产神圣不

---

〔1〕　参见谢振民编著：《中华民国立法史》（下册），张知本校订，中国政法大学出版社 2000 年版，第 758 页。

可侵犯等观念为基础，提出所有权绝对、契约自由和过失责任三大私法原则。但到二十世纪初，贫富分化严重，社会阶级对立，学界开始反思不加限制的个人本位原则。自德国制定《魏玛宪法》开始，对所有权做出一定限制以利于社会公共利益，社会本位原则开始成为潮流。南京国民政府制定《民法》时，依然继承了保护个人权利的三大私法原则，但同时又从"保护社会公益"这一原则出发，对三大原则的适用作了诸多限制，将社会本位确立为民法基本原则之一，在民法基本价值上注重对社会公共利益的保护，对私人所有权、契约自由、遗产继承在行使上加以一定的限制，并确立了无过失损害赔偿责任。

民法起草委员会在"《民法·总则编》立法理由"中指出，采取社会本位的根据在于："自个人主义之说兴，自由解放之潮流奔腾澎湃，一日千里，立法政策自不能不受其影响。驯至放任过甚，人自为谋，置社会公益于不顾，其为弊害，日益显著。且我国人民，本已自由过度，散漫不堪，尤需及早防范，籍障狂澜。本党既以谋全民幸福为目的，对于社会公益，自应特加注重，力图社会之安全。"立法院院长胡汉民在阐释这一理由时说："中国向来的立法是家族的，欧美向来的立法是个人的，而我们现在三民主义的立法乃是社会的。"

社会本位原则在民法中有较多体现，尤其是在债编，通篇贯穿着注重社会公益的精神。如第72条规定："法律行为，有背于公共秩序或善良风俗者无效。"第148条规定："权利之行使，不得以损害他人为主要目的。"对于个人权利的行使、契约的订立及其他民事法律行为，该民法典也做出了严格限制。

（三）吸纳外国民法中最新学理和立法例，注意继受法与固有民法的结合

《中华民国民法》在体例和内容上大量借鉴了德国、瑞士、日本和苏联等国家的立法成果，如在法典编目上，以"债"代替以往的"债权"，体现法律兼顾债权人和债务人的合法利益，而不单纯是保护债权人；在婚姻的法律效力上，采用仪式制，而不采用登记制。在亲属编和继承编中，以往的法律草案中对诸多传统制度多有保留，而本次立法多予以废除，如确立子女有平等的遗产继承权，取消嫡子与庶子的区别、废止了宗祧继承制度；在婚姻与家庭关系上，主张男女平等，不再认为妻子是限制行为能力人，规定配偶之间有相互继承遗产的权利，规定已婚妇女对个人财产有完全处分能力。

与此同时，民法典还是保留了一些调整民事法律关系的传统规范和习惯。如古代基于互助、济急的精神而建立的典权制度，向为律典所承认和规范，在元代的《大元通制》中有"典卖田宅"条，《大明律》《大清律例》均设"典买田宅"条。南京国民政府决定在新的民法中保留典权制度这一传统，《民法·物权编》专设"典权"一章。家作为社会构成的单元，在中国古代具有重要意义。南京国民政府起草民法时，决定保留家庭制度这一法律传统，设"家制"一章，

第十七章

但强调"应以共同生活为本位，置重于家长之义务"，对于家长权作了一定限制。中国古代亲属关系以亲疏、嫡庶、尊卑、长幼等标准划分亲属等级，南京国民政府制定民法时，根据中国社会安土重迁、重伦常秩序及因重宗统延续而多扶养、立嗣等习俗，确定保留亲属关系中区别尊卑身份范围的制度。如《亲属编》中在泛称尊亲属或卑亲属时，多兼指血亲与姻亲，并且包括直系亲属与旁系亲属。民法还引传统法律及习惯中区分尊卑身分的"辈分"一词入于法典之中，使其具有正式的法律意义。

二、商事法规

南京国民政府实行民商合一的立法体例，不再制定单独的商法典，而是通过颁布大量单行商事法规，对不宜编入民法典的商事关系加以规范。这些商事立法主要有 1929 年 10 月 30 日公布施行的《票据法》；1929 年 12 月 26 日公布、1931 年 7 月 1 日施行的《公司法》；1929 年 12 月 30 日公布、1931 年 1 月 1 日施行的《海商法》；1929 年 12 月 30 日公布、1937 年 1 月 11 日修正公布施行的《保险法》；1935 年 7 月 18 日公布、同年 10 月 1 日施行的《破产法》等。这些法律的颁布实施，完善了近代部门法体系，有利于调整经济法律关系，维护社会经济秩序。

第五节　司法思想与司法制度

一、司法思想：司法党化观念的推行

（一）司法党化观念的确立

伴随着国民革命的进行，孙中山"以党治国""革命民权"的学说成为指导南京国民政府进行制度建设的基本指针。孙中山认为，在训政时期，作为治权之一的司法权必须掌控于国民党。司法党化观念是"以党治国"学说在司法领域的延伸与贯彻。

1926 年 8 月底，时任广州国民政府司法行政委员会主席、广州大理院院长的徐谦任，提出以司法党化为核心的司法改革。其主要特点是要体现出三个"革新"：一是革新司法观念。司法必须接受国民党领导，必须接受政治之统治。二是革新司法机关与人员。去除不革命司法人员，代之以革命的忠实的国民党员。三是革新法律法规。这一司法改革思想贯彻于南京国民政府对民国北京政府司法人员的收编和改造过程中。

在司法党化观念的推行上，国民党元老、司法界要员居正系统地阐述了司法党化理论。他在《司法党化问题》中指出，司法党化应包含两方面的含义：一是司法干部人员一律党化，二是在适用法律之际必须注意于党义之运用。居

正对"司法干部人员一律党化"进行了解释，他说："并不是司法官非党人做不可；反之，把所有司法官的位置全分配给持有党证之人，如果他们对党义——特别是拿党义应用到法律适用方面——没有充分的了解时，也不算是司法党化……质言之，司法党化不是司法党人化，乃是司法党义化。"[1] 在适用法律的党义上，他要求司法官所作出的裁判必须以国民党之三民主义为总的指导，以三民主义的立法原则和法理作为论证依据。

（二）司法党化制度的推行

居正对司法党化的观念在推行上提出了几个主张办法：①令法官注意研究党义，适用党义；②以运用党义判案作为审查成绩之第一标准；③司法官考试，关于党义科目，应以运用党义判案为试题，不用呆板的抽象的党义问答；④法官训练所应极力扩充范围，务使下级法官一律有入所训练之机会；⑤培训课程增加"法律哲学"及"党义判例""党义拟判实习"等科目；⑥设立法曹会，并饬其注重研究党义之运用；⑦编纂《判解党义汇览》，摘录党义及基本法理，与判例解释类比，分别附于法律条文之后，而辨别其旨趣之符契或乖离；从速施行陪审制度。这些办法在以后的南京国民政府的司法建设过程中大部分都得到实施。

具体来说，进行司法党化，南京国民政府采取了兴办法官培训所、颁布实施将党义列为考试内容的法官考选条例、从党员中特选法官以及彻底由国民党垄断司法官教育等几种办法加以实现。南京国民政府成立之初，留用了大批民国北京政府时期的司法人员，但这种留用是有条件的，即留用人员必须要加入国民党。南京国民政府司法部在筹设法官训练所的呈文中，指出其兴办的目的在于"所需党员中之推检人才尤不在少数，若非先期训练成就，必致现有法院之人才未能源源接续，拟设法院之人才临时亦无以应付"。南京国民政府举办的法官训练所实际上就是"党员法官训练所"，其前四期学员全都是国民党党员。到1933年，国民党中央通过了"司法要成为党斗争的工具"的决议，国民党中央党部据此发出通告，凡参加法官训练所的非国民党籍法官，要"集体申请入党"。由此，南京政府除对现任人员灌输党义外，也以制度设计的形式把新进人员拉入国民党组织中。

司法党化的观念，也体现在《高等考试司法官考试条例》《法官初试暂行条例》等一系列关于法官考选的法规中。1930年国民政府考试院成立，法官属于公务员的一部分，通过高等文官考试之人方可担任法官。在南京国民政府时期，不论是司法官还是县司法处审判官的考试，国民党党纲、党义都是其中的必试

---

[1] 居正："司法党化问题"，载《东方杂志》1935年第10期。

题目，三民主义、建国方略、建国大纲、总理遗教等内容更是重中之重。

此外，对国民党党员特开司法进阶的途径也是另一推行司法党化的办法。1932 年，南京国民政府颁布《司法官任用暂行标准》，其中特别规定"对民国有特殊勋劳或致力于国民革命十年以上而有勋劳"者成为选任法官的条件之一。1935 年开始，大量党务工作人员通过"这一特别考试途径进入到司法领域，这些由党务司法人员分发各地任职，称之为'党法官'"。根据 1943 年颁布的《司法人员训练大纲》，培训司法人员的任务由国民党开办的中央政治学校（后于1947 年更名为国立政治大学）负责。中央政治学校垄断了司法专业教育，在1944 年至 1947 年间，共培养了 389 名司法官员。

二、司法组织体系

（一）司法院及其所属中央司法机关

1. 司法院。依据 1928 年 10 月公布的《中华民国政府组织法》和《司法院组织法》，司法院于 1928 年 11 月 6 日在南京成立。在南京国民政府的司法体制中，司法院是最高司法机关，其下分别设有最高法院、行政法院及公务员惩戒委员会、司法行政部和大法官会议（1947 年设立）等机构，分别掌握民事刑事审判、行政审判、公务员惩戒、司法行政和统一解释法律命令等职权。

2. 最高法院。最高法院是全国最高的普通审判机关，执掌民刑诉讼案件的最高审判权。1927 年，南京国民政府成立后，改原大理院为最高法院，设立于南京。最高法院分设民事庭和刑事庭，根据审判事务需要，民事庭、刑事庭分为数个审判厅，管辖一审终审案件及高等法院上诉案件。根据 1929 年 10 月公布的《司法院组织法》，以前由大理院掌握的统一解释法律命令的职权转归司法院行使，解释法律的程序是由最高法院院长及各庭庭长先行共同拟具解答，然后经司法院院长复核后，以司法院的名义公布。

3. 行政法院。行政法院负责行政诉讼案件的审判。根据 1932 年 11 月公布的《行政法院组织法》，1933 年 6 月设立行政法院。根据《行政诉讼法》，行政法院行使行政审判职权，实行一审终审制。

4. 公务员惩戒委员会。公务员惩戒委员会负责对文官、法官等官员违法行为的惩戒。根据 1931 年 6 月公布的《公务员惩戒委员会组织法》，公务员惩戒委员会分别设立于中央和各省，前者负责全国高级公务员的违法惩戒事宜，后者负责地方中级以下公务员的违法处理。在公务员惩戒委员会之外，由国民政府委员组成政务官惩戒委员会，负责惩戒政务官违法失职行为。根据 1948 年 4月修正公布的《公务员惩戒委员会组织法》，在司法院之下设立统一的公务员惩戒委员会，不再区分政务官与事务官，也不分中央与地方，由该委员会全面管辖公务员的惩戒事务。

5. 司法行政部。南京国民政府成立后，延续民国北京政府的名称，在 1927 年设司法部。在司法院成立后，为与其在名称上相区别，故改名为"司法行政部"，直接隶属于司法院。依据《司法行政部组织法》，司法行政部负责司法人员训练、司法监督、司法保护、监所管理等司法行政事务。1943 年 1 月，司法行政部脱离司法院管辖，划入行政院系统。

6. 大法官会议。大法院会议设立于 1947 年，专门负责解释包括宪法在内的各种法律命令，保障各执法机关统一适用法律。解释法律命令原先由司法院院长召集最高法院院长及各庭庭长议决，后依据 1947 年修订公布的《司法院组织法》，该项职权由大法官会议承担。根据该法第 3 条的规定，司法院置大法官会议，由司法院院长和十六名大法官组成，负责解释宪法并统一解释法律命令。大法官会议，以司法院院长为主席。

（二）地方司法机关

1927 年南京国民政府成立后，曾长期沿袭民国北京政府时期的普通司法机关体制，继续采用四级三审制。1935 年，新《法院组织法》实施后，改为三级三审制，中央设最高法院，地方各省或特别区设高等法院，基层的县或市设地方法院。

南京国民政府实行三级三审制后，规定地方分别设立高等法院和地方法院。但由于地方财政拮据，司法人才短缺，司法规划难以施行，因此，全国多数县一级的地方法院并未建立，而是由县司法处兼理司法事务。1936 年 4 月以后，国民政府先后公布《县司法处组织条例》《县司法处办理诉讼补充条例》《县司法处刑事案件复判条例》等法规，对司法处进行了规范。县司法处设在县政府内，由审判官负责民刑案件的审判职能，县长兼掌检察职能。据统计，至 1947 年，全国设立的地方法院只有七百八十二所，占全国县市总数的五分之二左右，多数县仍是以县司法处兼理司法事务。

（三）特殊司法机关

在普通司法机关之外，南京国民政府还设立特殊司法机关，负责特别案件的司法审判。

1. 军事审判机关。军人违法犯罪案件由军事审判机关处理。但南京国民政府颁行的一系列刑事特别法，如《惩治盗匪条例》《戡乱时期危害国家紧急治罪条例》《戒严法》等，军事审判机关可优先处理战区内的刑事案件，也可据军事需要接管战区内的一切民刑案件，特别是政治性案件。

2. 特种刑事法庭。南京国民政府将危害民国或威胁其统治的案件作为特别刑事案件，由特种刑事法庭采用特别审判程序进行审理。依据 1927 年 12 月颁布的《特种刑事临时法庭组织条例》，特种刑事临时法庭分为中央和地方两级。

1928 年裁撤后，所辖案件改由军法机关审理。1948 年 4 月，南京国民政府颁布《特种刑事法庭组织条例》，重新恢复特种刑事法庭，负责审理"戡乱时期危害国家的犯罪"。组织体系上，在南京设立中央特种刑事法庭，隶属于司法院。在地方，由行政院指定地点设立高等特种刑事法庭，与普通高等法院的审级地位相等。

3. 行使司法权的特务机关。南京国民政府设立"国民党中央执行委员会调查统计局"（即"中统"）和"国民政府军事委员会调查统计局"（即"军统"）两大特务机关。它们根据国民党专制统治的需要，行使包括暗杀、军事镇压等特别权力。

三、诉讼制度

（一）诉讼法的制定

1. 刑事诉讼法。南京国民政府先后颁行过两部刑事诉讼法。第一部于 1928 年 7 月颁布，同年 9 月实施，以民国北京政府的《刑事诉讼条例》为底本修订而成，共九编，五百一十三条，仍采用四级三审制。随着新的刑法与《法院组织法》的修订，刑事诉讼制度也随之进行修改。新的《刑事诉讼法》于 1935 年 1 月颁布，同年 7 月实施。新《刑事诉讼法》仍为九编，增为五百一十六条，增设了执行保安处分和执行训诫的规定。

2. 民事诉讼法。南京国民政府的第一部《民事诉讼法》是在民国北京政府《民事诉讼条例》的基础上修订而成，共五编六百条，于 1932 年 5 月公布施行。两年后，司法行政部以民事诉讼程序过于繁杂，寻求"迅速解决两造之争执，俾有正当权利之人，得受充分保护"为修法理由，提出《修正民事诉讼法草案》。新法经立法院审议通过，于 1935 年 2 月公布，7 月施行。第二部《民事诉讼法》为九编，共六百三十六条。

3. 行政诉讼法。1932 年 11 月，国民政府立法院公布《行政诉讼法》，1933 年 6 月施行。该法不分章节，共二十七条，规定当事人对于行政官署的违法处分可以提起行政诉讼，由行政法院管辖行政诉讼，实行一审终审制。

除刑事、民事诉讼法外，南京国民政府还颁行了大量单行诉讼法规，主要有《各省高级军事机关代核军法案件暂行办法》《特种刑事案件诉讼条例》《特种刑事法庭审判条例》《反革命案件陪审暂行法》《民事诉讼执行规则》《民事调解法》等。这些单行诉讼法规，有的是对普通法及诉讼法的补充，有的是对普通法和诉讼法在适用上加以限制。

（二）诉讼审判制度的特点

1. 公开审判与秘密审判相结合。南京国民政府在诉讼制度中确立了公开审判原则，并辅之以律师辩护制度、合议制度和民事诉讼的当事人主义等。但对于政治犯罪、危害国民党统治等的治罪，公开审判制度则受到了特别法的限制或排除，而采用秘密侦查和秘密审判方式。《法院编制法》第54条规定："诉讼之辩论及判断之宣告，均公开法庭行之。"《法院组织法》第65条也规定："诉讼之辩论及裁判之宣示，应公开进行。"但该法条又规定："但有妨害公共秩序或善良风俗之虞时，法院之决议得不公开之。"案件是否涉及"公共秩序"或"善良风俗"，完全由国民党决定，法院必须服从。由此，国民党的司法机关以秘密审判方式审理政治案件，迫害共产党人及其他民主人士。

2. 审检合署制度。南京国民政府取消了北京政府时期设置的各级检察厅，实行审检合署制度。审检合署在机构设置上是将检察机构设于法院内。在最高法院设检察署，由检察官若干人组成，设一名检察长；高等法院和地方法院内设检察官若干名，其中一名为首席检察官。检察机关内部实行垂直领导，检察长和首席检察官有权监督下级检察官，有权提调下级检察官侦查的案件由自己处理或转移给其他检察官办理。检察官对外独立行使检察权，必要时可以动用司法警察或军队力量。检察官的职权，除实施侦查、提起公诉、实行公诉、指挥刑事裁判的执行等职权之外，还可以协助自诉、担当自诉。

3. 推行民事调解。有鉴于乡里、宗族调解民事、经济纠纷的传统和便利，南京国民政府确立了法定民事调解制度。1929年12月，国民党中央政治会议议决《民事调解条例》草案。立法院于1930年1月20日公布《民事调解法》。按照该法，民事调解作为对初级管辖案件和人事诉讼事件的处理方式，为法定必经程序，不经调解程序，不得提起诉讼。其他诉讼事件，当事人亦可请求履行调解程序。对于一方当事人请求的调解要求，另一方当事人必须按规定的时间到场；无正当理由而不到场者，须接受罚款。调解结果一旦形成，即具有约束力，其效力与法院判决相同。

4. 领事裁判权的废除和美国在华驻军的司法特权。自近代英、法等国攫取在华领事裁判权后，共有十八个国家相继获得了此项司法特权。民国政府先后在1919年的巴黎和会以及1921年的华盛顿会议上，提出废除在华领事裁判权。但英、美、日等在华有重大利益的国家，以中国法律不完善、司法不独立、军人干涉司法等理由予以拒绝，法权调查委员会也未予支持。南京国民政府建立后，曾单方面宣布废除领事裁判权，但是没有得到列强的承认。抗日战争爆发后，在中国人民英勇抗击日本侵略军，为世界反法西斯战争付出巨大牺牲的情况下，英、美两国于1943年分别与中国签订了《关于取消在华治外法权及其有关特权的条约与换文》和《关于取消美国在华治外法权及处理有关问题之条约与换文》，废除了两国在华的领事裁判权。但南京国民政府为取悦美国，在1943年10月颁行了出卖国家法权的《处理在华美军人员刑事案件条例》，其中规定：

"中国政府为便利共同作战，并依互惠精神，对于美军人员在中国境内所犯之刑事案件，归美军军事法庭及军事当局裁判。"1946 年 6 月，在该条例到期后又主动延长了一年，这使得列强在华领事裁判权虽然在名义上废除了，但在华美国军人依然拥有司法特权。

第六节　社会法律思潮

一、孙中山的法律思想

孙中山，名文，字德明，号逸仙，广东香山县（今中山市）人。孙中山是中国近代民主革命的伟大先行者。以 1894 年创设兴中会提出的"驱逐鞑虏，恢复中国，创立合众政府"以及 1905 年创立同盟会提出的"驱逐鞑虏，恢复中华，创立民国，平均地权"等革命纲领为基础，孙中山在机关刊物《民报》发刊词中第一次提出了民族主义、民权主义和民生主义的"三民主义"思想。次年，孙中山在《民报》创刊周年的庆祝大会上，详细阐述了三民主义的具体内容，将民族独立、五权宪法、平均地权等确立为民主革命的奋斗目标。孙中山的法律思想集中体现在三民主义和五权宪法、权能分治的理论之中。

（一）三民主义

孙中山法律思想的核心内容就是他提出的三民主义的政治主张。三民主义包括民族主义、民权主义、民生主义三部分，并随着孙中山政治思想的发展变化，从旧三民主义过渡到新三民主义。其中，民权主义是核心内容。

1. 民族主义。民族主义在孙中山不同的政治时期，体现为不同的内容。中国同盟会革命纲领中的"驱除鞑虏，恢复中华"就是孙中山早期民族主义的基本主张。其主旨在于推翻满清王朝的专制统治，代之以汉民族为主体的政府。这种思想是当时资产阶级革命派的一致要求，"排满"、进行"种族革命"成为资产阶级革命派发动民族革命的口号。孙中山指出"民族革命的原故，是不甘心满洲人灭我们的国，主我们的政，定要扑灭他的政府，光复我们民族的国家"[1] 但孙中山进行民族革命的目标显然不仅仅在于建立民族政府。在孙中山看来，民族革命是民主革命的前提，仅仅是因为满清政府已经成为中华民族最大的敌人，是民族自救的最大障碍，所以，它就必须被推翻。

辛亥革命之后，孙中山领导的临时政府面临的任务是尽快实现革命的彻底成功和国家的统一。因此，在《临时大总统就职宣言》和《中华民国临时约法》中，均加入了民族统一、民族平等的新内容。孙中山宣扬"五族共和"，"合汉、

---

[1]　《孙中山选集》，人民出版社 1956 年版，第 81 页。

满、蒙、回、藏诸地为一国，如合汉、满、蒙、回、藏诸族为一人，是曰民族统一"。《临时约法》第 5 条更进一步提出，"中华民国人民，一律平等，无种族、阶级、宗教之区别"。

面对政治和社会现实，孙中山逐渐认识到，帝国主义才是压迫中华民族的最大敌人。"辛亥之后，满洲之宰制政策已为国民运动所摧毁，而列强之帝国主义则包围如故，瓜分之说变为共管，易言之，武力之掠夺变为经济的压迫而已，其结果足使中国民族失其独立与自由则一也。"[1] 所以，在孙中山看来，不消灭帝国主义，"我汉族实无国家存在于亚东大陆上"，"瓜分豆剖之危机，在昔不过危言恫吓，近日见之实行"。孙中山的民族主义思想开始指向反对帝国主义。所以，当他对民族主义重新加以解释时，对外即要求"中华民族自求解放"，解除与列强签订的一切不平等条约，取消列强在华领事裁判权，实现海关自主；对内即要求"各民族一律平等"，在民族自治、自决的基础上，将中华的所有民族融合为一个中华民族。

2. 民权主义。民权主义是三民主义的核心，是建立民国的政治主张。对于民权的内容，孙中山有明确的解释："何为民权？美国总统林肯氏有言曰：'民之所有，民之所治，民之所享'。此之谓民国也。何谓民权，即近来瑞士国所行之制：民有选举官吏之权，民有罢免官吏之权，民有创制法律之权，民有复决法案之权。此之谓四大民权也。必具有此四大民权，方得谓未纯粹之民国也。"[2]

在孙中山的政治理念中，民国与民权紧密相连，将民权的实现寄托在"建立民国"之上，而"民权主义就是政治革命的根本"。在他的心目中，民国政体应该是民主立宪政体，这个国家应使"一国之人皆有自由、平等、博爱之精神"。但当初成的民国变成专制军阀角逐的舞台，官僚政客违法乱纪，人民陷入比清政府统治时期更混乱的社会秩序中，孙中山逐渐认识到西方的"天赋人权"是不会自动降临到中国的。他说，"中国自有历史以来，从来没有实行过民权，就是民国十三年来也没有实行过民权"，"卢梭说民权是天赋的，本来是不合理"。[3] 为真正实现民权主义，孙中山提出了新民权主义，将反帝反封建作为民权实现的基本条件。

3. 民生主义。民生主义是孙中山"三民主义"中最具特色的部分。如果说自由是民族主义的诉求，平等是民权主义的目标，那么，民生主义追求的就是

---

〔1〕《孙中山全集》（第九卷），中华书局 1986 年版，第 118 页。
〔2〕《孙中山全集》（第九卷），中华书局 1986 年版，第 118 页。
〔3〕《孙中山选集》，人民出版社 1956 年版，第 701、705 页。

博爱，即实现全民族的富足，避免资本主义社会中突出的贫富悬殊及普遍的社会问题。民生主义在孙中山的思想体系中，不是西方资本主义经济理论的简单反映，相反，它深受中国传统的民粹主义和社会主义空想思想的影响。孙中山认为，他的三民主义，尤其是民生主义，要比西方的政治、经济制度要优越。

孙中山的民生主义着眼点放在"土地"和"资本"两大问题的解决上。土地问题不仅本身就是资本主义民主革命的中心问题，在中国，它还意味着广大的中国农民的生存问题。孙中山解决这一问题的方法是实行"土地公有"的方法。孙中山关注社会贫富不均，原因在于当时国际资本市场发生的重大变化，频繁出现的资本主义经济危机引发了严重的劳资矛盾和社会冲突，资本生产带来的财富增长很少体现在劳动者生活水平的提高上。西方理论界提出了"社会本位"的思想，寻求集体利益的实现，以代替以往自由资本主义带来的资源和财富配置不均的现象。孙中山认为，相比西方资本主义制度出现的严重问题，中国的解决方式相对简单。孙中山认为，在中国还不存在大资本家和显著的资本主义生产关系，只要解决了土地问题，中国就可以直接过渡到社会主义。因此，他提出"平均地权"和"土地国有"两个主张。前者是按照土地的地价由政府征税，后者要求土地的所有权掌握在国家手中，随时可以按照地价收买地主土地。这样，孙中山认为就可以消除土地垄断和土地投机，促进工商业的发展。

与解决土地问题一样，孙中山也极力避免中国重复出现西方资本主义经济制度发展中已经呈现的无法克服的矛盾。孙中山一方面希望通过大力发展大工业、大厂矿，建设发达的交通线、铁路网等方式，实现国家的富强，"我们的民生主义是做全国大生利的事，要中国像英国、美国一样富足"[1] 这种思想曾经具体表述为建设十万英里铁路，并集中体现在《实业计划》一书中。但孙中山又对资本主义社会严重的两极分化十分抵触，希望国家要富强，也要提防资本家垄断之流弊，要施行真正的民生主义。孙中山认为民生主义就是"集产社会主义"的国家资本主义，即国家举办铁路、交通、矿产等重要生产资源的企业，"故民生主义就是社会主义，又名共产主义，即是大同主义"，"国家民有以后，国有即民有"[2] 孙中山认为，这样既能利用产业资本的巨大优势，又能避免资本家垄断渔利的弊病。而且孙中山的民生主义思想中，还有"欲使外国之资本主义以造成中国之社会主义"商业，解决中国工业化的资金和技术问题的内容。

---

〔1〕《孙中山选集》，人民出版社 1956 年版，第 369 页。
〔2〕《孙中山全集》（第九卷），中华书局 1986 年版，第 118 页。

孙中山充分认识到中国资本主义生产关系的缺乏，因此，他主张大力发展工商业。作为欧美资本主义社会的旁观者，孙中山又对大工业生产对普通劳动者的压迫十分不满。因此，他提出以取其利、避其害的方式来重构资本制度。显然，这种理解存在自身不可调和的矛盾，在实施上容易产生垄断资本主义和官僚资本主义。

（二）五权宪法和"权能分治"理论

孙中山的法律思想秉承资产阶级宪法的政治理念，力求在近代中国实现分权自治的政治体制。五权宪法思想就是他继承西方三权分立，又借鉴本国传统治国经验的产物。五权宪法与权能分治理论结合，构成孙中山法律思想中独特的内容，并成为南京国民政府的基本政治指导原则。

1906 年，孙中山在东京同盟会庆祝《民报》创刊周年纪念的演讲上以《三民主义与中国前途》为题，第一次阐述了五权宪法的理论，谓"将来中华民国的宪法，是要创一种新主义，叫'五权分立'"。[1] 1921 年，他在广州又专门发表了《五权宪法》的演说："我们要想把中国弄成一个庄严华丽的国家，我们有什么法子可以使他实现呢？我想亦有法子，而且不为难，只要实行五权宪法就是了。"[2] 五权宪法、五权分立就成为孙中山法律思想中最具特色之处，孙中山称其"可谓破天荒的政体"。

五权宪法中的五权就是指立法、行政、司法、监察、考试五种权力，相互独立、相互制衡，体现五权分立的宪法就是五权宪法。孙中山说，"简单地说，宪法就是把一国的政权分作几部分，每部分都是各自独立，各有专司的"。

孙中山认为，欧美宪法及其三权分立制度，"不完备地方还是很多，而且流弊也很不少"。首先，欧美的三权体制中，没有对政府官员铨选的专门机关，官员主要来源于选举和委任两种途径，前者容易埋没人才，后者由于行政机关掌握考试权，容易发生任人唯亲的现象。而中国古代考试选官方式在经过改革后，可以消除上述弊病，他主张将考试权独立出来，由独立的机构行使，对所有铨选官员先行考试授以资格，然后再经选举或委任。其次，孙中山认为西方议会行使弹劾权，"那权限虽然有强有弱，总是不能独立，因此生出无数弊病"，有些国家的议会权力过重，甚至形成"议会专制"，对人民利少弊多。因此，监督权的行使可以借鉴中国传统御史监察制度，将它置于宪制框架内，让监察机关从立法机关中分立出来，可以有效防止官吏营私舞弊。孙中山坚信"中国相传之考试纠察之制，实有其精义，足以济欧美宪法之穷"，"亦矫选举制度之弊"。

第十七章

---

〔1〕《孙中山选集》，人民出版社 1956 年版，第 81 页。
〔2〕《孙中山选集》，人民出版社 1956 年版，第 489 页。

他说"我们现在要集合中外的精华，防止一切的流弊，便要采用外国的行政权、立法权、司法权，加入中国的考试权和监察权，连成一个很好的完璧，造成一个五权分立的政府"。

孙中山认为，西方三权分立制度的缺陷是人民没有"直接民权"，实现人民直接行使权利，是"五权分治"的权能分治，其目的是实现"四万万人都有权"的理想，使人民直接行使"政权"。权能分治思想的提出与孙中山对当时中国国民素质的认识紧密联系。他认为，中国在传统上并不是人民自由少了，权利少了，而是太自由、权利过大，所以，需要加以一定的限制。限制的方式就是根据各人天赋的聪明才智，把人群划分为"先知先觉""后知后觉""不知不觉"三类。然后由"先知先觉"者引领"后知先觉"者行使"治权"，去帮助、领导、教育那些"不知不觉"者最终学会行使政治权利。孙中山认为虽然中国民众应该有权管理国家，但政治素质、文化素质的低下，使他们没有管理国家的能力。因此，在政府与人民的关系上，他主张权与能的协调。一方面人民可以独享政治权利，另一方面，政府拥有强大的力量，可以有效治理国家，避免欧美国家"人民和政府，日日相冲突"的局面。在孙中山看来，权能分治的目的是造就一个和谐有效的"万能政府"。

受时代和个人思想认识的局限，孙中山的法律思想在实践的方式方法方面并不完善，五权宪法思想也是如此。在南京国民政府建立后，徒有五权分立的形式，在独裁专制的道路上越走越远，背离了孙中山所主张的三民主义。

二、章太炎的法律思想

章太炎（1869－1936年），名炳麟，号太炎，生于浙江苏杭县（今余杭）。章太炎一生思想多变。他自幼学习儒家经典，22岁师从著名经学大事俞樾学习经学。甲午战争后，章太炎开始宣传维新变法思想。戊戌变法失败后，因遭清政府通缉，逃亡日本，其思想转向民主革命。1910年，他重新组织光复会，与同盟会分裂。1911年底，回到上海的章太炎提出"革命家兴，革命党消"的口号，积极拥护袁世凯。章太炎既主张建立民主共和国，又反对代议制；他既鼓吹反帝反清，却又有浓厚的狭隘民族主义思想。在他的思想中，西方近代机械唯物主义、生物进化论、无政府主义、佛教精神、传统儒学等在不同时期、不同程度地存在过。章太炎著作颇多，主要著作有《訄书》《国故论衡》《章氏丛书》《章氏丛书续编》等。

（一）赞扬法家"法治"，提倡法律至上主义

在章太炎的法律思想中，他对古代法家"法治"极为推崇，并以此批判人治，倡言法律至上。章太炎认为，中国传统儒家学说对法家的批评多是污蔑不实之词，应该为他们平反。例如商鞅，在章太炎眼里，商鞅言行利民，而非

"抑民"，是个以刑维法的"骨鲠之臣"，而不是"曲法以求容阅"的"恣君"小人。他说，商鞅"以法家之弩，终使民生；以法家之刻，终使民膏泽"（法像猛禽一样的严厉，目的在于使老百姓能安居乐业，过上丰衣足食的好日子）。根本就不存在压抑剥夺民权的道理。因为"鞅之作法也，尽九变以笼五官，核其宪度而为治本"。使国家有秩序，老百姓有规矩，除非"民有主率，计画至无俚，则始济以攫杀援噬"[1]。可见，商鞅之法，"非以刑为法之本也"。

章太炎对法家肯定得较多，并非站在个人好恶的立场上去颂扬法家，而是从救亡图存出发，幻想将西方的资产阶级法制与中国旧的法治传统糅合起来，建立一个具有法治秩序的新社会，只要上上下下都"专重法律，足以为治"。

（二）怀疑西方资本主义制度，反对资产阶级代议制

章太炎在学习西方过程中，曾对资本主义和民主制度表示向往与追慕。但是，章太炎所处的时代，已经是世界自由资本主义进入帝国主义时代，东西方列强帝国对外残酷压迫弱小民族，对内剥削普通民众，阶级矛盾尖锐。时代和环境不能不对章太炎的思想产生深刻影响，从而使他对西方资本主义制度产生怀疑。他说："综观今世所谓文明之国，其屠戮异洲异色种人，盖有甚于桀纣。"他以法国压迫殖民地越南为例，指出："今法人之于越南，生则有税，死则有税，乞食有税，清厕有税，毁谤者杀，越境者杀，集会者杀，其酷虐为旷古所未有。"[2]法国是近代资本主义革命的发祥地，也是众多西方政治、法律理论的发源地，但"始创自由平等于己国之人，即实施最不自由平等于他国之人"。这种怀疑西方法律文明的思想一改西学东渐情势下"西学"对"中学"猛烈冲击的势头，体现出近代中国知识分子在对西方历史、文明有了较深的了解后，对西方资本主义政治、经济制度的怀疑，开始寻求摆脱文化从属上的弱势心态。

《代议然否论》[3]是章太炎全面阐述其反对议会制度的一篇政论。章太炎从几个方面论述了他否定代议制的观点。第一，章太炎认为西方民主代议制已至末流，中国不可照搬。原因在于议员的选举条件和产生程序只会有利于富有阶层，"徒令豪民得志"，而普通百姓从中无法受益。所以，章太炎认为，革命成功后，实行总统制的共和政体是正确的，但不能实行代议制。第二，他从中国的具体国情出发，认为代议制不适合中国。章太炎从人口数量分析着手，指出中国当时人口约有4亿2千万，如果以西方惯例选出700名议员的话，那么"除去妇女、童儿，入选场者，大率二十万人"才能选出一人。另外，还要考虑

〔1〕《章太炎全集》（第三卷），上海人民出版社1982年版，第79页。
〔2〕《章氏丛书》别录卷二，江苏广陵古籍刻印社1981年版，第75页。
〔3〕汤志钧主编：《章太炎政论选集》（上册），中华书局1977年版，第456－470页。

到选民素质，"愚陋恒民之所属目，本不在学术方略，而在权力过人"，他们了解最多的人，只会是附近的土豪。由这样的人组成的国会，"名为国会，实为奸府"。第三，章太炎提出，议会的功能就是立法，以法律治国。而立法权并非一定要由议会掌握才行，在他看来，像他这样"明习法律""通达历史、周知民间利病"的专家、学者掌握立法权，才能够实现保障民众利益和兴民权的理想。

（三）独特的资产阶级共和国方案

在反对代议制的同时，章太炎设计了一个独特的"分四权""置四法"的共和国方案。[1]章太炎认为，政治法律制度在坚持"主权在民"的前提下，应该因地制宜，因循当地的民风习俗而定，而不应该有一个共同的标准。其方案是设四权，即在行政、立法、司法三权之外，再设教育一权。在权力制衡和职能分工上：要限制元首权力，"总统惟主行政国防，于外交则为代表，他无得与"，"总统有罪得逮治罢黜"；司法独立，"司法不为元首陪属，其长官与总统敌体"；除小学校和海陆军学校外，其他"学校皆独立，长官与总统敌体"；制定宪法，他认为虽然"代议不可行、而国是必素定，陈之版法，使后昆无得革更"，人民有集会、言论、出版、议政之权。

所谓"四法"，即"一曰均配地权，使耕者不为佃奴；二曰官办工厂，使佣人得分赢利；三曰限制相承，使富者不传子孙；四曰公散议员，使政党不敢纳贿"。章太炎后来又对"四法"的提法做了修正。例如，均分地权改为限制田产，因为他认为，"夺富者之田以与贫民，则大悖乎理；照田价而悉由国家收买，则又无此款，故绝对难行"，还将限制相承改为征收遗产税。

整体来看，章太炎的思想主张，前后并不一致。晚清时期，他反对帝制，主张革命；革命成功后，提出"革命家兴，革命党消"，处处与孙中山为难；他投靠袁世凯政府，又反对帝制；他抨击地方割据，但又与不少军阀往来密切。但整体而言，章太炎的法律思想在近代社会法律思潮中占有重要地位。

---

[1]《太炎文录初编·别录》卷三，上海人民出版社1985年版，第49页。

第十八章
革命根据地民主政权的法律

从 1927 年建立第一个农村革命根据地——井冈山根据地开始，中国共产党领导中国人民在长期的革命斗争过程中为巩固和发展民主政权、维护人民利益建立起较为完备的政治和法律制度，为新民主主义革命的胜利奠定重要基础，也为新中国建立后的法治建设提供了有益经验。

第一节　立法思想与立法活动

一、立法思想

在长期的革命斗争和政治实践、法律实践中，中国共产党在新民主主义革命时期逐渐探索和发展出一条适合中国国情、以维护广大民众利益为指导思想的法制建设之路。

（一）坚持群众路线

群众路线是我们党的生命线和根本工作路线，也是党领导人民进行革命斗争和政权建设不断取得胜利的宝贵经验。在新民主主义革命时期，我们党注重在政权建设、法制建设等各项工作中以群众路线为指导，注重维护人民利益。

林伯渠曾指出，"在苏维埃建设上，如经济建设、文化建设、选举运动，都发动了千百万劳苦群众参加到各个战线上来，胜利地完成了光荣的任务"[1]1942 年 6 月 19 日边区政府第二十四次政务会议修正通过的《陕甘宁边区政府对于边区参议会扩大常委会建议的决议》指出："与群众密切联系，是政府工作的基本方针，政府人员要经常收集与了解人民的情绪与需要，作为制定各种具体政策的张本。比如土地租佃，土地登记，土地纠纷问题，土地税则，税收制度，

---

[1]　林伯渠："由苏维埃到民主共和制度"（1937 年 5 月 31 日），载张希坡编著：《革命根据地法律文献选辑（第三辑）》（第一卷），中国人民大学出版社 2019 年版，第 124 页。

婚姻问题，司法制度，单行法规……"[1]　新民主主义革命时期颁布的其他劳动法规、刑事法规等法律法规的主要目的在于保护人民利益，保障工人农民的合法权益，体现了群众路线的精神原则，对于调动人民群众的生产和工作积极性，取得新民主主义革命的胜利起到了重要作用。

（二）坚持平等原则

中国共产党在成立之初就提出"平等"原则的相关内容，随着政权建设的不断进展，平等原则的内涵不断丰富。革命根据地时期的法律和政策坚持以平等原则为指导，注重民众权利的平等保障。

中国共产党中央执行委员会在 1922 年 6 月 15 日《中国共产党第一次对于时局的主张》中提出"目前奋斗目标十一条"，其中除了主张保障人民的诸多权利以及制定"保护童工、女工的法律及一般工厂卫生工人保险法"等内容之外，主张"采用无限制的普通选举制"，"承认妇女在法律上与男子有同等的权利"，即男女权利平等原则。[2]　1922 年 7 月《中国共产党第二次全国代表大会宣言》再次提出，"废除一切束缚女子的法律，女子在政治上、经济上、社会上、教育上一律享受平等权利"。[3]　抗日战争时期，各根据地坚持平等原则，实现民众政治权利的平等和政治上的平等参与。1942 年 7 月 23 日《解放日报》社论指出，资本主义社会只在一定程度上实现了"在法律面前万人平等"的原则，但是"在新民主主义的政权下，应该使它成为事实"。[4]　这一时期不仅在立法上坚持"平等"原则，而且在政治和法律实践中贯彻了"平等"原则。

（三）坚持权利保障

保障广大民众的权利和利益是新民主主义革命时期立法的重要目的，也是当时立法坚持的一项重要原则，当时的立法不仅注重保障中华民族和党领导下的民主政权的整体利益，而且注重保障民众个人的权利和自由。

从革命根据地时期的第一部宪法性文件《中华苏维埃共和国宪法大纲》开始，革命根据地民主政权的宪法性法律、刑事法律、经济法律等就规定了根据地人民所享有的诸多权利和自由。例如，《中华苏维埃共和国宪法大纲》不仅规定"苏维埃法律前一律平等"，而且规定了苏维埃共和国公民所享有的诸多政

〔1〕　张希坡编著：《革命根据地法律文献选辑（第三辑）》（第二卷（上）第 1 分册），中国人民大学出版社 2019 年版，第 230 页。

〔2〕　张希坡编著：《革命根据地法律文献选辑（第一辑）》，中国人民大学出版社 2017 年版，第 3 - 4 页。

〔3〕　张希坡编著：《革命根据地法律文献选辑（第一辑）》，中国人民大学出版社 2017 年版，第 5 页。

〔4〕　1942 年 7 月 23 日《解放日报》社论"严肃革命秩序　遵行政府法令"，载张希坡编著：《革命根据地法律文献选辑（第三辑）》（第二卷（上）第 1 分册），中国人民大学出版社 2019 年版，第 240 页。

第十八章

治、经济和文化权利。抗日战争时期，不少地区颁布了一些规定和保障人民权利的法律法规。例如，1940 年 8 月晋察冀边区颁布《晋察冀边区目前施政纲领》；1940 年 11 月，山东省临时参议会公布施行《山东省人权保障条例》；1941 年 1 月，津浦路东各县临时参议会通过《人权保障条例》；1941 年 4 月，晋西北行政公署公布施行《晋西北保障人民权利暂行条例》；1941 年 11 月，陕甘宁边区第二届参议会通过了《陕甘宁边区保障人权财权条例》等。

二、立法概况

新民主主义革命时期，中国共产党领导人民颁布、实施了相关宪法性法律以及刑事、民事、经济、土地等领域的法律法规，丰富和完善了新民主主义革命时期民主政权法律体系的内容。

中华苏维埃时期，在江西瑞金召开的第一次全国苏维埃代表大会在 1931 年 11 月通过的《中华苏维埃共和国宪法大纲》以及 1934 年 2 月公布的《中央苏维埃组织法》等奠定中华苏维埃政权建设的法制基础。这一时期还颁布实施了《中华苏维埃共和国土地法》（1931 年）、《中华苏维埃共和国劳动法》（1931 年）、《中华苏维埃共和国婚姻条例》（1931 年）、《中华苏维埃共和国惩治反革命条例》（1934 年）等法律法规，保障中华苏维埃政权建设、社会秩序和经济发展。

抗日民主政权时期，1939 年 1 月召开的陕甘宁边区第一届参议会通过《陕甘宁边区抗战时期施政纲领》，1941 年 11 月，陕甘宁边区第二届参议会通过了《陕甘宁边区施政纲领》《各级政府的组织条例》《参议会会议规程》等法律，《陕甘宁边区施政纲领》成为边区政府的施政纲领。这一时期还颁布《陕甘宁边区抗战时期惩治汉奸条例》（1939 年）以及《减租减息条例》等法律法规，以保障抗战时期的社会和经济秩序。

解放区民主政权时期，陕甘宁边区第三届参议会在 1946 年 4 月通过了《陕甘宁边区宪法原则》以及《陕甘宁边区婚姻条例》等法律法规，1947 年颁布《中国土地法大纲》。1948 年 8 月，在石家庄召开的华北临时人民代表大会通过《华北人民政府施政方针》以及《华北人民政府组织大纲》《村县市人民政府组织大纲》《村县市人民代表组织条例》等法律法规。此外，各根据地根据实际情况颁布实施了相关刑事、民事、经济等领域的法律法规，巩固了解放区民主政权建设，保障民众的根本利益。

第二节　宪法

新民主主义革命时期，中国共产党领导人民制定颁布了诸多宪法性文件，主要有《中华苏维埃共和国宪法大纲》《陕甘宁边区施政纲领》《陕甘宁边区宪法原则》《华北人民政府施政方针》等。

一、《中华苏维埃共和国宪法大纲》

1931 年 11 月，第一次全国苏维埃代表大会通过《中华苏维埃共和国宪法大纲》。1934 年 1 月，第二次全国苏维埃代表大会对此进行了修改，除将"红色兵士"改为"红色战士"等文字的修改之外，比较重要的修改是在第 1 条中增加"同中农巩固的联合"。

《中华苏维埃共和国宪法大纲》共 17 条。第 1 条明确中华苏维埃共和国的基本任务是"保证苏维埃区域工农民主专政的政权和达到他在全中国的胜利"，"消灭一切封建残余，赶走帝国主义列强在华的势力，统一中国，有系统的限制资本主义的发展，进行苏维埃的经济建设，提高无产阶级的团结力与觉悟程度，团结广大的贫农群众在它的周围，以转变到无产阶级的专政"，"号召全中国的工农劳动群众在中华苏维埃共和国临时政府的指导之下，为这些基本任务在全中国的实现而斗争"。第 2 条规定中华苏维埃共和国的国体："中华苏维埃政权所建设的是工人和农民的民主专政的国家。苏维埃政权是属于工人、农民、红色战士及一切劳苦民众的。"第 3 条规定中华苏维埃共和国的政体，即全国工农兵苏维埃代表大会制度。

《中华苏维埃共和国宪法大纲》规定了平等原则及苏维埃共和国公民的诸项权利。第 4 条规定，"在苏维埃政权领域内，工人、农民、红色战士及一切劳苦民众和他们的家属，不分男女、种族、宗教，在苏维埃法律前一律平等，皆为苏维埃共和国的公民"。公民依法享有选举权与被选举权以及劳动权、受教育权、婚姻自由、信教自由等诸多社会、经济和文化权利。

作为革命根据地时期的第一部宪法性文件，《中华苏维埃共和国宪法大纲》以根本法的形式确认党领导人民取得的革命斗争成果，同时作为施政纲领明确了中华苏维埃共和国的政权建设任务和目标，在此基础上推进了当时政权的法制建设。

二、《陕甘宁边区施政纲领》

陕甘宁边区第二届参议会在 1941 年 11 月通过的《陕甘宁边区施政纲领》是抗日战争时期颁布的宪法性文件的典型代表。

《陕甘宁边区施政纲领》共 21 条。第 1 条确立了团结各阶级力量抗日救国的总方针，规定要"团结边区内部各社会阶级、各抗日党派，发挥一切人力、物力、财力、智力，为保卫边区、保卫西北、保卫中国、驱逐日本帝国主义而战"。第 5 条规定了抗日民主政权的性质和"三三制"的政权组织形式，规定中国共产党"愿与各党各派及一切群众团体进行选举联盟，并在候选名单中确定

第十八章

共产党员只占三分之一，以便各党各派及无党无派人士均能参加边区民意机关之活动与边区行政之管理"。正如毛泽东在《抗日根据地的政权问题》（1940年3月6日）中所指出的："在抗日时期，我们所建立的政权的性质，是民族统一战线的。这种政权，是一切赞成抗日又赞成民主的人们的政权，是几个革命阶级联合起来对于汉奸和反动派的民主专政。"[1] 第6条规定，保证一切抗日人民（地主、资本家、农民、工人等）的人权、政权、财权以及言论、出版、集会、结社、信仰、居住和迁徙自由等权利和自由。此外，《陕甘宁边区施政纲领》还规定了当时的司法制度以及土地和经济政策、婚姻政策、税收政策以及民族政策、文化政策等内容。

三、《陕甘宁边区宪法原则》

抗战胜利后，陕甘宁边区在1946年4月召开的第三届参议会第一次大会通过《陕甘宁边区宪法原则》，成为抗战胜利后边区政府的施政纲领，同时也为起草边区宪法确定了指导方针。《陕甘宁边区宪法原则》从"政权组织""人民权利""司法""经济""文化"等方面确立当时政治、经济和社会生活的基本政策和基本原则，推进了解放区的民主政权建设。

在政权组织方面，《陕甘宁边区宪法原则》规定，"边区、县、乡人民代表会议（参议会）为人民管理政权机关"，"人民普遍直接平等无记名选举各级代表，各级代表会选举政府人员"，"各级政府对各级代表会负责，各级代表对选举人负责"，边区少数民族在民族区"组织民族自治政权，在不与省宪抵触原则下，得订立自治法规"。在人民权利方面，规定了人民所享有的诸项权利，例如"人民有免于经济上偏枯与贫困的权利"，"民有武装自卫的权利"等权利，并且规定"人民为行使政治上各项自由权利，应受到政府的诱导与物质帮助"。在司法方面，规定"各级司法机关独立行使职权，除服从法律外，不受任何干涉"，"除司法机关公安机关依法执行职务外，任何机关团体不得有逮捕审讯的行为"，人民可通过各种方式控告失职的公务人员。在经济方面，规定"应保障耕者有其田，劳动者有职业，企业有发展的机会"，"用公营、合作、私营三种方式组织所有的人力资力为促进繁荣消灭贫穷而斗争"，同时规定设立职业学校，培养技术人才，保障外资获取合理利润。在文化方面，规定"普及并提高一般人民之文化水准，从速消灭文盲，减少疾病与死亡现象"。

四、《华北人民政府施政方针》

1948年8月，华北临时人民代表大会通过《华北人民政府施政方针》，这是解放战争后期具有代表性的宪法性文件。《华北人民政府施政方针》规定华北人

---

[1] 《毛泽东选集》（第二卷），人民出版社1991年版，第741页。

民政府的基本任务是：继续进攻敌人，为解放全华北而奋斗，继续以人力、物力、财力支援前线，以争取人民革命在全国的胜利。[1] 该方针主要从军事、经济、政治、文化教育以及新解放区与新解放城市等方面确立了当时的方针政策，对于恢复和发展生产、推进建立广泛的统一战线等起到重要作用。

董必武同志指出，"在过去国内革命战争的各个时期，各个革命根据地在党的统一领导下，制定了许多代表人民意志和符合革命利益的政策法令。尽管它们在形式上较为简单，而且不可避免地带有地方性，但是它们有力地保障和促进了革命事业的发展。不仅如此，它们并且是我们现在人民民主法制的萌芽"[2] 新民主主义革命时期，在党的领导下，革命根据地逐渐发展壮大，法制建设和法制工作取得重大成就，不仅维持地方秩序、保障人民权益，而且最终领导人民取得新民主主义革命的胜利。

第三节　刑事法律

巩固革命根据地民主政权、维护根据地的社会秩序是新民主主义革命时期刑事法律的主要目的，因此打击敌对势力的破坏活动、惩治犯罪是这一时期刑事法律的主要内容。

一、中华苏维埃共和国时期的刑事法律

中华苏维埃时期制定颁布了《中华苏维埃共和国惩治反革命条例》、闽西《惩办反革命条例》、湘赣省《惩治反革命犯暂行条例》等刑事法律。

1934 年 4 月 8 日，中华苏维埃共和国中央执行委员会颁布《中华苏维埃共和国惩治反革命条例》，规定了反革命行为的概念、种类及刑罚等内容。第 1 条和第 2 条规定："凡一切图谋推翻或破坏苏维埃政府及工农民主革命所得到的权利，意图保持或恢复豪绅地主资产阶级的统治者，不论用什么方法，都是反革命行为"，无论中国人还是外国人，"凡犯本条例所列举各罪者"，均适用该条例予以惩治。该条例规定的反革命罪行包括"组织反革命武装军队及团匪、土匪侵犯苏维埃领土或煽动居民在苏维埃领土内举行反革命暴动"，"勾结帝国主义国民党军阀，以武力来进攻苏维埃领土或抵抗苏维埃红军的行动"，"组织各种反革命团体，实行反对或破坏苏维埃，意图维持或恢复豪绅地主资产阶级统治"，"组织或煽动居民拒绝纳税"等。

该条例规定刑罚的种类包括死刑、监禁（监禁的期限以 10 年为最高限度）、

---

〔1〕　朱勇主编：《中国法制史》（第二版），高等教育出版社 2019 年版，第 291 页。
〔2〕　董必武：《董必武选集》，人民出版社 1985 年版，第 406 页。

没收财产、剥夺公民权（一部或全部）等，此外还规定了累犯、犯罪未遂、自首、对 16 岁以下的未成年人犯罪的处罚等内容。例如，第 36 条规定："凡犯本条例所列各罪之一，未被发觉，而自己向苏维埃报告者（自首分子），或既被发觉而悔过，忠实报告其犯罪内容，帮助肃反机关破获其他同谋犯罪者（自新分子），得按照各该条文的规定减轻处罚。"第 35 条规定："凡对苏维埃有功绩的人，其犯罪行为，得按照本条例各该条文的规定减轻处罚。"第 38 条规定了类推处罚的原则，即"凡本条例所未包括的反革命犯罪行为，得按照本条例相类的条文处罚之。"

二、抗日民主政权的刑事法律

抗日战争时期，惩治汉奸是当时刑事法律的重要内容，各抗日民主政权都制定了惩治汉奸条例。例如，1939 年制定的《陕甘宁边区抗战时期惩治汉奸条例》规定了汉奸罪十八个方面的内容，例如，"企图颠覆国民政府所属各级政权，阴谋建立傀儡伪政权者"，"破坏人民抗日运动或抗战动员者"，"进行各种侦查间谍及一切秘密特务工作者"，"组织及领导土匪活动扰乱者"，"组织领导军队叛变或逃跑者"，"宣传煽惑人民，组织领导叛乱者"，"匿藏贩运及买卖军火意图叛乱者"，"以粮食军器资送敌人者"，"捏造或散布谣言者"，"乘机纵火抢劫者"等均属汉奸罪的惩治范围。林伯渠在 1944 年边区政府委员会第四次会议上所做的《边区政府一年工作总结》中指出："把制裁汉奸、反革命当作中心，把保护群众当作天职。"

为保证抗日斗争的顺利进行，各抗日民主政权还颁布法律法规对盗匪、违反禁烟禁毒以及违反社会和经济秩序的犯罪行为予以处罚。

三、解放区民主政权的刑事法律

抗日战争胜利后，大批汉奸、战争罪犯以及伪军伪警等被捕获，各地颁布法律法规对此予以规定。例如，山东省政府于 1945 年 8 月公布了《山东省惩治战争罪犯及汉奸暂行条例》《山东省汉奸自首自新暂行条例》《山东省处理汉奸财产暂行办法》和《山东军区处理伪军伪警条例》，根据具体情节的不同，作出不同的规定和处理。

此外，一些根据地根据国内政治形势的发展和各地区对敌斗争及犯罪情况的变化制定了一些颇具特色的刑事法规。例如，《苏皖边区危害解放区紧急治罪暂行条例》（1946 年 6 月）、《苏皖边区第一行政区破坏解放区革命秩序治罪办法》（1947 年 1 月）、《晋冀鲁豫边区破坏土地改革治罪条例》（1948 年 1 月 15 日）、《华北人民政府解散所有会门道门封建迷信组织的布告》（1949 年 1 月 4 日）。此外，还有《太岳区惩治滥用浪费民力暂行条例》（1948 年 6 月 15 日）、《东北解放区交通肇事犯罪处罚暂行条例》（1948 年 11 月 1 日）以及《辽北省

第十八章

惩治关于婚姻与奸害罪暂行条例（草案）》等。[1]

第四节　民事经济法律

一、中华苏维埃共和国的民事经济法律

从建立井冈山革命根据地开始，党就领导人民开展打土豪、分田地的革命斗争，在 1928 年底制定了《井冈山土地法》，规定"没收一切土地归苏维埃政府所有"。土地分配给农民个别耕种或者共同耕种，或由苏维埃政府组织模范农场耕种。同时规定，"一切土地，经苏维埃政府没收并分配后，禁止买卖"。土地的分配"以人口为标准，男女老幼平均分配"，同时辅以以劳动力为标准进行分配，能劳动者比不能劳动者多分一倍土地。在地域上，土地的分配主要以乡为单位进行。随着革命根据地的发展和土地革命的深入开展，在总结之前土地斗争经验的基础上，毛泽东于 1929 年 4 月领导制定了《兴国县土地法》，规定"没收一切公共土地及地主阶级的土地归兴国工农兵代表会议政府所有，分给无田地及少田地的农民耕种使用"，"一切公共土地及地主阶级的土地，经工农兵政府没收并分配后，禁止买卖"。土地的分配标准与《井冈山土地法》的规定基本相同。《兴国县土地法》在内容上的一个重要变更，就是把之前规定的"没收一切土地"改为"没收一切公共土地及地主阶级的土地"，这是当时土地政策的一个原则性变化。

1931 年 12 月，中华苏维埃第一次全国代表大会通过《中华苏维埃共和国土地法》。第 1 条规定："所有封建地主、豪绅、军阀、官僚以及其他大私有主的土地，无论自己经营或出租，一概无任何代价地实行没收。"苏维埃将没收的土地分配给贫农、中农、雇农、苦力、劳动贫民；同时规定，"被没收土地的以前的所有者，没有分配任何土地的权利"，"乡村失业的独立劳动者，在农民群众赞同之下，可以同样分配十地"。红军分得的土地由苏维埃政府设法替为耕种（第 2 条）。《中华苏维埃共和国土地法》规定不仅没收封建主、军阀、豪绅等阶级的土地，还没收"一切封建主、军阀、豪绅、地方的动产与不动产，房屋、仓库、牲畜、农具等；富农在没收土地后，多余的房屋、家具、牲畜及水碓、油榨等亦须没收"（第 8 条）。1931 年《中华苏维埃共和国土地法》在很大程度上巩固了土地革命斗争的成果，提高了农民耕种土地和进行农业生产的积极性，但是"地主不分田，富农分坏田"的政策影响了他们参与革命和农业生产的积极性。

---

〔1〕　朱勇主编：《中国法制史》（第二版），高等教育出版社 2019 年版，第 294 页。

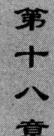

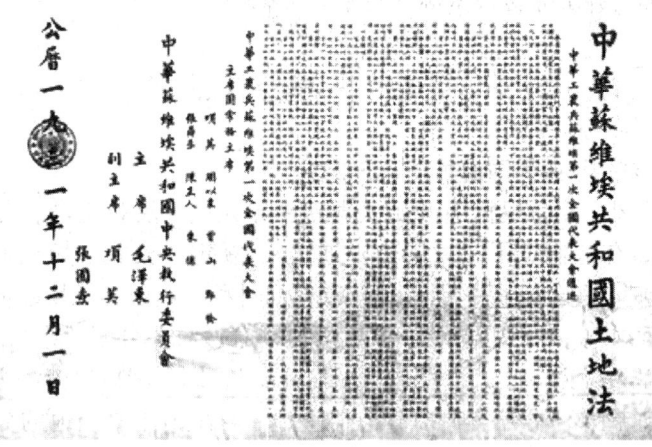

图23 《中华苏维埃共和国土地法》

1931 年 11 月，中华苏维埃第一次代表大会通过《中华苏维埃共和国劳动法》，"在企业、工厂、作坊及一切生产事业和各种机关（国家的、协作社的、私人的都包括在内）的雇佣劳动者"都受到劳动法的保障（第 1 条）。其中规定，所有雇佣劳动者每日的工作时间通常不超过 8 小时，16 至 18 岁的青工每日工作时间不得超过 6 小时，14 岁至 16 岁的童工每日工作时间不得超过 4 小时。该劳动法还规定了雇佣的手续、集体合同与劳动合同、休息时间、工资、劳动保护、社会保险以及关于中华全国总工会及其地方的组织等方面的内容。

在婚姻家庭方面，中华苏维埃共和国中央委员会在 1934 年 4 月 8 日公布《中华苏维埃共和国婚姻法》，宣布废止 1932 年 12 月颁布的《中华苏维埃共和国婚姻条例》。《中华苏维埃共和国婚姻法》规定，"男女婚姻以自由为原则，废除一切包办强迫和买卖的婚姻制度，禁止童养媳"（第 1 条），"实行一夫一妻，禁止一夫多妻与一妻多夫"的制度。根据该婚姻法的规定，男子结婚需年满 20 岁，女子须年满 18 岁，还规定"私生子得享受本婚姻法上关于合法小孩的一切权利"。该婚姻法还对结婚、离婚的条件和程序以及离婚后男女财产的处理、离婚后孩子的处理、私生子的处理等方面作了具体规定。第 20 条明确规定，"违反本法的，按照刑法处以应得之罪"。

此外，这一时期还颁布了《工商投资暂行条例》《借贷暂行条例》《苏维埃国有工厂管理条例》《合作社暂行组织条例》等经济法规，对于保障和促进当时的经济发展具有一定的积极意义。

二、抗日民主政权的民事经济法律

抗日战争时期，为巩固和发展抗日民族统一战线，抗日民主政权停止没收地主土地，实行"减租减息"政策。1942 年 1 月，中共中央在抗日根据地实行的"减租减息"政策经验的基础上颁布《关于抗日根据地土地政策的决定》，规定了减租减息的基本原则。根据决定的内容，地租的租额一般依照抗战前的租额减低百分之二十五，即"二五减租"的原则。对于抗战前的借贷关系，一般以一分半为计息标准，即"分半减息"的原则。

劳动法方面比较有代表性的规定是晋冀鲁豫边区临时参议会在 1941 年 11 月通过的《晋冀鲁豫边区劳工保护暂行条例》。其中第 10 条规定了当时工人的工作时间："公私工厂、矿场及作坊工人，每日工作时间以十小时为原则。但地下矿工工作时间不得超过九小时。"第 20 条还规定工厂、矿厂需配置必要的卫生健康设施："工厂、矿厂应切实注意清洁卫生，如工作有碍工人健康及安全者，须有必要之卫生防护设备。"毛泽东在《论政策》（1940 年 12 月 25 日）中明确提出："必须改良工人的生活，才能发动工人的抗日积极性。但是切忌过左，加薪减时，均不应过多。在中国目前的情况下，八小时工作制还难于普遍推行，在某些生产部门内还须允许实行十小时工作制。其他生产部门，则应随情形规定时间……至于乡村工人的生活和待遇的改良，更不应提得过高，否则就会引起农民的反对、工人的失业和生产的缩小。"[1]

这一时期的婚姻立法基本上沿用中华苏维埃共和国时期婚姻法的相关规定，坚持男女平等、婚姻自由、一夫一妻等原则。

三、解放区民主政权的民事经济法律

1947 年 9 月，中共中央工作委员会召开的全国土地会议上通过了《中国土地法大纲》，规定"废除封建性及半封建性剥削的土地制度，实行耕者有其田的土地制度"（第 1 条），"废除一切地主的土地所有权"（第 2 条），"废除一切祠堂、庙宇、寺院、学校、机关及团体的土地所有权"（第 3 条），还规定"废除一切乡村中在土地制度改革以前的债务（即土地改革前劳动人民所欠地主、富农、高利贷者的高利贷债务）"（第 4 条）。土地的分配"按乡村全部人口，不分男女老幼，统一平均分配，在土地数量上抽多补少，质量上抽肥补瘦，使全乡村人民均获得同等的土地，并归各人所有"（第 6 条），"以乡或等于乡的行政村为单位，但区或县农会得在各乡或等于乡的各行政村之间，作某些必要的调剂"（第 7 条）。《中国土地法大纲》还确认民众对所分配土地的自由经营、买卖及在特定条件下出租的权利，同时对一些特殊的土地及财产的处理、土地分配中特殊问题的处理办法等做出规定。

---

〔1〕　中共中央文献研究室、中央档案馆编：《建党以来重要文献选编（1921－1949）》（第十七册），中央文献出版社 2011 年版，第 703 页。

1948 年 8 月，第六次全国劳动大会通过了《关于中国职工运动当前任务的决议》和《中华全国总工会章程》。该决议指出，"在农村中实行土地改革，平分地主阶级与封建性富农的土地，在城市中没收官僚资本，保护民族工商业，并实行发展生产、繁荣经济、公私兼顾、劳资两利的政策"。其中，第三章"关于解放区职工运动的任务"对当时与工资相关的事项做出规定，要求"必须保障任何普通职工的最低生活水准，即职工最低工资，连本人在内要够维持两个人的生活；同时，又必须保障职工的劳动热情及技术的进步而采取等级工资制及计时、计件工资制"。此外，决议还规定了劳动保护和职工福利的相关内容，涉及伤害、疾病、老残等的医疗、津贴、抚恤以及失业救济、劳动争议的处理方法等方面。决议最后决定恢复全国总工会，以保障该决议的实施，"保障中国工人阶级在目前大革命中能够到处充分发挥其应有的先锋队的作用"。

解放战争时期经济建设的总方针是毛泽东提出的"发展生产、繁荣经济、公私兼顾、劳资两利"，这不仅是新民主主义国民经济的指导方针，也是新民主主义国民经济发展的总目标。[1] 各解放区民主政权根据这一方针制定了相关经济法规，例如《华北区商标注册办法》《哈尔滨市不动产登记办法》《北平市建筑师和营造业管理规则》《上海市战时船舶管理办法》《华北区对外通邮通电暂行办法》《华东区对外贸易管理暂行办法》《上海市对外籍轮船进出管理暂行办法》《华北区外汇管理暂行办法》等。[2]

第五节　司法思想与司法制度

一、司法思想

革命根据地时期的民主革命政权在司法实践中确立了司法为民的理念。"马锡五审判方式"是司法为民理念的典型体现，也是司法审判与群众路线相结合的典范。

"马锡五审判方式"是以马锡五同志命名的一种审判方式，马锡五在抗日战争时期曾任陕甘宁边区陇东专区专员兼陕甘宁边区高等法院陇东分庭庭长，后任陕甘宁边区高等法院院长。这种审判方式强调在司法活动中贯彻群众路线，强调依靠群众和深入调查研究。"马锡五审判方式"的表述最早可见于时任陕甘宁边区政府主席林伯渠在 1944 年 1 月 6 日所做的《边区政府一年工作总结》报

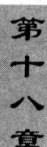

---

〔1〕　中共中央文献研究室、中央档案馆编：《建党以来重要文献选编（1921－1949）》（第二十四册），中央文献出版社 2011 年版，第 535 页。

〔2〕　朱勇主编：《中国法制史》，高等教育出版社 2019 年版，第 298 页。

告，其中指出要"提倡马锡五同志的审判方式，以便教育群众"。1944 年 3 月 13 日《解放日报》刊发的评论《马锡五同志的审判方式》，对"马锡五审判方式"做了总结和概括：其一，深入调查研究，了解案件实情，抓住案件关键，从本质上解决问题；其二，坚持原则，执行政府政策法令，又照顾群众生活习惯及其基本利益，听取群众意见，进行合理调解和说服教育；其三，深入基层民众，在巡视中处理案件、解决问题，诉讼手续简单轻便，采用座谈式的审判方法。

图 24　马锡五

1945 年 12 月，陕甘宁边区高等法院代院长王子宜在边区推事审判员联席会议报告中指出马锡五审判方式的三个特点：一是深入农村调查研究，二是就地审判不拘形式，三是群众参加解决问题。这三个特点"总的精神就是联系群众，调查审讯都有群众参加，竭力求得全面正确，是非曲直摆在明处，然后把调查研究过的情形在群众中进行酝酿，使多数人认识上一致，觉得公平合理，再行宣判。既合原则，又尽人情，不仅双方当事人服判，其他事外人也表示满意……"[1] 1949 年 5 月，马锡五在延安大学回答学生的提问时，把这种审判方式总结为

〔1〕　张希坡：《马锡五与马锡五审判方式》，法律出版社 2013 年版，第 204－205 页。

"就地审判，不拘形式，深入调查研究，联系群众，解决问题"[1]。

马锡五审判方式体现了司法为民的理念，是深入基层、依靠群众、便民利民的审判方式，是"审判与调解、法庭与群众相结合的"司法方式，受到广大民众的支持和欢迎。正是基于此，马锡五审判方式成为当时司法工作的榜样，被推广到当时的整个陕甘宁边区，进而成为整个抗日根据地广泛采用的一种审判方式，在当时的司法实践中取得显著成效和良好效果。人民群众对此称赞道："民主政府真是为人民办事，断案公道。"[2] 在当时的历史条件下，马锡五审判方式有效地弥补了革命根据地司法资源的不足，解决了当时民众诉讼不便的困难，提供了便民利民的司法服务，使民众在公开的审判中感受到根据地法律的公平正义，不仅使民众受到法制教育，同时也有助于提升民众的法律素养[3]。

曾任陕甘宁边区高等法院院长的雷经天也坚持司法为民的理念，并在司法实践中践行这种理念。雷经天提出，司法审判要以群众的利益为依归，并对判决案件提出具体要求："第一，判决案件应站在群众的立场上，为群众谋利益；第二，判决案件应便于大多数的群众，便于劳苦的人民；第三，判决案件要保证群众的利益……第四，判决案件要做到倾听群众的意见。"[4] 为便于民众诉讼，雷经天提出要简化诉讼方式和诉讼手续："为着便利于人民的诉讼……诉讼当事人不加以任何的限制，诉讼词状不规定任何的格式，只要诉讼的原因说得清楚，看得明白就够了。"[5]

二、司法制度

在中华苏维埃共和国成立之前，闽西苏区先后设立了裁判兼肃反委员会、裁判肃反委员会、裁判部、裁判科、裁判委员等司法机构，负责本地区的反革命案件、民事与刑事案件的立案、侦查、逮捕、审判与执行工作，保护本地区人民的生命财产安全，保障开展土地革命，巩固工农民主政权[6]。

中华苏维埃共和国时期，中华苏维埃共和国中央人民委员会在 1932 年 2 月决定设立临时最高法庭，作为苏区的最高审判机关，负责指导全苏区的审判工作，并审理在苏区范围内有重要影响的各类案件。临时最高法庭下设刑事、民事、军事法庭，分别审理不同类型的案件。根据 1934 年 2 月颁布的《中华苏维埃共和国中央苏维埃组织法》，设立最高法院，其中第七章"最高法院"专门规

---

〔1〕张希坡：《马锡五与马锡五审判方式》，法律出版社 2013 年版，第 188 页。

〔2〕赵崑坡等编：《中国革命根据地案例选》，山西人民出版社 1984 年版，第 206－208 页。

〔3〕王立民："马锡五审判方式是成功的审判方式"，载《法学杂志》2010 年第 10 期。

〔4〕杨永华、方克勤：《陕甘宁边区法制史稿（诉讼狱政篇）》，法律出版社 1987 年版，第 72 页。

〔5〕雷经天："陕甘宁边区的司法制度"，载《解放》1938 年第 50 期。

〔6〕"中华苏维埃共和国的司法工作"，载《人民法院报》2016 年 6 月 25 日，第 4 版。

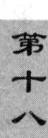

定了最高法院的职能、管辖、建制和审判组织等内容，在最高法院内设刑事法庭、民事法庭、军事法庭等机构，同时另行组织成立最高法院委员会，以最高法院院长为主席。在设立了最高法院后，之前的最高法庭仍予以保留。当时，除设立中央审判机构外，还设立了地方各级审判机关，包括省裁判部、县裁判部、区裁判部以及城市裁判部（科），行使审判机关的职权，审理刑事、民事等案件。[1] 根据 1932 年 6 月《中华苏维埃共和国裁判部暂行组织及裁判条例》的规定，各级裁判部可组织巡回法庭，到事发地公开审判一些具有教育意义的案件，同时让广大民众参与案件的审理。这种巡回法庭制度在抗日战争时期得到进一步发展。

抗日战争时期，陕甘宁边区设立边区高等法院，县设司法处。在这两级司法机构，案件审理基本实行两级终审制。为便于群众诉讼，陕甘宁边区于 1943 年在各分区设边区高等法院分庭，作为边区高等法院的派出机构，受理因不服各分区内所辖的地方法院或县司法处的第一审判决而上诉的民刑案件。

抗日战争时期，人民调解制度得到很大发展，从调解机构、调解范围、调解程序等不同方面得到进一步规范和完善。1938 年 1 月成立的晋察冀边区政府积极开展调解工作，并于 1940 年在各地村公所之下广泛设置调解委员会，专门进行调解工作。1941 年起，各根据地抗日民主政府相继颁布关于调解工作的法规或调解办法，人民调解工作进一步制度化、规范化。[2] 1943 年 6 月 11 日颁布的《陕甘宁边区民刑事件调解条例》规定，"凡民事一切纠纷均应厉行调解"。[3] 调解是当时审理民事案件的必要程序，调解不仅限于法庭和政府调解，双方当事人的邻居、亲友或相关团体等也可进行调解。在这种理念指导下，根据地抗日民主政府积极推进案件和纠纷的调解工作，出现了一些调解模范人物和模范村。[4] 抗日战争时期广泛推行的调解制度和调解工作对于增进人民团结、巩固统一战线发挥了重要作用。解放战争时期，人民调解制度在解放区得到进一步继承和发展，为新中国成立后人民调解制度的发展奠定坚实的基础。

---

〔1〕 "中华苏维埃共和国的司法工作"，载《人民法院报》2016 年 6 月 25 日，第 4 版。

〔2〕 韩延龙："试论抗日根据地的调解制度"，载《法学研究》1980 年第 5 期。

〔3〕 肖周录、马京平："马锡五审判方式新探"，载《法学家》2012 年第 6 期。

〔4〕 1944 年 5 月 8 日《解放日报》以"民间调解的模范村——西直沟一年半以来民事纠纷均在村内解决"为题，报道了绥德西直沟村村主任郭维德的调解工作事迹。1945 年 1 月 9 日《解放日报》发表题为"郭维德创造调解模范村"的文章，总结了调解模范村的工作经验。当时的边区政府曾发出"学习西直沟，学习郭维德"的号召，提出"百分之九十以上甚至百分之百的争执，最好都能在乡村中由人民调解解决"。《陕甘宁边区政府关于普及调解、总结判例、清理监所指示信》（1944 年 6 月 6 日），参见韩延龙："试论抗日根据地的调解制度"，载《法学研究》1980 年第 5 期；张希坡：《马锡五与马锡五审判方式》，法律出版社 2013 年版，第 157 – 158 页。

第十八章

解放战争时期，各解放区根据当地的实际需要设立多级人民法院，逐步建立起较为统一的司法体制。例如，东北地区设立大行政区、省、县三级人民法院。有的地方还成立军事法庭。此外，华北人民政府和东北人民政府等成立司法部，主管辖区的司法行政工作。当时设立的各级司法机关为新中国成立后建立各级人民法院奠定基础。

1949 年 2 月，中共中央发布《关于废除国民党的六法全书与确定解放区的司法原则的指示》，指出"国民党全部法律是保护地主与买办官僚资产阶级反动统治的工具，是镇压与束缚广大人民群众的武器"，是"基本上不合乎人民利益的法律"，因此，"在无产阶级领导的工农联盟为主体的人民民主专政的政权下，国民党的六法全书应该废除，人民的司法工作不能再以国民党的六法全书为依据，而应该以人民的新的法律作依据"。该指示同时也明确了司法机关在确立新法律体系前应遵循的基本原则，翻开我国司法制度发展史上新的一页。

第六节　社会法律思潮

毛泽东在《在晋绥干部会议上的讲话》（1948 年 4 月 1 日）中全面、系统地提出了新民主主义革命的总路线和总政策，指出新民主主义革命是"无产阶级领导的，人民大众的，反对帝国主义、封建主义和官僚资本主义的革命"[1]。新民主主义革命的性质决定了新民主主义革命时期民主政权法治建设的目标和价值取向，决定了新民主主义革命时期的法律思想与巩固和发展人民民主政权、维护广大民众的利益的密切联系。谢觉哉和董必武的法律思想在这一时期具有代表性。

一、谢觉哉的法律思想

谢觉哉（1884－1971 年）是中国共产党老一辈无产阶级革命家、社会活动家，也是著名的法学家、教育家、人民司法制度和政权建设的奠基者。他在新民主主义革命时期为民主政权的法制建设做出重要贡献。"谢觉哉的法律思想，是多方面的，深邃的，富有创建的。它吸收了古今中外的有益经验，不断总结法制建设中出现的新情况、新问题，并把它升华到理论高度，逐渐形成一套完整的理论体系。"[2] 在谢觉哉的法律思想中，人民是基础和出发点。

（一）强调新民主主义宪法和法律的人民性

谢觉哉认为，新民主主义的法律与之前的法律和资产阶级的法律有着根本

〔1〕《毛泽东选集》（第四卷），人民出版社 1991 年版，第 1313 页。
〔2〕李光灿、张国华主编：《中国法律思想通史》（第四册），山西人民出版社 2001 年版，第 771 页。

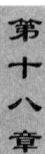

图25　谢觉哉像（中国政法大学校内）

区别，新民主主义法律重在保护广大人民的利益。他在 1947 年 4 月 16 日的日记中记道："新民主主义的法律，应是保护并发展占人口绝大多数的农民工人和被剥削的小生产者所争得或正在争取的利益，同时也照顾不违反这主旨的其他阶层的利益，而和破坏这些人的利益作斗争。宪法及其他法律都必本此旨。"对于翻身的农民而言，法律保护并发展他们已取得的土地及其社会地位，"必须抓住这一基本本质，贯彻到所有法律中去"[1]。在此基础上，谢觉哉认为，要在推翻旧法律的基础上建立新法律，并且要创新和发展新法律的内容和形式："不能把旧法律补葺罅漏，而只应把旧法律推翻，在旧法律废墟上建立起新法律来，虽然旧法律有多少好材料经验可用"，"新的法律，不止内容要冲破旧的范围，而且形式也不容为旧形式拘束，要使广大人民能了解"[2]。

　　谢觉哉认为，"宪法是革命斗争成果的记录"[3]，所以，新民主主义宪法是对党领导人民所取得的斗争成果的记录和确认，是对人民利益的保障，同时也是指引新民主主义革命取得胜利的旗帜。他在 1945 年 11 月的日记中记道："新民主主义的宪法由草案到正式通过，将是一个斗争的过程。新民主主义宪法是写已达到的东西，也是待争取的东西。实行了的解放区，用宪法固定起来，更

---

〔1〕《谢觉哉日记》，人民出版社 1984 年版，第 1086 页。
〔2〕《谢觉哉日记》，人民出版社 1984 年版，第 1087 页。
〔3〕《谢觉哉日记》，人民出版社 1984 年版，第 872 页。

加充实、前进，修正缺点，发展新的。人民更加认识自己力量和地位，因而会更加积极、有力。尚未实行的非解放区，将给他更大的鼓励，冲破网罗，把已实行了证明了的东西移植到全中国。"[1] 所以，新民主主义的宪法是"人民的宪法"，是"人民实践新民主主义成果的记录，也是人民争取新民主主义更加充实与普遍实现的前进旗帜"。[2] 所以，新民主主义的国家政权"为一般平民所共有，非少数人所得而私也"。[3]

谢觉哉认为，宪法应确认和保障人民的广泛权利。宪法上的人民权利，除选举、言论、集会、结社等权利和自由之外，"还有经济上的权利——免于贫困的自由，武装上的权利——免于恐怖的自由，文化上的权利——免于愚蠢和不健康的自由。政治权利，如果有了经济上的权利做物质基础，武装自由做实力保证，文化自由做精神武器，那末政治权利才会被人民所特别珍视与充分利用。同时经济、武装、文化……等权利，又必运用政治权利才有保障，才有积极推进的可能"。[4]

谢觉哉对于宪法和法律之间的关系作了明确的区分："宪法是其他法律所自出，即其他法律的总纲，宪法的总纲章则为总纲之总纲。"[5] 他指出，新民主主义的法律不应只是"消极"地不与宪法相抵触，而是需要一种"积极的观念"，"需要根据宪法的规定而加以发扬、保卫的法律，不只不抵触就够"，"写宪法，写宪法总纲，应有笼罩全宪法以至整个新民主主义法律思想系统的积极观念"。[6] 谢觉哉还强调从实际出发，以实际情况和经验为基础制定法律。他在1949年1月《在司法训练班的讲话》中指出，"我们的法，要从实际出发，即从具体的实际情况和经验中，摸索出规律来"。[7]

谢觉哉重视调解在司法工作中的重要作用，强调调解要重视民众的意见。他在1944年代陕甘宁边区政府草拟的一份司法指示信中指出："调解可使大事化小，小事化无；可使小事不闹成大事、无事不闹成有事。增加农村和睦、节省劳力以从事生产。"[8] 调解的形式多种多样，但是调解取得成效的关键在于，要虚心听取群众意见，"要取得双方当事人的完全愿意，不可有稍微强迫"。[9]

---

[1] 《谢觉哉日记》，人民出版社1984年版，第865页。
[2] 《谢觉哉日记》，人民出版社1984年版，第874页。
[3] 《谢觉哉日记》，人民出版社1984年版，第872页。
[4] 《谢觉哉日记》，人民出版社1984年版，第868页。
[5] 《谢觉哉日记》，人民出版社1984年版，第1085页。
[6] 《谢觉哉日记》，人民出版社1984年版，第1085－1086页。
[7] 《谢觉哉文集》，人民出版社1989年版，第648页。
[8] 《谢觉哉文集》，人民出版社1989年版，第593页。
[9] 《谢觉哉文集》，人民出版社1989年版，第594页。

（二）强调"民主的法治精神"

谢觉哉不仅参与制定了边区历届选举条例，而且领导了边区的历次选举运动。在总结群众选举的经验基础上，他认为选举是组织民主政治的基础，[1] 选举是"人民对政府工作的大检阅"，"不把选举看做是人民对政府工作的大检阅，选举必然流为形式主义"。[2]

谢觉哉所持的是一种民主的发展进步观。他在《民主政治的实际》（1940年4月24日）中认为，"民主是随社会进步而进步的"，"阶级社会在进步，民主也在进步"，"社会进步到了某种时期，即要求有某种程度的民主"。[3] 他认为民主意涵的本质是："大家的事，大家来议，大家来做。在大家公认的条件之下（少数服从多数，个人服从全体……等），谁都能发表意见，好的意见一定能被采纳；谁都有出来做事管事的义务与权利。"[4]

谢觉哉强调，"官民一体廉洁政治是实行民主的保证"[5]，经过民众团体来实现民主，要求"民众团体本身必须是民主的"。[6] 所以，谢觉哉强调民意机关的重要性，认为"民主，就必须有选举，有民意机关，有真的选举与真的民意机关。忽视它，是不可以的"。[7] 但是，他也指出仅有民意机关是不够的，民众还要"养成尊重民意机关的习惯"，"首先要有尊重民主（即民意）的法治精神"。[8]

谢觉哉以陕甘宁边区为例，说明民主和选举的重要性及其积极意义。"边区各级政府工作人员是由各级参议会选出，而各级参议会之议员，则由选民根据生产与区域单位……直接选举出来。这就使群众能够选出自己所知道所爱戴的人来参加政权。"[9] 所以，"发扬与汇集广大人民的力量与意见，来议事管事，事情一定办得很好"。[10]

二、董必武的法律思想

董必武（1886－1975年）是中国共产党的创始人之一，是无产阶级革命家和法学家，是"新中国民主法制的先行者"，为新民主主义革命时期的法制建设

---

〔1〕 李光灿、张国华主编：《中国法律思想通史》（第四册），山西人民出版社2001年版，第775－776页。
〔2〕《谢觉哉文集》，人民出版社1989年版，第477页。
〔3〕《谢觉哉文集》，人民出版社1989年版，第340页。
〔4〕《谢觉哉文集》，人民出版社1989年版，第340－341页。
〔5〕《谢觉哉文集》，人民出版社1989年版，第352页。
〔6〕《谢觉哉文集》，人民出版社1989年版，第344页。
〔7〕《谢觉哉文集》，人民出版社1989年版，第355页。
〔8〕《谢觉哉文集》，人民出版社1989年版，第360页。
〔9〕《谢觉哉文集》，人民出版社1989年版，第344页。
〔10〕《谢觉哉文集》，人民出版社1989年版，第357页。

和法律发展做出了重要贡献，其法律思想涉及民主政治、廉政建设、权利保障、群众路线等诸多方面。董必武"站在无产阶级和广大劳动人民的立场上，坚决反对和批判一切剥削与压迫阶级的法律，为维护人民群众的权益"，"反对国民党的专制独裁、反对虚伪的三权分立，而在建立议行合一的民主集中制的人民代表大会制"等方面作出了重大贡献。[1]

图26　董必武

（一）新民主主义政府的权力来源于人民

董必武在 1948 年 10 月召开的人民政权研究会上的讲话中指出，革命"就是把妨碍经济、政治发展的旧的制度推翻，建立新的、人不压迫人、人不剥削人的政治经济制度"。[2] 经过新民主主义革命而建立的"新民主主义国家……是以无产阶级领导的，以工农联盟为基础的，包括民主爱国人士共同组成的人民民主政权。实质就是无产阶级领导的，工农联盟为基础的人民民主专政"[3]。因此，新民主主义政府的权力来源于人民，又是为了人民。董必武在 1940 年 8 月 20 日陕甘宁边区中共县委书记联席会议上指出："边区政府的权源出于群众，政府负责人是群众代表选举出来的，这已表明政府和群众关系的密切……政府

第十八章

---

〔1〕 华友根："董必武在民主革命时期的法律思想"，载《学海》1992 年第 4 期。
〔2〕 《董必武选集》，人民出版社 1985 年版，第 213 页。
〔3〕 《董必武选集》，人民出版社 1985 年版，第 214 页。

要倾听群众的呼声，采纳群众的意见，了解群众的生活，保护群众的利益。"[1]

董必武强调群众路线在各项工作中的重要性，指出"群众路线是党的根本路线，也是革命的根本路线"，[2]"以群众路线为基础才能收效"，群众才能全心全力支持工作。"我们要相信群众，相信群众的力量，相信依靠着群众，在社会上没有不可克服的困难。"[3]

（二）强调"有法必依"和廉政建设

董必武提出，政府的法律法规颁布之后要做到"有法必依"。他指出，新政权建立后，就要创建法律、法令、规章、制度，在新的法律规章建立后，"就要求按照新的法律规章制度办事。这样新的法令、规章、制度，就要大家根据无产阶级和广大劳动人民的意志和利益来拟定"[4]董必武在当选为华北人民政府委员会主席后，在华北人民政府成立大会上发表就职讲话指出，虽然不主张形式主义，但是"正规的政府办事就要讲一定的形式"，作为人民选出的政府，"要向人民负责，人民要求我们办事要有制度、有纪律，无制度、无纪律一定办不好事情。政府规定的制度一定要遵守"[5]董必武曾说过"恶法胜于无法"，但是他的意思是，当时的法律"不可能尽善尽美，但总比无法要好"，他所说的"恶法"，是指处于初创时期"一时还不完备的法"[6]

此外，政府和党员要带头遵守法律，"政府在党的领导下所颁行的法令，所公布的布告，所提出的号召，我们的党组织和党员首先应当服从那些法令，遵照那些布告，响应那些号召，成为群众中爱护政府的模范"[7]董必武特别强调党员应自觉遵守政府的法律法规，"党员犯法应加重治罪"[8]这是要表明"我们党的大公无私"，"党绝不容许在社会上有特权阶级"，"这更表示党所要求于党员的比起非党员的要严格得多"[9]

董必武在1947年全国土地会议上所作报告中指出，要"严禁贪污，谨防腐化"，"惩办贪污应当著为法令，由群众监督检举，误告不为罪（假造证据故意陷害别人的应予处分）。惩办贪污法令公布前犯贪污者，如果自动缴出赃私，可以不予追诉。不自动缴出而被查出者，除追缴其所贪污的赃私外，并依惩办贪

[1]《董必武选集》，人民出版社1985年版，第55页。
[2]《董必武选集》，人民出版社1985年版，第175页。
[3]《董必武选集》，人民出版社1985年版，第178页。
[4]《董必武选集》，人民出版社1985年版，第218页。
[5]《董必武选集》，人民出版社1985年版，第207－208页。
[6]《董必武选集》，人民出版社1985年版，第218页。
[7]《董必武选集》，人民出版社1985年版，第55页。
[8]《董必武选集》，人民出版社1985年版，第58页。
[9]《董必武选集》，人民出版社1985年版，第59页。

第十八章

污法令治罪。防止腐化，最好是由团体和社会的舆论及制度来实现"[1]   他在此后召开的晋察冀边区财经会议上再次提出要严厉惩治贪污，如果是党员贪污犯罪，"除按党纪处分外，同样应按国法处理"，通过国法和党纪双管齐下，有效治理贪污。[2]

（三）人民代表大会制度是新民主主义政权的基本制度

1948 年 8 月 7 日至 20 日，华北临时人民代表大会在石家庄召开，选举出以董必武为首的华北人民政府委员会，统一了华北各个解放区的领导。董必武当时指出了华北临时人民代表大会在中国民主革命历史上的重要意义。他在当时的华北临时人民代表大会上指出，这次代表大会是"中国民主革命历史中划时代的一次大会，在中国民主革命历史上将占有光荣的篇章"，"它将成为全国人民代表大会的前奏和雏形"[3]。"我们的这个人民代表大会，体现了我们解放区的政权是革命的政权，是人民的政权，是新民主主义的政权。"[4] "现在的人民代表大会，正体现了二十世纪是人民的世纪。"[5]

董必武在《论新民主主义政权问题》（1948 年 10 月 16 日）中指出，"人民代表大会是新民主主义的政权形式"，"一切权力都要归它。我们由人民代表大会选举政府，政府的权力是由人民代表大会给的，它的工作要受人民代表大会限制，规定了才能做，没有规定就不能做"[6] "只有这种人民代表大会的形式，才能符合新民主主义的要求。"[7] 选举是人民代表大会制度的基础，因此选举法"要简单明了，使人民易懂易行"，只有"适合广大群众的选举法，人民才能选举出他们的代表来，行使他们的民主权利"[8]。

董必武还指出，人民代表大会制度既要充分发扬民主，也要坚持民主集中制："充分发扬民主，开好人民代表大会，使之成为我们政权的基本制度，真正体现广大人民群众的意志，既有民主又有集中，使人民真正感觉到自己就是国家的主人。"[9]

（四）主张权利的民主和法律保障

1945 年 6 月，董必武在美国华侨举办的演讲大会上指出，中国共产党领导

---

〔1〕《董必武选集》，人民出版社 1985 年版，第 150 页。
〔2〕《董必武选集》，人民出版社 1985 年版，第 171 页。
〔3〕《董必武选集》，人民出版社 1985 年版，第 199 页。
〔4〕《董必武选集》，人民出版社 1985 年版，第 201 页。
〔5〕《董必武选集》，人民出版社 1985 年版，第 200 页。
〔6〕《董必武选集》，人民出版社 1985 年版，第 218－219 页。
〔7〕《董必武选集》，人民出版社 1985 年版，第 219 页。
〔8〕《董必武选集》，人民出版社 1985 年版，第 220 页。
〔9〕《董必武选集》，人民出版社 1985 年版，第 220 页。

下的新民主主义政权坚持民主进步，实行民主政治。"在行政和议事机关中，包括各阶级、各党派和一切抗日人民的成分，大家都是经过民主选举产生，都在一起商讨和决定事情，并且一致实行这些决定。同时不分男女、阶级、信仰等等，人人都有言论、出版、集会、结社等等自由。"[1] 董必武在演讲中强调中国共产党领导下的新民主主义政权对人民权利的法律保障："中国共产党在解放区保障了人权与财权。人权受到了政府的保障，非依法律由合法机关依照合法手续不能任意逮捕，并且必须依照法律，以合法程序予以审判和处置。财权受到保障，人民的私有财产，完全受到法律的保护。""中国共产党在解放区保障人民有选举和被选举权。凡是及龄公民，不分阶级、性别、信仰和财产，都有这项权利。"[2]

董必武指出，新民主主义政权采取种种措施，"保证人民有民主权利，保证政府是民主的政府。这是最好的民主制度"[3] "中国共产党所有一切这些政策，都是为了一个总的目标，就是：建立一个独立、民主、自由、团结、强大、繁荣的新中国。"[4]

此外，新民主主义革命时期司法实践中的一些案件，如黄克功案、肖玉璧案等案件的处理典型地反映了当时的社会法律思潮。当时的诸多文艺作品，如小说《小二黑结婚》等作品，也反映出当时崇尚婚姻自由、平等、权利保障等思想内容。

---

〔1〕《董必武选集》，人民出版社 1985 年版，第 110－111 页。
〔2〕《董必武选集》，人民出版社 1985 年版，第 111 页。
〔3〕《董必武选集》，人民出版社 1985 年版，第 112 页。
〔4〕《董必武选集》，人民出版社 1985 年版，第 118 页。

图书在版编目（ＣＩＰ）数据

中国法律史 / 朱勇主编. —北京：中国政法大学出版社，2021.1
ISBN 978-7-5620-9833-1

Ⅰ.①中…　Ⅱ.①朱…　Ⅲ.①法制史—中国　Ⅳ.①D929

中国版本图书馆CIP数据核字(2021)第012085号

出　版　者　　中国政法大学出版社

地　　　址　　北京市海淀区西土城路 25 号

邮　　　箱　　fadapress@163.com

网　　　址　　http://www.cuplpress.com（网络实名：中国政法大学出版社）

电　　　话　　010-58908435（第一编辑部）58908334（邮购部）

承　　　印　　保定市中画美凯印刷有限公司

开　　　本　　720mm×960mm　1/16

印　　　张　　26.5

字　　　数　　491 千字

版　　　次　　2021 年 1 月第 1 版

印　　　次　　2021 年 1 月第 1 次印刷

印　　　数　　1～5000 册

定　　　价　　69.00 元